胡适

家事与情事

朱文楚 著

浙江大学出版社
ZHEJIANG UNIVERSITY PRESS

目录

第一章 明经胡氏，李唐皇家后裔

1992年仲秋时节，笔者从杭州出发，驰车杭徽公路，顺天目山脉走势过浙皖边界昱岭关，进入黄山山脉，盘旋于老竹岭峻险山道，半个山坡淡黄色的杭白菊时而扑入视野，时而消失，时而又显现，与巉岩、绝壁映衬，造设了一种壮烈的情调。我们此行的目标，是徽州地区绩溪县。同伴触景生情感叹："徽谚有道，前世不修，生在徽州。十三四岁，往外一丢！"然也，12岁的胡适，离乡背井，就是沿着这条徽杭古道(当年走千秋关、百丈岭转道昌化，到杭州，再到上海)走出皖南大山。再往上推400多年，16世纪中叶，总督江南七省军务的胡宗宪，平定外祸倭乱之后，也是走这条徽杭古道衣锦还乡的。我此行的目的，是实地采访绩溪县辉煌的胡氏宗族及其后裔。

踏看的实地主要有两处：一是"十里杨林镇，五里后岸街"的上庄镇上庄村，"我从山中来，带着兰花草"的胡适，就是从那里走出来的。二是"江南第一祠"——胡

上庄村胡适故居

氏宗祠所在地瀛洲乡龙川村，那里"毓秀钟灵彩焕一天星斗，凝禧集祉祥开百代文人"，历史上俊才辈出。

旅途中，自然谈起胡氏大姓。

绩溪四胡，一串串璀璨的明珠

我原以为绩溪县城西 40 公里的上庄胡氏和县城东南 10 多公里的大坑口(古称龙川)的胡氏是同一宗族，非也。结伴而行的杭州徽州学研究会诸君异口同声地说，胡氏在绩溪是皇皇大姓，名人辈出，但众多胡氏裔孙并不全同宗脉。同一宗脉的大约四支，即绩溪"四胡"：龙川尚书胡，上庄明经胡，县城金紫胡，县城遵义胡。了解这一知识后结合我踏看所获，不妨简述如下。

龙川村胡富、胡宗宪叔侄奕世牌坊

——龙川胡氏。此宗自东晋散骑常侍胡焱于咸康三年(337)由山东晋州濮阳迁居瀛洲龙川始，传至今天已历 1600 多年，凡 48 世。至今，这个村坊里还留有两座不朽的建筑物，记录了龙川胡氏辉煌的历史：一座"奕世尚书"石牌坊，一座号称"江南第一祠"的胡氏宗祠。龙川的石牌坊历史上有 14 座，不但是绩溪之最，也为徽州之首(多于有名的棠樾牌坊群)，现留有的"奕世牌坊"高 10 米，宽 9 米，四柱三门五楼，造型庄重，气势宏大。每层翘角均雕有盘龙戏珠，还有很多镂空浮雕，十分精美。此坊是为明朝户部尚书、太子少保胡富(1445—1525)和兵部尚书、太子太保胡宗宪(1512—1565)于嘉靖四十一年(1562)建造的。由于他族叔侄俩正隔 60 年一个甲子，故称"奕世"。该石坊北面匾额为"奕世官保"，南面匾额为"奕世尚书"，均为明名臣文徵明手迹。"奕世"坊已被定为安徽省重点文物保护单位。

瀛洲乡龙川村胡氏宗祠

胡氏宗祠则是 1988 年公布的全国重点文物保护单位。该祠建于宋朝。面对东洋倭寇侵扰我东南沿海日益猖獗的形势，明嘉靖戊戌进士胡宗宪为皇帝起用，敕封为浙江总督，总制江南七省军务以抗倭。胡宗宪以徐渭、沈明经、茅坤、文徵明等文官为幕僚，用俞大猷、戚继光等武将为军事骨干，制定"攻谋为上，角力为下"和"剿抚兼施"的抗倭战略，终将倭寇荡平。他衣锦还乡，于 1547 年大兴土木整修这座宗祠，从此定下了基本格局。清光绪二十四年(1898)再次大修。近年来，从 1988 至 1993 年间，由国家文物局规划，按原来规格与风格，人民政府投资重金，分两期进行大规模整修。大概由于皖南山区特殊的历史、地理环境，胡氏宗祠像许多明清民居一样，历经 500 多年人世风雨，至今还很完整地保持了当年徽派建筑风貌，具有极高的历史与艺术价值。特别是宗祠内共计 2424 件"三雕"——木雕(2180 件)、石雕、砖雕——艺术精美绝伦。著名美学家王朝闻赞"故宫也没有这样精细，这样生动"。自宋至清嘉庆的 850 年间，这个村的胡氏子孙科举中进士的共有 12 人，被朝廷封官晋爵的有 11 人。又说绩溪县历史上共有进士 100 多人，而龙川有 24 人，占四分之一。故龙川又有"进士村"之誉称。

——明经胡氏。 明经胡氏始祖胡昌翼，原姓李，是唐皇朝李氏的后裔，因登五代后唐同光(923—926)明经科进士，故称明经胡。 但因此又有"李改胡"、"假胡"之称。 明经胡氏迁居绩溪始于宋开宝二年(966)，1007年始祖胡忠定居龙井村(古称宅坦)。 龙井村又称下庄村，与上庄村向邻，都属上庄镇。 上庄胡氏，当然可以42世裔孙"无双"博士胡适(1891—1962)为代表(拥有36个博士学位)。 胡适倡导五四新文化运动，是功载史册的。 胡适长期执教北京大学，并任校长四年(1946—1949)，因而对北大学子造就北大学风应有所建树，这也是客观存在的。 胡适政治立场极右，但首先是位大学者，他的学问涉及哲学、史学、文学、语言学、教育学、红学、地理学……胡适不愧是中国一代文化名人。 有许多人不大知道胡适在抗日战争时期的作为，其实他应该是有功的。 从1938年到1942年，他出任驻美大使。 由于他能经常直接见到美国总统罗斯福，因此在美游说反对美日同盟、支援中国抗日有独到之处。 据说，1941年12月7日日美谈判破裂，8日日军偷袭珍珠港，美向日宣战，太平洋战争爆发，这一消息是罗斯福首先用电话告诉胡适的；胡适当即急电报告重庆蒋介石。 上庄村胡适故居第二进厅内，悬有一块"持节宣威"的匾额，是当年家乡父老以寿礼(贺胡适五十诞辰)相赠的，表彰他在使美任上为国家抗战作出贡献。 这块匾下还有一幅胡适父亲胡铁花的官服画像。 胡铁花是位爱国将领，中日甲午战争期间出任台湾台东直隶州知州，钦加三品衔。 丧权辱国的《马关条约》签订后，清廷将台湾割让给日本，胡铁花与台南新军统领刘永福拒不降日，死守基隆，退守宜兰，英勇壮烈。 最后胡铁花因患脚气病撤到厦门，最终殉国。 现在，在上庄村还能寻觅到"七星宝剑"、"诰命夫人箱"等胡铁花将军夫妇的遗物。 绩溪的百姓一直在怀念胡适，现在上庄村(镇)那条通往胡适故居的巷子，被命名为"适之路"。

明经胡氏裔孙在历史上登进士科第的人数十分可观，自始祖五代后唐胡昌翼登明经进士科，至清乾隆十六年(1751)胡志浩登进士第，累计有26人，其中五代1人，宋代18人；元代2人；明代2人；清代3人。 这还是个不完整的统计。

"万山不许一溪奔，拦得溪声日夜喧。 到得前头山脚尽，堂堂溪水出前村。"小小上庄村，人杰地灵，这里还出了位徽商名人，就是"胡开文"墨庄的开创人胡天注(1742—1808)。《蕙的风》和《六美缘》的作者、"湖畔诗人"汪静之(1902—1996)也是从这里走出来的。

——金紫胡氏是生活在绩溪县城的一宗学问世家。 其始祖是宋朝名臣胡舜陟(1073—1143)，他因受封金紫光禄大夫，故其后人冠以"金紫"。 其子便是名垂史册的宋朝一百卷《苕溪渔隐丛话》辑撰人胡仔(1110—1170)，其后人致力汉学众多，历宋、元、明、清四朝，好学立说之风绵延不断，共有 154 种著述(解经为主)问世，35 人中举。 尤其是清朝乾、嘉、道年间，胡廷玑、胡清煮、胡秉虔、胡培翚几代祖孙，攻研《周易》、《诗经》、《春秋》、"三礼"(《周礼》、《仪礼》、《礼记》)，学富五车，著述丰盛，成果独到。 尤其是对"三礼"的诠释考证训诂方面，堪称"三胡礼学"或"绩溪解经三胡"。

顺带说则逸事。 蔡元培曾把胡适这一宗"李改胡"错弄成"金紫胡"，1918 年为胡适成名作《中国哲学史大纲》(卷上)作序时说："适之先生于世传'汉学'的绩溪胡氏，禀有'汉学'的遗传性……"胡适肚里自明，却默"领"了 30 多年，直到 20 世纪 50 年代在口述自传时，才对唐德刚予以"更正"，说："我家世代乡居，住在距绩溪城北约 50 里的乡间，历代靠小本经营为生的，与绩溪城里的胡氏不是同宗。"

——遵义胡氏又称尚书胡氏，也世居县城，因元末胡氏一族由浙江乌程移居绩溪遵义坊，故名"遵义胡"，是明朝名臣工部尚书胡松(1490—1572)的后裔，他们大都经商，从事中药、茶业、绸布诸行业。 徽商的诸多特征从他们中得到集中反映。 他们中知名者有胡名教(1768—1832)、胡名泰(1798—1838)、胡定熙(1820—1886)祖孙三代，先后分别在屯溪开设"资生药店"、"俊记南货店"、"椿记药店"，在兰溪开设"聚和敬"、"恒源"等商店。 近现代则是胡嗣迪(1847—1932)在上海创立上海"汪裕泰"茶叶庄及其多处分店，他还被推为上海茶叶商民协会执行委员。

绩溪还有一位极富传奇色彩的大徽商胡桂森(1877—1950)。 胡桂森武术得传于一位乞丐，身怀绝技，在武汉三镇光扬徽帮名菜，并威镇群瘰，开设胡庆园菜馆、胡元泰茶叶庄等 14 家大商店。 更有一位大名鼎鼎的"红顶(二品)商人"胡光墉(字雪岩，1823—1885)，是后期徽商的代表人物。 他是绩溪县临溪镇湖里村人，发了大财后，便在杭州开阜康钱庄、胡庆余堂中药店，营造芝园别墅，名噪一时，但从未返里，做点造福桑梓的善事，所以绩溪人就把胡雪岩淡忘，当其是杭州人了。 此二胡不知该入绩溪何宗？ 有待徽学家研究了。

总之，诚如绩溪人士所说"邑小士多"，此言不虚。 笔者仅在踏访龙川、上庄胡氏后裔中，不意引出了这么多的胡氏一姓名人，如一串串璀璨的明珠，可见徽州学(地域包括歙县、休宁、黟县、绩溪、祁门、婺源六县)之涵盖天地、博大精深了。

上庄胡适，明经胡氏第 42 世裔孙

虽然明经胡氏是"李改胡"、"假胡"，但由于特定历史环境铸成的已有1000多年的事实，"假胡"自然成"真胡"了。 其缘由是应该追究一下的。

唐昭宗天复四年(904)，也是唐皇朝覆没前夜，节度使、原黄巢起义军叛将朱全忠(温)以"邠歧兵逼畿甸"为由，逼迫昭宗李晔由长安迁都洛阳。 李晔不想东迁，奈他左右都是朱温的心腹，他们都紧促启驾，只好于正月下旬，携后妃及诸子离开长安。 迤逦东行，行至郏县，已是三月，传来京城长安宫阙乃至官廨俱被拆毁的消息，木料沿渭河、黄河而下，朱温发两河诸镇壮丁数万，在东都大兴土木，建造宫室。 何皇后对昭宗说："自今大家夫妇，委身贼手矣！"他们自知，此去东都必死无疑，并将遭灭族之灾。 两人商量，将何后所新生的尚在襁褓中的第十子"效袴中儿，护以御衣，侑以瑶玩，匿讳民间"，托付给近侍婺源人胡三(清)，速速逃匿。 果然，同年仲秋(已由天复改元天佑)，朱温在洛阳指使属下追杀了 38 岁的昭宗李晔，立傀儡太子李柷为昭宣帝(没有改元)。 宫廷政变的悲剧持续下去，朱温于天佑二年(905)，在九曲池畔一一缢死昭宗的九个儿子，抛尸池中，接着又在积善宫弑何太后。 天佑四年(907)，朱温用毒酒处死唐昭宣帝，禅位称帝，结束了 290 年的李唐天下，建立朱氏后梁，为五代之首朝。

再说胡清，他逃得快，潜入他的故乡徽州婺源，在考川(现江西婺源县紫阳镇西考水古村)住了下来。 胡清以义父身份精心抚养李氏皇家最后一丝血脉，并为安全计，将"皇子"弃李姓归姓胡，并取名"昌翼"，意为"大得覆翼"。 昌翼在这个"龟蛇"把谷口、四面青山环抱、三条小溪纵贯的山村宝地潜心读书，到 21 岁时，已是后唐同光三年(925)，这年他赴科举，以《易》登明经科进士第。 归来后义父胡清"授以御衣瑶玩，以示太子实"，让他明白自己的真实出身。 昌翼劫后余生，心灰意冷，"遂不仕，隐居考川"。 胡昌翼在考川生活怡然自得，活到 96 岁，旁观战乱争纷五代十国历史结束，又过了宋朝太祖、太宗两代，直到真宗咸平二年(999)十月三日才归天，可谓封建战乱历史上的"世纪老人"了。 他在学术上很有建树，一生倡导明经学，尤精邃

《易经》，著有《周易传注》三卷、《周易解微》三卷、《易传摘疑》一卷。后世子孙尊称这位世祖为"明经翁"、"为世儒翁"。南宋理学大师朱熹曾拜题考川为"明经学校，诗礼人家"。胡昌翼还给考川留下了三首七绝，颇有唐诗遗风。

其一

家住乡庄深僻处，就中幽景胜他人。

林园满目犹堪玩，丘亩当门渐觉新。

其二

醉乡往往眠芳草，归路时时送夕阳。

倘若异时咸得志，林泉惟愿莫相忘。

其三

绎思斋中寻古义，畅情池上钓金鳞。

人生但得长如此，任是湖边属汉秦。

明经胡氏是无比显赫李唐皇家的后裔，近千年来已为世人所允认，然而却未见于正史记载，诚如其41世裔孙胡祥蛟(铁花)所说："吾家旧谱所记，始祖本是唐昭宗太子，避朱温乱改从胡姓；二世祖仕宋，卒封王爵，事迹不见于史册，与曾氏始祖关内侯据略同故。"原文正公曾国藩的湘籍宗谱载，曾氏十五世孙避王莽乱南迁，为南州诸曾之始，也未入正史。

唐昭宗十太子、"明经胡氏"始祖胡昌翼之墓

胡昌翼有三子，长子胡延进，又名延政，在宋太祖开宝末年(976)任绩溪县令，明经胡开始与皖南大山中的绩溪结缘了；不过他后来又赴浙江任建德知军(1002)，卒于任上。 延进的儿子胡忠于宋真宗景德四年(1007)迁往绩溪龙井村(现上庄镇宅坦村)定居。 这样，明经胡氏的第三代就开始在上庄的山地繁衍子孙了。

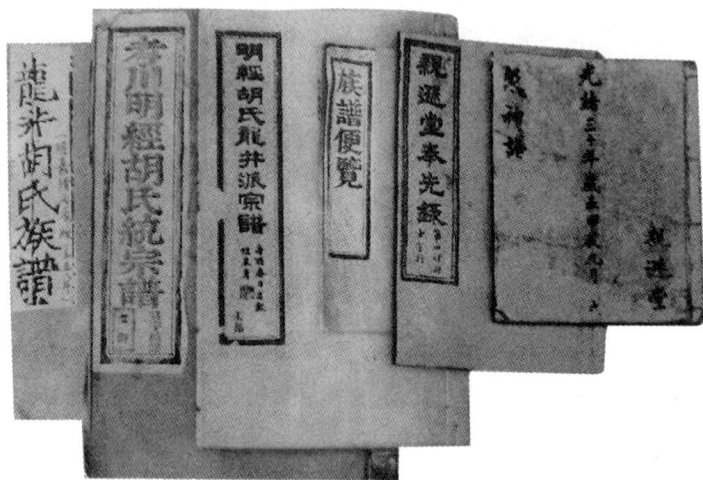

"明经胡氏"宗谱历代刻本

查阅明经胡氏宗谱及参照有关专家考证，自胡忠之后，经历了胡昉、胡文谅两代，宅坦胡与上庄胡是同宗共祖同村的。 之后因居住不同，而同宗分支了。 明经胡氏的第七世孙胡德真迁入与宅坦仅一公里之距的上庄村杨林桥一带定居，第八世孙胡七二成为上庄胡氏裔孙的始祖。 自此，明经胡氏遂分龙井(宅坦)、杨林(上庄)两分支，但他们的共同始祖就是胡昌翼，而且一至五世都同宗共祖。 明经胡氏传至胡适，已是第 42 世了。 以杰出裔孙而论，一般认为龙井支以第 41 世孙胡宝铎为代表；杨林支以第 42 世孙胡适为代表。 胡宝铎(1825—1896)，宅坦村人，幼时有神童称，清同治十年(1871)登进士第，分发兵部武选司，官至军机章京总理各国衙门行走，特赏三品衔，胡适父亲胡铁花中年踏上仕途，是他引荐吉林吴大澂而肇始的。 他与胡铁花是同宗兄弟，甚为相知。

上庄村，踏访胡适故居

　　1992年仲秋，我在胡适侄外孙法德先生的引导陪同下，以《团结报》地方记者的身份来到上庄村采访胡氏故居。 当时"故居"是县文物保护单位，到90年代末，升格为安徽省级文物保护单位。

上庄村胡适故居修缮工程竣工典礼

　　这时期(20世纪90年代)中国大陆对待胡适的社会背景，据我局部所知是，上一年11月上旬，恰逢胡适诞辰100周年，在安徽绩溪县举行了一次"胡适学术讨论会"。 这是新中国成立以来，特别是改革开放以来首次研究胡适的学术集会——后来消息进一步证实，该会是由中国社科联、安徽大学等10多家单位联合举办的——变批判胡适为研究胡适，这是学风上的了不起的变化。 据说，各地胡适研究中卓有成就的中青年学者，如白吉庵、易竹贤、沈卫威、朱文华等50多人与会，大家评读了20多篇论文。 这些论文涉及研究胡适的方方面面，如胡适与中国文学、胡适与五四新文化运动、胡适与中国现代文学、胡适与墨学、胡适与徽学、胡适与中国传统文化、胡适与中国公学以及较为敏感的胡适的"科学人生观"、胡适的实验主义，等等。 与会者实事就是研讨述评了这位大学者、教育家、社会活动家给中国文化留下的深远影响。据说台湾胡适研究会董事长陈宏正先生也来到绩溪与会，表示要为修缮上庄"胡适故居"向海外筹款。在这之前，大陆已陆续出版了有关胡适的著作40多本，其中评传20多种，估计有1600多万字。我因为得悉消息迟了一个月，错过了赴会采访的机会，所以"亡羊补牢"——采访绩溪，踏访上庄——尤为心切。也是在这一年，一家把研究胡适作为徽学研究组成部分的"杭州徽州学研究会"入盟杭州市社科联登记注册，正式成立。我因为对胡适、黄宾虹有兴趣，与该会有往来(后来加入该学会)。在杭州徽学会的促成下，终使采访成行。

上庄村口杨林桥

我们的越野车从绩溪县城开出，向西北方向丘陵山地行进一个多小时，就到上庄镇了。进上庄镇之前，有人叫车子停一下，指着路旁一个孤冢说，那就是胡适的红颜知己曹诚英的墓，我们都下了车。胡适与曹诚英1923年在杭州烟霞洞相恋，回肠荡气，曹诚英此后终身未嫁，情眷"糜哥"，临终遗言归葬上庄村口。她没有子女，乡亲们照办了。这是一个凄美动人的故事。我在这座衰草孤坟前肃立默思。

继续驾车前行。上庄现在是镇的编制，有600余户2000多口人。上庄村胡适故居则坐落该镇中段。我们在镇政府前一个广场下了车，就步行曲曲弯弯有近百年历史的青石板铺成的巷道，拐过一座又一座建于19世纪的徽式

胡适故乡绩溪上庄村鸟瞰

高墙庭院。望远处,则是青山逶迤,绿水涟漪。俯脚旁,时有和驯的黄狗在伴行。约摸走了 20 分钟光景,程法德先生兴奋地说:"外公家到了!"这是一座 200 多平方米的典型徽派民居,粉墙黛瓦,二层通转楼房(即楼上南、东、西均有走廊通转),砖雕门楼,石砌门框。大门口挂了一块竖牌"胡适故居",系著名书法家沙孟海手迹。

程法德先生告诉我们,此屋并非胡家世居故屋,是胡适父亲胡铁花将军甲午殉国后,二外公即胡适二哥绍之先生动用铁花公宦囊遗银于 1897 年建造的,之后不久,胡家兄弟分家析产,房屋完好保留,如今也是百年老屋了。

我们穿过一个浅浅的天井,便进入前厅堂。厅堂正中上方,悬有一块沙孟海书"胡适故居"匾额。

胡适故居一进厅,对联为钱君匋所书

匾额之下，挂了一轴上海画家叶森槐绘制的中晚年胡适肖像的中堂，胡适戴了眼镜，身穿深色西服，打着红黑相间的领带。中堂两旁，是著名美术家钱君匋1987年书写的一副对联："身行万里半天下，眼高四海空无人。"此联原为胡适1933年所撰。此联背后，有一段他们53年前在沪杭列车上相遇的故事。笔者1995年在浙江奉化溪口宾馆采访钱老先生时，承他告诉——

> 1933年，我从硖石（海宁）上火车到上海去，不意在车上与大名鼎鼎的胡适博士相遇了。我恭恭敬敬地叫他"胡先生"，他也很客气地回答。他丝毫没有大人物的架子，因此我们竟也谈了一阵天，下车时，我叫来"红帽子"提我们的行李。胡适笑笑说："不用了，我在美国读书，下火车都是自己拎箱子的。"我听了十分感动，几乎热血滚动全身。道别时我大胆提出求字要求，他答应了，说回北平后寄给你。后来果然寄来了，就是这副对联。可憾的是"文化大革命"时被造反派毁掉了，现在我补写，挂在"胡适故居"，以报先生昔日对我后学的扶掖和鼓励。

中堂、对联之下是一张布满岁月痕迹的搁几，上置一口指针停在6时30分的自鸣钟。胡适于1962年2月24日下午6时30分演说时倒地，医师抢救无效，35分时医师宣布逝世。程法德先生说，搁几上原来还有一对花瓶、帽筒——花瓶为紫红色土瓷制作；帽筒为直隶总督张之洞所赠，烧制有张氏的题款手迹。搁几之下便是一张八仙桌、一对太师椅，桌上有块大砚台和一锭徽墨，都是黄山的特产，应为展方人员加上去的。家具估计是原物，都非花梨木、红木等高档木料，可见胡家当年的经济状况。左、右板壁，展方悬挂了一些镜框，计有"胡适传略"、"胡适直系近亲简介表"、"胡适家世源流直系图"、"胡适兄弟子侄简介表"等，特别是一幅手书的胡适诗《希望》(1921)，令我趋近，吟读一遍——

> 我从山中来，带着兰花草；种在小园中，希望开花好。一日望三回，望到花时过；急坏看花人，苞也无一个。眼见秋天到，移花供在家；明年春风回，祝汝满盆花！

我顿时联想到台湾"校园歌曲"中的《兰花草》，轻声哼了起来："我从山中来，带着兰花草。 种在小园中，希望花开早。 一日看三回，看得花时过，兰花却依然，苞也无一个。 转眼秋天到，移花入暖房，朝朝频顾惜，夜夜不相忘。 期待春花开，能将宿愿偿，满庭花簇簇，添得许多香。"后者唱遍了海峡两岸，风靡当代校园青年，可知《兰花草》脱胎于半个世纪前五四大白话诗人胡适的《希望》。

带着兰花草历世72年的胡适博士飘然而逝，但留在他故居的兰香依旧绕梁。 不是么，十扇门窗的木雕兰花(平底浮雕)招人驻足。 那是出自同村坊胡开文墨庄杨林樵子先生的刀刃。 虽然是展方的布置，倒也补充了"胡适故居"的书香氛围。

前厅左、右两间，当年因分家，分别析给胡适冯氏母子和老二嗣秬(绍之)。 现在右间和东西厢房里陈列着海内外胡适研究著作和有关书画条幅；左间，则为1917年12月30日胡适、江冬秀完婚的新房，里面陈列着一张雕花大木床，床头挂着一把铜钱串成的宝剑(这是很普通的装饰，我家旧时也这样)，卧室内还有一张四仙桌、一张三屉桌、一口大衣橱，大概是原物吧，均已油漆斑驳。 地面铺地坪，窗户高窄，颇有阴湿感。

穿过第二进天井，我们来到后厅。 据程法德先生说，这里才是这家主人——胡适四兄弟两姐妹的家长冯太夫人起居落座的地方。 当年大梁上悬挂着光绪皇帝追封的"三品恭人"的一道诰命，是一幅盖有朱红御印的黄缎子。 由于有皇帝的圣旨在上，一般有官衔的亲友来访，不敢坐上座，只能忝列两旁坐椅上。 按绩溪习俗，至亲中女婿为大，程法德父亲程治平则是大房嗣稼的女婿，可谓"资深女婿"了，他来到这间厅堂时倒是可以坐上座，胡适母亲冯太夫人则坐在一旁的坐椅上，手捧水烟筒，与这位孙女婿谈天，而胡适的二嫂及侄辈只能在一边侍立。 历史烟云飘过后，这种规矩当然没有了，那道圣旨也不复存在了。 现在后厅最显眼的是高高悬挂着的一块红底金字匾额"持节宣威"。 这是1941年仲秋，为庆贺时任驻美大使胡适五十华诞，由绩溪县长朱亚云出面制匾，代表全县百姓赠送的寿礼，原来悬于上庄村胡氏宗祠，现该宗祠已颓圮，此匾就移挂"胡适故居"。 此匾下，挂有一轴胡适父亲胡铁花工笔坐像的中堂。 左右是字联、书、画立轴及照片镜框。 其中一个镜框内装有胡适生母冯顺弟的一张照片。 这是她一生唯一的留影，摄于1913年，当时她生了场大病，担心不久于人世，为使在美国读书的儿子不分心，隐瞒了病情，照样每月寄家书报平安，对家人说，将来糜儿回来了，而我已去了，就把这张照片交给他，犹如见到我一样……（不过她转危为安，此后又活了五年。）此影可谓弥足珍贵。 后厅左侧为冯太夫人的卧室。

/ 上庄村胡适故居二进厅，上悬"持节宣威"横匾

"故居"楼上尚未开发利用。

出了"胡适故居"，我被带引出上庄村，向曹家湾山地走去，参观坐落在将军降山的胡家祖坟。 那里埋葬着胡适祖父胡奎熙暨祖母程氏、父亲胡传（铁花）暨母亲冯氏的棺椁。 胡适祖父享年52岁，年轻时跑出山村到上海川沙继续经营独资"胡万和"茶叶庄，"胡万和"在他手中发展到全盛时期时制茶兼销售，甚至在汉口有了分店，还派生出酒坊；在上海大东门合股开办瑞馨泰茶叶庄。 他因为儿子胡铁花官至三品，也被诰封奉政大夫、通议大夫。 我们到了墓地，发现所谓"将军降山"，不过是山地起伏的一块高阜而已，此处视野开阔，深秋季时染得大地色彩斑斓，地形颇似宝剑出匣，这倒符合这位甲午抗日勇士的遗愿。

1928年，胡适请同乡建筑工程师程士范设计祖父母、父母的墓园；又派妻子江冬秀专程返绩溪督建墓园。 他请郑孝胥题写墓碑："胡公奎熙及其妻程夫人之墓胡公传及其继配冯夫人之墓"。 程法德先生说，这块墓碑在"文化大革命"时被拆卸到水库工地，作水渠的过道石板。 盛传近一百年的祖坟胡铁花棺椁里"无头尸"流言，此时终于爆发了盗墓窃取金头的荒唐剧（邻村几个村民所为）。 哪来的"金头"、"银头"！ 县文化部门去收拾遗骸时，证实了是有头颅骨。 1987年，这座墓园作为"胡适故居"的一部分，被确定为县级文保单位后，终于得以修复。 墓碑及墓顶的竖碑"锄月山房"(也系郑孝胥书)取回来了，修复如旧。 其他附属墓碑重制，胡适原撰的楹联，由同村的胡开文徽墨庄第八代传人胡云书写:"群山逶迤，溪水潆涟，惟吾先人，永息如斯"; "两代祖茔，于今始就，惟成此功，吾妻冬秀"(胡适在这里表扬修墓劳苦功高的妻子江冬秀)。 "人心曲曲弯弯水，世事重重叠叠山"。 胡适把这两句《神童诗》也勒石于墓碑，据说是他青少年时代熟诵的;旁人看来，恰是他一生处世和心路的写照。

第二章 父亲胡铁花

胡适的中国公学学生、在台任"中央研究院"院长时期的助手兼秘书胡颂平在他的著作《胡适之先生晚年谈话录》中，曾写到夜读胡适父亲《钝夫年谱》——

　　夜里十时许，开始来看，只觉得太老师铁花先生那种艰苦卓绝的志行，那种求真负责绝不苟且的精神，和他的内行之笃、天性之厚的种种行谊，一口气读完，已是清晨两点多了……第二天颂平还（《年谱》）给（胡适）先生时，说已读了一遍，非常感动。先生说："我父亲是一个怪人，不过文章写得很好。"

那么，"艰苦卓绝"、"求真负责"、"绝不苟且"、"内行笃"、"天性厚"，乃至"一个怪人"，胡适的父亲胡铁花到底是怎样的一个人呢？

据另一位曾读过《钝夫年谱》的大陆学者，中国社会科学院历史研究所研究员王毓铨的一段话，倒可以诠释这个鹤立鸡群式的"怪"字。王氏说："胡传（即胡铁花）确是值得赞扬的有政治见解有魄力的人物，较之当时醉生梦死的士大夫，他可以说得上是佼佼者。"

在大山中蓄雄势

胡传(1841—1895)，原名守珊，行名祥蛟，字铁花，号钝夫。后来以字行名。胡铁花一出世，中国正开启了悲惨的半殖民地社会的史幕。他41岁走出皖南大山开始从政后（且以41岁为界，前者为前半生，后14年为后半生），将良知与国家命运结合在一起。时势使然，必然会带来悲烈的结局。胡铁花未享天年，只活到55岁。人们已知道了他为抵制《马关条约》，拒绝将台湾割让日本，进行武装反抗，壮烈殉国的史事，那么他出山以前的大半生涯又如何呢？

胡铁花的前半生主要历程是: 在绩溪乡下读书; 为太平军战争而逃难; 营建胡氏宗祠; 赴上海龙门书院读书; 再返家乡修宗谱。 虽未经受政治大风云, 却在大山中历练他的阅世和意志。

胡铁花的成长中有两个关键人物。第一个便是他的伯父胡星五(名奎熙, 行名贞焘)。 铁花早年丧祖父, 其父胡贞锜是由其胞兄胡星五养大; 之后, 按徽商常规, 一直在上海川沙经营万和茶叶庄, 很少顾及家事, 他将铁花(居长)等五个儿子都留在绩溪乡下, 均由星五照管。 胡星五是个老秀才, 屡试不中, 但很有眼光, 早就看出铁花"是儿夙慧, 必大吾家",

胡铁花画像

"此子材质较诸子侄优", 让铁花七岁时就在家乡就读燃黎学馆, 凡四年。以后, 作为长子, 铁花随父亲去上海茶叶店当学徒。 后因父亲接受了长兄的建议, 终于又让他在上海读书了。 读书, 从此改变了胡铁花的生活道路。

但他平静的读书生活被太平军战争打断了。 1853 年太平军定都天京(南京)后, 数度加兵祸于徽州。 咸丰十年(1860), 太平军兵扰绩溪。 同治元年(1861), 太平军再度扰绩溪。 1864 年, 天京陷落, 太平军三度扰绩溪。 徽州一带, 正是后期太平军与清军的交战走廊, 溃败的太平军烧杀掳掠, 严重糜烂地方。 胡铁花一家正逢上了这一场历时五年的战祸: "流离播越, 五年之久, 刀兵、厉疫、饥饿三者交迫", 饥饿到人食人的地步!

这段苦难岁月, 胡铁花在他的《钝夫年谱》中有具体记载: "徽歙境内偏地皆贼, 无路通粮。 饥民甚多掘草根、剥树皮、杂糠秕以食。" "至岁底, 大雪降, 深八尺, 并草根树皮不能得。 日见饿莩在沟壑, 明日视之, 则肉已尽, 只余骨, 盖已夜为饥民取而食之矣。"绩溪"余川以东各姓民村十余, 横尸偏野, 臭不可闻"。 "吾家门前溪中及菜圃百步内尸 20 余, 均腐溃, 蛆出血肉狼藉……"刀兵之祸带来的厉疫流行与饿毙, 使得原有 22 万人口的绩溪县(道光末年 1850 年统计)到同治四年(1865)时仅剩下十分之二了; 上庄胡氏宗族由 6000 人锐减到 1200 人。

胡铁花一家在战乱中流离颠沛、苦不堪言，先避难深山高险处，继而逃往休宁，稍为安宁。返回绩溪后，1862年太平军二次来犯，又举家逃难，两年前刚结婚的少妻冯氏因此罹难，据说是死于太平军刀下的。这家老幼妇孺近20人，一路为饥渴所煎熬，全靠20岁的体魄伟岸的胡铁花冒黑夜顶风雪，往返偷运粮食来维持生命，其间险象环生，全靠幸运和意志挣扎过来。一次，他从山岭失足坠谷，幸得一个过路人相救。又一次，途中他患了疟疾，病疮迸发，昏死过去。家人针刺他的十指、咽喉，皆不见血，直"刺心口，血始出，渐苏"。最惊险、最艰辛的一次是，太平军从屯溪骤然夜袭，仓促中铁花带全家出逃，才行五里，母亲疟疾复发，身体近乎瘫痪，无法行路，铁花让七妹伴母在路边等候；自己挑起衣物并带五妹朝前疾行四五百步停止，要她看守物件；立即返身到后一站，背起母亲，带七妹疾行到放衣物处，再放下母亲，让她小憩；继而奋力挑起衣物，带五妹朝前赶。停止；再返身负母继续前行……如此反复地在密雨、泥泞中与死神赛跑的"双重行"，竟又赶了五里多，终于脱离险境。如此颠沛困苦，锤炼了他坚韧的意志，养成他勇于迎战的性格。

除了逃难外，胡铁花面对盗贼抢劫，勇悍地予以还击，"常偕其昆季狙伏击贼，或抄路剪贼尾队，屡得手"，因此有了初次的军事实践。

逃难生活结束不久，颇孚众望的胡星五在主持重建胡氏宗祠中途归天了。铁花遵照伯父遗愿"学作八股将成篇，可令卒业"，赴上海就读于龙门书院(1869)，时年28岁。其实在1865年他已参与建造上庄胡氏宗祠，当时由胡星五抱病主持。因为家乡建宗祠，他在上海只读了三年书，但"龙门"学涯三年，却是他思想的转换期。进了龙门书院后，他就淡薄科举功名，开始关注时事国是。他对程朱理学、史学、经济之学颇有心得，研读辞章也有体会，但他不屑于同学"仅仅工于时文，专揣摩举子业者"，而"时钝夫阅《资治通鉴》，每见历朝用兵争战之际，成败大半取于得地利与否，而自苦不明于地理"。他发现清廷封疆大吏多因对边徼地理无知而造成误国后果，这一严酷的现实必须改变，因此他"心惟专注舆地图书"，并"毕生乐此不疲"。胡铁花后半生踏勘东北白山黑水，考察海南岛黎峒山寨，及至治理台湾台东，可以说龙门书院注修舆地学是为起点，而发轫者，乃是他忧时感事的爱国思想。

很可惜，家乡建宗祠大事中断了他的龙门书院学习生涯。告别时，著名文学家、道光进士、书院山长刘熙载(1813—1881)赠言于他："为学当求有益于身，为人当期有益于世。在家则有益于家，在乡则有益于乡，在邑则有益于邑，在天下则有益于天下——斯为不虚此生，不虚所学。不能如此，即读书毕世，著作等身，也无益也。子其勉之。"进书院前，胡铁花在携家口逃难中已这样做了；其后无论是在家乡，还是奔走天下，恩师刘熙载的临别赠言一直是他的座右铭。

胡适在他的《我的信仰》中说："我父胡珊，是一位学者，也是一个有坚强意志，有治理才干的人。""坚强意志"已在他率家人逃难中初露头角，而在其后主持重建上庄胡氏宗祠工作中，治理才干得到充分发挥。

洪杨战祸，把上庄胡氏的宗祠完全焚毁掉、家谱失落零乱了。封建时代，造宗祠、修家谱，是头等大事。重建胡氏宗祠，由 40 世裔孙、大伯胡星五抱病负责，但实际上均由年过 25 岁的胡铁花操作，前后达 12 年之久(1865—1876)。1872 年他上海龙门书院辍学回乡后，就全力以赴投入这项巨大工程，这是胡铁花出山前劳心劳力，甚至付出生死代价做成的一桩大事业。

首先是筹款。银钱靠向胡氏族人募集，主要来源于本地族人和商旅于屯溪、休宁(胡开文笔墨业)、上海的族人。但是战争刚结束，本地胡氏族人十室九空，捐不出钱来，于是矛盾逐渐激化，抗丁工捐演变成武装冲突，"80 余人已制成利刀 80 余口"来抗争。胡铁花并不因此罢休，准备背水一战，"急购大杉板，雇工人为制二棺，意以其一为先妣百年后备；一即自备以待众人之刀也！"他确是抱死抵制武装抗捐的，铁花私下对四弟介如说："没有什么可怕的！我如果被杀，你可将这口棺材收殓我的尸体，殡厝于宗祠的中堂，我就死而无憾了！"说到就做到，他干脆移居工地——建造中的宗祠账房，正面迎战。胡铁花制棺表示宁死勿退、矢志不渝的决心，震撼了想闹事的休宁胡氏一伙人，他们头儿觉得兹事体大，"急叱令从退"，对胡铁花说："今天我们是来和你从容商事的。"机灵的胡铁花随即宣布："依祖宗之旧例，丁工捐不交清的，这家的祖考神主不准入祠。"这是十分厉害的一招，封建宗族社会中祖宗牌位不能入宗祠，等于被开除出宗籍，是罪不可赦的。无缘无故的，谁敢冒这大不韪？于是本宗族分摊捐款问题终于转危为安，和平解决了。

接着是施工。胡铁花指挥有方，大公无私，任劳任怨，乃至遇事议不决时独断专行。当然这是建立在"详高广尺寸，计当用大小材木若干"，"如何购材，如何兴工"等实地调查、精密计算基础上的。一旦筹款成功了，他很懂得族人捐助的心理，在宗祠施工中增加了两处建筑："彰善堂"、"酬劳堂"，鼓励族人多多捐款，留下芳名。 施工中他身体力行，亲自四出寻购围丈二尺的五间大梁和围六尺的银杏柱木，击锣指挥搬运大材。

宗祠建造大功告成，他为满足大众愿望，"行宴饮礼"(116 人参加)，"酬宾演剧"(六昼夜)。 他谦逊地说，现今"俾得侥幸而不负诸父兄之重托耳"。

时已光绪二年（1876），胡铁花 35 岁了。 他交出宗祠的册籍、图记和锁匙，宣布告退。 嗣后，他又花了三年时间，参与因战祸而散佚的胡氏宗谱编纂工作，兑现"在乡则有益于乡，在邑则有利于邑"的意愿。 这时他已届四十不惑之年了。

不惑之年入仕途

崇山峻岭中的皖南绩溪距离东北三省何止千里，但胡铁花一直关注遥远的边事，认为沙俄利用清廷官僚对边徼地理的无知，不断蚕食我疆土，也许形势更为严峻，由于"俄罗斯若窥并朝鲜，则东三省皆为所包，京师不能高枕而卧矣"！ 因此认为，首先是"今若有人游历其地，能著书详言其形势，便可补古今舆地图书之缺"，以此抑国土流失，报效国家。 至此，他的东北之行目的已十分明确。 这时他已经 41 岁了，有三男三女，最大的 15 岁，最小的仅 5 岁，续弦曹氏已病故。 他们这个大家庭兄弟五人，铁花居长，过的日子也是十分艰辛的。 胡适晚年曾对他的秘书胡颂平说："我的父亲五个兄弟是五房，加上伯父的两房，共七房人住在一块。 在太平天国之后，徽州又不是产米的地方，一大锅饭让男人吃了之后，再加米煮成稀饭给女人吃。"胡铁花不安于贫困生活现状，"不惑"于儿女家小牵挂，把小儿子(胡适还未出生)、二女儿过继给别家(兄弟)，拜别祖宗、老母，顾不得"铁石心肠""寸寸断裂"，毅然离乡启程北上，时为 1882 年夏秋之交时分。

胡铁花由富商族伯胡嘉言资助 100 银元，从上海搭海轮去天津。 船行黄海，眼界顿时海阔天空，他赋诗感慨道："初秋时节日新晴，海不扬波万里平。上下水天同一碧，居然人在镜中行。""身如大海一浮鸥，南北东西任去留。野性怪将之水狎，生涯漂泊不知愁。"海上行 5 日，到达天津。 他又陆行 4 日，抵达北京，寄宿于宣武门外椿树头头条胡同绩溪会馆。 在京城，他又得到长他 16 岁的族兄胡宝铎的鼎力相助，使他由此步入仕途。 胡宝铎(1852—1896)，同治进士，分发兵部武选司，官至军机章京，总理各国事务衙门行走，特赏三品衔。 他俩在绩溪会馆会见后，作"日夕谈别后数年家乡事，彼此各憾相聚晚"。 铁花提出将自己介绍给吴大澂，并要求赴关外给一护照，以便游历。 因为吴此时升大仆寺，奉旨改为吉林督办。 宝铎欣然为铁花修书他的同年同榜进士、钦差大臣吴大澂，介绍这位志向远大的年轻的族弟。 胡宝铎是胡铁花一生发展中又一关键人物。 铁花视宝铎为恩人，宝铎把铁花当作忘年交。 在铁花奉命调台湾后，时势变幻之际，两人隔海通信频繁。

同年七月(阴历)三十日，胡铁花持函离京东行出山海关，徒步 42 天，于十月六日，终于到达长白天地的吉林宁古塔(现吉林省安宁县)，投奔节驻在那里的吴大帅麾下。 他并不为求官而来，只是盼大帅颁他一份通行证，好让他遍历东北，考察边徼地理形势。 钦差大臣吴大澂是一位自学成材的大学者、考古学家，不以门阀为限录用人事，看了胡宝铎和天津张佩伦、彭主政(吴之女婿)写的两封推荐信，又见这位身躯魁伟、密发浓眉、精力旺盛的中年男子不畏艰险，徒步千里前来投奔，爱才之心顿生，说："绝塞千里无人烟，子孤身何以游？"遂留身边充作随员，带着巡行阅边。 不日，他就随吴大帅坐爬犁，在冰冻的牡丹江上行千里，考察了乜河、三姓等地。 他不顾寒冷疲劳，沿途踏访，对照勘误舆地志书的山川形势。

1883 年，胡铁花正式升任为吴大澂的幕僚，并"委赴东大山老林中编参户保甲，兼差(考察)十三道戛河地势"。 他认真履职，实地踏勘时"忽缘山，忽渡水，忽窬岭，忽穿林，变幻无定，恒终日不见人迹"。 他考察这些既不设防又无管辖机构地区的地理位置、民俗民情，深感其正为沙俄觊觎之所在！编参考察结束，他向吴大帅报告中一针见血地点出要害："俄之谋我，祸莫大于乘隙。"接着就该地区的防务、资源利用等方面提出了建议。 这次考察后，胡铁花被吴大澂举荐朝廷，"以知县留于吉林酌量补用"，又一次派去边境三岔口办理募集流民、垦殖荒地、发籽育种的农垦事务。 这无疑是安民靖边的大事。 从此胡铁花成了吴大澂麾下的得力助手。

1884 年，胡铁花奉调去审理讼盗案件，很快清理了许多积案。 接着他被委署县政兼理儒学训导，又从严从速处理了一批"滑吏"、"莠民"，奖励士人"争奋于学"，赢得当地人士奔走相告："良师也，不可失！"

胡铁花的才干、尽职、政绩都为吴大澂所赏识，终于被委以国务重任。同年，胡铁花被派赴珲春，会同沙俄帝国官吏廓米萨尔，勘定黑顶子边界。此地实际已为俄占领，经过外交上的艰苦争辩，终于在光绪十一年(1885 年)时要了回来。 胡铁花的踏勘、会谈无疑起了重要作用。 他在前去的途中，听说有条捷径可"察其要领"，不料在漫天大雪中迷路，断了干粮，衣履都零落破败了，极其困顿中他发现一条山涧，"忽念水流必出山"，他的小队人马沿山涧而行，终于走出险境，完成会勘任务。

1886 年，他因母亲逝世回乡奔丧。 1887 年，吴大澂调任广东巡抚。 胡铁花服丧毕，离乡南下广州，继续追随吴大帅麾下。 吴大澂与两广总督张之洞欲计划开发海南岛。 吴大澂遂派得力助手胡铁花下海考察黎峒山乡、天涯海角。 一冷一热，同样都是元荒"蛮夷"之地，胡铁花因水土不服，并过度疲劳，"染瘴几死，幸遇席公，乃获更生"。 席公者，蜀中太守席春畚，时在海南抚黎。 胡铁花冒死开展工作，得出"生黎驯，不必剿；林木少，不足采；黎峒窄，不值郡"这样一个十分客观、具有现代观念的结论，供张、吴两帅计划开发琼州作决策参考。 这是自明朝海瑞 300 年以来第一次对海南岛进行认真的实地踏勘。 胡铁花考察海南岛时写下了详细的日记，后来在地理学杂志《禹贡半月刊》上发表。 胡铁花对海南岛的这个结论，从历史主义观点来看，至少有两点具有超越时代的进步性：一是维护民族和睦，二是保护自然生态环境。

1888 年，黄河在郑州决口。 8 月，吴大澂奉调河道总督，督修黄河河堤。 胡铁花随同前往，负责开厂购料、浇填土坝两项关键工作。 他抵制治黄河的腐化作风，兢兢业业，一心为公，"治料，则料精而价廉；督工，则工坚而时速"。 据传，他采用了家乡徽州篾篓装石料来驳堤的办法修筑黄河堤岸，收效显著。 他也不困惑于流行一时的"河神"（水蛇、蛤蟆）迷信陋习，赋诗讽刺云："纷纷歌舞赛蛇虫，酒醴牲牢告洁丰。 果有神灵来护佑，天寒何故不临工？"由于协理治黄劳绩卓著，吴大澂于"大工合龙，以异常出力奏保"朝廷，胡铁花奉旨得"直隶州候补知州分发各省候缺任用"（相当于现在的地市正职）的官员资格。 至此，他才离开恩师吴大澂。

趁等待新的任用间隙，1889 年，胡铁花再次返乡绩溪上庄，由他的婶娘（伯父胡星五的妻子）作伐，娶了七都中屯平民女子冯顺弟做他的第三任妻子。从此，他的仕途与家庭日趋圆满。

1891 年，胡铁花的候补得到"落实"，被签分（在北京等候时抽签）到江苏省城苏州，先后担任（省城）阊胥门外水陆总巡保甲局长、省城中路保甲总巡、（上海）淞沪厘卡总巡。 苏南历来是富庶之地，为官者无不企盼，尤其是后者，总管上海港口厘金税收，这无疑是份肥缺。但胡铁花清廉敬业，夙夜奉公，既不为难商贾，又不拖沓商务，表现出徽商从政后的精明干练，且在官场"平居谦退，不以才智先人"，诚为江苏等多省巡抚所器重，因此得了个"能吏"的好名声。

上海与上庄胡氏素有深厚的关系。胡铁花的祖上曾在上海附近川沙以一百银元起家，独资创办了一家小小的名叫"胡万和"的茶叶店。那时川沙还是个小渔村，因此有了"先有胡万和，后有川沙县"的民谚。到了他父亲胡贞锜手里，"胡万和"在镇上有了规模较大的分店，并且拨款在上海华界与他人合股，开办"瑞馨泰"茶叶庄。每逢春茶上市，少年胡铁花便被父亲带去川沙、上海协助经营，14岁时"已如成人，每岁茶市，已能供奔走，助力作"，成了惯例，直到接受长兄星五的启导，送龙门书院读书，他才终止这种"学生意"式的商业活动。如今，胡铁花宦游十年，终于回到自己熟悉的土地上做官，当然心满意足常去川沙"胡万和"转转，也到"瑞馨泰"坐坐。他的新婚妻子就借住在上海大东门外的"瑞馨泰"店铺屋

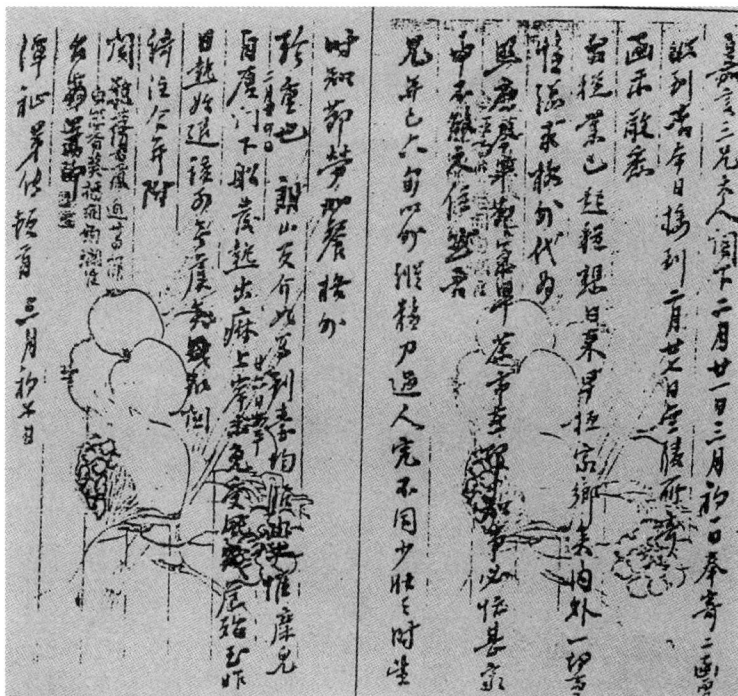

胡铁花书札手迹

里。更使他心花怒放的是，赴任同年(1891年)阴历十一月十七日(阳历12月17日)，也就是结婚两年后，18岁的少妻生下了一个男孩，这是胡铁花第四个儿子(老二老三是双胞胎)，也是最小的儿子，是日后给上庄胡家撑门面，给绩溪胡氏宗族光宗耀祖的人物。他，就是胡适。

胡适出生的这个年份，正好是康有为发表刊印《新学伪经考》、《大同书》，中国维新变法轰轰烈烈，亚洲资产阶级改良思潮风起云涌之际。越世纪，发生了五四新文化运动，其中几位大将也都降临在这个时期，但排起年纪来，胡适却是他们的小弟弟了：陈独秀(1880年生)长他11岁，鲁迅(1881年生)长他10岁，钱玄同(1887年生)长他4岁，李大钊(1886年生)长他2岁。

胡铁花本想谋个太仓知州这样的太平官，干几年告老还乡，奈何因为“能吏”出了名，竟被新设行省的台湾巡抚邵友濂奏请朝廷，调到台湾去了。这改变了胡铁花一生的命运，使他干事执着、为官清廉的本性升华成崇高的爱国壮举，彩绘了他生命的最后一页。

治台抗倭殉国情

光绪十八年(1892)阳历2月，胡铁花邀请族兄胡宣铎(胡宝铎的胞弟)做幕僚，并携带二子绍之，简装轻从渡海去台湾。赴任前，他将少妻稚子带到沙川，但他家的“老万和”茶庄不便住入内眷，于是租赁了咸丰举人沈树镛宏大的家宅“内史第”的一间厢房安置妻儿。翌年2月，派人来接去台湾团聚。

值得一提的是，胡适婴幼时代与中国现代史上的两位名人同住川沙“内史第”一个大院，这两位名人就是黄炎培和宋庆龄。胡适曾说，“我幼时在川沙住过一年，没有印象”，因为他那时实在太小了。但是15年后，1906年他在上海就读中国公学时，对英文老师宋耀如(也就是当年“内史第”邻居宋氏兄妹的父亲)的印象就颇深刻了。他晚年谈及这位“蒋夫人”(宋美龄)的父亲时曾说：“他本人并不高大，长得又黑又粗，嘴唇有点噘起的。他有三男三女，都很漂亮，都不像他。”胡适没有见过师母倪桂珍，但听说“她长得很高，也很漂亮。宋家兄妹都像母亲的”。

胡铁花离开上海，踌躇满志地横渡台湾海峡去赴任，在海轮上他赋诗抒怀：“因缘不必问三生，聚散如萍却有情。入世岂愁多险阻，知人翻恐负公卿。天风假我一帆便，海水谁澄万里清？试看乡村颁社肉，几人作宰似陈平。"从这首难得留存的律诗中，可见胡铁花是满怀建功立业的愿望踏上命运险途的。

2月底，胡铁花在基隆上岸，立刻奉檄开展公务。他以"全台营务处总巡"的身份，冒湿热瘴疬毒气之艰险，巡视全台31营28哨的防务，并代邵友濂巡抚前往澎湖列岛视察军情，前后历时6个月，留下了一首壮怀激烈的词《大江东去》，曰：

> 严华世界，任凭我踏遍云山千叠。瘴雾蛮烟，笼不住猛虎磨牙吮血。试问当年，英雄几辈，学班超探穴？寒光射斗，看来辜负长铗。只当竹杖芒鞋，寻常游览，吟弄风和月。圆峤方壶都在望，无奈海天空阔。浪拍澎湖，秋涵鹿儿，应笑重来客。哪堪骊唱，正逢重九时节。

如此铁板长歌的背后，殊不知高山瘴雾、湿热疬毒正折磨着他，"历遍三十一营二十八哨，凡六个月，往来炎蒸瘴疬之中，从者皆死"。胡铁花历经各种自然极限气候的磨难而幸免，诚如他遗嘱中自言，"在婺源覆舟于鹅掌滩下，亦幸不死"；"会勘边界，中途遇大雪，失道误入窝棘中（即荒老的森林），绝粮三日不死"；"自琼而南，直穿黎心以达崖州，染瘴病困于陵水，海天空阔亦不死"；这次在台岛瘴疬毒雾中的遭遇，唯他生存了下来。这固然可以说是他命大，但毕竟严重地摧败了他的身体，伏下了致命的湿毒刻骨蚀心的祸根，是为他悲剧终身的因子。然而，胡铁花就是胡铁花，他勤于政、精于业，尤其深谙军事地理学，他将巡视的结果直言禀告邵友濂巡抚：全岛炮台要塞防务功能等于零，鉴于中法战争(1885)之后，我南洋海军基本被摧毁的现实，台湾已临门户洞开的险境！这是一个令人警惕的结论。

他向朝廷建议，从速更换逾龄的老式武器，购买新式炮舰，训练组建一支小型的海军，用作全岛防务之用。但昏庸腐败至极的清政府置若罔闻，却授他一个"提调盐务总局，兼办安嘉总馆"的官职。尽管胡铁花并不喜欢这个官职，但在就职半年内，对台湾的盐政有所兴革。厘捐、盐务，是清朝官场大把大把敛财的肥缺，胡铁花是位敬业的"薪水之外，一尘不染"的清官，他不仅不领情，反倒想"托疾竟去"，"退归老乡里，仍读我书"(致友人传)。怪不得连他儿子胡适也说他是个"怪人"。

就在这个时候，原任台湾布政使的唐景崧升任为台湾巡抚，于1893年5

月委任胡铁花为代理台东直隶州知府,6月又委他兼统镇海后军各营屯。 据说原来那位台东知州兼后山驻军的统领,在胡铁花到任后一天里心脏病猝发而暴亡,于是胡铁花就成为台湾唯一一个直隶州的最高军政长官。 从1893年6月到1895年4月(《马关条约》后日据台)两年不到时间里,胡铁花治理自己的辖区,在清廷腐朽没落的大背景下,还是有所作为的,择其举措分列如下:

——纠正清廷一直来"重防番(指土著高山族)、轻防海(指海上倭寇)"的极端错误的台湾防务政策。 他认为这是治台的最大弊病,对内应团结加教化,"拊循野番,兽扰而儿蓄之;复设番塾,延师教读"。 虽然仍是严重的歧视少数民族的观点,但与当时从中央到地方的敌视进剿政策是有本质区别的。

——鉴于"台东各处土旷而沃",鼓励居民多开荒地,多种五谷,多养牛羊,多栽竹木,从而发展生产,厚生利民。

——实行民族和睦、安居乐业政策,鼓励大陆移民与土著居民"共敦和睦,毋相寻仇,以全类族,各安生业"。

——几乎月无虚日地反复视察台东"辖境内五百里"的所统各营屯,并立即肯定正确点滴,教正不当之处,深为诸官所惊服。

——亲自主持军队操练,尤其"步伐打靶"等基本训练,常说:"习之熟,则猝遇非常,不至张皇矣。"为此,他身先士卒,"黎明即起,赴军中点卯"。

——禁烟禁赌。 他极力在军队中禁烟。 由于当时台湾疟疾猖獗,严重影响战斗力,而军队中流行着鸦片可防御此恶疾的误妄说法, 故几乎全军吸毒。 胡铁花下令禁过烟,但积重难返,时间又短,没有明显成效。

——严禁赌博,力戒"隋游"。 后者,即土著(男女)裸体上街游荡,沿袭成习,不以为怪。 这位大陆去的军政长官,首先是发放给他们一衣一裤(或裙),告示必须穿衣裤出门,若有违者,则严刑处置。 不久,社会面貌就有改观了。

百姓知道好歹,高山族同胞为此制作了质料、做工俱精美的"万民衣",赠献给这位为他们做好事的父母官。 其中一件完好留存当地,如今已为台东文献委员会珍藏;另一件,胡铁花殉国后,随同他的棺椁一起运回绩溪,在胡家被精细地保存起来,遗孀冯夫人的内侄冯致远曾见过,他说:"(台东)地方绅士曾集奉送万民衣一件,这件衣服一直保存到'文化大革命'时才遭焚毁。"

历史也没有忘记胡铁花的功绩,现在台东县已将光复路改名为铁花路,并树立了《州官胡公铁花纪念碑》,有云:"服官勘勤,夙夜匪懈,遇事奋往,不避艰险……凡此诸端，具征台东七十年来开发之促进民智之启沃，而有今日之成规者，乃公之流徽丽泽也。"

胡铁花到台一年后，1893 年 2 月 26 日，把留在上海的少妻冯氏、幼子胡适接来台东团聚。但宁静温馨的生活只维持一年略多时间，随着甲午战争中国的失败(1894)，屈辱的《马关条约》签订(1895 年 4 月)，国家的悲剧、台湾的悲剧、胡家的悲剧接踵而来。

甲午平壤战役和黄海海战中国大败后，日军步步进逼，攻陷了辽东半岛的金州、大连、旅顺，进而准备进攻北洋海军司令部所在地山东半岛的威海卫，台湾岛已进入备战状态。胡铁花预测全岛险恶前景，遂于 1895 年 1 月，遣送冯氏偕胡适并四弟介如、三子嗣秠等一行回绩溪，二子绍之暂留身边照应，给妻子和三个儿子各一份言简意赅的遗书，自己则留在孤岛绝地，以身报国。

1895 年 2 月，日军攻陷威海卫，占领刘公岛，12 日海军提督丁汝昌殉国。北洋海军全军覆没。4 月 17 日，李鸿章到日本，在广岛与伊藤博文签订了丧权辱国的《马关条约》，将我国的台湾岛及澎湖列岛割让给日本。18 日，噩耗传到国内，举国大哗；台湾同胞尤为激愤，"若午夜暴闻轰雷，惊骇无人色"，"聚哭于市中，夜以继日，哭声达于四野，风云变色，若无天地"。随即，北京朝廷电令台湾巡抚唐景崧"交割台湾限两月，余限 20 日，百姓愿内渡者，听。两年内无内渡者，作日本人，改衣冠。"到 5 月 18 日，清廷又严令唐："着即开缺，来京陛见，所有文武大小官员，着即内渡返大陆。"这时省会、道、府、县官弁相继纳印内渡。提督杨歧珍交纳印信后，在限定期中渡返大陆。台湾巡抚唐景崧再也不坚持抵抗了，准备内渡返大陆，只是离台时限已过，口岸严加封锁，6 月 6 日他在淡水偷渡时被守台兵士扣留；他登上德国轮船，仍为淡水要塞拦截，后在德轮炮击掩护下，落海而去。这时台北、基隆已被北白川能久亲王率领的日本占领军攻占了，兵锋直指台中、台南。一片撤台尘嚣中，也有少数清朝驻台文官武将不答应，坚持留岛抵抗。在籍工部主事丘逢甲，破指血誓："抗倭守土！"表示"如倭酋来收台湾，台民惟有开战"。早年移驻台湾的原广东南澳镇总兵、台南新军统领、镇南关抗法名将刘永福，发布《盟约书》："为大清之臣，守大清之土，分内事也！"台东地僻而远，闻命独迟，胡铁花此时已患严重的热带脚气病，行动艰难，他赶去台南(临时省会)汇合坚持抵抗的唯一军事领袖刘永福后，负刘命，抱病策马而去寻找台中知府黎云松——他还掌握台中彰化一带朝廷府库银两物资——为抗日义军筹集弹药粮草,终于找到黎知府,完成使命。 过不久,日舰进犯台南门户安平。 刘永福决定死守安平,保留一条海上退路。 刘永福抵抗到最后,因孤军无援,也是在这里渡海撤回广东的。 胡铁花也在安平,但此时他的脚气病已攻心,并发心率衰竭,双腿浮肿,上吐下泻,便血,几近瘫痪。 刘永福不得已,于8月18日派人护胡铁花和他的二子绍之在安平港登舟,渡台湾海峡,送到厦门。 诀别时,胡铁花把他在台湾三年中踏勘、建言、施政实录写成的《禀启存稿》交给了刘永福。这部书稿实质上是第一部台湾的兵备志,是胡铁花的朱程理学与近代军事地理学相结合治台理想与实践的结晶,是他爱台报国情之所在。

/台湾台东胡铁花纪念碑,左为蒋彦士(曾任台湾"总统府秘书长"、"外交部长")、右为傅安明(抗日战争期间任中国驻美大使馆秘书)

胡铁花在海上艰苦地行舟两天,21日抵达厦门,寓三仙馆。 绍之立即打电报到上海,促四叔介如措资来厦门。 这时胡铁花已"气益促,病益剧,手足俱不能动",弥留仅一天时间便逝世了。 时光绪二十一年阴历七月初一日,公元1895年8月22日,享年54岁。

尚在宜兰陷落,台东形势吃紧,即将离走奔赴台南前夕,铁花与绍之父子相依为命,6月20日,他给二子写下了一纸遗嘱,以表心迹。 兹录原文如下:

予生不辰:自弱冠以后,备历艰险,几死者数矣。咸同之间粤寇蹂蹦吾乡,流离播越,五年之久,刀兵、劳疫、饥饿三者交迫,屡濒于危,而不死。在婺源覆舟于鹅掌滩下,也幸不死。光绪癸未正月,在宁古塔奉檄,由瑚布图河老松岭赴珲春,与俄罗斯廓米萨尔会勘边界,中途遇大雪,失道误入窝棘中,绝粮三日,不死。乙酉,署五常抚民同知,八月二十三日,马贼猝来攻城,城人逃散,予以十三人御之,幸胜而不死。丁亥,在粤东,奉檄渡海至琼州察看黎峒地势,自琼而南,直穿黎心以达崖州,染瘴病困于陵水,也不死。壬辰之春,奉旨调台湾差委。至则查全省营伍,台湾瘴疠与琼州等,予自三月奉檄,遍历台南北、前后山,兼至澎湖,驰驱于炎蒸瘴毒之中凡六月,从人死尽,而予独不死。今朝廷已弃台湾,昭臣民内渡,予守后山地僻而远,闻命独迟,不得早自拔。台民变,后山饷源断,路梗文不通,有陷于绝地,竟死矣!嗟夫,往昔之所历,自以为必死而卒得免于死,今者之所遇,义可以无死而或不能免于死。要之皆命也。汝从予于此;竟老能免与否,也命也。书此付于汝知之,勿为无益之忧惧也。光绪二十一年五月二十八日书于台东镇海后军中营示儿。

有头无头盖棺论

绩溪县上庄镇外将军降山的胡氏祖墓里,埋葬着胡适祖父母胡奎熙、程氏和父亲母亲胡铁花、冯氏。那座墓园是1928年建造的,墓碑两侧,胡适还取《神童诗》两句,勒石作上下竖碑,云"人心曲曲弯弯水,世事重重叠叠山"。此言不虚,逝者的生前身后,曲曲弯弯历经世态,乃至化成白骨后近一个世纪,还是重重叠叠纠缠着殉国者的一个头颅!

胡铁花客逝厦门后,由其二子嗣秬(绍之)披戴重孝扶柩回归上庄村。正坐在前厅的冯氏闻此凶信,突然身子往后一倒,连椅子一起跌倒在门槛上,昏厥过去。间歇,满屋哭声一片。紧接着的是胡铁花遗体安葬和神主牌入供胡氏宗祠的两件大事。徽州乡间有个不成文的习俗,凡"凶死"(死于非命)的人,不得归葬祖籍地,神主不得入宗祠。胡铁花的死讯早于他的棺柩到上庄村,已传云,是在与日寇作战时殉难,失去了首级;又传说是刘大帅(永福)不肯放行,"以军法论处,枭首示众";再加上上庄乡人眼中,胡铁花是个充满传奇色彩的"怪人",而今归葬故里,棺材里那个尸体,恐安上了一个金头颅(或银头颅)。 悲怆已极的当家子绍之(长子嗣稼是个庸人)忍无可忍,对那几个阻挠下葬的村人说:"我与你们赌头吧! 我可以当场开棺,如果棺内无头,你们砍下我的头;如果有头,我就砍下你们的头……"谁敢拿自己的脑袋去动真格? 于是棺厝下葬和神主入祠两件事匆匆了结了。

胡铁花的灵魂在他历尽艰辛主持建成的宗祠内,与诸先宗亲倒相安无事,但他的遗体却并未"落土为安"。 "人心曲曲弯弯水",盗墓者一直觊觎那颗传言中的金头!

程法德先生曾在绩溪八都一带住过有年,也听到过一个类似的荒诞的传说,云:宅坦村胡铁花的同族年长堂兄胡宝铎,进士出身,赐翰林,官至兵部主事。 病故后,皇帝赐予他一颗银头,随同棺椁运回绩溪老家安葬。 遗族为防有人盗棺,配备了五具相同的棺椁一起随运。 胡氏一媳妇为辨别真假,曾将一枚绣花针钉在真棺上。 于是人们问,那四口假棺材埋到哪里去了? 胡宝铎明明是病故的,有头颅的,要银头干啥,岂不遭来戮尸? 荒谬,荒谬,实在是一些无聊的人想金头、银头想得入魔了。 三人成虎,民间这种荒诞流言,一旦时间久了,会"弄假成真"的。

再说胡铁花的墓穴,确实被挖掘过了。 "文化大革命"时期,邻村某大队几个想"金头"的人去盗墓,金头并没有见到,却被穴内的白骨吓跑了,认为要遭晦气,没来得及辨认头颅骨,又把"无头尸骨"流传开去了。 据绩溪县原政协副主席颜振吾先生这位严谨的文史工作者、胡适研究专家调查,情况有这么几种。

传言目睹胡铁花被砍头示众的始作俑者系绩溪余村茶商汪某,其后人说,辗转传闻已历几代人,其实情已记不准确了。 因此胡铁花被刘永福砍头传说并不可靠。 况且一个世纪前那个台湾被割让的非常时期,出入岛内绝非易事,历史背景是模糊的、有疑问的。

盗墓者之一的"汪老鼠"说,他去时发现棺材早已被撬开了,爬去墓穴看到三口棺材都是有头颅骨的,和其他尸骨撒到棺外,只是没有金头,慌忙溜走了。 其他盗墓者把棺材里的一块护心镜和四枚大铜钱弄走去换了钱。 四墓穴中只有冯顺弟棺未被撬,其他三穴均洞口大开。

徽州市档案局胡云致信绩溪县,证实胡铁花棺椁里有头颅骨,并摄下了该墓穴、棺材和胡铁花遗骸的下颚骨。 进一步考察胡铁花的那块下颚骨,骨体大,还有尚未脱落的牙齿。 这些都符合胡铁花体硕、骨骼大、年纪并不老的形体特征。

胡铁花的长房曾孙胡毓凯说："以前，我因听信'亲人白骨看了要晦气'，所以我每次上坟扫墓不敢向祖墓棺材里细看，就站在外面简单地望一下，没有看见颅骨，以为老辈人说的都是真的，也就不一定去考究我曾祖是善死还是被杀死的。而今我与思海叔、毓英族兄(即胡云)经过一番细致地察看，才发现铁花公、奎熙公棺内均有下颚角。奎熙夫人程氏尚有完整的颅骨在。"

也就是这位胡毓凯先生以前不负责任地"听别人说"胡铁花棺内没有头颅，转告《闲话胡适》的作者石原皋，因而使"无头说"一时盛传。石原皋是胡铁花族兄胡宝铎的侄外孙，他的《闲话胡适》1983 年在安徽省季刊《艺谭》上连载后，引起海内外学界关注，有几位胡适研究学者从史学角度论证，胡铁花可能遇害于占台日军或为刘永福"军法处死"，来引证"无头说"，也颇为"言之成理"的。

但是胡适的侄外孙程法德说："先父是胡适长兄的女婿，先母与胡适同受胡母冯太夫人的教养，亲情至笃。胡家后人不善经商，家道中落。胡适二兄绍之晚年视先父母如亲子女一样，相居在一起有十年之久。如果说胡传(铁花)真是杀头死的，则这一家庭隐私除绍之外，至少还有胡适母亲冯顺弟、胡适、先父母四个人也会知晓真相，但他们公开或私下，从没有讲过这件事。当年开设在上海浦东川沙县的胡家独资'胡万和'老店中存放有胡适父亲在厦门诊病的药方单，以及胡传的朝衣、官帽、朝珠、日记、函件等遗物。胡传在台湾的脚肿不是一般普通的脚气病，而是心脏病、肾病所引起的，他在离台时已是吞咽困难、行动不便、病入膏肓的病人，台湾驻军统领刘永福断无不放之理。"

程法德还以为，"无头尸"缘起铁花公一个书童之口。胡铁花先行遣返少妻冯氏、幼子胡适等人中，当年随他去台湾的书童胡朗山也在列。少年朗山在动乱中的台湾算是开了眼界，返乡后经常向众乡亲讲述在台见闻，什么占台日军肆无忌惮烧杀抢掠，岛上义军拼死反抗，残留淮军散兵游勇滋扰地方，无处不是烟火刀枪声，人头落地或悬竿，尸骸横陈，血流成河……给上庄村民烙下台岛是个兵荒马乱的恐怖世界印象。过不久，传来了他们原来心目中英雄胡铁花死亡的噩耗，村民们自然推想铁花公是为国战死疆场的。云云尔尔，在上庄这个相当封闭的山乡，就演绎成悲壮英雄传奇，沿袭了下来。而石原皋以胡家近亲、学者身份著文，通过新闻媒体，起了推波助澜的作用。

现在，胡氏祖墓早已修复，连同上庄村胡适故居，作为省级文物保护单位向海内外开放；胡氏后人在收拾汇拢胡铁花等祖先遗骸时，都承认是有头颅骨的，因此他们认为这个延续了近百年的故事该结束了，呼吁"金头银头之说荒谬可笑"，"无头尸纯属谣言，不必再浪费笔墨撰文论说"了。常言道，盖棺论定，此言不谬矣。

修复后的上庄村胡氏祖坟

第三章 母亲冯顺弟

　　笔者1993年采访上庄村时，曾在胡铁花长曾孙胡毓凯先生家里，目睹胡适父母亲的各一件遗物：一把胡铁花将军生前使用过的七星钢剑；一只光绪皇帝钦赐冯氏的三品夫人诰命箱。当时就联想，这只大红诰命箱，无疑是一座徽州石牌坊的缩影。

胡铁花遗物七星钢剑和朝廷颁给冯顺弟的三品夫人诰命箱

　　那么"诰命三品夫人"冯顺弟是怎样嫁给官宦任上的胡铁花的？她出嫁时只有17岁，23岁做了寡妇后，她是怎样支撑起这个大家庭的？胡家长女大她七岁，长子大她两岁。在守寡的23年生涯中，她又是如何严格执行先夫遗嘱，教育胡适成才的呢？

绩溪太子会，敬崇三先生

　　冯顺弟(1873—1918)出生于绩溪七都中屯村一户遭受过太平军战祸的农家，清同治十二年四月十六日(阳历5月12日)。这时农人们正在努力医治战

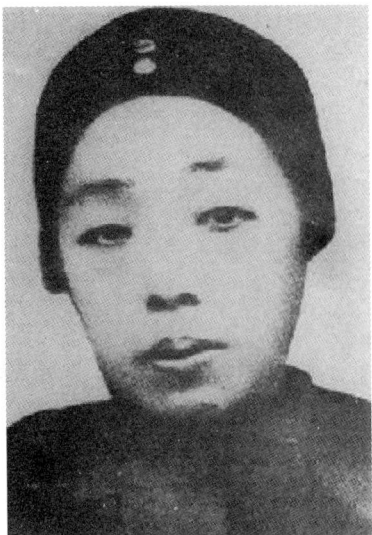

／冯顺弟

争带来的疮痍，顺弟的父亲冯金灶每天正式干活前，迎着曙光，空着肚子，到村口溪滩去挑石子——往返了三次；每天歇工后，照样到溪滩挑石子，倒入老屋地基——亦是三次。 他是战乱的幸存者。 他的一家老幼全被太平军杀死了，他则被掳去做苦力，而且脸上还被刺烫了"太平天国"四个蓝字！ 太平军中有一位裁缝收他做弟子，把出色的缝纫技巧传给了他。 这为他日后生计多添了一条路。 冯金灶有了长女顺弟后，又添了一子二女。 他辛劳农作，勤俭诚实，一有机会就串村做裁缝活，为人称道，力图复兴家业。 这一切都在顺弟的眼中心里，除了每晨每夕和弟弟赶去溪滩，从父亲担子中捡出几块石子，捧着一起到老屋地基外，她暗暗思忖长大后如何减轻父亲的重担。

七月廿五，一年一度的徽州太子神会又来到了。 绩溪的"太子会"，以抬着木雕的太子神像为中心，由戴着大头面具、脸饰五颜六色的"开路先锋"、"和合礼士"（二人)、"驮太子侍卫"和"执龙凤伞者"等人组成队列，一路跳着"驱神纳吉"、"乞求平安"的"破寒酸"傩舞而来。 每到一村落，便有成百成群的青少年举着南瓜灯照明助威。 这时锣鼓声、爆竹声、口哨声、吆喝声混成一片，村中族长、每户当家人，对游舞而来的"太子会"祭坛焚香、跪拜。 于是傩舞开始，按锣鼓击点(无丝竹乐)，"开路"、"和合"、"侍卫"、"龙凤伞"五个舞者，按四个方位，大圈套小圈地转跳；跳到高潮时，抛"福寿"纸的人，将小小的红、绿、黄三色纸，抛向每户人家，驱邪降福……这样热闹的神会，从小到大，冯顺弟是每年必到的。

14岁那年，太子神会轮到上庄做，她赶去看热闹。 她的姑妈嫁在上庄，伴着她观会。 她感到今年的"太子会"没有往年那样奢华、神乎，傩舞和锣鼓爆竹也没有其他村里那么张扬。 她因此听到不少议论之声，有说"今年三先生在家过会，不许这，不许那，把'太子会'弄得冷清了！""嘿，三先生还没有到家，八都(上庄乡)的鸦片馆关门了，赌场门也不敢开了！""有太子会的南瓜灯，却没有烟灯，这可是八都多年没有的事啊！"冯顺弟听着听着，顿时觉得"三先生"是个顶天立地、威光四射的人。

"太子会"快结束时，听说"三先生"来了，她就好奇地驻足等候。"三先生您来了。""三先生。"声音落处，只见人们让出了条路，一个高大的中年汉子，紫黑面膛，留有短须，两眼炯炯，威武锋利，踏着稳健步子而来。冯顺弟壮着胆，再仔细窥视几眼，发现"三先生"穿着在她想象之外，朴实平常，丝毫没有官气——只是穿了件苎麻布大袖短衫，下面是苎麻布大脚官裤，再下面还是麻布鞋子，远比不上财主乡绅，与一般乡民无异——可他是个走南闯北的官呢。

"那个黑脸包龙图的，便是三先生。"姑妈当场和顺弟咬耳朵，告诉她"三先生"前些年在关东最北边的地方做官，他走过万里长城，还走过几十日冷得冻塌鼻子的北边，冰天雪地；还到过南蛮绝域，蚊子有苍蝇那么大。他不怕日晒冰雪，那张脸就是被海风吹黑了。听说"三先生"是封疆大吏手下的能将……

"三先生"和同伴走过她们跟前时，停顿了下。"三先生"瞥了冯顺弟一眼，独自下坡去了。

"三先生"就是冯顺弟未来的丈夫，胡适的父亲，胡铁花。不过此时他已经是三个儿子、三个女儿的父亲，第二次鳏居了。

上海大东门，宦途产胡适

胡铁花已经有过两次不幸的婚姻。第一任夫人冯氏，1863年死于太平军战乱中。徽州是太平军清军作战胶着地带，绩溪正处大道要冲，战火纷飞，那里的老百姓罹难惨重。据说冯氏为太平军所掳，尽节身亡。她没有给胡铁花生孩子。第二任夫人曹氏倒给胡铁花生了三子三女，痛乎憾乎，在生最后一胎儿子时是难产，一对孪生兄弟嗣秬、嗣秕好不容易来到人世间，母亲却在翌年(1878年)患产褥症去了阴间！过了三年，正届不惑之年的胡铁花，把身家、续弦事抛在一边，决心为国家干一番事业，治装北上，到吉林去投奔吴大澂。此去便六年不回首，只是在1886年，吴大帅调任广东巡抚时，他追随有隙，往故乡一转，在"太子会"上邂逅了14岁的冯顺弟，留下美好的印象。一眼看去，顺弟是个年轻、强健、纯良的姑娘。不久他又得知，冯家世代务农，忠厚本分。这样的农家女子，正符合他续弦的标准。

续弦的事终于摆上了胡铁花的生活日程。他在吴大澂帐下业绩显著，被推荐到紫禁城，得到候补知府职位的缺额，就回到家乡上庄等消息。又一个三年过去了——1889年，他遣媒人去中屯村冯家求婚。这年，胡铁花已经47岁了。

媒人直截了当告诉冯顺弟的父亲胡铁花47岁和已有三子三女的事实，就开口要"八字"。冯金灶当下就表示不合适，说："我们种田人家的姑娘不配做官太太，也不敢当晚娘(后母)。"媒人一鼓巧簧之舌道："三先生是很实在的人，要的是庄稼人家的姑娘，晓得过日子，也会过日子。三先生是个好官，体恤百姓，当然更会怜惜自己的家内哩。至于当晚娘，挂个名而已呀。大儿子今年就做亲了(结婚)，有家就自顾自了；至于两个双胞胎，都已15岁，用我们徽州话说，'生在徽州，十三四岁，往外一抛'，都已经在上海的学堂里啦；大姑娘早已出嫁，而且脾气极好；二姑娘从小许给了人家；三姑娘留在乡下家里。三先生是要把新娘子带到任上，一起生活的，这同诰命夫人有什么两样！"

媒人进一步说："乡下十三四岁的姑娘已经定亲了，十七八岁姑娘，还是填房命。"可真击中冯金灶夫妇的心病。媒人继而缓兵："今天我要回娘家去，明天来取八字吧。"

冯金灶夫妇被媒婆说得几无回旋余地，但他们总是担心女儿过去太吃亏了，而且又会被人闲话，"贪图财势，高攀官家"……但是顺弟却不是这样想的。这位大姑娘早就把父亲的辛勤劳作、担石填屋基植于心田，自恨不是男儿，有力分担兴家重负。现在机会来了——当填房嘛，聘金财礼肯定会多些重点，这对于重建祖屋是有帮助的；而且来日方长哩！"三先生还没有到，八都烟馆赌场都关门了！"这句话一直盘旋于她的脑海。男人要有他的威严，才是真正的男人；烟鬼、赌棍怕三先生，正说明他是个好人。"三先生是个好男人。"顺弟认定了这一点，是和父亲不谋而合的。所以当父母征求长女意见时(在封建堡垒的皖南，倒是尚开明的)，她回答："只要你们俩都说他是个好人，就请你们俩做主吧。"

"至于嘛，男人家47岁也不能称是年纪大……"末了她竟然添了这么一句。

说亲的尾声是戏剧性的对八字。顺弟的母亲是骨子里不希望女儿嫁过去的，所以第二天媒人回来讨八字时，她让村里蒙馆先生写下她故意错报的生日和诞辰。也可谓无巧不成书，测字先生排铁花和顺弟八字时，一下子发现顺弟的有误，当即从抽斗里取出一张三年前的红纸，是当年到上庄观"太子会"时，顺弟由姑妈带来算命时留下的庚帖，那才是"真家伙"哩。先生狡黠一笑，神乎其神地推算了一会儿后，突然拍案说道："天假良缘，八字完全对拢！你这媒人告诉三先生，让他开礼单。你也代我向金灶家道喜啦！"

金灶的犹豫彻底消除了，金灶妻只好吞下了自己的聪明误，暗自称奇。算命先生的玉成，在他们看来是前世的命定，于是这场婚姻很快顺利地进行了下去。在胡铁花的日记中，言简意赅地留下了"续弦记事"——

> （光绪十五年，即 1889 年二月）十六日，（从上海）行五十里，抵家……
>
> 二十一日，遣媒人订约于冯姓，择定三月十二日迎娶。
>
> 三月十一日，遣舆诣七都中屯迎娶冯氏。
>
> 十二日，冯氏至。行合卺礼。谒庙。
>
> 十三日，十四日，宴客……
>
> 四月初六日，往中屯，叩见岳丈岳母。
>
> 初七日，由中屯归。
>
> 五月初九日，启程赴沪，行五十五里，宿旌之新桥……

从订婚到结婚，再返任，花了两个半月的时间，其中婚礼的一切程序都经过了，可见胡铁花的明媒正娶是完整而隆重的，对妻子是珍爱而怜惜的。他是一位忠于职守的官员，新婚之后，就带了爱妻返回江苏知府候补任上。当然，岳父那座梦想中的宅屋，他出资帮他建成了。

1891 年，胡铁花双喜临门：他的"候补"有了着落，被任命为淞沪厘卡总巡。这是一份官场肥缺，做官做在上海；这年辞岁时，他的小儿子胡适在上海大东门一家胡家合伙经营的"瑞馨泰"茶叶店里出生了——1891 年 12 月 17日(清光绪十七年十一月十七日)。胡适排行第四，名嗣穈，行名洪骍，字适之，胡适的名字是他在上海读书时取的，以后成了行名。18 岁的妈妈冯顺弟迎来一生最幸福的时光。

但是好景只有三个月，1892 年 2 月，丈夫奉调往台湾，只带了师爷胡宣铎

(他的恩人族兄胡宝锋胞弟)、书童胡郎山、裁缝胡锦泉,轻从渡海而去。 行前,胡铁花为少妻、稚子作了安置,将他们带到了川沙城厢市中街自己家经营的"胡万和"茶叶庄。 万和又被称"老万和",因为早在清嘉庆年间,胡适的高祖已在川沙开创"万和",茶叶制作兼销售,日渐发达,在上海和汉口开了分店。 当年,川沙是个滨海盐村,嘉庆十五年(1810)始设抚民厅,直到清末宣统三年(1911)才改厅为县治。 因此川沙民谚有云,"先有胡万和,后有川沙县"。 这时的"胡万和"有大三开间店面和里间,楼屋也较宽敞,只是为制茶工场和工人宿舍所用,不便内眷居住。

于是他去距"胡万和"不远的南市街,川沙有名的"内史第"府第,租下前进厅屋侧临街的一间厢房,将妻儿安置下来。

/ 倪桂珍

"内史第"是清咸丰举人、内阁中书沈树镛所建的府第,当年院落深重,规模宏大,有三进二院两厢,六七十个房间。 著名民主人士、新中国第一代政务院副总理黄炎培1878年10月1日诞生于是府的内院楼上东厢朝南的第一间房内,并度过了青少年时代;从事民主运动和社会教育事业间歇,他也常去老家歇住。 他的老祖母沈氏和外祖母沈氏,恰是沈树镛的一对胞姐妹,"内史第"便成了黄家住屋。 孙中山夫人、中华人民共和国名誉主席宋庆龄也诞生在这座大院落里,并和她的姐弟度过童年、少年时代。 宋先生的母亲倪桂珍(1868—1931)是川沙人,1887年与海南文昌人传教士宋耀如结婚,1890年由上海搬迁回川沙城厢居住,就租用了"内史第"的前进厅屋沿街的西南侧的厢房、楼房,住了13年。 此外,据传黄炎培的长子黄竞武烈士、著名音乐家黄自、会计学家黄组方也皆先后诞生于这个

倪桂珍和三个女儿宋氏三姐妹

大院。世事沧桑,一度显赫的川沙"内史第"府院,现在只余第三进院落了(现浦东川沙镇兰芬堂14弄1号),砖雕门楼上挂着的陈云手书的"黄炎培故居"匾额,作为上海市文物保护单位被精心保留下来了。殊不知此地是近现代中国历史上三位名人曾留有深深痕印的故居。

笔者1994年10月实地踏看浦东"内史第",瞻仰"黄炎培故居"时,看到黄先生亲书的一幅书轴:"理必求真,事必求是,言必守信,行必踏实。"恰是这位先贤高风亮节的一生写照。笔者也从当地文史界人士那里听到,"内史第"大院20世纪50年代还保存着,用作当地公安部队的一家营房。宋庆龄先生曾对保姆李燕娥讲过的"一口住户们洗衣打水的井"也还存在;宋家旧居的沿街房屋,则成了一家糖果杂货店。然而一切景象,竟在1986年这个城厢古镇大拆迁中消失了——"内史第"众多旧厅空屋,包括宋氏故居、胡适故居……在滚滚尘土和劳力呐喊中不复存在了。痛哉,历史是不能再造的!

胡适和他的母亲在"内史第"只住了一年略多几天,1893年2月26日,胡铁花派人来接母子俩去台湾,护行的有他的四弟介如和孪生二子(均已17岁了)。胡适曾说过:"我幼时在川沙住过一年,没有印象,但以

川沙"内史第"黄炎培故居

后听母亲说，川沙是个鱼米之乡的好地方。"

笔者好友程法德先生是胡适的侄外孙，20世纪40年代末在北平读辅仁大学时曾与胡适相处甚密。他告诉笔者，胡适成年后专门去过川沙两次。一次是1917年7月，胡适自美国留学回国，应蔡元培校长之聘，做了北京大学教授，暑假返故乡绩溪拜望母亲(也同时去旌德江村探望订婚12年的未婚妻江冬秀)途中，经过上海，专门去了川沙一次，到"老万和"店楼上，取走了先父遗留的手稿，计有年谱、日记、奏稿、诗文等，至于其他的遗物如官服、官帽、朝珠、信函等仍留在房内。另一次是1934年2月8日，胡适自北平到上海参加太平洋国际学会，住沧州饭店。乘隙，在长兄嗣稼的女婿程治平的陪同下，乘小火车到川沙，去看了"内史第"婴儿时代的故居，又到"胡万和"茶叶庄休憩，吃了中饭，才返回上海。胡适对此行留下较深的印象，以致在大陆最后几年里，常对程法德说，"暑假里你回上海了没有？有没有去过川沙？有没有看过'老万和'(那时该店由胡适侄婿、程法德父程治平经营)？我告诉你，这样的走法最便捷：你在上海可以乘小火车到川沙北门下车，穿过乔家弄，出去就是市中街，一脚踏进我们的'老万和'啦！"

偌大的"内史第"被拆得只剩下第三进院落"黄炎培故居"，"胡万和"自20世纪50年代公私合营后该店历经沿革，以后就成了劳保商品专卖店，是"铁饭碗"，而且换了"公"字的招牌，店面虽经几番改造，但院落与进深依旧，较完整地保存了下来。

上庄主家政，宽厚加忍耐

胡铁花奉调进台后，初任全台营务处总巡，继管台南盐务总局。公务稳定后，才将爱妻稚子接来，住在台南官署里。接着又因为代理台东直隶州知府，是年年底遂将家庭迁到台东署中。

从1893年2月到1895年1月，这时胡适已从稚齿进入幼童时期，年轻的妈妈冯顺弟容光焕发，在宝岛台湾度过她一生最温馨的日子。她天天与丈夫厮守，相夫教子，生活甜蜜异常。胡适在自传《四十自述》曾有描述："我父又很爱她，每日在百忙之中教她认字读书，这几年的生活是很快乐的。我小时也很得我父亲的钟爱，不满三岁时，他就把教我母亲的红纸方字教我认。父亲作教师，母亲便在旁做助教。我们离开台湾时，她认得了近千字，我也认了七百多字。 这些方字都是我父亲亲手书写的楷字，我母亲终身保存着，因为这些方块红笺都是我们三个人的最神圣的团居生活的纪念。"但是这样平和的日子只维持了一年略多的时间，悲剧时势随着甲午海战的中国失败、《马关条约》的签订接踵而来，胡适一家陷入悲剧的深渊。

坚持守台、抵御日本接管的胡铁花预测到全岛险恶前景，于 1895 年 1 月，留嗣秬在身边，遣四弟及三子嗣秠、书童朗山，将胡适母子送回上海，转返绩溪上庄村故宅。 他还给妻子及四个儿子各写一份遗嘱，表示决心已定，以死报国。 当年，胡铁花奔走国事，在家乡只有薄田数亩，也没有为自己及家人建造体面的宅屋。 现在向海内外开放的坐落在上庄村西南方向、常溪河畔的"胡适故居"(安徽省级文物保护单位)，乃是胡铁花二子嗣秬(号绍之)于 1897 年主持营建的。 回到上庄村的冯顺弟度日如年，忐忑不安地等着丈夫的消息。 8 月 22 日，胡铁花客逝厦门。 其二子嗣秬跋山涉水、千辛万苦扶柩回归上庄村。 未进村，正坐在胡家前堂的冯氏闻此凶讯，突然觉得天翻地覆，乌黑一片，身子往后一倒，连椅子一起跌倒在门槛上，昏厥过去。 间歇，满屋充满了哭声。

尽管皇帝的一道诰命下来，遗孀被册封为三品夫人，厅堂梁上高悬着盖有御印的一幅黄缎(圣旨)，但却无助于这位 23 岁就寡居的少妇，立时要做众多成年儿女组成的大家庭的家长；也无助于她按故夫"穈儿天资聪明，应令他读书"遗嘱，教育骨血成才。 诚如胡适说的，"她的生活自此时起，自是一个长时间的含辛茹苦"。 而"她含辛茹苦，把全副希望寄托在我的渺茫不可知的将来，这一点希望居然使她挣扎着活了 23 年"。

现在，围绕这位后母便是这么一群小辈：长子嗣稼大她两岁，一个只会伸手要钱而不事生产的废物，而他的媳妇，更"是一个最无能、最不懂事的人"(胡适语)，他们的女儿，只不过小胡适一岁而已。 二子嗣秬，只小她两岁，清末国学生，候选知县，经商于汉口、上海间，是全家最能干也是非常精明的男人，而他的女人，却"是个很能干而气量很窄小的人"(胡适语)。 三子即孪生的嗣秠，已承继给五房作香火。 长女大菊大她七岁，早已出嫁。 二女从小就送了人家。 只有大菊才理解后母的苦衷，回娘家时，像姐妹般劝慰她。 自从老爷子这根栋梁一倒，大家庭再也没了统治权威。 分房、析产、分炊势在必行了。

冯氏面临最现实的问题，三开间老屋如何容纳三房七八口家人？ "诰命三品夫人"的圣旨挂得再高，也无济于事。亏得能干的老二早在 1897 年，动用故父官囊遗银，建造了一栋三开二进二天井两层的通转楼房(典型的徽派民居)，面积有 200 多平方米。新居落成后即实行分家：厅堂东侧楼上楼下，归二子嗣秬一家使用；厅堂西侧楼上楼下，则归冯氏及四子胡适使用；三子已出嗣，就不再继承房产；长子分得紧邻的老屋，又考虑他没读过书，无业坐吃，将汉口店业也分给了他。里堂东边尚建有集厨房、茅厕、猪栏在一起的大统间平房，特地筑起两副灶台，分归二房、四房(冯氏代表)使用。厨房里有两扇门：一扇通二进厅堂，一扇通向墙外巷道……冯氏为分家析产累得吐血。

老大嗣稼不出丝毫力气，却在分家时最得便宜，但他抽大烟、嗜赌博，已积习难返，钱一到手，就花精光。他家徒四壁，于是就动起大家庭的念头，见了精致的烛台、香炉，偷出去变卖；即使一把锡酒壶，也来个顺手牵羊。早年，胡铁花在世时，痛恨这个败子到极点，擎剑要砍他的头，顺弟急得跪着哀求："使不得！千万饶了他吧！不然人家以后会说我这个后娘不容……"现在，这个败子在外面以胡家名义屡屡赊烟钱、欠赌款，累积成重债。每到除夕时，债主们拎着灯笼，一个一个上门来，人声鼎沸，灯影绰约，把大厅里的两排椅子，连得门槛上都坐满了。老大早就不知躲到哪里去了，当家的年轻后娘无疑成了众矢之的。这景象实在恼人，但冯顺弟很镇定，"走进走出，料理年夜饭，谢灶神，分压岁钱等事，只当作不曾看见这一群人。到了近半夜，快要'封门'了，我母亲才走后门出去，央一位邻居本家到我家来，每一家债户开发一点钱。做好做歹的，这一群讨债的才一个一个提着灯笼走出去"(胡适)。大年初一降临了，新年纳福，什么都得吉祥平安，这时老大叩后门，溜回来了。后娘从不骂他一句，脸上也不露怒色。在小胡适的眼中，这样的过年总有五六次。

如此宽厚对待这个不争气的长子，而对两个刻薄的儿媳也一样。大媳、二媳常联合与后母闹气，有时还借他们的孩子(小不了胡适几岁)嬉戏时争执来发泄，言语尖刻，指桑骂槐。冯氏实在听不下去了，"便悄悄走出门去，或到左邻立大嫂家坐一会，或走后门到后邻度嫂家去闲谈。她从不和两个嫂子吵一句嘴"(胡适)。最使她受不了的是二媳那张脸孔——一旦闹气，脸色变得铁青，刀也砍不进去，而且可以坚持十天半个月不说一句话，昂首阔步，默然无声，凶神恶煞地走进走出。冯氏忍无可忍了，"这才早上不起床，柔声大哭，哭她早丧的丈夫。她从不开罪她的媳妇，也不提开罪的那件事。但是这些眼泪，每次都有神秘莫测的效果。 我总听得有位嫂嫂的房门开了，和一个妇人的脚步声向厨房走去。 不多一会，她转来敲我们房门了。 她走进来捧着一碗热茶，送给我母亲，劝她止哭。 母亲接了茶碗，受了她不出声的认错。 然后家里又太平清静得个把月"(胡适)。

对小辈，她是超绝的仁慈、宽厚、忍让，尽管她与她们的年纪不相上下。但对同辈无理闹事，她就十分冷静地有节制地去应对。 "我家五叔是个无正业的浪人，有一天在烟馆里发牢骚，说我母亲家中有事总请某人帮忙，大概总有什么好处给他。 这句话传到了我母亲耳朵里，她气得大哭，请了几位本家来，把五叔喊来，她当面责问他她给了某人什么好处，直到五叔当众认错赔罪，她才罢休"(胡适)。 冯顺弟在胡家族叔兄弟中，正当地维护了自己的尊严。 她心胸十分坦荡。 儿子胡适是村上有名的"小先生"，当时大家庭的日用进出，都让小胡适登记在账簿上，即使是块豆腐之微细，也不漏账。

冯顺弟，做人真不容易啊！ 23岁寡居，内心的痛苦且不说，在这个有荣誉的大家族、大家庭中做家长，更是谈何容易！ 她刚柔相济，立身处世，而她最大的禀赋就是容忍。 各种各样的是非、苦恼、不平……都被她忍耐着，宽容过了。 这种禀赋，潜移默化，在她儿子胡适身上渐渐地体现出来。 胡适在北京大学做文学院院长时，已"大名垂宇宙"，但"小脚夫人"江冬秀发起脾气来，声势也不小，有一次将一把水果刀掷了过去，险些击中胡适面颊，胡适则只是嘀咕几句了事。 胡适在1935年出版的《四十自述》中曾说："如果我学得了一丝一毫的好脾气，如果我学得了一点点待人接物的和气，如果我能宽恕人，体谅人——我都得感谢我的慈母。"

宅门哺爱子，慈母也严师

骨肉之间当然可以直抒自己的爱恨了。 冯顺弟对胞弟妹，对亲子，把整个身心都扑了上去，倾泻她的全部真情。

她有一弟两妹，两位胞妹都因婚嫁不当而过早去世，所以她尤其疼爱胞弟冯诚厚。 宣统二年(1910)，诚厚患上可怕的腹胀病(其实就是血吸虫病)，顺弟把他接来家中，侍汤药养病(他们的父亲已在五年前去世了)。 她目睹弟弟的病久治不见效，焦急异常。 当时"廿四孝"盛传"割股疗母"感动天神而显灵的故事。 她深信不疑。 于是她选了一个月夜，闭门焚香，对天祈祷，准备自割手臂上的肉，放在药锅熬成汤。 正在这当儿，檀香木爆出了声响，把弟弟扰醒了，就问："哪来的异香？ 哪来的声音？"顺弟答道："天上飘来的香气，天风吹动了窗纸。"弟也就迷迷糊糊地睡去了。 第二天清晨，顺弟捧来一碗中药汤。 诚厚喝着，觉得异味颇浓，只是在姐姐催促下，忍着喝完了。 喝完后他发现碗底有一块发紫的肉。 诚厚是中药店出身的，在皖南泾县恒升泰药店当账房，胡适13岁那年曾去那里学生意半年。 他顿时明白了一切。 顺弟噙着一把热泪苦求他吃下去。 他将顺弟的肉含在嘴里。 没有咀嚼，就呕了出来。 顺弟将肉拾起，默默地走出去了。 她变了个法儿，将臂肉放在瓦片上煨成了灰，然后拌和在油炸锅巴中，香喷喷地送去。 弟含着泪终于吞下去了。但是，一切都无济于事。 诚厚鼓胀着腹部，睁着双眼，凝视着一直守在床侧的姐姐，告别了人间。

诚如胡适所说，母亲23岁守寡，含辛茹苦支撑了23年，"只因为还有我这一点骨血"，"把全部希望寄托在我的渺茫不可知的将来"，所以哺育爱子几乎成了她生活的全部内容。 一个山村农妇有多大能耐施教呢？ 除了冯顺弟自身品德和随夫阅世的知识外，先夫的那份遗嘱和他经天行地的一生，便是一部无形的教科书。 每日，天未曙，她已悄悄披衣，坐在床头，看一眼打着微鼾的儿子，分享他的甜睡。 但她相信，凌晨是一个人灵魂入窍、最聪明的时候，此际向他灌输的，够他一辈子受用。 于是，她便将小胡适轻轻唤醒，帮他披衣坐起。

"糜儿，您好醒了。 你先清醒一下。 你不是姓胡吗？ 是的，你姓胡。你是你爸爸胡传，守珊先生，胡铁花将军的最小的儿子。 你是很值得骄傲的呀！ 你知道吗？ 你的爸爸是最善良最伟大的人！ 我们胡家宗祠，是他冒死不辞修建的；我们胡氏宗谱，他也参加编纂。 他后来做官，在吴大帅麾下，闯关外不毛之地，冰天雪地，他又下最南端，天涯海角，那里烈日走兽，蛮荒毒蛇，他都不避艰险去了，那可是要命的地方呀！ 为了朝廷，为了那个台湾，他死在岛上，马革裹尸嘛！ 你是英雄的儿子……"

她看到儿子半睁半闭眼睛，突然停下来，问："你在听吗？ 糜儿！"

得到儿子肯定的回答后，于是她又说："他呀，我说你爸爸呀，到处受到人家尊重。 就是他回老家来休息几天，消息一传出去，七都、八都的烟馆、赌庄都闻风停开了！ 他八面威风，因为他为人正派善良，人家才相信他，敬重他。 他就是你的楷模。 你为人一生，就要学你爸！"

有时候晨训是针对儿子早一天做错了什么事，说错了什么话，让他反省。"你老子的品德首先想到别人，在患难时总把自己放到最后。昔年长毛(指太平军)作乱时，他背负你奶奶逃难，再回来带你五姨、七姨逃出去；再回去把你两个叔叔的房东老阿太背负出去；再回去挑衣物……如此往返六七次，唯不顾自己的生死危险！而你呢？你以为自己就是天……"

小胡适低头哭了。冯顺弟乘势说："你一定要踏着你老子的脚步。我一生只晓得他是个完人，他走得太早，走得太快了……"说着鼻子抽搐起来。加重了语气："你一定要学他，踏他的脚步，千万不要跌他的股！"(按："跌股"，绩溪方言，意为丢脸、出丑)

破晓后，小胡适穿衣服下床，匆匆吃了早饭，第一个往书塾赶去。接着便是这位年轻妈妈梳洗，开始一天的生活。冯顺弟有一头恼人的又长又密的头发，每天早上都要站在矮凳上梳头，爬上爬下，甚是辛苦，不然将会拖到地板上，弄脏了洗起来更麻烦。接着便是静下心，再整理下儿子昨天的行为，以及今天将会发生的事，有时真使她烦恼。是什么使冯顺弟生气、烦恼呢？是小胡适的顽皮，甚至耍赖，说脏话。有这么一件事，胡适到 30 多年后还牢记着，在他的《四十自述》中描述道——

> 有一个初秋的傍晚，我吃了晚饭，在门口玩，身上只穿着一件背心，这时候我母亲的妹子玉英姨母在我家住，她怕我冷了，拿了一件小衫出来，叫我穿上。我不肯穿，她说："穿上吧，凉了。"我随口回答："娘(凉)什么！老子都不老呀。"我刚说了这句话，一抬头，看见母亲从家里走出，我赶快把小衫穿上。但她已听见这句轻薄的话了。晚上人静后，她罚我跪下，重重的责骂我一顿。她说："你没了老子，是多么得意的事！好用来说嘴！"她气得坐着发抖，也不许我上床去睡。我跪着哭，用手擦眼泪，不知擦进了什么微菌，足足害了一年多的眼翳病。

儿子的眼睛不是生眼屎、淌水，就是结痂，散发出难闻的异味，求医无门，严重妨碍了他读书。母亲焦急万状。后来她听说眼翳可以用舌头舔掉，可不能怕脏。果然，一天夜半，小胡适睡梦中感觉到眼皮上有阵湿漉漉的热气在濡染，伴随着非常熟悉的鼻息声……他终于明白了，大颗大颗的眼泪夺眶而出，他钻进母亲的怀里失声痛哭了。

　　成了名教授、博士、大学者后，胡适发出肺腑之声："这是我的严师！我的慈母！"

　　但是他们母子关系并非永远这么严肃，有一次，适逢闹元宵，热烈氛围中，小胡适借发酒疯，借"菩萨附身"，亵渎了山神(想把烂泥菩萨拆下来，抛入茅厕)，还高呼："月亮，月亮，下来看灯！"从而发挥他的无神论思想。这下可吓坏了冯顺弟。母亲越是急，小胡适疯话叫得越厉害，真像鬼神附了身一样。这样的戏一直演到小胡适疲倦得睡去。一个月以后，母亲带了儿子到中屯村外婆家，聪明地指派她弟诚厚，带小胡适去村口三门亭小庙燃烛焚香还愿，"我忍住笑，恭恭敬敬地行了礼"。舅舅外甥各行其道，大家都是心照不宣。"直到我27岁回家时(笔者按：即1917年由北京返回上庄与江冬秀完婚)，我才敢对母亲说那一年元宵节附在我身上胡闹的不是三门亭的神道，只是我自己。母亲也笑了。"(胡适)母子间和谐是主旋律，宽厚的母爱自然容纳儿子的信仰。

　　"穈儿天资聪明，应令他读书。"冯顺弟不忘先夫的遗嘱，并严格执行。小胡适在家乡上庄九年(1985—1904)的生活轴心，就是围绕读书转。"做人，读书"，冯顺弟应是胡适的启蒙师。

　　1895年，胡适随母自台湾回乡，就开始读书塾，是年5岁（虚岁，以下均以虚岁计）。这家书塾本是带他们回乡的四叔介如办的，后来介如到阜阳县上任训导，家塾移交给另一位先生执教，学生增加到十多人。母亲为了先生多教点书给小胡适，封了3倍的学金给他(即6银元)，以后还逐渐递增，加到12元。她情愿在家用日常上苛刻节省，对儿子学金却"打破纪录"。果然，"独我为了有额外学金的缘故，得享受先生把功课中每字每句解给我听，就是将死板文字译作白话这项难得的权利"。"先生(按母亲要求)为我'讲书'，每读一字，须讲一字的意思；每读一句，须讲一句的意思"(胡适)。这样读了几年后，小胡适因为有父亲的"讲方字"、塾师讲古文，根底扎实，学业长进很快，而且11岁已摆脱了噩梦似的因果绝对论，在意识上也由拜神跳入无神领域了。

　　母亲渐渐觉察到狭小的上庄已容不下儿子的读书天地了，在小胡适11岁时，正好他的两位孪生兄长在家，便试探地问他们说："嗣穈今年11岁了。你们老子叫他念书。你们看看，他念书念得出吗？"哪知道老三嗣秠冷笑一声："哼！念书？"老二嗣秬沉默着，始终没有开口。冯顺弟原来想让他们带这个小弟弟到上海去求学，一看到反应如此冷淡，便把想讲的话吞了下去，忍气坐了会，噙泪回自己的房间，泪水扑簌簌而下。没有办法，一家日用支出皆仰仗于汉口、上海两地茶叶、酒业生意，都由老二来往经营，也是够他辛苦的，没有他的首肯，儿子赴沪求学之旅哪能成行？

两年之后，机会来了。1904年春，嗣秅的肺结核已到了非常严重的程度，必须专程赴上海求医。顺弟终于取得他兄弟俩的同意，让嗣秅带嗣穈去上海，也就是这年，嗣秅病死于上海。她可不是一般的"相依为命"识见的妇人，她见过世面，从丈夫那里得知山外有山，大山外面、大洋彼岸，才是自己亲生儿子求知、发展的天地，所以尽管"老牛舐犊"般息息相依十余年，临别时，"只因为爱我太深，望我太切，所以她硬起心肠"(胡适)，不仅没有挥泪，还做出十分高兴的样子，嘱咐儿子，好好念书，没有什么事，不要回家。后来胡适渡洋留学去了美国(1910)，冯顺弟为使其在大洋彼岸读书潜心，1913年在大病中让人给她摄了张相片，告诉家人，我如若大病不起，你们也慎重不要告诉穈儿，仍旧请你们代笔按月寄去家书，一如既往。有朝一日我儿子学成回国了，要是我已不在人世了，你们就将这张相片交给他。穈儿看到这张相片，犹如见到我一样。后来，她逃脱死神魔掌，渐渐痊愈，此际思儿心尤切，但仍没有去信美国催归，只是与江冬秀订下的婚约已12年了，希望儿子回家完婚了事，更希望抱抱孙子——所以后来胡适为长子取名"祖望"，寓意祖母之盼望，但祖母没有盼到他降世便西逝了。

1904年，胡适走出了皖南大山。因为岁末出世，胡适实际只有13岁，"我就这样出门去了，向那不可知的人海里去寻求我自己的教育和生活"(胡适)。胡适的九年家乡生活(1895—1904)就这样结束了。40年后，他在回忆中说："但这九年的生活，除了读书看书之外，究竟给了我一点做人的训练。在这一点上，我的恩师就是我的慈母！"

23岁失去丈夫，守寡23年，含辛茹苦、忍耐宽厚、谨小慎微地做胡氏这个大家庭的家长，终因自身节约过度，积劳成疾，过早地离开了人世——胡适母亲宿疾(喘疾)迸发，又被庸医误诊，于1918年11月23日病逝，享年46岁。晚年，她还收拢失去丈夫的大媳及长房两个幼孙，失去丈夫的三媳及三房的幼孙，与自己同住同炊，使得离析后的胡家再度复合。宽容、牺牲贯通了她的终身。

最悲痛的莫过于胡适，"她只有我一个"，13岁离家游学后15年间，与母在一起生活只有四五个月，"生未能养，病未能侍，毕身劬劳未能丝毫分任，生死永诀也未能一面"！胡适悲恸欲绝，从心田迸发哀号："我的严师！我的慈母！"

胡适为母亲办丧事，和他办自己的婚事一样，旨在反对旧礼教，从自己实践开始，大胆实行改革，既"把古丧礼遗下的种种虚伪仪式删除干净"，又"把后世加入的种种野蛮迷信的仪式删除干净"。他不用和尚、道士念经拜忏，也不用阴阳先生择墓地，他身穿麻布孝服，足履草鞋守灵，在一幅白布上用墨笔写了"魂兮归来"大字挂在灵堂。人们来吊唁，他则用鞠躬代替叩头……但是他在出殡那天致词时，没讲几句，就泣不成声了。他用泣血的心写下了一首悼母诗——

> 往日归来，才望见竹竿尖，才望见吾村，便心头乱跳，
> 遥知前面，老母望我，含泪相迎。
> "来了？好呀？"——更无别话，说尽心头欢喜悲酸无限情，
> 偷回首，揩干泪眼，招呼茶饭，款待归人。
> 今朝——依旧竹竿尖，依旧溪桥——只少了我的心头狂跳——
> 何消说一世的深恩未报！
> 何消说十年来的家庭梦想，
> 都已一一云散烟销（消）！
> 只今日到家时，更何处能寻她那一声
> "好呀，来了！"

第四章 胡适求学生涯

学涯在人的生涯中起着举足轻重的作用。胡适学涯的几个进程是和他的年龄一起提升的:

——台湾两年(1893—1895),与母亲一起读识父亲制作的红笺方块字,又有母亲助教,真是金色的童年。这时胡适才两三岁。

——绩溪九年(1895—1904),家乡教育,有母亲的言传身教,读上庄的家塾。小小的13岁以下的年纪,意识形态上却完成了由拜神向无神的过渡。

——上海六年(1904—1910),走出大山,在当年中国社会前沿城市接受小学、中学、大学教育。换了四个学校:梅溪学堂、澄衷学堂、中国公学、中国新公学。在哪里胡适都是出类拔萃的学子。

——留美七年(1910—1917),浸身大世界。19岁的胡适翩翩一青年,在美国纽约州的康奈尔大学读农学院一年、文学院三年,又入哥伦比亚大学哲学系研究部攻读博士一年半。

24年的读书生涯,终使胡适成为一代大师,影响整整一代学人的思想家、教育家,而他的起点就是黄山山麓的上庄村,导师便是"活动从未超出家庭间琐屑的事之外"的母亲。胡适在1931年写的《我的信仰》中说:"我母亲于1918年逝世。她的逝世,就是引导我把我在这个广大世界中摸索了14年多些的信条第一次列成条文的时机。"他于翌年发表题为《不朽》的文章中,提出"立德、立功、立言三不朽"。回首"检阅我已死的母亲的生平,我追忆我父亲个人对她毕生左右的力量,及其对我本身垂久的影响,我遂诚信一切事务都是不朽的"。他诚信,"那英雄伟人可以不朽,那挑水的、烧饭的,甚至于浴堂里替你擦背的,甚至于每天替你家掏粪倒马桶的,也永远不朽"。

20世纪伊始,胡适这个人物就从这里起步,进入世界的视线。

上庄,"司马光、范缜得了我心"

胡适开智很早,是在远离家乡山山水水的海峡那边,台湾岛台东直隶州知州衙门。那里有十分温馨的氛围，尽管时间短暂，但深深根植于胡适的心田。父亲不仅赋予胡适700多个"红笺方块字"开智，而且还给儿子留下了

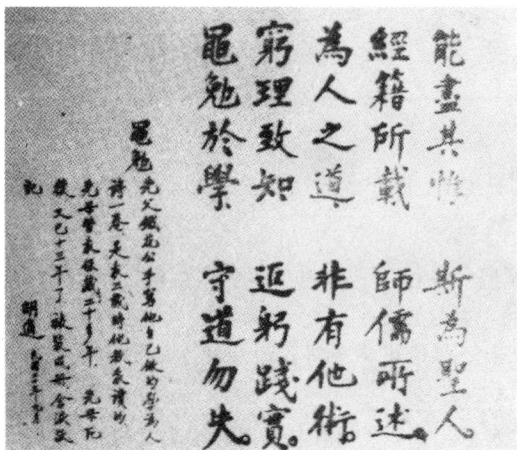
胡铁花教子遗墨《学为人诗》(部分)

两本自己编撰、亲手写成的灌输思想的小册子：《学为人诗》、《原学》。1895年他为台湾抗日而殉国了，没有机会教授儿子去读，由他当年台东知州府的幕僚堂弟介如执教。

胡铁花留给小儿子胡适的还有一份至关重要的"遗产"，就是两张言简意赅的遗嘱——给他妻子的说，"穈儿天资聪明，应该令他读

书"；给胡适的有云，"教我努力读书上进"。这便是那位伟大母亲育子的精神支柱，这也是胡适求学生涯的灯塔。

1895年2月，胡适三足岁略多个把月，踏进了他的父母之邦徽州府。这块土地历史文化积淀深厚，向有"程朱阙里"(程颢、程颐兄弟原籍婺源，朱熹婺源人)、"江戴桑梓"(江永婺源人，戴震休宁人)、"金紫三胡故乡"(胡匡衷、胡秉虔、胡培翚均为绩溪人)之称，还被誉为"东南邹鲁"。混沌初开的胡适沉浸在如是经典汉学、传统伦理的大环境中，潜移默化，起步学涯。

胡适随母一回到上庄，就进了他四叔介如的家塾读书，该塾一共只有两个学生。他太羸弱了，一根七八寸高的门槛还跨不过去；到了学堂上，还要别人抱他坐上、爬下课桌跟前的高凳。但是因为他已认得近千个字，所以老师不用从世俗的"三字经"、"千字文"、"百家姓"、"神童诗"之类启蒙开始，而是拿他父亲留下的《学为人诗》、《原学》直接做读本了。"为人之道，在率其性。子臣弟友，循理之正；谨乎庸言，勉乎庸行；以学为人，以期作圣。""五常之中，不幸有变，名分攸关，不容稍紊。义之所在，身可以殉。求仁得仁，无所尤怨。""为人之道，非有他术，穷理致和，返躬实践，黾勉于学，受道勿失。"(《学为人诗》)父亲的教导，逐渐融入到胡适人格中。

除了读父亲专为他编撰的《学为人诗》、《原学》外，胡适九年间在家塾

里还读了《孝经》，朱子注本《小学》、《论语》、《孟子》、《大学》、《中庸》、《诗经》、《易经》及《书经》、《礼记》等。 胡适读书与其他学生不同，他不属于"两元(学金)阶级"。 他母亲交给塾师(先是四叔介如，后为族叔禹臣)6元，后来又加到 12 块银元。 付出如此高学金的目的，就是需要塾师为胡适"讲书"，每读一字，须讲一字；每读一句，须讲一句的意思。 由于胡适已有了识千字，而且每个字都经过父亲讲解的基础，听讲也能听出滋味来。他感到朱子《小学》里记述古人行事的部分易懂，读起来就有趣。 他的同学在读《幼学琼林》时只念大字(正文)，他却爱读小字(注文)，因为那里有许多神话和故事。 他读书真所谓读出名堂来了。 胡适成了大学者后，深悟母亲此举的非凡意义："我一生最得力的是讲书，父亲、母亲为我讲方字，两位先生为我讲书。 念古文而不讲解，等于念'揭谛揭谛，波罗揭谛'，全无用处。"

"四书五经"给胡适打下了坚实的汉学基础，但打开胡适生活生趣之门的却是古代白话小说。 尚在九岁那年，他在塾师四叔东屋后进的客房玩，偶然间看到桌子底下一只美孚煤油的木板箱里塞着废纸，废纸堆中露出一本破书。他随便捡起这本书，发现两头都被老鼠咬坏了，书面也被扯破了。 他就站在破板箱边，一口气读完了这本残书。 原来这是一本小字木刻版的《第五才子》(《水浒传》)书，残本开始的是"李逵打死殷天锡"这一回。 胡适惊叹说："这一本破书忽然为我开辟了一个新天地，忽然在我儿童生活史上打开了一个新鲜的世界！"

之后，他从五叔那里借到了《第一才子》书即《三国演义》，从三姊夫(在上海周浦开店)那里弄来了《正德皇帝下江南》、《七剑十三侠》；就是不求上进的大哥嗣稼，在他的大烟灯旁也有小说书做伴，成了胡适阅读的猎获对象；大嫂嫁妆里的《双珠凤》等弹词小说，自然成了这位小阿弟的藏书。 他在二哥、三哥那里看到了古典小说名著《红楼梦》、《儒林外史》、《聊斋志异》。说到《聊斋》，少年胡适还经常受族众姐妹、侄女们(都十五六岁)的包围，享受巴结，因为她们极爱听他讲《凤仙》、《莲香》、《张鸿渐》、《江城》这些故事。 而讲《聊斋》时，首先需要较深理解这部故事生动、文笔优美的文言文小说的遣词用句，然后再把文言文译成白话，再转成绩溪土话，丝丝入扣地讲给她们听。 这实际上也在锻炼小胡适做古文，为以后到上海去读书写策论打基础。 二哥绍之的书则给他开阔了眼界，一次回家，带给小弟一本日本人写的讲希腊爱国志士故事的《经国美谈》，这是胡适读外国小说的第一步。

胡适少年读书生涯中有一位亲密同伴，而且起着杠杆作用，就是年纪与他相近(长四岁)的族叔胡堇人(字近仁)。"我同他不同学堂，但常常相见，成了最要好的朋友。他天才很高，也肯用功，读书比我多，家中也颇有藏书。他看过的小说，常借给我看。我借到的小说，也常借给他看。我们两人各有一个小手折，把看过的小说都记在上面，时时交换比较，看谁看的书多(按：如上述之外还有《琵琶记》、《夜雨秋灯录》、《夜谭随录》、《兰苕馆外史》、《寄园寄所寄》、《虞初新志》等传记、笔记小说及《薛仁贵征东》、《薛丁山征西》、《五虎平西》、《粉妆楼》等)。这两个折子后来都不见了，但我记得离开家乡时，我的折子上好像已有 30 多部小说了。"(胡适：《四十自述·(一)九年的家乡教育》)

这些小说，都是用当时白话叙述的，胡适读它，潜移默化的影响是十分深远的。这位中国新文化运动的白话文鼻祖后来说："我在不知不觉之中得到不少的白话散文的训练，在十几年后于我很有用处。"

封建迷信风气像山岚一样不可驱赶地弥漫在皖南崇山峻岭的每一个村落里。胡适幼年时，母亲为保他健康长命(他身体先天不足)，常让伯娘带他去烧香拜佛；还把他许在观音菩萨座下做弟子，取了一个佛名(胡适只记得上一个字"观"，下一个字忘了)；去外婆家时，路上有庙亭，动辄膜拜；眼翳病好了后，随母亲到古塘去烧香还愿……他太小了，都是无意识的、被迫的。但有一件事是出于他心愿的：他做了一个孔夫子神龛，有内堂，有神位、祭桌、烛台……仿照家塾和大姐家的样，工艺做得很认真、精细。母亲对此很高兴，提供一张小桌子、一个铜香炉。每逢初一、月半，提醒儿子焚香敬礼。这一中国几千年流传下来对学界至圣祖师爷的敬崇礼拜，和民间对鬼神的盲目迷信膜拜有着本质的区别。胡适家大门上，贴着他父亲遗墨条幅："僧道无缘"，已由大红色褪到粉红，又渐渐变成淡白色。

胡铁花应该是不盲从神鬼迷信的。他在协助吴大澂郑州治黄患办河工时，曾嘲笑治河官吏祠祭膜拜水蛇虾蛤蟆之类"河神"。他虽然未曾受过近代自然科学的洗礼，但笃信程朱理学，因袭古代自然主义宇宙观。"天地氤氲，百物化生。"他在给儿子编撰的《原学》，开门见山就这样说。父亲去世太早，不能直接授予他的无神论教育，但胡适说："他留给我的，大概有两方面：一方面是遗传，因为我是'我父亲的儿子'。一方面是他留下了一点程朱理学的遗风；我小时候跟着四叔念朱子的《小学》，就是理学的遗风；四叔家和我家的大门上都贴着'僧道无缘'的条子，也就是理学家庭的一个招牌。"
(胡适：《四十自述·(二)从拜神到无神》)

父亲的影响固然是一个不可忽视的方面，不过使胡适从上庄拜神阴影中走出，鹤立鸡群地自觉进入无神境界，主要是靠了读书。

首先，他从朱子的《小学》中，读到史学家司马光家训中有关评论地狱的一段话，"形既朽灭，神亦飘散，虽有剉烧舂磨，亦无所施"。精神被震动了！胡适对朱子《小学》是能全书背诵的，但总是不甚了解，然而就是这句话，一下子使他联想起他曾读过的《木莲救母》、《玉历钞传》等卷子中所描写的地狱里"上刀山、下油锅、抛奈何河(喂饿狗毒蛇)"的惨状，人死后已然"形既朽灭，神亦飘散"，你随便怎么折磨我，"亦无所施"。自此，胡适对世俗迷信"死后受审判"的观念，就开始怀疑起来了。

胡适11岁时，他的二哥绍之从上海回来，给他带来了司马光的《资治通鉴》。司马光已经对他有过启示，司马光的名字无疑是闪光的。于是胡适便撇开了塾师要他读而又不感兴趣的《纲鉴易知录》、《御批通鉴辑览》(这时他已能句读古文)，捧读"通鉴"。他很喜欢这部历史书，读得很认真，当他翻阅到第136卷时，论述5世纪时哲学家范缜与梁朝群官当众辩论"神灭论"时，眼睛发亮了。

> 缜著《神灭论》，以为"形者神之质，神者形之用也。神之于形，犹利之于刀。未闻刀没而利存，岂容形亡而神在哉"？此论出，朝野喧哗，难之，终不能屈。

范缜用浅显的刀子与刀口锋利的比喻，说明形与神相互依赖的关系。没有刀子就没有刀口的锋利，没有形体岂能有神魂？胡适惊叹道："司马光引了这35个字的《神灭论》，居然把我脑子里的无数鬼神都赶跑了。从此以后，我不觉成了一个无鬼无神的人。"

同在第136卷内，还记述了范缜与竟陵王萧子良辩论因果轮回说。范缜用"偶然论"来破坏佛教的果报轮回。他回答竟陵王"君不信因果，何能有富贵贫贱"时说，"人生如树花同发，随便而散，或拂帘幌，坠于茵席上；或关篱墙，落粪溷之中。坠茵席者，殿下是也；落粪溷者，下官是也。贵贱虽复殊途，因果在何处？"意思是人生贵贱因出身分野，是完全偶然性的。胡适那个时代、那个环境，外来的佛家因果轮回盛行，而且超越了中国道德家的"善有善报，恶有恶报"的果报观，把人生贵贱移到前世、下世的宿命轮回中，深入老幼妇孺的精神世界，是十分厉害的，后果也是十分可怕的。 少年胡适建立起自己的无神信仰，40年后，他回忆说，"范缜的比喻，引起了我幼稚的幻想，使我摆脱了噩梦似的因果绝对论"，"而我以11岁的儿童就取了偶然论而叛离了运命"。 他深怀感情地说——

> 我是我父亲的儿子，司马光和范缜又得了我的心。
>
> 　　　　　　　　　　　　　　　　　　　　　　(《我的信仰》)

思想上完成了由拜神向无神论的转换，小胡适就胆敢在上庄村演出了几出惊鬼神的活剧: 欲拖三门亭神像抛茅厕；正月十五闹元宵时，乘着酒兴，当众高呼"月亮，月亮，下来看灯"……

上海，换了四个学校，"适者生存"，取名胡适

刚到上海求学时的少年胡适

徽州有句民谚出了名:"前世不修，生在徽州，十三四岁，往外一丢！"说徽州地方很穷，男人才长到十三四岁，正是少年玩耍的时候，便背井离乡外出学生意或干活，独立谋生了。 胡适那"往外一丢"，也正好十三四岁，不过他不是去学生意的，是他母亲酝酿多年，为实践亡夫"令他读书"的遗嘱，瞅准抓住了三子振之的肺结核病已到很危险的程度，必须去上海医治的机会，1904年2月，将爱子一起送往胡家有基业的那个"五口通商"之一的大城市。 从此，胡适就"向那不可知的人海去寻求我自己的教育和生活"了。 从此，母子一别便是长长的13年，其间相聚，包括胡适回家完婚在内，总共不过四五个月而已，儿子对母亲"生

未能养，病未能侍，毕生劬劳未能丝毫分任，生死永诀也未能一面"，后悔不已。胡适深知母亲，"她只有我一个人，只因为爱我太深，望我太切，所以她硬起心肠，送我向远地去求学。临别的时候，她装出很高兴的样子，不曾掉一滴眼泪"。这情景实在有些悲怆。

胡适在上海求学总共六年，先后换了四个学校，闲居过半年并教过书，简历如下：

——梅溪学堂一年(1904 年 2 月至 1905 年春季)，14—15 岁。

——澄衷学堂一年多(1905 年春季至 1906 年夏)，15—16 岁。

——中国公学两年多(1906 年夏季至 1908 年 9 月)，16—18 岁。

——中国新公学一年(1908 年 9 月至 1909 年 10 月)，18—19 岁，读书兼做该校的英文教员。

——闲居七个月，并在华童公学做国文教师(1909 年 10 月至 1910 年 5 月)，其时胡适已是风度翩翩一青年了。

1910 年 6 月，胡适由在东北任职的二哥绍之陪同，赴北京参加清华庚子赔款留学美国官费生考试。被录取的 70 名官费生中，胡适在列，不过"很挨近榜尾"。接着，是年 8 月，他乘海轮离沪去国，结束了六年的上海求学生活。

梅溪学堂是一家近代教育尚很不完备的小学。校长张焕纶是胡适父亲生平最佩服的好友、上海龙门书院同学(张氏曾写过《胡铁花先生家传》，称铁花幼时有特殊秉性，"不喜甘饵及衣履之红绿者")，他的教育方针很有见地："千万不要仅仅做个自了汉。"虽然胡适只见过他一面，虽然胡适只读了一年，但张氏的教育思想在胡适成长思想旅程中是起到潜在作用的。胡适在"梅溪"一年学涯中，创造了一天升了三个班、一年升了四个班的奇迹。

胡适刚进梅溪学堂时，穿着蓝呢夹袍，外罩绛色呢大袖马褂，留着一条小辫子，一口绩溪土话，完全是个小土佬的样子。他被编在第五班，即最低年级的倒数第二班里。他因为在乡下已读过书塾，所以有在英文、算学上多花工夫。六个星期后的一天，国文教师沈先生讲到课文中一段引文"传曰，二人同心，其利断金。同心之言，其臭如兰"时说，是《左传》中的话。胡适一听，心中暗暗吃了一惊，"先生讲错了"，但没有立刻提出来（大概这就是从母亲那里学来的"忍耐"），而是等到下课，拿了书，走到先生桌子边，轻声对先生说："这个'传曰'不是《左传》，而是《易经》中的《系辞传》。"

态度显得谦恭。 先生的脸立时红了起来，问："侬阿读过《易经》？"胡适回答读过。 又问："侬阿读过别样的经书？"胡适用刚学来的上海口音回答，读过《诗经》、《易经》、《书经》、《礼记》。 先生睁大眼睛看这个瘦弱的乡下学生，听着不住顿首，接着出了一个题目《孝悌说》，要胡适当场写篇文章。 胡适书是读了不少，作文倒还是第一次，但他回到座位上，过了会，一百多字的文章还是做出来了，交了卷。 先生阅后相当满意，笑吟吟地向胡适招手："你跟我来。"将他带到楼下前厅二班课上，向任课教师顾先生俯首耳语了一些，推荐胡适到此班。 顾先生接受了，将胡适安排到末一排桌子坐。 就这样简单，胡适在一天内升级了三个班，即从二年级跳到了五年级。 紧接着，两个作文题难住了他——论题《原日本之所由强》、经义题《古之为关也将以御暴，今之为关也将以为暴》。 日本在天南海北何处？ "经义"文章如何做？ 一片茫然的胡适正在苦恼的时候，梅溪学堂的茶房来报凶信了。

　　原来胡适的三哥振之病危了，当时在上海的唯一亲人就是胡适。 胡适赶到南市胡家经营的"公义油栈"店里送终。 几个钟头后，三哥靠在胡适手臂上咽了气，他只活了 27 岁。 先前两个孩子夭折，遗下妻子与三子由后母冯氏收养。 三子思永以后跟在胡适身边，颇有诗才，但只有 20 岁的寿命。 第二天，二哥绍之从汉口店里赶来，料理丧事毕，胡适将作文的苦恼告诉了他。 二哥是位见多识广的才子，没有为小弟代笔，立刻找来了一批书，如《明治维新三十年史》、壬寅《新民丛报汇编》(合订本)等，装入网篮，让他带回学堂去认真细读。 胡适回"梅溪"，花了几天工夫，埋头读书，居然把那篇"日本"的论说文写成，交上去了。 不多久，他"经义"文也会写了。 几个月后，他又升了班，是最高班六年级生了。 他在梅溪学堂成了出类拔萃的尖子，被选拔(和另外三个同学一起)去上海道台衙门参加会考。 但正在阅读禁书邹容《革命军》的胡适和其中两位同学拒绝了这一"荣誉"，因为他们发现上海道袁海观大人是"亲俄派"。 这年日俄战争在中国东北土地上开战，极大地刺激了我爱国同胞。 上海木匠周生有无辜被俄国水兵砍死，袁海观判案不公，引发市民不满。 胡适和同学还写了匿名信痛骂袁海观，当然不愿赴考了，他们也因此没有最后完结毕业手续，离开了"梅溪"。

　　胡适求学上海的第二个学校是澄衷学堂，当时他当然不会知道蔡元培这个人的名字。 蔡氏早他四年进澄衷时，曾做过这所名校的代理监督。

　　胡适 1905 年春插入澄衷学堂"东三斋"，即第五班。 该校由低到高，共有十二班，前六班为中学，后六班为小学。"东一斋"即第一班，中学最高班；"西一斋"即第二班，中学次高班。 这是一所当时已很有名气的私立学堂(今上海五十八中)，胡适是凭了他在"梅溪"时出色的文章，才被总教白振民(与二哥绍之是同学)接纳的。 不负所望，他又在这所小学兼中学的学堂再创一年升四个班的辉煌："我的考试常常在第一。"翌年春季他跳入西一斋(第二班)，接近中学毕业了，不久又做了班长。 他在"澄衷"近一年半的学涯中，学习了当时称作"新教

上海百年名校澄衷学堂校门

育"的基本课程: 国文、英文、算学，以及物理、化学、博物、国画等，英文、算学两门进步最大；尤为英文，其功底主要得益于"澄衷"一年半的严格训练。 教师都是出身圣约翰大学的，教学严格而科学。 但这位关心时事的热血青年，很快被时髦的进化论吸引住了，踏上了哲学政治的轨道。

胡适在读"东二斋"和"西一斋"时，国文教师杨千里给了他一个作文题目《物竞天择，适者生存》，一下子激活了胡适对严复翻译赫胥黎《天演论》的热衷。 《天演论》出版后一时风行全国，乃至成了中学生的读物，或选作课文。 时代使然，"中国在屡次战败之后，在庚子、辛丑大耻辱之后，这个'优胜劣汰，适者生存'的公式确是一种当头棒喝，给了无数人一种绝大的刺激。 几年之中，这种思想像野火一样，延烧着许多少年人的心血"。 胡适在《四十自述·(三)在上海》中回忆说。 他还说做"物竞天择"这样文章，不是他那样十四五岁少年能发挥得了的，但文中发挥忧国忧民情绪，被杨先生评为"富于思考、善为演绎文，故能推阐无遗"。 终因感染上了热衷进化论的风气，"我的名字也是这种风气底下的纪念品"。 当时，他在学堂使用的名字，还是他父亲按族谱辈次排列下来给他取的名字: 胡洪骍，大概是受了风云人物陈炯明的名号"竞存"影响，一天清早，他要二哥给他取一个表字。 正在洗盥的二哥不经意地说："就用'物竞天择，适者生存'的'适'字，好不好?"

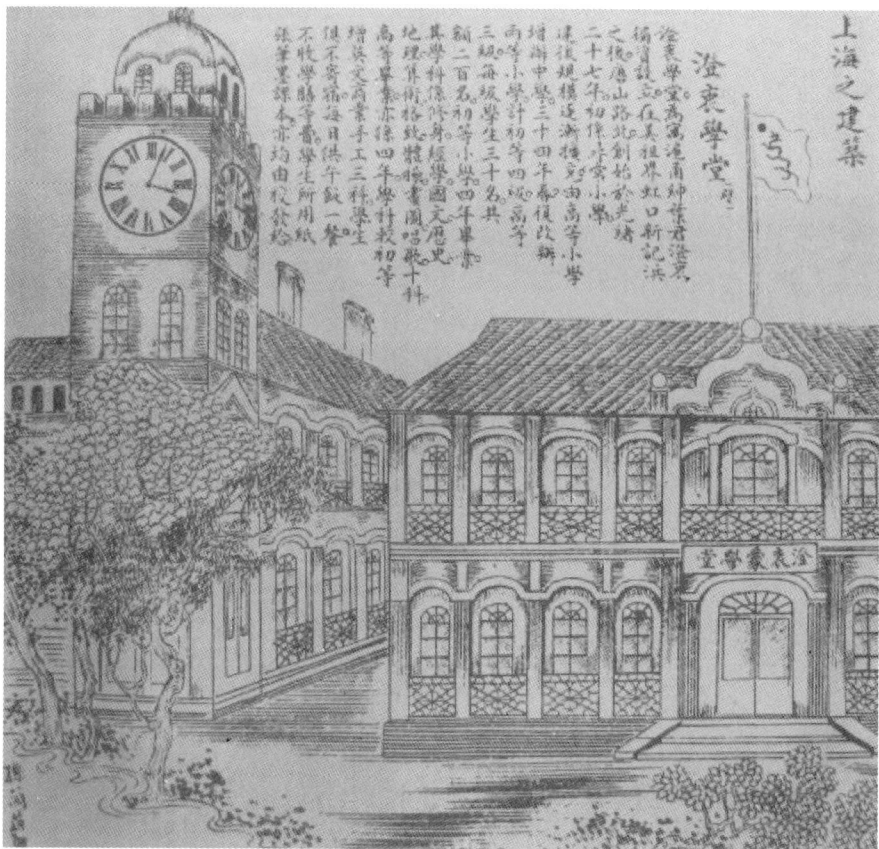

澄衷学堂全貌绘图

胡适正在做这道题目的作文，印象太深了，立刻高兴地回答："好的，好的！"胡适的字就这样定下来了。为和他两位哥哥表字"绍之"、"振之"相应，"适"下加了个"之"，正式称"适之"。"胡适"开始使用在他的笔名上，而且用得也不是太多。他的笔名尚有：期自性生、希疆、铁、铁儿、蝶儿、藏晖室主人、胡天、毅斋主人、适庵、天风、冥游、HUSHIH、H.S.C……后来他去北京考"庚款"留美官费生，填报姓名时，怕用了胡洪骍这个大家熟悉的名字而考不取，面子上难堪，故用了胡适这个表字、笔名，没想到上了榜，出国了，从此带着浓厚时代色彩的"胡适"，成了他的行名。

寻根溯源，胡适师承杜威的实验主义，最早还是在"澄衷"追求达尔文、赫胥黎的进化论、存疑主义中获得启迪的，与他反对暴力革命，主张社会改良思想相一致，逐渐形成他的社会政治思想的哲学基础。但是严复的译文太古雅，影响了天演进化论的传播，这时梁启超和他的《新民说》赢得无数忧国忧民、追求上进的青年的心。"梁先生的文章，明白晓畅之中，带着浓挚的热情，使读的人不能不跟着他走，不能不跟着他想"，"把我们带到了一个境界"，"指着一个未知的世界叫我们自己去探寻"，"我们在那个时代读这样的文字，没有一个人不受他的震荡感动的"。显然胡适是十分心仪梁氏的社会改良主义的，尤其有心得的是《新民说》中"指出中国民族缺乏西洋民族的许多美德"，也就是"我们最缺乏的是公德，是国家思想，是进取冒险，是权利思想，是自由……"胡适惊奇地感到"《新民说》诸篇给我开辟了一个新世界"(胡适《四十自述·(三)在上海》)。梁氏的改良主义和赫胥黎的进化论，深植少年胡适的心田，可谓是日后形成体系的"胡适思想"发轫之一。

胡适在"澄衷"时代，还读了梁启超的另一部著作《中国学术思想变迁之大势》，其震撼力不下《新民说》，"也给我开辟了一个新世界"，使他"知道《四书》、《五经》之外中国还有学术思想"；"第一次用历史眼光来整理中国旧学术思想，第一次给我们一个'学术史'的见解"。但他对梁氏将中国学术思想史分为七个阶段并不满意，而实际上这是一部虎头蛇尾、缺章缺节的未竟论著，于是胡适"自己忽发野心，心想：'我将来若能替梁任公先生补作这几章缺了的中国学术思想史，岂不是很光荣的事业？'"他暗暗下决心，打定主意，就在此时(15岁)下了"种子"，留心读先秦诸子百家的书，做起他的旷世大作《中国哲学史大纲》的准备工作来了。后来他遂愿了，很可惜，这部学术著作也只写了上部(1919年商务印书馆出版)。他的另外几部极有学术分量的著作，如《中国白话文学史》、《中国禅宗史》，也只出了上卷。因此胡适得了一个"上卷先生"的雅号。

胡适，这么好的一名学生并没有能在澄衷学堂毕业。原因是他做了"西一斋"的班长，班上一个学生被学堂开除了，他为之打抱不平，向白振民总教和校长提出书面抗议。白振民虽然爱惜胡适，但还是悬牌记了胡适一次大过。胡适愤愤不平，恰好创办才半年的令人耳目一新的中国公学招考，他应考后被录取，因此在1906年暑假终止了"澄衷"的学业，肄业离校了。

中国公学是一些留日学生创办的。1905年，日本文部省颁布取缔中国留日学生政治活动的规定，我留日学生群起反抗，愤慨回国。回国后，他们主张在上海办一所公立大学，于是年12月经13省的代表议决，定名为中国公学，实质上堪称中国第一所私立大学。1906年春在上海新靶子路(今武进路)

中国公学校门

黄桥路(今横滨路)北租屋开学。 这所学校朝气蓬勃，剪辫子、穿洋装、穿和服、拖木屐，成了一道风景线，很多师生是革命党人，如教师于右任、马君武、沈云翔，学生但懋辛、熊克武、饶铺廷等，都是同盟会的中坚分子。 胡适在中国公学受革命熏陶是必然的，但一些年长的同学都很爱护年方十六七岁的胡适，没有去剪他盘在头上的小辫子，也没有动员他加入同盟会。 后来但懋辛告诉他："当时校里的同盟会员曾商量过，大家都认为你将来可以做学问，他们要爱护你，所以不劝你参加革命的事。"不过在当时，他们有些活动也并不瞒胡适。

在中国公学，因为已在"澄衷"打下了英文和数学的基础，胡适学得轻松，甚至认为当时"中国教育的科学程度太浅，中国公学至多不过可比现在两级中学程度"，因此使他能挪出较多时间来参加社会活动，宣传他在家乡和在学校里得到的知识和见解，及逐渐形成的主张和思想。

有一个属于自己的宣传载体，有一块文字领地，对视写作为至圣的人来说，是多么幸运的事。 1906 年，胡适走运了。 他入学中国公学不到一个月，同寝室同学钟文恢(绰号"钟胡子")介绍他加入校内组织的"竞业学会"。 创办该团体的目的是"对于社会，竞以改良；对于个人，争自濯磨"。 学会设在公学校外北四川路厚福里，常有革命党人来往，实质上是革命党的外围组织。 有两位成员(杨卓林、廖德璠)，后来为共和而牺牲。 "竞业学会"成立后第一件要办的是创办一个白话刊物，就是这年 10 月 28 日(农历九月十一日)创办的《竞业旬报》。 "旬报"，顾名思义，十日刊。 出到 1907 年 1 月 14 日第 10 期，停刊。 1908 年 4 月 14 日即从第 11 期开始，至 1909 年 2 月 1 日第 41 期，终刊。 首任主编傅君剑(钝银)说《旬报》宗旨有四：一振兴教育，二提倡民气，三改良社会，四主张自治。 胡适后来回忆说，"其实这都是门面语，骨

中国公学十周年校庆

子里是要鼓吹革命",而且要"传布于小学校之青年国民,所以决定用白话文"(《四十自述·(四)在上海(二)》)。《竞业旬报》树起白话文大旗——推行北京官话,普及国语,目的在于统一中国的语言而联合中国的人心。实现中国由弱变强的希望,便成了该刊的最大特色。胡适后来回忆说,清末年间,在沿海地区出了不少白话报,如《中国白话报》、《杭州白话报》、《安徽俗话报》、《宁波白话报》、《潮州白话报》等,但都"寿命"不长,唯有《竞业旬报》出了41期(1906年10月28日—1909年2月1日),"要算最长寿的白话报了"。

主持该刊编辑笔政的,先后是傅君剑(钝银)、张无为(丹斧)和胡适。胡适是从第24期(1908年8月)起任主笔的,住进了《旬报》编辑部,爱尔近路(今安庆路)庆祥里,每编出一期得酬劳10元,住宿、饭费均由报社提供,这对濒于破产的上庄家境犹雪中送炭。胡适这名公学中年纪最小的学生能做到主笔,也是"物竞天择"的结果。他会用白话写文章,而且异常热诚。尚在创刊号上,在钟会长的鼓励下,不到15足岁的胡适以"期自性生"的笔名发表"地球是圆的"科学小品文《地理学》(连载三期)。这篇文章成了胡适被印成铅字公开发表的白话文处女作。写白话文，对胡适来说越发不可收拾了。胡适这位文化大师，在不到 60 年的从业生涯中，写下的和(演)说下的文章犹长江大河，浩浩荡荡，难以数计。溯源是颇有价值的，在这里我们不妨就这套《竞业旬报》，从第三期起，将他逐次发表的小说、传记、诗词、社论、时评、杂谈、新闻等，择其主要篇目列举如下：

《真如岛》，笔名铁儿，章回小说(第 3 期至 37 期，共十一回)，主旨是"破除迷信，开通民智"。

《敬告中国的女子》，笔名希疆，时评(第 3 期至第 5 期)，主旨希望中国女子做到"第一样，不要缠足；第二样，要读书"。

《说雨》，笔名期自性生(第 3 期)。

《暴堪海舰之沉没》，笔名适之(第一次用"适之"笔名)，小说(第 5 期)，以外国海难中先让妇幼逃生的震撼人心的人道主义故事，"给我们中国人做一个绝好的榜样"。

《弃父行》、《霜天晓角·长江》和《西台行》，诗词(第 25 期和 29 期)。

《生死之交》，翻译小说，笔名铁儿(第 12 期)，写两个外国少年生死之交的故事。

《观爱国女校运动会以诗》，笔名铁儿(第 15 期)。

《姚烈士传略》，笔名铁儿(第 16 期至 26 期)。姚烈士即中国公学干事姚弘业，湖南益阳人，因公学经济陷于绝境，激于义愤而投江自尽，遗书云："我之死，为中国公学死也。"胡适盛赞姚烈士是"极可爱极可敬极有血性责任心"的人，"陈天华极有热血"式的人。

《西湖钱王祠》、《送石蕴山归湖》，笔名铁儿，诗(第 17 期)。

《赠鲁楚玉》，笔名冬心，诗(第 27 期)。

《秋日梦返故居觉而抚然若有所失因纪之》，诗，长歌(第 27 期)。

《婚姻篇》，笔名铁儿，述评，分两期刊登(第 24、25 期)，表述胡适少年时期对中国婚姻伦理问题的观察与主张。抨击中国婚姻误区四大点外，还提出自己的主张："第一要父母主婚，第二是子女有权干预"，并提出婚姻问题是中国社会兴衰攸关大事的观点。

第 24 期起胡适任《旬报》主编，重担在肩，他沉着应战，一时间"铁儿"、"竞业"纵横版面，诚如他所说："从第 24 期到第 38 期，我做了不少的文字，有时候全期的文字，从论说到时闻，差不多都是我做的。"下面列举的是胡适文涯中较有代表意义的作品。

《中国第一伟人杨期盛传》，笔名适之（第 25 期）。写现代"社会不朽人物"杨期盛，泥水匠出身，自强竞业 30 年成富翁，破家兴学，筑桥铺路、助医。通过是文，宣传胡适"对于社会，竞与改良；对于个人，争自濯磨"的思想和操守。

《无鬼丛话》四篇，笔名适之，用浅近文言文写作，是他在《旬报》发表文章中的个例（第 25、26、28、32 期）。主旨破除迷信、痛击鬼神，也不恪守宋儒教条。

《论家庭教育》，笔名铁儿（第 26 期），认为"这家庭教育，最重要的，便是母亲"，因此"要改良家庭教育，第一步便要广开女学堂"。

在 26 期发表的还有：《西洋笑话》（适广）、《口号》（诗，冬心）、《介绍〈国民白话日报〉、〈须弥日报〉》（新闻，适）。

《世界第一女杰贞德传》，笔名适之（第 27 期），目的在于"我们中国如今的时势危险极了"，巴望"中国快些多出几个贞德，几十个贞德，几百个贞德"，"赶快去做一个马前卒"。

同在 27 期发表的还有：诗作《追哭先外祖》（冬心）、《赠别黄用浦先生》（胡天）；小说《东洋车夫》（适之），讲的故事是他的亲身经历，一个人力车夫撇开中国学生叫车，抢去拉一个洋乞丐，结果非但没得钱，差点挨揍。由此感慨丑陋国民性：媚外。

《论毁除神佛》，笔名铁儿（第 28 期）。发挥他少时确立的无神论，指出"神道是无用的"，"神佛是有害的"，号召大家"快把各处的神佛毁灭了去，替地方上除一个大害"。

《中国的政府》（第 28 期），揭露、抨击清政府为迎接美国舰队来华游历所做出的种种媚外丑态。此篇与《本报周年之大纪念》（第 7 期）前后呼应，忧国忧民，愤世嫉俗。

《论承继之不近人情》，笔名铁儿（29 期），胡适从他三哥继珍伯，人格被扭曲的痛苦事实，演绎出人权不可侵犯的人道主义精神，持续到以后他的"无后主义"、"社会不朽"观的形成。此文是为雏形。

同在 29 期，还发表胡适的诗作《上海电车大桥望黄浦》（冬心）、《赠别汤保民》（适之）、《电车间》（蝶）、《爱情之动情》（适盦）。

《军人美谈》，笔名适盦；《饮食上的科学》，笔名适广（均第 30 期）。

《缝衣歌》、《军人梦》，笔名铁儿，均译诗（第 31 期），后者为七言诗长歌。

《中国爱国女杰王昭君传》，铁儿（第 33 期），热情讴歌昭君出塞和亲，为边境安宁、民族团结作出重大贡献的爱国行为。此篇与《女杰贞德传》，堪称宣传妇女解放运动的姊妹篇。同期还有翻译小说《新侦探谭》，笔名蝶儿。

同期还有杂感《上海百话（一）》，笔名蝶儿；诗《寄邓佛衷日本》、译诗《惊涛篇》，笔名均铁儿。

胡适从 1908 年 11 月 24 日起结合时事新闻，针砭时风，发表《白话》社说系列，到 1909 年 1 月 2 日，共四篇。《白话（一）爱国》，社说，笔名铁儿（第 34 期），大声疾呼，"一个人本分内第一件要事，便是爱国"，爱国的人"第一件不可忘记，忘记了自己祖国的历史"，"第二件便要竭力加添祖国的名誉"。体现作者年少浅显朴素的爱国思想。

同在 34 期上，还发表了胡适的《对于中国公学风潮之感言》（骈），翻译格言《金玉之言》（铁儿，至第 38 期续完），《读〈汉书〉杂记》（铁儿，至第 35 期续完）。

《白话（二）独立》，社说，笔名铁儿（第 35 期），论说人唯有自主、努力、锻炼成才、铸造成器，才能有个人的幸福，才能担负社会的责任，才能实现自己的理想。

《吃茶记》时评杂感，笔名铁儿（第 35 期），记在四马路石路一家茶园喝茶，大家冷眼拒绝一名满口斯文的乞丐的乞讨。乞丐用《诗经》中句来对茶客哀叹，"谓他人父，亦莫我顾！"胡适由人境凄惨生感慨，悟出"为人在世需要自立"，"求人不如求己"的普通道理。本篇与上篇《独立》都是胡适"健全与个人主义"的雏形。

《白话（三）苟且》，时评，笔名铁儿（第 36 期），痛斥中国人随便省事，思想懒惰的"苟且"陋习，"是中国历史的一场大瘟疫，把几千年的民族精神都瘟死了"。

同在第 36 期还发表了胡适的时评、新闻《中国人文大耻辱》（铁儿)、《慰李莘伯被火》(适之)。李是胡适友人,《安徽俗话报》的主笔。

《本报周年之大纪念》,社说,笔名铁儿(第 37 期),明白阐述办这份报纸的五项宗旨:"第一,革除从前种种恶习惯;第二,革除从前种种野蛮思想;第三,要爱我们的祖国;第四,要讲道德;第五,要有独立精神。"

《呜呼!鉴胡女侠之墓》,时评,笔名铁儿(第 37 期),谴责绍兴知府残害革命者秋瑾,并"杀了之后,尸首暴露,不避风日"。又盛赞吴芝英、徐寄尘为女侠收尸造墓的勇敢行为,"从此以后,那西湖之上又添了一块极为悲惨的纪念,又添一块极为堂皇的风景"。

《白话(四)名誉》,社说,笔名铁儿(第 38 期),主旨是发挥"社会不朽"理论。"小我"将灭亡,"大我"永存社会。引述孔子"君子疾没世而名不称焉"、班超"死无所名,非壮士也"的历史名言,所以我们做一个人,"正应轰轰烈烈做一场事业,活的时候,千万人受他的恩惠;死的时候,千万人纪念着他的名儿,那才不愧做一辈子的人呢!"

同期又发表诗作《赠意君》(铁儿)、《赠别诒荪归娶》(铁儿)、《赠别古仲熙归粤》(铁儿)、《晨风篇》(译诗,铁儿)。

《曹大家〈女诫〉驳议》,胡适这篇长文,至 38 期连载完,笔名铁儿。是文对曹大家——班昭的《女诫》所加予中国妇女的封建训条逐一加以批驳。这部《女诫》,"姐姐妹妹们大半没有读过",却是千年来男人借以来"压制我们的姐姐妹妹","把我们中国的女界生生地送到那极黑暗的世界里去了"。这是中国妇女解放的先声。

初出茅庐的胡适在《竞业旬报》这个有限的天地里,发表了这么多的文章,意义是深远的,诚如他自己所说的:"我不知道我那几十篇文字在当时有什么影响,但我知道这一年多的训练给了我自己绝大的好处。白话文从此成了我的一种工具。七八年之后,这件工具使我能够在中国文学革命的运动里做一个开路的工人。"(《四十自述·(四)在上海(二)》)胡适不仅写文章,而且训练了他做编辑工作的本领,主编《竞业旬报》具有承前启后的作用。"我编辑这个杂志的工作,不但帮助我启发运用现代口语为一种文艺工具的才能,且以明白的话语及合理的次序,想出自我幼年已具了形式的观念和思想。"(《我的信仰》)这样说来,《竞业旬报》的写作与编辑,便是日后胡适思想体

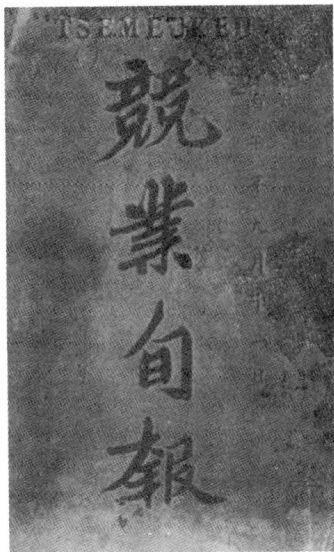

胡适任主编的中国公学白话文报《竞业旬报》

系的嚆矢了。

胡适参与《竞业旬报》的采编工作,实际上贯穿了他求学中国公学(1906年夏—1908年9月)、中国新公学(1908年9月—1909年10月)的过程。 因为学潮,胡适随一些激进同学离开公学,自办新公学继续学业,同时又兼了新公学低级班的英语教师、兼批改作文。 饶树人、杨杏佛、严庄、张奚若便是这时期他的学生。 其间,他还因为脚气病发,一次在上海南市瑞馨泰茶叶庄,一次回老家上庄养病,因此接触了中国古典诗词,并试着写了不少,因此在中国公学校园里得了个"少年诗人"的名声。 1909年10月,中国新公学与中国公学合并,新公学学生可以自由回老公学去,胡适和一些同学不愿回去,就租住文监师路(今海宁路)南林里,闲居上海了。

文监师,昏天黑地胡混,度过精神大转机

《胡适评传》的作者李敖说过:"胡适之不是轻易被了解的人。"诚然,谦谦君子胡适,新公学解体离校后,考取二期"庚款"留学美国官费生前,在上海1910年沉闷的春天,有过一段黑色的日子。

中国新公学诞生于中国公学争取共和斗争学潮之时。 退出老公学的学生自动捐款,加上社会资助、支持,租赁爱尔近路庆祥里作校舍,学生自己管理(部分学生为之牺牲自己的学业),兢兢业业办校,争口气读好书,艰苦悲壮地支撑了一年多时间,终因经费拮据到十分严重的程度,难以为继了。 老公学虽然在吴淞造了新校舍,但生源贫乏,主动招呼新公学。 后者借中国新公学这块牌子在社会上有响亮的优势,与老公学谈判合并,160多人的新公学大部分学生回去了。 曾为之奋斗的胡适的心境,正如他一首五律中所言:"凄凉看日落,萧瑟听风鸣。 应有天涯感,无望城下盟!"他和他的革命党的四川同学林君墨(恕)、但怒刚(懋辛)、吴仲实(恂昌)等就因"为一个理想而奋斗,为一

中国公学校友，从左至右依次为高一涵、马君武、蔡元培、胡适、丁毅音

个团体而牺牲，为共同生命而合作"，"精神上留下磨不去的影子"而拒不回去。胡适因此两个公学都没有毕业，流落社会了。

胡适还有一重难言的苦衷：绩溪家庭经济已败坏到不可收拾的地步，大哥、二哥和母亲分家(三哥因已承继出去，且已亡故，无权分家，但他的遗孀子女，冯氏还是收留了他们)，胡适写信回去，打肿脸充胖子说，"我现在已自立，不要家中的产业"。"其实家中本没有什么产业可分，分开时，兄弟们每人不过得着几亩田，半所屋而已"。在这样的困惑境况中，胡适如何能返乡？他没有本领收拾家庭残局！

幸好，他的中国公学英文老师王云五好意推荐他到华童公学做国文教师(1910 年 2 月)，有了一笔固定收入。华童公学是租界工部局所设的专收贫民子弟的学校，但内部腐败，教员间互相倾轧；学生年龄有 20 岁或十一二岁，极难驾驭。新公学解体后，胡适拿到两三百元(教英文课)欠薪。这样总算在上海住了下来。

人以群分，他与林、但、吴三同学合租南林里一所房子的西屋。还有一位叫唐桂梁(号蟒)的同学，是戊戌变法六烈士之一唐才常的儿子，亦是趣味相投，密切往来。他们都是日本留学生，都有革命党的关系，1910 年的黄兴广州起义失败，接着汪精卫谋炸摄政王载沣失败，以及早二年的钦州起义失败、河口起义失败、安庆起义失败，他们中弥漫着悲观、失望的情绪，爱发牢骚，行为不检点。正巧房子东屋住着一个混血的德国籍教员何德梅。此人不简单,能说广东话、上海话、北京官话,吃喝嫖赌都在行。 他把西屋这群青年带上了,"从打牌到喝酒,从喝酒到叫局,从叫局到吃花酒,不到两个月,我都学会了"。 不过堕落还是有限度的,因为"我们都没有钱,所以都只能玩一点穷开心的玩意儿:赌博到吃馆子为止;逛窑子到吃'镶边'的花酒或打一场合股份的牌为止"。 但随便怎样,"我那几个月之中真是在昏天黑地里胡混,有时候,整天的打牌;有时候,连日的大醉。"(《四十自述·(五)我怎样到外国去》)

这种胡混,有胡适的日记为证——

近日百无聊赖,仅有打牌以自遣。实则此间君墨、仲实诸人亦皆终日困于愁城恨海之中,只得呼卢喝雉为解愁之具云尔……(1910年1月,农历乙酉十二月二十一日)

晨起,命仆至质库为怒刚赎衣。前此余尝告贷于怒刚,怒刚适无钱,乃质衣以应,今日已除夕,始能赎还,余负歉深。

客里残年尽,严寒透画帘。

霜浓欺日淡,裘敝苦风尖。

壮志随年逝,乡思逐岁添。

不堪频看镜,颔下已纍纍。

岁末杂感一律(乙酉十二月三十日)

是夜,君墨以柬招饮于妓者花瑞英家,且言有事相商。余与仲实同往赴之……花瑞英者,去年余于金云仙家见之,时与金韵籍同处,皆未悬牌应客。君墨称此二人,谓后起之秀,余亦谓然。及今年……近始得之。君墨以余尝称此妓,遂以为意有所属,故今日遽尔见招。

是夜酒阑,君墨已醉,强邀至金韵籍家打牌,至三时始归。(1910年,农历庚戌二月初二日)

晚课(华童公学)既毕,桂梁来外出散步。先访祥云不遇,遂至和记,适君墨亦在,小坐。同出至花瑞英家打茶园(围)。其家欲君墨在此打牌,余亦同局。局终出门已一句钟。君墨适小饮已微醉,强邀桂梁及余等至一妓者陈彩玉家。其家已闭户卧矣，乃敲门而入。妓人皆披衣而起，复欲桂梁打牌。桂梁以深夜惊人清梦，此举遂不可却。余又同局，是局乃至天明始终。是夜通夜不寐，疲极矣，然又不敢睡。六时以车独归，独自支持，改学生课卷30册。（1910年农历庚戌二月初六日）

离开中国公学，又不愿回老家完婚或做东山学堂校长，胡适经不住十里洋场灯红酒绿的诱惑，终于堕落其间——玩牌局，打茶围，吃花酒，上馆子，进戏院(因此结识欧阳予倩)，逛马路……通宵达旦，昏天黑地地胡混，最后演绎到极致：酒醉中在马路上与巡警相搏，被抓进租界巡捕房关了一夜！

这场不光彩的活剧，胡适并不讳言，在他公开出版的《藏晖室札记》和《四十自述》中都有较详尽的记录。这里，笔者且以现代语言叙述其全过程。

1910年3月22日(农历庚戌二月十二日)

白天，到华童公学授课。

入夜，友人唐国华来，邀请胡适及林恕、唐桂梁到一家堂子里去吃酒，喝了不少。出来后乘着酒兴、淋着密雨，又到另一家去打茶围。雨越下越大，下了几个钟头都不见停。夜深了，林唐等欲留胡适打牌，但胡适因为明天要给华童公学上国文课，坚持雇了人力车，走了。林唐等见他能谈天，又能在一叠"叫局"票子上写诗词，以为不会有事的，让他独自先去了。

胡适一出门，上了人力车，冷雨冷风扑怀而来，顿时烂醉如泥了……

3月23日(二月十三日)

晨，天明了，胡适终于醒了。眼睛还没有睁开，就觉得自己好像没有睡在床上，而是躺在又冷又硬的地上；没有盖棉被，似乎是自己的一件裘皮袍覆在身上，就下意识地叫他的仆人"老彭！"这时他发觉覆在身上的皮袍很湿，又喊了两声"老彭"仍无回应，吃惊地睁开眼睛，着急坐了起来。奇怪！自己睡在一间又黑又小的房内，只有前面现出亮光，看过去好像没有门。室外有蓬头垢面的人来往。他问旁边人，这里是什么地方？人家哈哈大笑地回答说："外国旅馆呀。"这时胡适定睛一看，门外有一排铁栅栏。认真听听，还有"的托的托"的皮鞋走路声，一个中国巡捕走过去了。胡适终于明白，昨夜是在巡捕房里过夜了，但他不清楚是自己一个人，抑或茶围同席者诸君？明白处所后，顿觉脚很冷，原来一只脚没了鞋子，而且沾了不少泥水！不仅皮袍子湿，而且穿在身上的衣服也湿透了，污泥遍体，好冷呀！胡适摸不到那只掉了的皮鞋，只好扶着墙壁光脚走去，隔着铁栅栏向巡捕打听个确切。

"这是巡捕房！"

"我怎么会进来的？"胡适不解地问。

"你？"巡捕睁大眼睛，觉得这个醉汉颇有趣，"你昨夜喝醉了酒，打伤了我们兄弟，半夜里进来的。"

"那，我什么时候可以出去？"

"天刚亮，早呢！"这个巡捕还是好心的，接着补充了句，"八点钟有人会来，你就知道了。"

3月23日8时，草长莺飞大好春光飞掠公共租界工部局某巡捕房的院子，胡适蓬头跣足、浑身泥水在被带去一间写字房。他们让他在水龙头下洗了脸。胡适从一面破镜里照见了颜面，额头、脸颊上处处是伤痕，然而他仍不知何故有此遭遇。开始过堂了。写字桌后坐着警长，他问过胡适姓名、事由诸项后，传来与胡适一样浑身泥污、标志718号的巡捕，指着胡适问道："就是这个人吗？"

"就是他！"718号巡捕回答。

"你说下去。"

"718"面对警长，时而侧面对着胡适，叙述胡适肇事的经过——

昨夜快12点钟的时候，我在文监师上班，雨下得正大。忽然这个人走来了，口里唱着戏，唱着歌的，他手里拿着一只皮鞋在敲着墙壁，发出"的托的托"的声音。我走过去，拿着巡捕灯去照，哪知他开口骂人了。他骂我"外国奴才"。我看他喝醉酒了，怕他闯祸，想把他带到巡捕房来。他不仅不服从，还用皮鞋打我。因为我手里有灯，抓不牢他，反挨了好几下。后来，我抱住了他，抢下了他的一只皮鞋。于是他就和我打起来了。我还是抱牢他不放，我们两个人都滚到地上，在泥水里打滚。我的灯都打碎了，我的身上、脸上都挨了他的打。至于他脸上那块伤，是在石头上撞的，擦破了点皮……

那个巡捕正在滔滔不绝时，胡适清醒了，摸了下自己面颊：痛。伸头去看看巡捕的脸，也不过擦伤了点皮，于是插嘴说："也不过擦破了点皮，不像皮鞋打的。"巡捕不服，解开衣服——身上不见伤处。胡适正要作进一步申辩时，被警长制止了。他让巡捕继续说下去——

> 我被他用皮鞋打是真的。我急忙吹叫子（警笛），唤来了一辆马车。两个车夫帮我抓住了他，塞进马车里，才弄到我们巡捕房。一关进班房，他便倒地呼呼大睡了。

这个"718"讲得很详细，旁听人似在听故事，几次哑然失笑。胡适自己也几乎笑出声来。接着警长审讯胡适。胡适将自己真实姓名和供职华童公学的身份供出。警长点头（工部局的教员自然不能得罪）说，还得过堂问一次，大概罚几块钱罢了。

退堂后，警长将放在桌上的一只皮鞋和一根腰带还给胡适。胡适穿鞋，双脚平衡了，突然惊诧失色叫道："呀，我的缎子马褂呢？"

正在擦、掸衣服泥迹的"718"睁大眼睛说："昨夜他没有穿马褂。"

回到班房里，胡适认真回忆昨夜那一幕幕情景：一上黄包车，确实睡着了——许是车夫问我南林里几弄几号，我没有回答——这家伙推我不醒，准是起了坏心思，摸去了我身上的钱，还剥去了我的缎子马褂——帽子呢，是他拿去的？抑或丢失——皮袍子，也许他也要剥，我醒过来了，下意识反抗，他拉车逸去了——也许我脱下一只鞋（皮鞋是跳舞式那种，没有鞋带），作武器，去追赶那个下作的车夫——我赤着一只脚边唱着歌，在文监师路上疯走，在文昌阁左近，碰上了那个晦气的巡捕——也许是那个"718"家伙胡说，因为我意识生活中是不会唱歌的。我会看戏，但半句也唱不出来——那只巡捕灯刺激了我。我问："此为华界还是租界？""租界。""你是租界'阿三'吗？""我是巡警！"——对了，我怒喝"你这个外国奴才！"我扑打了——吃过酒，我力大无比，我们在泥水里相滚……胡适自忖，用想象而无法证实的来补充这一段生活情节，不禁有点不寒而栗！因为身上的水湿和脸上的微伤，岂不象征那时刻的生命的危险吗？

不用再多想象了，警长传话，允许胡适写一封短信到家里（即宿处），带点银钱保出来就是了。胡适就写了个便条，给住在一起的郑铁如（后来是香港中国银行行长)，拜托他带点钱，劳驾一趟。

3月23日上午，人们忙碌生活交响中，胡适坐班房这一变奏曲终了：巡捕房过堂仅几分钟时间，胡适被罚款五元后就释放回家。这五元充作那个晦气的巡捕的养伤费和赔灯费。

回到南林里宿处。胡适解开裘皮袍，只见里面热气腾腾，充满异味，原来汗水与雨水、污水将裹身的小棉袄裤湿透了。这一夜的湿气可不是玩的，要生大病的。幸好一位邻居四川徐医师关心，给他下猛药，重重地泻了几天，以解除湿气。但是后来，胡适的手指和手腕上还是发了四块肿毒。

1909年仲冬至1910年早春近半年胡适堕落的活剧，发展到3月23日子夜醉打巡捕，坐班房，已臻高潮。高潮之后的尾声如何呢？他这段时期的生活实录《藏晖室札记》戛然而止(不写了)，不过在他以后撰写的1935年亚东图书馆出版的《四十自述》中，有明朗的反省——

> 那天我在镜子里看见我脸上的伤痕，和浑身的泥湿，我忍不住叹了一口气，想起"天生我才必有用"的诗句，心里百分懊悔，觉得对不住我的慈母——我那在家乡时时刻刻悬念着我，期望着我的慈母！我没有掉一滴眼泪，但是我已经过了一次精神上的转机。

紧接着，胡适付诸两个行动：一是当即辞去华童公学的教职，因为"我的行为玷辱了那个学校的名誉"；二是决定关起门来预备功课，以应明年(1910年)第二期"庚款"留美官费生的考试。

所谓"庚款"官费留美，是1909年清廷设立的"庚款奖学金"而开始的。1908年美国国会通过老罗斯福的质询议案，决定退还中国在1901年庚子为八国联军赔款的余额，即是美国扣除义和团之乱中所受的生命财产等实际损失和历年应有的利息以后的额外赔款。清廷提出利用此退款作为派遣留美学生的学杂费。经过中美两国政府交换说帖后，于1909年产生了第一批"庚款"官费留美生47人，后来的清华大学校长梅贻琦便是其中一人。胡适是第二批"庚款"官费生。第二批还录有70人备取生，被送入清华学校(1911年诞生)，作为官费留美预备班。

"浪子回头金不换"，胡适就是一例典型。谁也难保自己一生旅程中没有黑色经历，只要摆脱得快，转换后就增添了色彩。

1910年3月末，胡适完成精神生活的大转机后，接下来的两个整月闭门读书，一心一意准备"庚款"考试。这其间他得到绩溪在沪前辈乡友经济上的帮助，解除他的后顾之忧(养母之费、北上旅费等)。他的中国公学老师王云五(自学出身)极力支持他应考留学，辅导他复习大代数和解析几何。

6月28日，胡适由去吉林赴任的二哥绍之伴行，走海路赴北京。抵京后，蒙绍之好友杨景苏介绍，住入正在建造校舍中的女子师范学校(后来的北京女师大)。杨先生又指点他读《十三经注疏》。也就是回避宋儒朱熹等对先秦经书的注疏，读读汉唐的注本。后来胡适把这套本子带去美国，认真地研读了郑玄和毛公注疏的《诗经》。在京师，他又潜心复习，准备应考。

7月底，胡洪骍用"胡适"这个名字去报考——怕考不取为朋友同学所笑，因而用了这个笔名——参加清华第二期"庚款"留美官费生考试。考试分两场。只有第一场及格后才被允许考第二场。第一场是考国文和英文。由于胡适广读古代经书、杂书、僻书，有国学根底，所以国文那道不易发挥的试题《不以规矩不能成方圆说》，到手后不感到吃力，他轻松地引用孔子、墨子、孟子诸家学说乃至《周髀算经》，铺衍开来，做成"异想天开"的一篇"考据短文"，正巧遇到一个有考据癖的阅卷官，竟批了100分，拉平了胡适第二场"抱佛脚"准备的西洋学、动物学、物理学考试，总分排得第55名，锁定在二期总额70名之内。他额手称幸，"幸亏头场的分数占了大便宜"。这当然是以后才获知的底细。但胡适去阅榜(当时既不报榜，又无登报、发信之举)，几经波折，可谓不无惊心动魄。胡适在一篇《追想胡明复》的文章(1928)中追述这一过程。他说宣统二年(1910)7月的一天傍晚，有人说发榜了，他就坐了人力车到史家胡同，薄暮中，提举车灯去看榜。胡适看榜很特别，是倒看，即从榜尾看上去的，因为他有自知之明，考得并不好——

> 看完了一张榜，没有我的名字，我很失望。看过头上，才知道那是一张"备取"榜。我再拿灯照读那"正取"的榜，仍是倒读上去。看到我的名字了！仔细一看，却是"胡达"，不是"胡适"。我再看上去，相隔很近，便是我的姓名了。我抽了一口气，放下灯，仍坐原车回去了。

这个差点害胡适"空高兴一场"的胡达，即胡明复，后来便成了胡适在康奈尔大学的同学(胡达读文科),许多中国留学生还以为他们是兄弟,其实他俩全无亲属关系。

胡适在上海换了四个学校,都没有完成毕业手续的六年学涯结束了。1910 年 8 月 16 日,他与 70 位官费生——他们中有赵元任、张彭生、竺可桢——一起,在上海登上海轮,向太平洋彼岸那个国度——美国——进发。

美国,两个大学三个专业。 英语演说家。 杜威门生

胡适走得太匆促,来不及实现返乡拜别慈母的计划,只好用书信表达孝心与宏志了。 尚在 1910 年 6 月 30 日随二哥乘海轮"新铭"号北上赴考旅途中,他写信"慈母大人膝下,敬禀者"道——

> 吾家家声衰微极矣,振兴之责惟在儿辈。而现在时势,科举既停,上进之阶惟有出洋留学一途。且此次如果被取,一切费用皆由国家出之。闻官费甚宽,每年可节省二三百金(按:当时官费生每月得 80 元,因胡适在康奈尔大学农学院读了一年半后转系,被中国学生监督每月扣除 20 元),则出洋一事于学问既有益,于家用又可无忧,岂非一举两得乎……儿此举虽考取与否,成败尚不可知,然此策实最上之策,想大人亦必以为然也。

事情的发展比想象的还快。 7 月底,二期官费生被录取后,并未按原计划先在清华学校学习,而是直接派送去美国,规定在 8 月 16 日必须在上海上轮船出发。 这包括南下返沪的半个月中,胡适实在没有时间再返重隔山水的绩溪老家,只好剪下发辫,托送行的二哥和乡友带去交他母亲,自己和同学们扬帆北美(海路先到加拿大,再由铁路转赴美国)。 他的母亲冯氏十分理解儿子,当他抵达目的地,在康奈尔大学农学院安顿下来后,是年 9 月,母亲的信跟踪而来了——

> 汝此次出洋,乃汝昔年所愿望者,今一旦如愿以偿,余心中甚为欣幸。从此上进有阶,将来可望出人头地。但一切费用皆出自国家,则国家培植汝等甚为深厚,汝当努力向学,以期将来回国为国家有用之

1910 年 8 月，第二期"庚款"官费赴美留学全体学生合影,胡适在后三排左一

才,庶上不负国家培植之恩,下以有慰合家期之厚也。

1910 年 9 月初,二期"庚款"官费生到达美国。 按预先填报的志愿进行分配,胡适于 17 日抵纽约州的绮色佳(现通译伊萨卡),入康奈尔大学农学院。自此,至 1917 年 6 月学成返国,胡适在美国求学生涯凡七年(实足六年十个月),其简历是:

——康奈尔大学农学院(1910 年 9 月至 1911 年 12 月)。

——转康奈尔大学文学院(1912 年春至 1914 年 6 月),完成哲学和心理学、英国文学、政治和经济学三个"学科程序"。 行毕业式,得学士学位。 按该学院规定,学生修完一个学科程序即能毕业。 这是胡适第一次有毕业证的完整学业。

——康奈尔大学研究生部(1914 年秋至 1915 年夏),主修哲学,辅修英国文学和经济学。

——转学纽约哥伦比亚大学研究生部(1915 年 9 月至 1917 年 6 月),师从杜威,攻读哲学博士。

胡适七年美国学涯，其中有五年是居住在康奈尔大学所在地绮色佳镇的。在那里，他首先身历美国山水、风俗，接触美国人士、家庭；在那里，他由农学专业转学自己喜爱的哲学、文学、政治专业，在他以后岁月里所发展出来的文化生命就萌于此时此地；而且他还在那里与同学、乡友肩负时代使命，探讨乃至笔战了"文学革命"的时代命题，这终使他闯进祖国五四新文化运动旋涡中而立身。所以他把绮色佳称作他的"第二故乡"。

这是美国东部一个枕山滨湖的风光旖旎的大学城。山下为小市镇，有一万五千多名居民，街上热闹，还有电车、报馆之类市政设施。凯约嘉湖静静卧在山下两里多路的地方，湖面宽仅五里，而长却达百里，狭长如手指，故又称"指湖"。指湖碧天绿水，两岸青山绵延，湖面平静如镜，正是康奈尔学子泛舟荡漾的好去处，胡适有时亦在其中。

康奈尔大学标志性建筑图书馆钟楼

山上便是康奈尔大学校区。上山后经过半山腰间一座石砌牌楼式大门，就进入康奈尔校园了。这是一条风景优美的山径，两旁均是翳日绿荫，有一座石筑的小桥，桥下流水淙淙。一转弯，山壁间挂着一条飞瀑。走不远，便是一幢红楼，康大体育馆。过体育馆，往左行，是校园的中街，参天的古槐夹道。过中街，便见一座钟楼巍然矗立，它是康大图书馆建筑的标志建筑，校长楼在它的侧畔；主要学区集中在这里。在绿草如茵的大草坪(被称作"方原")四周，坐落着康奈尔大学的各个学院：其左为地学院、博物学院、数学院，建筑毗连接壤；其西北为化学院、电学院；其北为机械学院；其东为文学院、建筑工程学院和医学院，建筑参差错落；文学院的后山，山坝树林中散布着物理学院、兽医学院的楼群；再望高处，山顶平坝，便是胡适刚入康大就读的农学院。

过"方原"，朝北跋山而行，还有一个好去处，轰隆隆的水声惹人步步深入，在崎岖山道上出现一座古老的大桥。 大桥右侧为绝壁，冲下了这一带最大的瀑泉，真可谓"飞流直下三千尺"，澎湃涌溢之态，犹千军万马之势。 大桥跨过一个大壑，这飞瀑就泻往桥下，在溪谷里奔腾而去。 瀑布下落，碰撞巉岩，水珠飞溅，冉冉升起成烟云。 出生在黄山山麓，看足黄山云雾、日月的胡适，也为"康奈尔山景"叫绝道："漫说山城小，春来不羡仙。 壑深争作瀑，湖静好摇船。 归梦难回首，劳人此息肩。 绿阴容偃卧，平野草芊芊。"

凯约嘉胡涟漪扩散，绮色佳山瀑布飞溅，胡适由这个小小的大学城渐渐步入美国大社会，沐浴现代资本主义文明。 他最直接的感受，诚如他在家书中向母亲所叙述的，首先是：

> 体育。外国大学有体育院，中有种种游戏，如杠子、木马、跳高、爬绳、云梯、赛跑、铁环、棍棒之类，皆为开体育之用……儿初一无所能，颇以为耻。因竭力练习，三月以来，竟能赛跑十圈，爬绳至顶，云梯过尽……现两臂气力增加。儿前此手臂细如小儿，今虽未加粗，然全是筋肉，不复前此之皮包骨头矣。

儿时趴在地上和女孩子们混在一起玩"苏子"(柿子核劈成两半)的这个羸弱的男孩，到了 20 岁上，成了体育竞技赛的热心观看者，和洋教授、洋同学在看台上一样忘情地狂呼、狂跳。 胡适下水游泳了。 仲夏夜在公园里观赏男女跳舞了……

> 交际。美国男女平等，无甚界限。此间大学学生五千人，中有七八百女子，皆与男子同受同等教育……此间有上等缙绅人家，待中国人极优，时邀吾辈赴其家中座谈。美俗每有客来，皆由女主妇招待……(1911 年 1 月 30 日)

胡适等一踏上美国土地，正巧逢中国留美学生文化待遇上的历史性机遇：他们由北美基督教青年会协会主席约翰·穆德等当地士绅、康大教授组成的基督教家庭来接待，使他不费周折地很快领略、享受到了美国家庭和校园的温情，几乎融化了他的无神论观，差一点做了基督徒，从而使他明白，"受美国教育的地方，不限于课堂、实验室和图书馆，更重要的和更基本的还是在美国

1910 年 9 月，初到美国，胡适(前左一)与康奈尔大学老师、同学合影

生活方式和文化方面去深入体会"(胡适、唐德刚:《口述自传》)。

胡适就是从这个时候开始，对美国政治发生了兴趣。 胡适到美国第二年的 10 月 10 日，祖国发生了辛亥革命;1912 年 1 月 1 日，中华民国在南京宣布成立，孙中山就任临时大总统。 两千多年的封建君主专制统治在中国结束了，亚洲的第一个共和国诞生在中国。 胡适 1912 年在致乡友胡绍庭的信中欢呼:"祖国风云，一日千里，世界第一大共和国已呱呱坠地矣! 去国游子翘首企西望，雀跃鼓舞，何能自已耶!""吾恨不能飞归为新国效力耳!"无疑，在太平洋彼岸的美国也产生反响，胡适热情地宣传中国这场革命，是促成他成为民众演说家的客观因素之一。 这年，1912 年，有三件大事影响着胡适的一生走向。

第一件，对美国政党政治、政治集会、大选竞选活动饱满热情。 1912 年是美国的大选年。 "在 1912 年全年，我跑来跑去，都佩戴一枚象征支持老罗斯福(从共和党分裂出来的第三党进步党党首)的大角野牛象襟章"(《口述自传》)。 10 月 15 日，胡适前去听前总统老罗斯福演讲，支持进步党候选人欧斯克·史特朗竞选纽约州州长。 这次集会上，老罗被刺客击中一枪，但他面不改色，仍坚持演说。 胡适为之感动不已，敬爱之情油然而生。 "这次大会也是我所参加过的毕生难忘的政治集会之一。"四年后的 1916 年，美国又一个大选年，胡适则选择支持民主党的威尔逊，为他"险胜"当选总统而步行六条街去买一份《纽约时报》。 胡适晚年说:"我对美国政治的兴趣和我对美国政制的研究，以及我学生时代所目睹的两次美国大选，对我后来对中国政治和政府的关心，都有着决定性的影响。"其后的岁月里，除了驻美四年大使政治生涯外，胡适认为："我甚少参与实际政治。但是在我成年以后的生活里，我对政治始终采取了我自己所说的不感兴趣的兴趣。"这个"兴趣"的根子，应是植于胡适留美求学年代的美国政党政治土壤。

第二件，对政治人文学范畴抱有浓厚的兴趣，使得他下决心弃农转文，以文立身。胡适入康大择农科，是出于二哥要他学实业，自己爱文史哲而无奈折中的结果；而且美国大学农科免收学费，以便得全部官费(每月80美元)，可以更多一些寄家。但一年半读下来，读得十分勉强，窘于苹果分类、洗马、套马、选种等一些美国学生驾轻就熟的农科基本技能(虽然必修课成绩在80分以上)，深感这样学下去实在是浪费，甚至愚蠢。他自信对文史哲及政治、经济有天分、有基础，首先对它们有兴趣，同时，幼年时代已遍读中国古代哲学的基本著作以及宋明诸儒的论述。"我对这些学科的基本兴趣，也就是我个人的文化背景。"

"文化背景"之二，是他对文学的兴趣，必修英语后，又选修了德语、法语，对这三种语言，都有了相当的阅读能力。在读中国古典诗词的同时，他浏览了诸如莎士比亚、司各特、狄更斯、歌德、海涅、大仲马、都德等欧洲文学大家的作品，还把都德的《割地》(即《最后一课》)、莫泊桑的《二渔夫》译成中文发表了。将都德及其名篇《最后一课》首先介绍到中国来的是胡适，该文刊登在1912年的上海《大共和日报》上。此报为章太炎主编，后因拥护袁世凯，胡适遂停止投稿。后来胡适在《口述自传》中提及："对英、法、德三国文学的兴趣的成长，也就引起我对中国文学兴趣的复振。这也是促成我从农科改文科的第三个基本原因。"

因此，他毅然牺牲已经读了三个学期的农学生涯，决然地在1912年春转学康大文学院，以学哲学为主，兼学英国文学、政治、经济。为此，他还付出了一定经济代价：八个月内，80美元的官费津贴减少到35元；按规定，他应一次缴纳四个学期学费，他是个穷学生，哪来钱交学费，家里还等着他寄钱去哩。经友人斡旋，减到上述这个程度。他不后悔这一选择，到四年级时，他为获得英国卜郎吟(现通译勃朗宁)文学奖金而兴奋，这项文学奖为一个中国学生所获，成了纽约各报的新闻，最重要的是其奖金50美元，对此际的胡适"真是雪中送炭"！胡适没有辜负自己的理想，在他以后岁月里所发挥出来的旺盛的博大的文化生命，就是萌芽于这一年弃农学文的重大转换。

1914年，胡适在康奈尔大学文学院

这里还要补充一点的是，胡适改学文科的一个十分重要的客观契机，就是中华民国成立了。20世纪初中国共和曙光使得美国各地社区和人民产生了浓厚的兴趣，他们十分需要了解中国。胡适是位爱国者，宣传中国是他最自觉的义务。正巧，他的康大同学蔡君(工学院四年级生)擅长英语演说，在校内外小有名气，这时被四处邀请忙得不可开交，于是他把胡适也推上了演讲坛。开始是越俎代庖的差使，后来胡适就变成很有能力的英语演说者了。在此前后，他已发表了题为《祖国》、《克己》、《辩论》等演说，颇有反响。这期间发生了一个事件，激活了他的演说潜能。1913年11月21日，一名叫布兰德的美国人来绮色佳演说，大肆诋毁中国。原来此人是在中国干过海关业的殖民者。胡适愤而起立，当场责问他："你为什么反对美国承认吾民国？"并三次严厉追问，问得此人狼狈遁词赖账。此后，胡适感到，演说中国之当今，而鲜知中国千年封建史，哪能讲得下去？这就要求胡适拓展历史人文的横向面，去对中国革命的背景、革命领袖人物的生平进行认真研究。胡适自己说："这便是促使我改行的第二个因素。"

中国现代文化名人，或胡适，或鲁迅，或郭沫若，在青年求学时代，几乎都有一个类似的转学、改行的过程，客观地审阅历史，他们应该都是与祖国命运走向平行的。

第三件，肇始于此时此地的演讲，贯穿了胡适的一生，与他的道德文章并驾齐驱。讲的次数多了，"我发现公开讲演时常强迫我对一个讲题作有系统的和合乎逻辑的构想，然后再作有系统的又合乎逻辑和文化气味的陈述"(《口述自传》)。于是他需要进行更高深的更实用的哲学思维。他这时已不满康奈尔大学哲学系研究院所持的"新唯心主义"学派的内涵，反倒对他们批判矛头动辄所向的反对派杜威及其"实验主义"产生无限向往之情。诚如他在寄母家信中所说，"哥伦比亚大学哲学教师杜威先生，乃此邦哲学泰斗，故儿欲往游其门下"(1915 年 7 月 11 日)。

这是 1915 年——胡适留美第五个年头的夏季，在三年前毅然决然转系后，又于人生旅程上所作的一次重要抉择，就是他由康奈尔大学研究生院转学到哥伦比亚大学研究生院，师从哲学大师杜威，攻读博士。 为此他在这年暑假里，以私淑弟子的态度，发愤攻读杜威的系列著作，并作了详细的英文摘要，确立了哲学观："从此以后，实验主义成了我的生活和思想的一个向导，成了我自己的哲学基础。"他转学的理由，就在下面这封家书(1915 年 7 月 11 日)里一一说白了，连细节都讲到了——

……儿近思离去绮色佳，来年改入哥伦比亚大学。此(大)学在纽约城中，学生九千人，为此邦最大之大学。儿所以欲迁居者盖由故焉。

一、儿居此已五年，此地乃是小城居民，仅万六千人，所见闻皆村市小景，今儿尚有一年之留，宜改适大城以观是邦大城市之生活状态。盖亦战国采风者所当有事也。

二、儿居此校已久，宜他去，庶可得新见闻。此间教师虽佳，然能得新教师，得其异同点，得失之处，皆不可少。德国学生半年易一校，今儿五年始迁一校，不为过也。

三、儿所拟博士论文之题，需用书籍甚多，此间地小，书籍不敷用。纽约为世界大城市，书籍便利无比，此实一大原因也。

四、儿居此已久，友朋甚多，往来交际颇费时日，今去大城，则茫茫人海之中可容儿藏身之地也。

五、儿在此所习学科，虽易校亦都有用，不致废时。

六、在一校得两学位，不如在两校各得一学位之更佳也。

七、哥伦比亚大学哲学教师杜威先生乃此邦哲学泰斗，故儿欲往游其门下也。

还有一条不是理由的理由：1915 年康奈尔大学塞基哲学院(即研究生院哲学系)把授予胡适的"塞基哲学奖学金"取消了，原因称，他在讲演上花时太多，荒废了学业。 此举颇伤胡适的面子与感情。 此际胡适，无论是在绮色佳城，或是中国留美学生群体中，都已经小有名气了：入校不久，撰写康大创办人《康南尔君传》。 不久做了康大学生组织"爱国会"主笔。 1912年被选为"世界学生会"会长。 1914年被选为"留美学生联合会"评议员、哲学教育部委员长。 这年，他获得"塞基奖学金"，并同时荣幸参加康大前校长白博士的家宴(其他八人均为美国人、犹太人)。 这年，他卸任"世界学生会"会长，作演讲，被当地晚报详细报道。 这年，他参与发起了"中国科学社"。 这年，他荣获"卜郎吟文学奖"，激起不小的社会反响，社会各团体邀请他去作演讲。 1915年，美国文化中心波士顿的"卜郎吟文学会"也盛邀他去演讲。 邀他去作演讲的有教会、社团、妇女团体，真是应接不暇……胡适实际上已走出天地狭窄、几乎人人都认识他的康奈尔大学城绮色佳城，奔向"万人如海一身藏"的世界大都会纽约已成必然的了。

1915年5月，留美归国前的胡适

1915年9月21日，胡适抵达纽约，转学哥伦比亚大学哲学研究部，师从实验主义大师约翰·杜威(1859—1952)，主修哲学，选读他的两门课"伦理学之宗派"，"社会政治哲学"。 同时辅修夏德教授的"汉学"。

那时的哥伦比亚大学，一流学者如云，教授阵营强大，无论是历史学、社会学、教育学，还是理工科技学科方面，都享有盛名；尤其是哲学，在全美享有最高声望。 而在哲学系众多名教授中，胡适独服膺杜威教授。 杜威对于胡适的意义是终身的，诚如他晚年在《口述自传》中所说，"杜威教授当然更是对我有终身影响的学者之一"，"杜威对我其后一生的文化生命既然有决定性的影响，我也难于作详细的叙述"。 他又在《介绍我自己的思想·胡适文选自序》中说："我的思想受两个人的影响最大：一个是赫胥黎，一个是杜威先生。 赫胥黎教我怎样怀疑，怎样不信任一切没有充分证据的东西。 杜威先生教我怎样思想，教我处处顾到当前的问题。 教我把一切学说理想都看作待证的假设，教我处处顾到思想的结果。"杜威是怎样给他的学生授课的？ 看，胡适这样描写道——

美国纽约哥伦比亚大学

　　杜威不善辞令。许多学生都认为他的课讲得枯燥无味。他讲课极慢，一个字一个字的慢慢地说下去。甚至一个动词、一个形容词、一个介词也要慢慢想出，再讲下去。在这里你可看出他讲课时选择用字的严肃态度。但是听讲几个星期之后，我们也就可以领略他那慢慢地所讲的课程了。他虽然不是个好演说家或讲师，我对他用字慎重选择以及对听众发表意见的方式印象极深。（《口述自传》）

胡适尤其向往在纽约河边大道——西116街南角的杜威家宅，由师母杜威夫人主持的"星期三下午家庭招待会"——

　　我们这批学生都有极大的兴趣与光荣能见到纽约文化圈内一些阴阳怪气的角色——那些长发男人和短发女人们……都认为是最难得的机会。（《口述自传》）

胡适对恩师杜威的感情具体体现，是在1919年邀请他访华讲学那件大事上。这年二、三月间，杜威在日本帝国大学讲学。消息首先是陶行知(哥伦比

1917年，胡适(左二)与哥伦比亚大学同学陶行知(左一)等合影

亚大学同学)获悉，告诉胡适，要他与蔡元培校长商量，邀请来华讲学。 胡适取得蔡氏允诺后，就去信给在东京的杜威。 杜威欣然接受邀请，回信说："这是很荣誉的事，又可借此遇着一些有趣的人物。 我想我可以讲演几次。"紧接着，胡适联络蒋梦麟等杜威的中国学生，商请北京大学、南京高等师范学校、江苏省教育会和尚志学会(北京)协办，筹集基金，承担杜威来华的全部费用。 在杜威启程来华之前，胡适帮助唐钺编译出版了杜威在日讲稿《哲学之重建》。 同时他在杜威抵华前后作文《实验主义》(载《新青年》，1919年4月15日)、《杜威哲学的根本观念》(载《新教育》，1919年5月)、《杜威的教育哲学》(载《新教育》，1919年5月)、《杜威论思想》(载《新中国》，1919年6月15日)，以在舆论上造声势，迎接这位实验主义大师。 1919年4月末，杜威夫妇乘轮船离日本，前往上海，开始了为期两年又两个月的中国之旅(1919年9月，新学年开始后，为北京大学蔡元培校长聘为客座教授，讲哲学)，胡适追随其左右，主持杜威讲座，亲自做翻译。 晚年他在《口述自传》中有一段追忆这段经历的简单的文字——

杜威于5月1日到抵中国时正是五四运动爆发的前三天。这个在北京开始发动的学生运动原为抗议巴黎和会中有关日本对德国在华旧租借地的决议。杜威于五、六、七三个月中在上海、北京一带目睹此如火如荼的学生运动。他在上海稍住数日便转往北京。在北京他连续作了五个系统的讲演。然后又前往各省——包括东北奉天省(北伐后改名辽宁)的沈阳，西北山西省的太原，华中的湖北、湖南，华南广东省的广州等地。我是他在北京、天津、济南、太原等地讲演的主任翻译。他在其他地方讲演，我(因为北大教课的关系)不能随往。但是我

的朋友,也是我哥大时代的老同学王微(文伯)则担任其沈阳区的翻译。其他各地如南京、上海等处,则另由杜威其他学生分担了。

杜威于胡适的一生非同寻常,所以在这里有必要插叙下他竭尽地主之谊,以报师恩的简略行程:

——1919 年 4 月 30 日,杜威夫妇抵达上海,胡适、蒋梦麟、陶行知等到码头迎接,旋即送到沧州别墅住宿。

——5 月 2 日,为恩师在上海演讲"开辟出一条道儿",胡适应江苏省教育会之请,以介绍杜威哲学思想为题旨,作谈"生存进化"、谈"方法论"、谈"真理论"、谈"实在论"的系列演讲。

胡适恩师杜威教授

——5 月 3 日、4 日,杜威上海演讲。3 日,胡适"穿着一件长衫上台"做翻译。 4 日,胡适出席听讲。 5 日清晨,住在蒋梦麟家的胡适被敲门声唤起,来采访的记者们告诉他 5 月 4 日北京的新闻,即五四运动。

——5 月 29 日,胡适由北京南下上海,陪杜威夫妇到北京。 杜威旋即被蔡元培校长聘为北京大学客座教授。

——6 月 8 日至 12 日,杜威在手帕胡同教育部会堂作《美国之民治的发展》演讲。 胡适做翻译。

——6 月 17 日至 21 日,杜威在北京国立艺术专科学校作《现代教育的趋势》。 胡适做翻译。

——7 月 19 日,胡适在北京大学哲学研究室,介绍贵州教育实业参观团与杜威见面,长谈,做翻译。

——9 月 20 日起,每周六下午,杜威在北大法科大礼堂作《社会哲学与政治哲学》演讲,共 16 次,均是胡适做翻译。

——9 月 21 起,每周日上午,杜威在手帕胡同教育部会堂作《教育哲学》演讲,共 16 次,均由胡适做翻译。

杜威在北京的系列学术演讲被胡适翻译整理成《杜威五大演讲》,由北京

1919 年杜威访问中国时合影。 前排左起：史量才、杜威夫人、杜威；后排左起：胡适、蒋梦麟、陶行知、张作平

《晨报》1920 年出版。

——10 月 6 日至 14 日，胡适陪杜威去太原考察山西教育，为阎锡山接见。 9 日至 14 日，杜威在国立山西大学作《品格之养成为教育之无上目的》演讲，共六次。 胡适做翻译。 胡适也作了两次演讲，其中一次题目为《娘子关外的新潮流》。 这件事，胡适到晚年还牢牢记着，一次应邀赴张庆恩(山西人)家宴，对张庆恩、毛子水和胡颂平(秘书)等人说——

　　说山西有娘子关，外面的不能进来，里面的不能出去，现在我已进来了……这次演讲之后，山西大学的文法科学生很多都转学到北大去读了。那时国立大学还只有三个，山西大学也是国立的。国立的山西大学学生要求转到北京大学来，当然可以的。哪知这么一来，山西大学文法科的学生差不多都空了，所以阎锡山在 20 年后还不曾忘却这件事……张庆恩（山西人）听到这里，说："山西从先生讲演之后，山西大学文法科没有学生了，后来是出钱请人来读的。那些转学北大毕业后，回到山西的学生，在地方上办教育，做了不少事。都是先生的学生。"（胡颂平：《胡适之先生晚年谈话录》）

——10月19日，教育部、北大、尚志学会、新学会等在中山公园来今雨轩为杜威举办——庆祝六十寿诞集会。 胡适出席，并为蔡元培校长祝词口译成英语。

——11月14日，杜威在北京大学法科礼堂作《思想之派别》演讲，共八次。 均为胡适翻译。 亦收入《杜威五大演讲》集子中。

——12月17日，杜威在北大演讲《大学与民治国舆论的重要》，胡适做翻译。

——1919年岁末，胡适陪杜威去山东作学术演讲。 12月29日，杜威在济南作《新人生观》演讲，胡适翻译。 是日夜，济南中小学教师招待杜威一行，山东省教育厅长袁道冲发言中表示不满杜威教育论点，胡适当场反驳。

——1920年1月2日，胡适陪同杜威到天津。 杜威演讲《真的与假的个人主义》，胡适做翻译。 3日，胡适应天津学生联合会作《非个人主义的新生观》演讲。

——1月20日，北京，杜威在中国大学作《西方思想中之权利观念》演讲，胡适翻译。 胡适也许并不知晓，迭次登坛翻译杜威演说，实际上起到了展现自己年轻风采的效果。 胡适哥大同学赵元任的未婚妻杨步伟听了杜威演说后说：“从杜威先生龙钟状态，更显出胡适之的精神焕发了。”乃至见了胡适面，大胆地直言：“去听了讲(杜威演说)是因为去瞻你的漂亮风采而去的，我并不懂什么哲学。”至此，胡适应该恍然大悟了。

——1921年6月初，北京(因教育经费请愿)学潮中北大教授马叙伦遭军警毒打致伤，住首善医院。 为摆脱被监视，胡适请杜威协助将马叙伦转往美国医院。 杜威答应去办。

——6月30日，杜威夫妇将返国。 上午，北大举行欢送会，胡适代表北大作欢送演说。 演说云，杜威先生不曾给我们什么关于特别问题的特别结论，他只给了我们一个方法，使我们自己去解决一切特别问题。 他的方法分两步走：一、历史的方法；二、实验的方法。 杜威先生虽去，他的方法影响永远存在。 下午，在来今雨轩北大、男女两高师、尚志学会、新学会五团体为杜威举办饯别宴会。 胡适为五团体主席范源濂致欢送词做翻译，继之他代表北大致欢送词，先英语，后又自译汉语。 梁启超代表新学会在会上致词(由赵元任译成英语)。 杜威、杜夫人、杜女公子均在会上热情致词，都由胡适译成汉语。

——杜威返国前夕，7月5日，胡适偕妻冬秀、子祖望到杜威家话别，并在他家吃中饭。

——7月10日，胡适与杜威到荣光照相馆合影留念。作文《杜威先生与中国》，刊《东方杂志》18卷13号(1921年7月10日)。

——7月11日，杜威夫妇离京，启程返国。胡适偕长子胡祖望(两岁)到火车站惜别送行。胡适在这天的日记里动情地写道——

> 杜威先生今天走了。车站送别的人甚多。我带了祖儿去送他们。我心里很有惜别的感情。杜威先生这个人的人格真可做我们的模范！他生平不说一句不由衷的话，不说一句没有思索过的话。只此一端，我生平未见第二人可比他。

这篇日记的手稿本中，附贴有发表该日《晨报》的《杜威先生与中国》剪报。剪报下，胡适又写道——

> 中国真懂得杜威先生的哲学的人，实在不多，故我很想使大家注重这一个真正有益的一点——方法。

这个"方法"，即是"历史的方法"与"实验的方法"。尤其后者，胡适说，从具体事务下手，提出假设，用实行来试验。这是胡适一生奉行并加以发展的"实验主义"。胡适称，实验是真理的唯一试金石。

胡适对恩师的怀念，也可以说是终身的。逝世前两个多月，1961年12月5日，他还和秘书胡颂平聊起杜威先生的健康与高寿得益于太太的精心照顾(胡适说"招呼")，他说——

> 杜威先生第一次的太太是患神经分裂病，躺在床上医了几年才死的。第二次结婚，是他的一位朋友的女儿，年纪轻，也很有钱。这位太太招呼好，夏天，陪他到凉爽的地方去避暑；冬天，陪他到暖和的地方去过冬。一个人到了老年，子女都分开了，不能常在他的身旁，全靠太太招呼的。杜威先生八十八九还开过一次刀，是前列腺的毛病；不开刀，将会影响大小便的闭塞。那次开刀是很危险的。杜威先生一直到

死时，他的脑筋仍旧是很清楚的啊！（《胡适之先生晚年谈话录》，1961
年12月6日）

杜威早胡适10年归天，活到93岁。 不过他们暮年都思路敏捷，脑筋清
晰，可惜胡适的生活背景远不如他的恩师。 因为他的太太忙于"战方城"，
直到丈夫1961年2月心脏病复发，再次住院后八个月，她才由美国返台北，
与丈夫团聚，然而才四个月，便永诀了。

绮色佳·纽约，笔战"文学革命"

　　拂去偏见的积尘，我们心平气
和，将历史册页翻到90年前的1月
1日，看到了《新青年》杂志2卷5
号刊登了胡适寄自太平洋彼岸哥伦
比亚大学的《文学改良刍议》一篇
文章。 这是一个石破天惊的信号！
再看，主编陈独秀紧接在下一期(2
卷6号)上写了一篇充满激情的文章
《文学革命论》，"为吾友之声
振"，高张"文学革命军"之大旗。
所以说，首先呼出"文学革命"口
号的是胡适，接过这个口号而擎起
这面大旗的则是陈独秀。 但是"首

胡适与留美同学、挚友赵元任

举义旗"却是至关重要的，关系着胡适身家命运和身后历史地位。 我们实在
有必要了解下胡适"文学革命"的由来。

　　"文学革命"一词是胡适和他的几位有志于中国文化命运的同学在笔战、
讨论中冒出来的，真实概念却是文字，白话文。 起因是胡适对"清华学生监
督处"(给留美官费生寄月费的机构)"怪人"钟文鳌一项"废除汉字，取用字
母"主张的反感，但他也深感汉文即文言文"乃是半死之文字，不当以教活文
字之法教之"。 他以为"活文字"，是日用语言文字，即白话文。 这时，胡
适尚在康奈尔大学读书。 1915年夏天，美东中国学生会成立一个"文学科学

研究部"。 胡适是该部文学股的委员,负责年会文学研讨的选题。 他与同期"庚款"康大同学赵元任分别提出了"如何可使吾国文言易于教授"(胡)、"吾国文字能否采用字母制,及其进行方法"(赵)。 胡适首先提出了改良文言文的命题,切入了正在酝酿中的中国新文化运动的中心旋涡。 赵氏的几篇国语罗马字拼音论文,现今看来,有重大的历史意义,是我国汉字拼音化史上重要的学术文献。

梅光迪(1890—1945)

同年9月中旬,胡适转学哥伦比亚大学前夜,在绮色佳迎来了他的安徽老乡梅光迪(觐庄)。 梅光迪刚从威斯康星大学本科毕业,将去康桥哈佛大学读研究生。 胡适写了一首共420字其中又11个外国字译音的长诗送他,其中有一句"新潮之来不可止,文学革命其时矣",引起了反响。他昔年的中国公学同学、现今低他两年的康奈尔化学系同学任叔永(鸿隽)连缀胡诗中外国字译音,做了一首游戏诗回应:"文学今革命,作歌送胡生。""文学革命"四个字就这样在乡情友谊,三人两首送别诗的嬉笑谐趣中冒出来了。

然而,"文学革命"对胡适来说是有庄重用意的。 9月20日,他在绮色佳去纽约的火车上,写了一首七律,分赠任叔永等康大的各位朋友,开门见山地道出他的"文学革命"主攻方向:"诗国革命何自始,要须作诗如作文。"意思很明白了:"文学革命"的起点是"诗国革命",写诗反对琢镂粉饰,要跟作文一样用白话来写。 后来他回忆道:"从这个方案上,惹出了后来做白话诗的尝试。"(《四十自述·逼上梁山》)

1915年下半年新的学年开始后,胡、梅、任三人三地各忙自己的学业,"但这只是暂时的停战"。

1916年开春伊始,"偶一接触,(笔战)又爆发了","我们的争辩最激烈,也最有效果"。 梅光迪首先反对"移'文之文字'于诗";任叔永来信,赞同梅光迪的意见,甚至刺胡适"文学革命自命者,乃言之无文……吾国文学不振,其最大原因,乃在文人无学"。 胡适不为二挚友逆声所动,坚持"诗国革命"已见。 笔战硝烟起。 争论中，胡适深入研究"中国文学问题的性质"，从 2 月到 3 月，他"思想上起了一个根本的新觉悟"："一部中国文学史只是一部文字形式(工具)新陈代谢的历史，只是'活文学'随时起来替代了'死文学'的历史。 文学的生命全靠能用一个时代的活的工具来表现一个时代的情感和思想。 工具僵化了，必须另换新的，活的，这就是'文学革命'。"(《四十自述·逼上梁山》)换句话说，所谓"文学革命"，就是"用白话文替代古文的革命"。

胡适把这一明确的见解写信告诉梅光迪。 研究过西洋文学的梅光迪回信居然很赞同。 从此胡、梅成了胡适的"我辈"了。 胡适欣慰的同时，继续深究，小心求证。 4 月间，他从中国韵文发展的六个阶段得出"诗变六大革命"的结论(事实)；又从中国散文发展中"活文学"(俚语)导流的"革命潮流"，证实自己主张的正确。 于是他写下了《沁园春·誓诗》，1916 年 4 月 13 日发出宣言："文学革命何疑！ 且准备搴旗作健儿！"

看来胡适的"诗国革命"——白话作诗的运动一帆风顺了。 岂料，1916年夏季绮色佳镇凯约嘉湖上的一波风浪，几乎掀翻了他们共济之同舟，又"引起了一场大笔战，竟把(我)逼上了决心试做白话诗的路上去"(《四十自述·逼上梁山》)。

尚在 6 月，胡适去克里夫兰参加"第二次国际关讨论会"的往返途中，都在绮色佳作短期逗留，与那里的老同学任叔永、唐钺、杨杏佛及梅光迪等交谈改良中国文学的方法：用白话文作文、作诗、作戏曲，尖锐地指出"今日之我以为乃是一种半死的文字；今日之白话文是一种活的语言……白话并非文言之退化，乃是文言之进化"。 "吾以为文学在今日，不当为少数人之私产，而当以能普通及最大多数国人为一大能事"。 这种相当先进的文学观，立刻遭到梅光迪的反攻。

接着凯约嘉湖翻船事件引发了笔战，烽火又起。 7 月 8 日，任叔永、陈衡哲(即莎菲女士)、梅光迪、杨杏佛、唐钺这一群中国留学生，泛舟高山湖泊凯约嘉湖，不巧遇暴雨，船划到近岸时倾翻了，个个成了"落汤鸡"。 这本是一件生活逸事，但长于作诗的任叔永写了首四言长诗《泛湖记事》，寄给哥大胡适。 胡适一读，觉得任诗里什么"冯夷所吞"、"言棹轻楫，以涤烦疴"、"猜谜赌胜，载笑载言"等不是陈言套语，就是上句 20 世纪的活字，和着下句 3000 年前之死句的杂烩，于是就写信去指出、批评。 任叔永不服，回信反

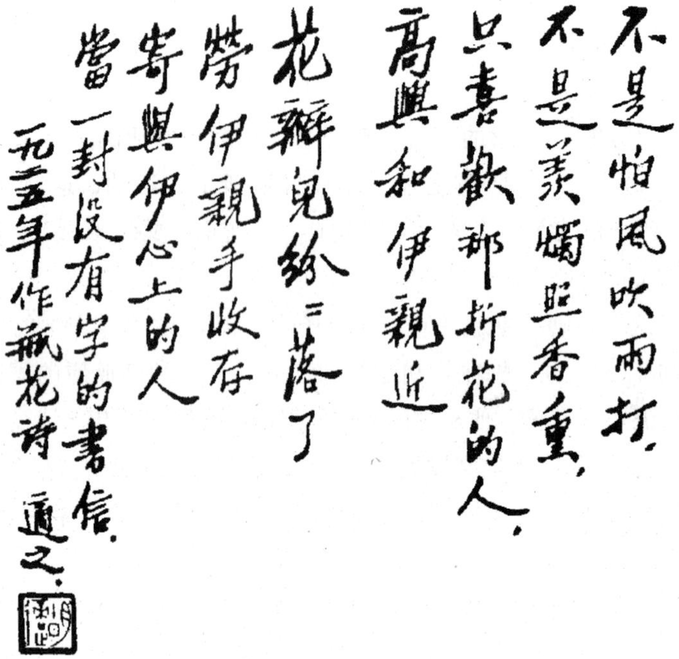

不是怕风吹雨打，
不是羡慕他的香重，
只喜欢那折花的人，
高兴和伊亲近。
寄与伊心上的人，
当一封没有字的书信。
劳伊亲手收存，
花瓣儿纷纷落了。
一九五五年作瓶花诗 适之

1925 年，胡适白话诗《瓶花》手迹

驳。原来已容忍白话诗的老梅，竟态度大转变，出来打不平："如足下之言……村农伧夫足为诗人美食家矣！"胡适回枪，一首千言"打油诗"，也是蛮入骨的——

> "人闲天又凉"，老梅上战场。/拍桌骂胡适，说话太荒唐。……文字没有古今，却有死活可道。/古人叫"欲"，今人叫做"要"。/古人叫做"溺"，今人叫做"尿"。/……今我苦口哓舌，算来欲是如何？正要求今日的文学大家，/把那些活泼泼的白话，/拿来锻炼，拿来琢磨，/拿来作文演说，作曲作歌：——出几个白话的嚣俄（按：即雨果），/和出几个白话的东坡……（7 月 22 日）

梅光迪去信狠狠挖苦——

> 读大作如儿时听"莲花落"……小说词曲固可用白话，诗文则不可。（7 月 24 日）

任叔永去信委婉中不乏严肃——

> 白话则诚白话矣,韵则有韵矣,然却不可谓之诗。
>
> 白话自有白话用处(如作小说演说等),然不能用之于诗。(7月
> 24日)

七、八月火热的天,胡、梅、任"一日一邮片,三日一长函",炽热地切磋"诗国革命",一正一反地笔战,终于使胡适清晰地意识到,"现在只剩一座诗的壁垒,还须用全力去抢夺。待到白话征服这个诗国时,白话文学的胜利就可说十足的了,所以我当时打定主意,要作先锋去打这座未投降的堡垒:就是要用全力去试做白话诗";"不但是试验白话诗是否可能,这就是要证明白话可以做中国文学的一切门类的唯一工具"(《四十自述·逼上梁山》)。于是他在7月26日、8月4日先后致信任叔永,第一次宣言不做文言诗词了:"吾自此以后,不再做文言诗词。吾之《去国集》乃是吾绝笔的文言韵文也"!"吾去志已决","此时练习白话韵文,颇似新辟一文学殖民地。可惜须单身匹马而往,不能多得同志,结伴而行"。两位好友因为不理解,几乎与他分道扬镳。尤其是梅光迪学成归国后,做东南大学教授,中央大学代理文学院院长,是"学衡派"的中心人物(抗战时任浙江大学文学院院长),成了顽固的复古派,更猛烈地反对白话文新文化运动。胡适只好单枪匹马去探索了。这种探索中的寂寞孤独感萦绕着他,久久不散。8月23日那天,他坐在宿舍窗口吃自做的午餐,越过窗下一大片长林乱草,远望赫贞江(按:现通译哈得逊河),忽见一对黄蝴蝶从树梢飞上来。一会儿一只蝴蝶飞下去了,剩下一只独自飞了一会,也慢慢地飞下去,去寻找它的同伴去了……胡适在如是无声的寂寞中迸发了诗的灵感,白话如一道闪光,引出了诗的题目:《朋友》(后改名《蝴蝶》)——

> 两个黄蝴蝶,双双飞上天。
>
> 不知为什么,一个忽飞还。
>
> 剩下那一个,孤单怪可怜;
>
> 也无心上天,天上太孤单。

这就是胡适的第一首"实验白话诗"。1916年，他一方面与朋友笔战探索，一方面接受杜威的实验主义哲学影响，把白话诗这一假设作为"文学革命"命题的一个方面(小说、词曲已为历史证实)，进行实地试验。白话诗《朋友》、《赠朱经农》、《中秋》是他"白话诗三首"试验之首……"我的白话诗还没有写得几首，我的诗集已有了名字了，就叫做《尝试集》。""我生求师20年，今得'尝试'两个字。作诗做事要如此，虽未能到颇有志。作'尝试歌'颂吾师，愿大家都来尝试。"胡适坦白地承认，"我的白话诗的实地试验，不过是我的实验主义的一种应用"(《四十自述·逼上梁山》)。所以，实验主义是胡适"诗国革命"或"文学革命"——白话文运动的哲学基础。

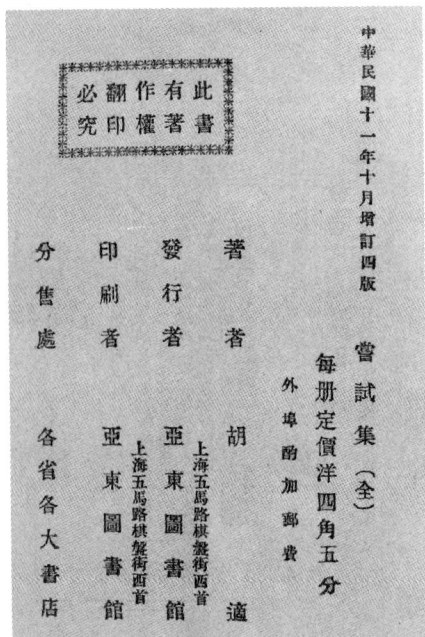

/ 《尝试集》版权页

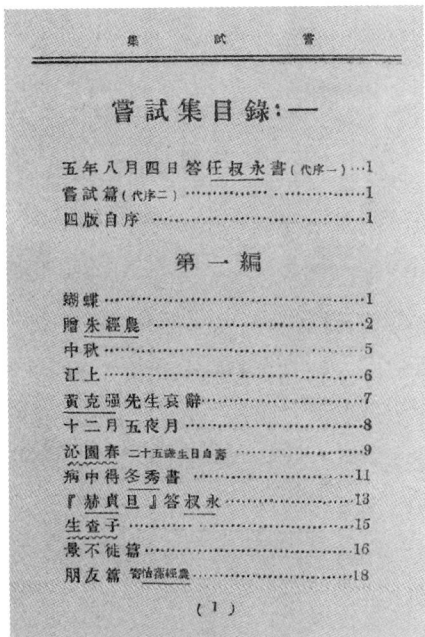

/ 《尝试集》目录

《尝试集》于1920年由上海亚东图书馆出版发行，标志了胡适"尝试"白话诗的成功。同时这本小册子也使他誉满大江南北，被友人称白话诗的"通天教主"。这里插一段因《尝试集》"媒介"，他晤见废帝溥仪的故事。我们不作"话说"、"品评"，还是直击他的日记为准——

十一(1922年)·五·十七·(W)

今天清室宣统帝打电话来,邀我明天去谈谈。我因为明天不得闲,改约阴历五月初二日去看他(宫中逢二休息)。

原来是溥仪主动约胡适去会面。

十一(1922年)·五·廿四·(W)

我因为宣统要见我,故今天去看他的先生庄士敦(Johnston),问他宫中情形。他说宣统近来颇能独立,自行其意,不受一班老太婆的牵制。前次他把辫子剪去,即是一例。上星期他的先生陈宝琛病重,他要去看他,宫中人劝阻他,他不听,竟雇汽车出去看他一次,这也是一例。前次庄士敦说起宣统曾读我的《尝试集》,故我送庄士敦一部《文存》时,也送了宣统一部。这一次他要见我,完全不同人商量,庄士敦也不知道,也可见他自行其意了。庄士敦是很稳健的人,他教授宣统,成绩颇好;他颇能在暗中护持他,故宣统也很感激他。宫中人很忌庄士敦,故此次他想辞职,但宣统坚不肯放他走。

这是溥仪要见胡适的背景,由头便是那本时髦的《尝试集》。

十一(1922年)·五·卅·(T)

今日因与宣统帝约了去见他,故未上课。

十二时前,他派了一个太监,来我家接我。我们到了神武门前下车,先在门外一所护兵督察处小坐,他们通电话给里面,说某人到了。我在客室里坐时,见墙上挂着一幅南海招子庸的画竹拓本。(论画诗,从略)。

他们电话完了,我们进宫门,经春华门,进养心殿。清帝在殿的东厢,外面装大玻璃,门口挂厚帘子;太监们掀起帘子,我进去。清帝已起立,我对他行鞠躬礼,他先在面前放了一张蓝缎垫子的大方凳子,请我坐,我就坐了。我称他"皇上",他称我"先生"。他的样子很清秀,但单薄得很;他虽只17岁,但眼睛的近视比我还厉害;穿蓝袍子,玄色背心。室中略有古玩陈设,靠窗摆着许多书,炕几上摆着今天的报十余

溥仪与文绣

种，大部分都是不好的报，中有《晨报》、英文《快报》。几上又摆着（康）白情的《草儿》，亚东的《西游记》。他问起白情、平伯；还问及《诗》杂志。他曾作旧诗，近来也试作新诗。他说他也赞成白话。他谈及他出洋留学的事，他说："我们做错了许多事，到这个地位，还要靡费民国许多钱，我心里很不安。我本想谋独立生活，故曾要办皇室财产清理处。但许多老辈的人反对我，因为我一独立，他们就没有依靠了。"

他说有许多新书找不着。我请他以后如有找不着的书，可以告诉我。我谈了 20 分钟，就出来了。

这就是这位北京大学教授、教务长、英文学系主任 31 岁的胡适和末代皇帝、被辛亥革命废黜的宣统见面的故事。此事曾一度引起舆论抨击热点，胡适因之写过一篇《宣统与胡适》的文章，刊登在《努力周报》上(1922 年 7 月 23 日)。

回过头来，再述胡适的"文学革命"进程。1916 年 10 月，他终于走出美东中国留学生(胡、任、梅等)笔战的圈子，投书祖国北京《新青年》杂志主编陈独秀。由于出版家绩溪人汪孟邹的搭桥，这两位时代名人、安徽籍老乡始得结交，书信往来。这封"今日欲言文学革命，须从八事入手"的信，立刻被刊登在《新青年》二卷二号(10 月 1 日)上，胡适遇上文学革命的同志了，遇上"老革命党陈独秀先生"(胡适语)了！紧接着，10 月 5 日，接陈独秀来信，要他"以所作写实文字，切实作一改良文学论文，寄登《新青年》"。

1917 年，是胡适辉煌的一年。他"早起开门，送出病魔，迎入新年。你来得真好！"(胡适 1917 年 1 月 2 日词《沁园春·新年》)大洋彼岸，遥远又遥远，古老再古老的祖国，北京，陈独秀的《新青年》2 卷 5 号上，胡适的立身论文《文学改良刍议》发表了！

有名的白话"八不主义"就见诸该文：

——一须言之有物。

——二不摹仿古人。

——三须讲求文法。

——四不作无病之呻吟。

——五务去滥调套语。

——六不用典。

——七不讲对仗。

——八不避俗字俗语。

《刍议》最后十分温和、十分谦虚地说："上述八事，乃吾年来研思此一大问题之结果……谓之'刍议'，犹云未定草也。伏惟国人同志有以匡纠是正之。"

这篇论文还刊登在胡适任总编辑的《留美学生季报》上。

胡适鉴于笔战的教训，小心谨慎起来，不敢正面提"文学革命"，而改用"文学改良"的称法。但是陈独秀不然。他不仅完全赞同胡适在《刍议》中改良"八不主义"，进而提出革命"三大主义"：

——曰：推倒雕琢的、阿谀的贵族文学；建设平易的、抒情的国民文学。

——曰：推倒陈腐的、铺张的古典文学；建设新鲜的、立诚的写实文学。

——曰：推倒迂晦的、艰涩的山林文学；建设明了的、通俗的社会文学。

这是他在《文学革命论》中所说。这篇五四新文化运动中的著名论文，是跟踪胡适《文学改良刍议》的观点，紧随发表在下一期《新青年》2卷6号上。陈独秀旗帜鲜明地宣布：

文学革命之气运，酝酿已非一日。其首举义旗之急先锋则为吾友胡适。余甘冒全国学究之敌,高张"文学革命军"之大旗,以为吾友之声援。

打出"文学革命"大旗后,"其是非甚明,必不容反对者讨论之余地;必已吾辈所主张者为绝对之是,而不容他人之匡正也"(陈独秀语)。退路没有了,必得背水一战! 胡适被"逼上梁山"。 他感慨地说:"我们一年多的文学讨论的结果,得着了这样一个坚强的革命家做宣传者,做推行者,不久就成为一个有力的大运动了。"(《逼上梁山·文学革命的开始》)

胡适在哥伦比亚大学度过充满(笔战)硝烟,也最有成效的1916年和1917年的新春。 还有,他在这里留下了以白话诗为媒介,和中国留学生才女莎菲的一段感情春秋。 但是他并没有完全荒废自己的博士学业,1916年8月开始,撰写他的博士论文,至翌年4月底,历时九个月完成,中文题目是《中国古代哲学方法之进化史》,当然论文是用英文写的,英文题"A study of the Development of Logical in Ancient China",约九万字。

1917年5月22日,胡适参加博士学位最后考试。 5月27日的日记中追记道——

> 五月二十二日,吾考过博士学位最后考试。主试者有六人:
> Professor John Dewey
> Professor D. S. Miller
> Professor W. P. Montague
> Professor W. T. Bush
> Professor Ferderich Hirth
> Dr. W. F. Cooley
> 此次为口试,计时二时半。
> 吾之"初试"(按:即获得博士候选资格考试)在前年(按:应是1916年)十一月,凡笔试之六时(二日),口试三时。七年留学生活,于此作一结束。故记之。

杜威教授参加了主试,但六位哥大资深教授主试官中,只有汉学教授夏德先生懂汉文(胡适辅修夏德汉学"丁龙讲座",师生关系十分融洽),他们实在无法理解中国典籍的深邃，汉学上或许到不了胡适这位博士生论文的水平。但根据美国博士学位制度，博士论文答辩之后，须按主试官提出的意见进行修改定稿，尚须交 100 册副本备档，手续齐全后，才可以参加博士衔授予仪式。胡适当年没有时间等着戴博士帽，因为北大文科学长陈独秀早就相中了这位尚未谋面的"千里马"了。

> 蔡孑民先生已接北京总长（按：系"北大校长"之误）之任，力约弟为文科学长，弟荐足下以代，此时无人，弟暂充之。孑民先生盼足下早日归国，即不愿任学长，校中哲学、文学教授均乏上选，足下来此亦可担任。……他处有约者倘无深交，可不必应之。中国社会可与共事之人，实不易得。恃在神交颇契，故率直陈之。

陈独秀这封信，是他 1916 年 1 月 13 日正式就任北大文科学长后，立刻代表蔡元培校长写去给胡适的。蔡元培就任北大校长是 1 月 1 日。信写得如此诚挚、恳切、坦率，即便隔着浩瀚的太平洋，这两位"神交颇契"的朋友，也是灵犀相通了。

胡适欣然接受。5 月 22 日考过博士论文答辩后仅一周，29 日向恩师杜威辞行。6 月 9 日离纽约，到绮色佳他的女友韦莲司家告别，留居五日（"见待如家人骨肉，犹难为别"）。然后取道尼亚加拉大瀑布、水牛城，过境加拿大（6 月 15 日），自圣保罗乘火车（6 月 17 日）西行落基山一路读书，6 月 20 日到达太平洋港口城市文苦瓦（温哥华）。21 日登上"日本皇后号"轮船，坐二等舱，横渡太平洋。途中遇到列夫·托尔斯泰之子伊惹·托尔斯泰公爵，与 60 多位亡命归国的俄罗斯社会党人，听其演说。7 月 5 日到达日本横滨港。适国内张勋拥宣统复辟，胡适认为"复辟之无成，固可断言"。因船期短，胡适没有去游东京，继续航行，7 月 7 日，船到神户，行日本内海。8 日到长崎。7 月 10 日，"日本皇后号"轮顺利抵达中国上海——

> 二哥、节公、聪侄、汪孟邹、章洛声，皆在码头相待。二哥年四十一耳，而须发皆已花白，境遇之易老人也！聪侄十一年不见，今年十八而已如吾长。节公亦老态苍然，行步艰难……（《胡适日记·归国记》）

归心似箭。 胡适在上海略作逗留，就转道芜湖，直奔绩溪上庄老家。 母亲自接到儿子先后寄自上海(7月10日)、芜湖(7月16日)"安抵上海"、"即须归里"的信后，无日不倚门翘望。 7月27日，离别11年(在上海求学时，因脚气病回家休养过)的胡适终于到家啦！

安顿之后，母亲对胡适说："糜，你那年种下的一棵竹，现在已经成林一片了。 你去菜园里看看吧！"

"妈，我没有种过竹，菜园里哪会有我种的竹林？"儿子疑惑起来。

"你去看看。"母亲把菜园门的钥匙交给儿子，还是动员他去。

胡适去了。

胡家的房子紧靠村子十字路口——此路一头进城，另一头可上山；到菜园去，则要走直的一条路，再转个弯才到。 当胡适走了相当一段路，来到菜园时，吃惊地发现满园全是毛竹了。 家里人为了在院内保留一点用于种菜地畦，还在里面砌了一道墙，但毛竹却沿向墙根长出来，进而向别人家的园子发展。 胡适估计了下，菜园的毛竹有上千根。

宁鸣而死，
不默而生。

胡适 〔印章〕

/胡适手迹

回到家里，吃晚饭的时候，母亲在叙旧中谈起种竹的往事。 "糜儿，你记得吗？ 你十二三岁时，一天傍晚，路上碰到春富族叔，他用棒柱挑了一大捆竹子，因为沉重，反倒走得很快。 你避路道旁，只听得'糜先生，这根给你做烟管吧'，话刚落，你手中得到一竿竹子。 你回到家，对我说：'妈，我又不会吃烟，我把它种在花坛里吧。'"接着，母亲又告诉他，这根竹在花坛里发旺起来，容不下了，就让人移植到菜园里去。 哦，胡适想起来了，确有这么一回事，但自13岁离家去上海6年，又去美国7年，眨眼13年过去了，没想到一根竹13年间繁殖成千根，旺满菜园了……

这个意味深长的故事，胡适晚年还萦绕于怀。 一次在台北南港家里吃晚饭时，见到餐桌上有一盘"油焖笋"，立刻就联想到上庄老家的菜园竹林，对他的秘书胡颂平讲了那个"一根竹起一片竹林"的故事。

第五章 小脚夫人江冬秀

  造化就是这么淡笔勾画人的命运，在与世长辞前的 32 天的一个早晨——1962 年 1 月 23 日，星期二，胡适在他寄宿的台北福州街台湾大学学人宿舍公寓里(住台大医院 45 天，出院后尚需护理，未能返回南港住所)，吃了早点，梳梳头发，觉得这次病后白发又增添了许多，随便嘀咕了一句。 这位大学者毕竟已经 72 岁了。

  "啊哈，你打扮打扮，年纪轻得多了，也很漂亮了。"长胡适一岁的属虎的小脚夫人带着调侃味道赞美她的丈夫。

  "啊呀，江冬秀小姐，我从来没听过你说我漂亮，从来没听过你说我漂亮的话！"胡适开心地意味深长地回敬他的结发夫人。

  胡适从心底尊重他的妻子江冬秀，她的那个世界与自己的天地应该是照应的平等的。 晚年，胡适对他的秘书胡颂平说："我太太喜欢做些茶叶蛋、雪里蕻或者别的菜分送朋友，等于会做文章的人把自己的文章给人家看的心理一样。"这里，我们不敢说相敬如宾、相濡以沫，但至少这对先天有甚多差距的夫妻白头偕老，从一而终(45 年)，在胡适那个年代、那个圈子里，是多么珍罕！

  这么说胡适与江冬秀的婚恋似乎是白开水了？ 非也，恰似一杯鸡尾酒，色彩纷呈。 下面且听他们结婚前后的故事。

属虎村姑江冬秀，旌德江村世家女

  江冬秀(1890—1975)，出身于绩溪邻县旌德江村书香世家。 金鳌山下的江村，是徽州一个有名的文才辈出的富村、大村。 村内一律是十分气派的徽派建筑民居，家家户户无不有"三雕"(石雕、砖雕、木雕)，牌坊、石狮、旗鼓石随处可见。 以前村里还有一书院、四庙宇、七祠堂。 其文脉，至今流传着明朝天顺、弘治两代江汉、江文敏父子双进士同朝为官的佳话，如今村中尚有"父子进士坊"牌楼，便是这一历史明证。 近现代出了个江朝宗，曾任北洋

待字闺中的江冬秀

政府提督九门步军统领、代理国务总理，后沦为汉奸，任伪北平市长。 江村还出了四个博士，即江绍铨、江绍原兄弟和江世文、江泽涵。 江绍铨又名江亢虎，是名噪一时的无政府主义者，因为"洪水猛兽"的言论，被他父亲开除出籍；江绍原，北京大学名教授，五四运动时火烧赵家楼的闯将。 江泽涵是江冬秀的嫡堂弟，我国拓扑学的倡导者、中国科学院学部委员(即院士)、北京大学名教授。

根据江村江氏世系辈行排列，"洪图绍世泽，丕显振家声"为次序。

江冬秀的曾祖属"图"字辈，名图烺。 图烺有九子，老七绍理有二子：世贤、世才。 世贤是江冬秀的父亲，"布政司经历，加二级"，37岁病故；世才是江泽涵的父亲。

江冬秀(端秀)的父亲和哥哥江泽生(耘圃)都是"瘾君子"，不事生产，把好好一份家业败掉了，总算还保留着一座厅堂宽敞的通转楼，不过有些破败而无力维修了。 冬秀的母亲吕贤音出身(旌德)庙首官宦世家，其祖父吕朝瑞是一科一甲探花。 其父(也就是冬秀的外公)吕佩芬，进士出身，任翰林院编修，光绪末年，曾筹划安徽铁路有限公司，开筑了一段皖南铁路，花了很多心血。 她的外公本家吕凤岐、吕碧城父女文才名传一时，尤其是碧城女士乃一代巾帼英雄，秋瑾好友，女权运动先驱，慈善家，为废屠动物奔走国际论坛……传统的世家名门、杰出人物的熏陶，使自幼就缠了小脚的江冬秀在待人处世作风上倒是恢宏大度，不乏大家风范。

因为五岁时就失去了父亲，缺乏学业监督，江冬秀仅在本村书塾读了二三年，识得的字大多数还给了老师。 她的老师胡鉴祥，绩溪上庄人，是胡适的族叔。 冬秀儿时的不少时间是在叔父江世才家度过的，那里有她的三位堂姐妹做伴。 江世才经商致富，新造的两幢通转楼连成一片，颇有规模。 江冬秀比她的嫡堂弟江泽涵大12岁。 江泽涵回忆当时情况时说："我出生时，我们还生活在以祖母为家长、近十口人的大家庭中；次年才分成两家分炊，但仍同住在原处十多年。故我从婴孩时代起，就得冬秀的照料和爱护。"

胡适与江冬秀联姻事，纯粹是"父母之命、媒妁之言"式的封建包办婚姻。故事还得从一次庙会讲起。当时，绩溪乡下盛行"喜会"（又名"火把会"），每逢闰年，为纪念南霁云、雷万春抗敌有功，必要举行"喜会"，游龙灯、玩花灯、放焰火、演徽戏……喜会举办地，四乡村民汇拢，家家户户亲友盈门，非常热闹。胡适十二三岁那年，适逢轮到七都（旺川）乡举办，胡适的外公冯振爽（金灶）家的新屋已在胡铁花资助下建成，顿时招来了不少人，其中有邻县江村的吕贤音（菊花），冯顺弟偕胡适也来了。江家与胡家本有表亲关系，两位姐妹自然一见如故了。"菊花嫂看见胡适这孩子聪明活泼，相貌端正，很想将其女江冬秀许之，并将此事告诉曹诚钧（胡适舅母的兄弟），由曹诚钧作伐……"同时，吕氏还托冬秀的塾师、胡适的族叔胡鉴祥去说媒。看来江家是很主动的，冬秀相貌平平，短腿，小脚，眼有翳子，但江家比起胡家来，经济上算是优裕了。

两个媒人来撮合，江家门第又比胡家高，冯氏是愿意接受这门亲事的，但担心冬秀这头老虎（属虎，光绪十六年十一月初八日生）会克儿子这只兔子（光绪十七年十一月十七日生），于是只好像她嫁铁花那样，请瞎子算命先生排"八字"。胡适的"八字"是：

辛卯　庚子　丁丑　丁未

胡适的这个"八字"显然是又硬又贵的（后来被收录在一本叫《人鉴》的算命书中，并且被算命先生用来做"八字"的广告）。算命先生神乎其神地把两个"八字"推算了一番，决断为女方命里宜带男，与男方生肖很合，不冲不克，且女方大一岁也无碍，云云尔尔。冯氏松了一口气，不过还是不大放心，又将写有冬秀"八字"的红纸折叠好，与其他几家来说亲姑娘的"八字"一起放进一个竹筒里，虔诚地供在灶神面前，谁也不得去惊动它。过了一段时间，家中平安无事，也没有一点不祥之兆，于是冯氏在灶山燃烛焚香，拜了灶神爷，取下竹筒，使劲地摇了又摇，然后用筷子夹出一个（折好的）"八字"来。拆开，摊平，一看正是冬秀的。啊，这真是可谓天赐良缘！于是，"只有14岁的胡适与15岁的江冬秀的终身大事，就这样在家母之命、媒妁之言、算命先生的瞎凑合和灶神爷的保佑之下，定了下来"。是时，1904年1月。

订婚后的一个月，胡适走出皖南大山，到上海求学去了。从此，他远离家乡，融入中国时代与文化，建立自己的体系，拥有无数师长、知友与学生，而自己的未婚妻一直到 14 年后，就是 1917 年 12 月 30 日结婚那时才第一次睹面。

14 个春花秋月轮回，是何等漫长的岁月，而且中间还起了个坎。1907 年 5 月，在上海中国公学读书的胡适，像他父亲当年那样，脚气病复发了(早一年冬已发了一次，在南市瑞馨泰茶叶店里养病)，请假回家，养病两个多月。母亲冯氏趁机向儿子提起结婚事，16 岁的胡适心不在焉地说句"承认早一二年"。冯氏与吕氏都理解成"过一二年"办喜事，于是到了第二年 1908 年秋，江家为冬秀置办嫁妆；冯氏在 10 年前造的新楼中(即现"胡适故居")选定儿子、媳妇的新房，开始布置起来；两家连黄道吉日也选定了，还买了一批百子炮仗……冯氏去信上海，唤胡适回家完婚，结果被儿子"斩钉截铁地阻止了这件事"。胡适借大骂那个算命的"瞎畜生拣此日子"(办喜事)，引出"儿既极恨此事"的心里话，巧妙地劝阻自己敬爱的母亲"大人又何必因此极可杀、极可烹、鸡狗不如之愚人蠢虫瞎子之一言"，"强迫大人所生所爱之儿子"？就这样，1908 年双方父母策划完婚喜事，因为胡适萌芽式的反对封建包办婚姻的主张而搁置了起来。当然还有两重严酷的现实因素，也客观上终止了这次"完婚"之举，即胡适面临上海学业中断(中国公学学潮，转入中国新公学)无法回乡结婚；家庭经济濒临破产，二哥绍之在沪、汉中兴家业，不能因弟婚礼返乡而中断。冯氏是深明大义的，终于理解儿子了。

1908 年 8 月，胡适在他任编辑的《竞业旬报》上，以"铁儿"的笔名发表《婚姻篇》文章，说："中国男女的终身，一误于父母之初心，二误于媒妁，三误于算命先生，四误于土偶木头，便把中国四万万的人，合成了许许多多的怨偶。"这无疑是他订婚现实的写照，但基于对母亲的孝心和根深蒂固的程朱理学封建伦理观，胡适最终还是跳不出这场包办婚姻的窠臼，诚如他在那封给母亲的长信中所言，"男此次辞婚，并非故意忤逆，实在男断不敢不娶妻，以慰大人之期望。即儿将来得有机会可以出洋，亦断不敢背吾母私出外洋，不来归娶……若大人因儿此举而伤心致疾，或积郁成病，则儿万死不足以蔽其辜矣。大人须知儿万不敢忘吾母也。"

果然，1910 年胡适考取第二期"庚款"留学美国官费生，在大洋彼岸一待就是七年，而且经历两次心心相印的精神恋爱(一度还心猿意马)，度过危机。

"只恨我十年作客，／归来迟暮，／到如今，／待双双登堂拜母。"胡适终于归来完婚。

三十夜大月亮，廿七岁老新郎

胡适到美国去读书了，江冬秀则每年不定时地到上庄村去伴婆婆。这对冬秀来说，既是尽"儿媳"的义务(结婚后她与冯氏住在一起的时间并不多)，又有些屈驾，像是童养媳。胡适晚年回忆这事时说："绩溪是小地，家家户户都是自己操作的。我的太太是山的那边，有田地，家里有佣人，什么都不要自己动手。那时我在美国，还没结婚。我的未婚太太每年都要到绩溪来住几个月，像是童养媳。有一位姓曹的，乃是我家和江家的亲戚，这天他到绩溪来，住在我家里。第二天早上起得很早，看见有人在天井里扫地。姓曹的仔细一看，原来是我的未婚太太，觉得很奇怪，问她为什么要自己扫地。她经这位亲戚一问，掉下眼泪来了，说：'这里全家大小都做事，我怎么好意思不做事？'但请这位亲戚回去时切莫提起。后来江家知道了，买了一个丫环(按：叫梅香)给我的母亲，意思是要替未来的媳妇做事；但我母亲仍旧要她做事……"

在美国的胡适与母亲一直保持着通信往来，知道冬秀的委屈后，心里颇过意不去，所以不断付书信越洋慰问他的未婚妻"冬秀贤姐"。1911年5月21日，他从母亲来信中得知冬秀正住在家里，所以写信给母亲的同时，"另以一书寄冬秀"。该信全文是——

冬秀贤姐如见：

此吾第一次寄姐书也。屡得吾母书，俱言姐时来吾家，为吾母分任家事。闻之深感令堂及姐之盛意，出门游子可以无内顾之忧矣。吾于14岁时曾见令堂一次，且同居数日，彼时似甚康健。今闻时时抱恙，远人闻之，殊以为念。近想已健旺如旧矣。前曾于吾母处得见姐所作字，字迹亦娟好可喜。惟似不甚能达意，想是不多读书之过。姐现尚有工夫读书否？甚愿有工夫时能温习旧日所读之书。如来吾家时，可取聪侄所读之书温习一二。如有不能明白之处，即令侄辈为一讲解。虽不能有大益，然终胜于不读书，令荒疏也，姐以为如何？

吾在此极平安,但颇思归耳。草此奉闻,即祝无恙。

胡适手书　四月二十二日

（即阳历 1911 年 5 月 21 日）

这是胡适留美的第二年,在绮色佳康奈尔大学农学院写给江冬秀的第一封信。以后,他还好几次"冬(端)秀贤姊如见"地给他的未婚妻写信,写得文质彬彬,温存体贴,而且循循善诱地要求她"读书"与"放足"。他说:"今世妇女能多读书识字,有许多利益,不可不图也";"识字不在多,在能知字义;读书不在多,在能知书中之意而已"。"知贤姊已肯将两脚放天,闻之甚喜!望逐渐放大,不可再裹小。缠足乃是吾国最残酷不仁之风俗";"当速放(足),勿畏人言。胡适之妇,不当畏旁人之言也";"骨节包惯,本不易复天足原形,可时时行走,以舒血脉,骨节亦可渐次复原了"。江冬秀忠诚地按夫君的要求去做了,但畸形小脚已定型,难恢复"天足"。时间一年一年地过去,江冬秀怎能不焦急?于是胡适又来开导:"每念去国日久,归娶之约一再延误,何以对卿?然适今年恰满廿三岁(以足年计),卿大于适一岁。再过

胡适 1914 年从美国绮色佳寄给江冬秀的"室中读书图"

两年，卿廿六岁，而适廿五岁，于婚嫁之期，未为晚也。西方男女嫁娶都迟，男子三十、四十始婚者甚多，以彼例比，则吾二人尚为早婚耳！"(胡适致江冬秀信，1914 年 12 月 13 日)

1914 年 6 月 6 日，他的同学任叔永给他拍摄了一张"室中读书图"照片，"极惬余意"。于是胡适将此照寄了一张给母亲，又去添印了六张，分别寄给国内亲友——也寄了一张给江冬秀，并题写绝句一首：

万里远行役，轩车屡后期。传神入图画，凭汝寄相思。

以室中读书图寄冬秀　适之　三年(1914)五月

胡适同时也收到家中寄来的照片，见冬秀站在他母亲身侧，触景生情，赋五言长歌"出门何所望"190字，其中写到未婚妻冬秀的，则是："图左立冬秀，朴素真吾妇。轩车来何迟，劳君相持久。十载远行役，遂令此意负。归来会有期，与君老畦亩。""辟园可十丈，种菜亦种韭。我当授君读，君为我具酒。"完全桃花源式的耕读生活。这位绩溪才子的想象太乌托邦了。但实际上，几乎同时，他"第一次访女生宿舍"(1914年 6 月 8 日)，渐渐地坠入与韦莲司的精神之爱情网；接着他与湖南才女留学生莎菲惺惺惜惺惺，又一次沉溺于精神爱河中……

消息离奇地传到深山小村上庄，说什么胡适与洋女子结婚，生了小孩……这一下冯氏如何向江家亲家母和未婚儿媳交代？赶紧去信询问。胡适此时正处转学纽约哥伦比亚大学，又忙于与任叔永、梅光迪讨论"文学与革命"命题的时候，但还是沉下心来，十

胡适母亲给韦莲司母亲的一封信（胡近仁代笔）

分认真地给母亲写了封长信，回答的态度十分明朗："儿久已认江氏之婚约为不可毁，为不必毁，为不当毁。故儿在此邦与女子交际往来，无论其为华人、美人，皆先令彼等知儿为已聘之未婚之男子。儿既不存择偶之心，人亦不疑我有觊觎之意，故有时竟以所交之女友姓名事实告知吾母。"坦荡君子胡适还进一步申明，"儿主张一夫一妻制，谓为文明通制。生平最恶多妻之制，今岂容躬身自蹈之？"(1915 年 10 月 3 日)

后来的事实证明，胡适一生是这样做的，即使偶有越轨，也能悬崖勒马，一心一意地与江冬秀做夫妻。他在美国毕业前夕，将毕业照直接寄给了江冬秀，以表心迹。

胡适在美国寄给江冬秀的毕业照

胡适前后的同一时代的闻人、文人，道德文章上，谁能与胡适比肩？此者，诚如梁实秋所说："五四以来，社会上有很多知名人士视糟糠如敝履，而胡适先生没有走上这条路。"

胡适留学生涯一结束，1917 年 6 月渡洋返国，7 月尚未到北京大学应聘报到，就首先回乡拜见慈母，接着专程去江村看望江冬秀，准备践婚约了。

胡适在家与母亲相聚了半个多月，道出那出"三门亭神"附身闹剧的真相，母子相向而笑。冯氏再一次催促儿子与冬秀完婚，黯然叹了一口气说：

"可惜你丈母娘已去世了，她曾经日盼夜望等你回来，与冬秀完婚呀！"

8月盛夏的某天，胡适决定去看看从未谋面的未婚妻江冬秀。他独自一人兴高采烈地翻越了两村唯一的通道杨桃岭，来到了好山好水黄山东麓的江村。只见村道阡陌纵横，民舍鳞次栉比，"父子进士坊"牌楼矗立。两条清溪贯穿全村，林木茂盛。他略一打听，就找到了江家，进了已经破落了的"通转楼"大宅。岳母已在一年前(1916)故世，"漫劳外母多情，老眼望穿未婚婿"(胡适自美国寄女方挽联中句)，而今女婿归来了，却见不到了。岳家由舅兄江耘圃主持，设盛宴招待这位来自美国的乘龙快婿。席间，胡适要求一见冬秀，然后议定完婚日期，这当然是女方"望眼欲穿"的大好事。席终，胡适由耘圃陪同去江冬秀闺房。近门处，胡适被留在门外稍候，耘圃进去通知。这时楼上楼下聚集了很多江家的男男女女，争相一睹洋博士姑爷的风采。胡适在回忆这一场面时写道："耘圃出来面上很为难，叫七都的姑婆进去劝冬秀。姑婆(吾母之姑嫂、冬秀之舅母)出来，招我进房去，冬秀躲在床上，床帐都放下来了；姑婆要去强拉帐子，我摇手阻止了她，便退了出来。"胡适回首一瞥，帐幔下垂，密不见缝，但隐隐觉得似有颤动。殊不知这位"望眼欲穿"候"适之哥"、"适之郎君"的"愚妹"、"待字妇"(均闺中书信语)江冬秀正躲在帐中既激动又难为情地使劲哭泣呢。江冬秀果真如此，她在晚年所写的别字连篇的自传中，也提及此段趣事，说自己已是28岁的待嫁新娘，不好意思见郎君哩！想见又不敢见，只好躲在床上暗暗流泪哭泣。

胡适究竟是胡适，在这"危机一发"时候，他没有打轿回家，也没有搬到客店(旅栈)去歇，更没有闹起来，令江家人强迫冬秀出来，他冷静思忖："我有了面子，人家面子何在？"于是大度地到"子隽叔"(即江世才，江泽涵父亲)家宿了一夜，清晨留一封信给冬秀，才返回上庄向母亲复命。他向母亲说了真情，冯氏知道后愤愤不平，要去江家讨公道，却被胡适劝阻了。至于对村里人，他说了谎言："见着了。"最后对自己，他把这恼人的"闭门羹"化作两首《如梦令》：

她把门儿深掩，不肯见来相见。难道不关情，怕是因情生怨？休怨！休怨！他日凭君发遣。

几次曾看小像，几次传书来往。见见又何妨？休做女孩儿相。凝想，凝想：想是这般模样。

胡适对自己未婚妻的怜爱之心跃然纸上。 不仅如此,他在临走前致冬秀的信中,表示了自己的完全理解,并写定了结婚的日期。 信中说——

> 昨日之来,一则欲与令兄一谈,二则欲一看姊病状。适以为吾与姊皆二十七八岁人,已常通信,且曾寄过照片,或不妨一见,故昨晚请姊一见。不意姊执意不肯见。适亦知家乡风俗如此,绝不怪姊也。适已决定十三日出门,故不能久留于此,今晨须归去。幸姊病已稍愈,闻之甚放心。姊好好调养,秋间如身体已好,望去舍间小住一二月。适现在不能定婚期,然冬季决意归来。婚期不在十一月底,即在十二月初也。

这场故事经历起伏高潮后,终于趋于结局了。

现在,冬秀有目标有期限盼望新郎,终于被她盼到了头——1917年阳历12月30日,迎亲的花轿终于来了。 花轿在震天响的爆竹声中(这百子炮仗还是10年前两位老亲家一厢情愿为儿女完婚买下来的)进了上庄村胡家通转楼大门,过了天井,仰头便见新房(厅堂西首一间),这里冬秀太熟悉了,不过今天贴有一副大红门联:

> 三十夜大月亮,廿七岁老新郎。

这副喜联是胡适自撰自书的。 “三十”是指阳历1917年12月30日,而这天恰好是阴历十一月十七日,正逢胡适廿七岁(26足岁)生日,大圆月亮满脸喜气高悬天幕,庆贺他们终成眷属。 当时写下联时,胡适一时语塞,在旁的一位绰号叫“疯子”的族兄脱口而出:“廿七岁老新郎,你糜哥不是吗?”很好,谐趣又对仗,胡适立刻写了下来。 还有一副喜联,文绉绉的,是他族叔、启蒙老师胡宣铎撰贺的:“宸海归来恰符风卜,高堂欢洽更兆熊占。”这位见证胡适幼时读父亲红纸方块字、经历台湾风云的族叔,如今做这场喜事的证婚人。 主婚人是冬秀的大哥江耘圃,很遗憾冬秀的母亲吕贤音太夫人一年前撒手西去,只能由长兄来代替了;另一位主婚人便是坐在二进大厅“三品诰命夫人”大红圣旨下的冯顺弟太夫人。 她满面红光,喜悦饱溢眉宇嘴角,接受留洋"翰林"、已是大学教授的儿子和名门闺秀的儿媳的三鞠躬礼。 她守寡22个春秋寒暑，含辛茹苦持家，呕心沥血育子，如今都得到回报，唯望早日抱孙子(胡适长子因此名祖望)。 今天，胡适身着黑呢制西装礼服，头戴黑呢制礼帽，脚着黑皮鞋，与黑花缎袄、红花缎裙、大红绣花缎鞋的冬秀在各自漂亮的傧相牵引下互换结婚戒指，并在结婚证书上盖了各自的私章。 他们没有拜天地，只是向主婚人行了三鞠躬礼。 证婚人胡宣铎致贺词后，新郎胡适致答词。 此种新式婚礼在封建堡垒的皖南山乡是闻所未闻的。 胡适除去一切繁文缛节，却也迎来无数看热闹的乡邻。

胡适、江冬秀的婚房

胡适(已被任命为北京大学文科教授、哲学研究所主任)还带来了他的北大同事集体送的喜礼，计有"银杯一对，银箸两双，桌毡一条，手帕四条"，拜贺人为沈尹默、刘文典、陈大齐、马叙伦、夏元瑮、程振钧、杨庆萌、马裕藻、蔡元培、章士钊、朱家华、朱宗莱、陶履恭、王星拱、刘三、周作人、钱玄同、朱希望、刘复、陈独秀。 礼单是由陈独秀誊写的，故他把自己的名字写在最后。

婚礼场景颇使胡适产生联想，他喜悦善感地写下了《新婚杂诗》以纪实——

十三年没有见面的相思，
于今完结。

把一桩桩伤心的旧事，

从头细说。

你莫说你对不住我，

我也不说对不住你，

且牢牢记取这十二月三十夜的中天明月！

记得那年，你家办了嫁妆，我家备了新房，只不曾提到我这个

新郎！

这十年来，换了几朝帝王，看了多少兴亡。

锈了你家嫁奁的刀剪，改了你多少嫁衣新样。

更老了你和我人儿一双——

只有那十年陈的爆竹，越陈偏越响！

由于母亲冯氏的坚持，他们婚后第三天到胡氏宗祠去，向祖先牌位行三鞠躬礼。当然，胡适已在母亲、兄长口中听到父亲拼死建宗祠的故事，对父亲的英雄人生，对父亲的殉国壮举，心中恭敬到无以复加的程度。

20世纪初尚未脱胎封建宗族社会的中国内地新婚，当然是没有什么蜜月旅行之举的。新郎胡适在家，除与慈母欢聚，并在老人家面前极力表示"闺房之爱"，"以博吾母欢心"（致胡近仁信中语，此信胡适逝世后发现）。此外便是与众亲友饮酒，几乎天天都在醉乡中。言"百忙中居然还做一篇《惠施、公孙龙的哲学》，预备送给《东方杂志》，赚几个钱来喝喜酒。"胡适钟情杜康，纵贯一生。尚在上海读书中国公学时期，一度打牌、叫局、吃花酒，醉酒后游荡街头，与

1917年12月，新婚燕尔的胡适与江冬秀

巡警打架，坐过一次班房(1910年3月)。 以后下决心戒酒，痛改前非。 君别来无恙，如今新婚喜酒，又有机会，怎能不畅饮，微醺中去上溪山口凭吊明末遗民"采薇子"坟墓。 上庄完婚后，胡适只身赴教北京大学，理所当然地回请送过礼的同事吃喜酒，因为新娘没在，干脆到饭店包席，花了60元大洋，吃了一整天，喝得酩酊大醉，躺了一天，第三天才醒酒。 胡适下决心，这回可要戒酒了。

新婚蜜月中另一件大事，便是伴新娘子"回门"。 江家此时实际已门庭冷落，冬秀慈母已长眠黄土。 这对新婚夫妇在坟前默默凭吊，恭恭敬敬行三鞠躬礼。 胡适心中感触尤多，由于自己的坚持，由于自己的留学学业，使岳母不能如愿，抱憾终生。 他因此写了一首诗告慰道："回首十四年前，／初春冷雨，／中村箫鼓，／有个人来看女婿，／匆匆别后，便将爱女相许。／只恨我十年作客，归来迟暮，／到如今，待双双登堂拜母，／只剩得荒草孤坟，斜阳凄楚！ ／最伤心，不堪重听，灯前人诉，阿母临终语！"

坟前追悼岳母后，床头即作新婚别，胡适又赋诗《别离》道——

> 十几年的相思刚才完结，
> 没满月的夫妻又匆匆分别。
> 昨夜灯前絮语，
> 全不管天上月圆月缺。
> 今宵别后，
> 便觉得这窗前明月，
> 格外清圆，
> 格外亲切！
> 你该笑我，
> 饱尝了作客情怀，
> 别离滋味，还逃不了这个时节！

1917年12月16日胡适离京返绩溪。 12月30日结婚。 新婚不到一个月，1918年1月末，他留新妇在上庄家中伴老母，自己连阴历大年夜也顾不及，只身北上返校。 据记载，他是2月3日(阴历十二月二十二日)凌晨到达北京的，时城门未开，在城外客栈过宿，天明才进城，回到南池子缎库胡同8号

受聘北大伊始，胡适在编写讲义

自己房间。回返北京大学后，立刻授寒假课，准备"中国哲学"、"欧洲文学名著"、"西洋哲学史"等课程讲义；同时加入《新青年》杂志的编辑工作，高举他在美国留学时就提出的"文学革命"旗帜，继续他的《文学改良刍议》方向，和陈独秀、高一涵、李大钊、沈尹默、刘半农等北大"卯字号"新人物，开始进行如火如荼的新文化运动。

1918 年 5 月，在婆婆冯氏(自己付出巨大牺牲)的充分理解中，江冬秀由她顺路去北京的胞兄江耘圃陪同，赴京和丈夫团聚。他们在钟鼓寺胡同 14 号建立了自己的家庭。从此，浪迹海内外 14 年的高唱"德莫克拉西"(民主)、"赛因斯"(科学)的战士胡适在北京有了自己的家；从此，在深山里年复一年地等郎君，在"父母之命、媒妁之言"光圈里得了名分的村姑江冬秀在北京有了自己的家。家庭，真是不可言状的复合体，"胡适大名垂宇宙，小脚夫人亦随之"，遂成为民国七大逸闻之一。从此，这个新组合起来家庭的一个又一个新故事就产生了。

胡适大名垂宇宙，小脚夫人亦随之

江冬秀与胡适的故事，主角应是江冬秀，是在他俩北京寓所、抗战逃难时江冬秀的上海寓所、绩溪上庄老家、流寓海外的美国纽约公寓，以及这对老伉俪晚年台北南港家里，先后一一展开的。先来说说胡适在北京的五处寓所。

——南池子缎库胡同 8 号。这是座很普通的四合院，离北京大学不远。胡适 1917 年 9 月，在家乡与母亲团聚后返北京，执教北大，工薪并不高，就租住在这里，当时与同乡高一涵合租。院子不大，进门有门房(供男佣住)，中间为居室，两侧为厢房、客室、储藏室用，居室旁为耳房(供女佣住)，厨房较小，厕所更狭。胡适在这里住了10个月，结婚后要把妻子接来，感到这里房间远不够用，就另觅他处。

——钟鼓寺14号(新中国成立之初称钟鼓寺胡同，后改称钟鼓胡同)。胡适1918年3月租下这座有9间正房总共17个房间的四合院。租之前给上庄母亲写信谈起，"出去寻房屋，寻了两处，一处约有17间，价钱太贵了……一处有房10间，都还新……明天再去问问看"。租下后给在上庄家中的江冬秀写信，告诉她新址，与江村在京闻人江朝宗公馆仅隔一巷，月租20银元，并付了定金，等待她的到来。钟鼓寺胡同为明清时皇宫勤杂人员所住，这里四合院虽然较大，但就层次来说，仍属普通。

20世纪30年代,胡适、江冬秀夫妇

——陟山门街6号。在景山大街，原系官僚政客的公馆，胡适向林觉民盘租居住，连室内的沙发等也一并顶了下来。房间宽敞，院子很大，有长廊，厨房里还有机井。

——米粮库4号。1930年6月，胡适由上海(辞去中国公学校长)返回北平，任北大文学院院长后，就搬到这里居住。这是一幢小洋楼，房间比陟山门6号更宽大、更多，便于他接待众多朋友。徐悲鸿、徐志摩、丁文江等挚友一度住在这里。该楼设施完善，有车库、锅炉间(供暖)、卫生间、浴室。院中绿树成荫。

——东厂胡同1号。1946年9月，胡适由美返国，任北京大学校长后，即搬入坐落在王府井大街北头的东厂胡同1号。这座大院落曾是北洋政府总统黎元洪的住宅，共分四路院，每路院各有四进套院。抗战胜利后，该宅被划作北大文科研究所，胡适住的是黎氏居家院落的中间一座四合院。这座院子也是很大的，东院是个花园，内有亭台。正中是大门，进门后有三进房:头进是客厅、客房;二进为胡适家居所在，还有办公室和书房;三进是胡适藏书房，共有三间，满是书架。西院是厨房、佣人住处和车库。现在胡居已被拆除，原址成为中国科学院的一个单位。原先胡适的那个四合院，可谓文人集萃之地，先后住过的有傅斯年、范文澜、吕叔湘、罗常培、季羡林等北大教授，著名学者郭沫若、梁思成也在那里办过公。

抗日战争开始后，胡适 1937 年 9 月奉命赴欧美，开展"国民外交"活动，1938 年起被任命为中国驻美大使。江冬秀为避战祸，则迁居到上海。先住在侄女婿程治平家法租界天主堂街(现四川南路)50 号，后租住麦琪路(现乌鲁木齐路)三德坊。

1946 年，时任北大校长的胡适与夫人江冬秀在北平东厂胡同公馆

后来小儿子胡思杜去美国读书了，一度为节省用费，曾与她儿子的一位同学高少爷同租住在姚主教路一套一室一厅的西式小公寓房，后因不习惯这位东北公子哥儿的浪漫生活，复搬回到侄女夫婿程治平、胡惠平天主堂街家住。

1949 年 4 月，胡适离走中国大陆去美国，江冬秀一度渡海峡居台北，暂住福州街 20 号胡适的学生兼同事傅斯年家。傅斯年时任台湾大学校长。不久，去泰国曼谷，与长子、儿媳住在一起。1950 年 6 月，飞美国纽约，与丈夫一起住 81 街 104 号 5 楼 H 号公寓，这里是胡适

江冬秀陪伴胡适作演讲

当年大使卸任留纽约做学术研究工作时的住所。 夫妻终于在一起，过海外寂寞、清苦的流寓生活。

1958 年 4 月，胡适回到中国台湾省台北市，就任"中央研究院"院长。11 月，迁入南港研究院内为他专门建造的新居，即"胡适南港故居"。 这是一幢不大的平房建筑的小洋房，拥有卧室两间(胡适夫妇各一)、书房一间、客房一间、客厅兼餐厅一间，设备简约，符合胡适平淡的生活作风，但室内阳光照射不足，颇为阴暗。 这是胡适夫妇生活的最后一个港湾，现在连同胡适公园、胡适墓地等已辟为台北"胡适纪念公园"。

45 年的夫妻生活在动荡的岁月里，诚然是一个漫长的但也是有趣的、耐人寻味的人性磨合过程。

"见面礼"便是对"西湖烟霞洞事件"的反击。 结婚泯灭不了胡适的本性。 胡适，哥伦比亚大学博士、北京大学教授，五四新文化运动的名将，年方而立，风度翩翩，是一颗多情的种子。 1923 年，胡适与在杭州师范读书的同乡、当年婚礼上的伴娘曹诚英(时 21 岁)，在西湖烟霞洞演出了一出荡气回肠的恋情活剧，随着时光的流逝，渐渐地被激情左右了的新月诗人徐志摩，他的保密神经松弛了，在北京实在熬不住了，终于讲出去了。 跟在胡适身边的侄儿思聪也一不小心露了口，这时的主妇江冬秀已经老练了，得知这个"飞来横祸"，她不号啕大哭，也不作河东狮吼，只见她操起一把菜刀，一手搂住只有

多谢

多谢寄来书，装着千分情意。只有一分不满，带些微笑气。

十年万里的分离，生疏也难怪。只我闹微教去，故态依然在。

胡适 一九二六

胡适手迹

两岁的小儿子思杜(1921 年生)，一手拖住大儿子祖望(1918 年生)，顷刻间将刀勒向自己的脖子，对胡适声泪俱下叫道："你好！ 你好！ 你要那个狐狸精，要和我离婚！ 好！ 好！ 我先杀掉你两个儿子！ 再杀我自己！ 我们娘儿仨都死在你面前……"这恐怖凌厉的场面把胡适镇住了。 从此，既不敢开口提半个"离"字，也不敢同曹家妹子公开来往，安安心心地与冬秀琴瑟相调过日子。 即使有时江冬秀发脾气，嗓门响了，要面子的胡适躲进卫生间，借漱口故意把牙刷搁口杯，将声音弄得很响，以作"掩耳"。

其实胡适的脾气是再好不过的，除了从母亲那继承来的"忍耐"之外，还大肚量地为他人着想，何况是自己的太太，"情愿不自由，便是自由了"。 结婚前 1917 年元旦，他还在纽约哥伦比亚大学时，写《病中得冬秀书》一诗中就付出这样的诺言，所以婚后即使太太或发虎威、或作狮吼，他都忍受得了，而且衍生他的家庭哲学"三从四德(得)"。

> "三从"者，一谓"太太出门要跟从"；二谓"太太命令要服从"；三谓"太太说错了要盲从"。
>
> "四得"者，一曰"太太化妆要等得"；二曰"太太生日要记得"；三曰"太太打骂要忍得"；四曰"太太花钱要舍得"。

这都是他亲口讲的"笑谈"。 所以胡适的怕老婆并非猥琐、可怜，而是富有情味、颇有乐趣的。 不仅如此，他还积极付诸行动——在世界范围内收集"怕老婆的故事"。 胡适自己说过，在他赴美做大使任上，有位记者来采写了他，说他是个"收藏家"，一是收藏"洋火盒"(火花)，二是收藏荣誉学位(名誉博士)，云云，其实"我真正的收藏，是全世界各国怕老婆的故事。 这个没有人知道。 这个很有用，的确可以说是我极丰富的收藏"。 在收藏中，胡适还悟出了一点道理，准确与否？ 且听——

> 人类中间这一种怕老婆的低级种子，只能在民主国家繁殖，不会产生在极权国家的土壤上，或者还不会错吧？(《胡适之谈笑风生》)
>
> 在这个(怕老婆的故事)收集，我有一个发现，在全世界国家里，只有三个国家是没有怕老婆的故事，一是德国，一是日本，一是俄国……现在我们从这个收藏里可以得到一个结论——凡是有怕老婆故事的

国家都是自由民主的国家;反之,凡是没有怕老婆故事的国家,都是独裁的或者极权的国家。(《胡适之先生晚年谈话录》)

胡适收藏"怕老婆的故事"同时,还收藏"P.T.T."("怕太太")铜币。 此举缘起一位朋友从巴黎寄给他十几枚法国钱币,币面铭有"P.T.T."字样,胡适一下联想起它的谐音"怕太太",于是就发起成立"P.T.T."协会,会员证章就是一枚"P.T.T."钱币。 胡适晚年还在热衷此事。 1961 年他的朋友李先生在巴黎收集到了十几枚"P.T.T."币,托叶先生带给在台北的胡适。 胡适同时买了六七本意大利怕老婆的故事,连同"P.T.T."币交董显光转给华盛顿"P.T.T."俱乐部会长。 他给他的秘书胡颂平还讲了抗倭名将戚继光怕老婆的故事。

江冬秀真是那么个"悍妇"吗? 否,否,否也。 笔者朋友程法德先生是留在大陆亲近胡适夫妇的唯一上庄胡家人,他眼中的"冬秀外婆"是,(抗战之初)"还不到 50 岁年纪,五短身材,体型发福,讲话一口京腔","穿着朴素,日常多是穿一袭合体的阳丹士林布旗袍,逢过年和喜庆的日子才换上素色的绸缎长袍,再是发髻上多戴一枝大红的绸花。 她看上去总是很整洁,脸上常常带慈祥的笑容,又很讲究礼貌,雍容大方,有点贵妇人的气派"。 旁人都爱议论的,是江冬秀那双小脚。 她很听胡适的话,订婚后,胡适从美国来信,要她"放成天足","胡适之妇,不当畏旁人之言也"。 冬秀的确按未婚夫的要求放足了,但没有"复天",程先生眼中,"她的小脚只是肥了一点","当我搀扶她上下电车时,我很纳闷为何她的小脚上总是着一双有后跟底的很小号的皮鞋——穿那种皮鞋,鞋头要塞一些棉花才合脚"。 在那(20 世纪)30 年代,缠小脚的老太太还很普遍,流行的是穿平底绣花鞋。 我有一次劝她去买绣花的小鞋子——

"我穿惯了皮鞋。"她微笑地说。我想,只有穿皮鞋才是她衣着上仅有的一点时髦。这是江冬秀这位大教授夫人的从头到脚的加饰。

手上呢? 程先生回忆说:"冬秀外婆除了常年手上戴一只赤金的桶箍戒指外,别无珠宝首饰,这在当年上流社会夫人中很少见的。"

对于江冬秀的节俭,程先生顺带向笔者讲了一件事:上海"孤岛"时期,他的胞兄法善结婚，要向女家下金饰聘礼。 冬秀外婆知道后，欲为程家节省点钱，就颤巍巍地到古拔路竹垚生(胡适好友、银行家)家里，打开代存的一只老式木质"百宝箱"，取出一副沉甸甸宽厚的刻花金镯，足有四五两重——"这是婆婆留给我的，现在就送给法善充作聘礼吧。"哪知这副金镯子是银质包金的，样式又太老旧，被女家退了回来。

1939 年冬，江冬秀在上海过她的 50 岁生日。 胡适早些日子从美国寄来慰问信，捎来了礼物—— 一只圆形的金质挂件，里面嵌了蝴蝶标本。 睹物生情，"没料到冬秀外婆对着我母亲抽泣起来，我母亲也陪着垂泪哩。"程法德先生说，"冬秀外婆就是这样一位不尚奢华，通情达理，又会自我消遣(主要是搓麻将)，有时说话风趣而内心富有感情的女人。"

"外界对冬秀有这样那样的评论，主要是胡适这对夫妻文化差距太大，同时又不了解她。 我们胡适的近亲、后人都一致认为，江冬秀实在是一位贤妻良母型的妇女，为人和蔼可亲。 我们中没有人认为胡适的家庭是不美满的。"程法德先生补充说。

首先是对丈夫刻意而且有时超过额度的爱护。 她对胡适的休息管得很牢。"病中得她书，不满八行纸，／全无要紧话，颇使我欢喜。"尚未同衾，胡适还在美国留学时，已经这样表示了。 结婚后第三年，1920 年 12 月 17 日，这一天恰逢阴历十一月初八日，巧合胡适生日(阳历)与江冬秀生日(阴历)相重。 多难逢的"双生日"！ 于是胡适写诗《我们的双生日——赠冬秀》：

> 她干涉我病里看书，
> 常说："你又不要命了！"
> 我也恼她干涉我，
> 常说："你闹，我更要病了！"
>
> 我们常常这样吵嘴，——
> 每回吵过也就好了。
> 今天是我们的双生日，
> 我们订约，今天不许吵了。
>
> 我可忍不住要做一首生日诗，

她喊道，"哼，又做什么诗了！"

要不是我抢得快，

这首诗早被她撕了。

双生日——写诗祝贺——喊"哼"——抢得快——免遭殃：带着麻辣的恩爱，虽然有些啼笑皆非，但胡适确是"情愿不自由，便是自由了"。

这一思想可真贯穿了胡适家庭生活的始终。1961年10月，江冬秀自纽约返台北(1958年4月胡适是独行返台的)，与胡适团聚。南港"中研院"全体同人举行"欢迎胡太太茶话会"。胡适即席说："我是奉太太之命说话的。太太来了之后，我的家确实温暖了，不像过去那样的孤寂了。太太来了之后，我的生活好像有了拘束，但有了一分拘束，就少了一分自由。我的太太每个星期要到城里住一两天，我又完全自由了。"接着他充满美好回忆地谈了当年美国留学归国返乡，走了一天路去江村相亲，"还是看不到她"的那段趣事。最后说："我有两句诗：'情愿不自由，便是自由了'——这就是说有了拘束。'情愿不自由，便是自由了'，可以在今天'P.T.T.'俱乐部里对全体同人说的话。以后欢迎同人到我家里来玩。"

"情愿不自由，便是自由了"的具体诠释，就是胡适手指上那枚"止酉"戒，那是在他40岁生日时，他的太太专门定制，给他戴上去的。那一回，也恰逢北大校庆32周年，就任北大文学院院长的胡适搬到米粮库4号新宅，设宴招待同人、朋友，正好觥筹交错，不料江冬秀给他戴上了"止酉"的戒指，不免煞了风景。因为胡适患有心脏病，江冬秀苦心孤诣想出了这一招。此事见报后，在上海的忘年交张元济先生撰写一联赠胡适云："我劝先生长看蓄贤阄，戒指从今少喝些老酒"(上联)；"你做阿哥将带了小弟，北大享个无限的遐龄"(下联)。胡适晚年住台大医院时，对他的护士徐秋皎小姐也曾说起这件事："那时我在北平，酒吃得太厉害了。我写了'止酒'两个字。'止'就是停止的'止'字，'酒'字的水旁不写，看起来是'止酉'两字，戴在手指上。朋友们劝我吃酒时，我把手指一抬，说：'太太的命令！'朋友们就不劝我再吃了。"胡适此言不虚，有1931年春赴青岛，辞酒山东大学"酒八仙"(杨金甫、赵太并、陈季超、刘康甫、邓仲存、方令儒、闻一多、梁实秋)为证。他扬起戴着"止酉"戒指的右手，要求免战，并说："得意尚呈金戒指，自羞感谢吾夫人。"

不过胡适是个极爱体面的人，当众如是说，会不会有言不由衷之处？1960年12月17日，胡适的老同事、挚友钱思亮(原北京大学化学系教授，台湾大学校长)在台北福州路自己家为胡适设寿堂开寿筵，庆祝他七十华诞。入席的有钱思亮夫妇(钱夫人在上海“孤岛”时期认江冬秀为干娘)、张祖怡夫妇(夫人江小波是江冬秀的侄女)、胡适的秘书胡颂平夫妇、胡适的生活秘书王志维夫妇，唯独没有胡太太江冬秀——大家心照不宣，胡适有口难言：小脚夫人留恋纽约她的麻将桌，怎么也不愿和胡适一起飞台北定居(直到花尽了胡适的海外积蓄，才于1961年10月18日返台)。胡适并非夫人不在身边而感到“自由”，目下最现实的是没有条件在自己家里做大寿，是什么滋味呢？于是在钱府的寿筵上他对胡颂平的太太薛妫珍说：“人家都说你对颂平服侍周到，你的菜又做得好，因此颂平在外面吃饭都不安，都要回家去吃……”接着又称赞王志维的太太张彦云贤惠，帮助自己做修补领扣等麻烦的工作。于是胡适擎起酒杯说：“颂平、志维，我代表我的太太敬你们夫妇一杯，你们对我的照顾，我的太太也很感激你们。”胡适讲得真是面面俱到，滴水不漏，然而他的太太现在在干啥？兴许是耽于通宵的“围城”大战。

江冬秀的搓麻将是出了名的。她做了胡适博士太太后，除露一手烧徽州菜、指挥佣人干活外，就无休止地战“围城”，从北京搓到战时上海，战后又搓回到北平，再搓到纽约，战线绵延她的大半生，战绩可以说是战无不胜。她的手气特别好，每次总是赢局，麻将桌上赢来的钱几乎成了胡家不固定收入之一。江冬秀沉醉于“围城”战，忘了时间，忘了地域，乃至1950年狼狈流寓美国纽约后，尽管因为经济窘迫，迫使自己打理生活，还是渐渐支起她的麻将桌，汇聚她的(华人)麻将友，她的“天外天”生活又热闹起来了。胡适在不是滋味的苦恼中，还是包涵了。胡适的薪俸并不太多，积蓄有限。江冬秀1961年10月告别纽约“麻将”友，终于回到台北南港，却断不了麻将之瘾，但“中研院”院区有规定，不得设牌局、打麻将，胡适不能因为自己太太的麻将破了这规矩，因而打算在市区租赁间小房子，供她作“围城”之战场，但因为手头紧促而作罢。漫长的岁月中，江冬秀也竟有搓麻将一度忘了昼夜，忘了“共赴国难”，搓得连自己身边的小儿子思杜也忘记管教的时候，在美国镇日为祖国抗日而奔走呼号的胡适大使终于忍耐不住了，就写信给留在上海“孤岛”的江冬秀，要求“我盼望你不要多打牌……我盼望你能有多一点时间在家照管儿子。小儿子有一些坏脾气，我颇不放心，所以要你多在家照管儿子”

(1938年5月5日)。

胡适与江冬秀就这样磨合着共同生活过来了。再看看这一家的里里外外，江冬秀起着什么作用。

白字书信传真情，专断持家真大气

江冬秀素描之一：搓麻将；素描之二：写白(别)字。不写白字，不是满口熟练的京片儿，那就不是江冬秀了。这里不妨拣出这位"大名垂宇宙"无双博士太太1938年12月8日，从上海写给在美国大使任上丈夫的一封家书(白字或病句笔者在括号内作了更正)——

> 骍：
>
> 今早报上说你因身体不适，进某医院疗养，我看(了后)吓我一大跳！盼望不是大病。但是你要(是)没有几分病，不会住医院，是(使)我很不放心。盼望老天爷开眼，就(让)病好了罢。是不是牙痛病见(现)痛凶了？我只有靠天福保佑你，祝你康健。我实在不能回想(忆)了。你(以前生)一两次的病，大半我都在(你)身边多。回(否)则在国内，信电都方便，现在心想打个电报都不敢(能)。可怜到我们这个地步，做人太难过了。

做闺女时给胡郎君写信，由人代笔，言不由衷。现在，可不用别人捉刀，不必把自己的感情先暴露出去了，摊开纸，握起笔，自己来写，虽然病句、白字不乏其有，但开门见山，直白袒露自己的感情，女性特有的爱怨五味俱下，比起那个时代套用典故，文绉绉的尺牍，不知高明多少了。怪不得胡适曾说："病中得她书，不满八行纸，全无紧要话，颇使我欢喜。"就在这封慰问信中，江冬秀还老实不客气地直奔另一个主题：

> 你的脾气好胜，我一晚不睡觉，望你平身(心)气和，修养修养罢。你的师姐师妹要把我们全全(全家)送掉，也是前世遭击(造孽)，现世出这一班宝贝。想开点罢！干(甘、安)心完了。

江冬秀丝毫没有忘记当年胡适康奈尔大学时期的"师姐"韦莲司、哥伦比亚大学时期的"师妹"莎菲，以及精神追踪到绮色佳去学农的小"师妹"曹诚英……"这一班宝贝"。为了维护自己全家的安全，警告丈夫"安心"。接着笔调又一转，回归正题，江冬秀始终主张胡适教书做学问，反对胡适出去做官，她直白道——

你现在好比他们叫你进虎口，就要说假话，他们就爱这一套。你在大会上说老实话，你就是坏人了。我劝你早日下台罢，免受他们这一班没有信用的（小人）加你的罪，何苦呢？

……你看了我这封信，又要怪我瞎听来的，望你不要见怪我罢。我对与（于）你，至少没有骗你过说话呀。

冬秀看官场比胡适透彻得多，一针见血！她开始反对胡适去做大使，被胡适"我屡次对你说过，'留得青山在，不怕没柴烧'。国家是青山，青山倒了，我们的子子孙孙都得做奴隶了"的话劝住了。1940年春，传来"中央研究院"院长蔡元培在香港逝世的消息。别说江冬秀沉湎于麻将战局，她立刻感觉到又有新的官运亨通于胡适了，于是又赶紧提笔去敲打——

昨天看见孙先生，他开会回来，见我头一句话替我恭喜，说你就要回来了。我莫明（名）其妙。他告诉我，命你回来做研究院长。我听了狠（很）不好过。骈，你知道我皮（脾）气处处不忌（讨厌）那一种假仁假意（义）的朋友，有点肉麻他不过。你要知道，万一有此事出来，你千万那（拿）定主意，不要耳朵软存（成）棉花。千万你的终止（宗旨）要那（拿）的（得）定点，不要再把一支（只）脚趸（踏）到烂呢（泥）里去了，再不要走错了路。把你前半身（生）的苦功，放到冰泡里去了，把你的人格思想毁在这个年头上。

"中央研究院"是国民党官方学术机构，院长当然是蒋介石"钦定"人物，其复杂又微妙的情况是江冬秀无法知道的。胡适直到1958年才做上"院长"。尽管如此，胡适在从政问题上，是很感谢小脚夫人的"作梗"的。他在回江冬秀的信中说："我读你信上说：'但愿我给你信上的一句话，你一定回到学术生活上去，我狠(恨)自己不能帮你助点点力，害你走上这条路上去的.' 我将来要做到这一句话. 现在我出来做事，心里常常感惭愧，对不住你. 你总劝我不要走上政治路上去，这是你在帮助我. 若是不明大体的女人，一定巴结男人做大官. 你跟我20年，从来不作这样想，所以我们能一同过苦日子. 所以我给新六的信上说，我颇愧对老妻，这是我的真心话."

江冬秀的众多"白"字中，有一个"狠"的字是很有色彩的. 据说这个"狠"与现在的"很"字在五四新文化时期是通用的，此字出典倒有个小故事. 江冬秀的侄外孙程法德回忆此事时曾对笔者说：抗战开始后，冬秀外婆避战乱在上海"孤岛"，她常写信给在昆明西南联大执教的堂弟江泽涵，叫我到邮局去发信. 我小孩子好奇，有时偷看了信，很奇怪，她都是将"很"字写成了"狠"字. 有一次我熬不住问她了. 她笑嘻嘻地回答我："你看过叔公(即胡适外公)写的书吗？"后来我才知道，胡适外公著作中，有很多地方将"很"写成"狠"的. 可见江冬秀在胡适的熏陶下，接受新文化还是积极的. 江冬秀在胡适的鼓励下，还收集了一首徽州民谣《奶头歌》，发表在1924年北京大学国学研究院所主办的《歌谣周刊》上，读起来清新隽永：

> 衔着奶头嫡嫡亲，
> 口口声声爷娘亲；
> 丢了奶头淡淡亲，
> 娶了老婆黑良心。

这也许是江冬秀难得的"文字"亮点吧，否则何谓"小脚夫人亦随之". 不过，她对胡适的书架——胡适南港住宅，连餐厅靠墙两面都是书架，放满善本影印书籍、唐宋各家文集、《宋文鉴》、《唐文粹》，等等，是大唱反调的，调侃道："适之造的房子，给活人住的地方少，给死人住的地方多. 这些书，都是死人遗留下的东西."不尽然. 她自己也是读些书的，她读《红楼梦》很认真，贾府里，众多丫头的名字都背得出来，对老祖宗贾母那一套封建阔绰的排场并不羡慕，而是讥诮. 此外，她还钟情金庸的武侠小说. 在纽约给胡适整理撰写"口述历史"的安徽小同乡、哥伦比亚大学校友唐德刚教授回忆说："(冬秀)老太太找不到(搓麻将的)'搭子'了，就读武侠小说. 金庸巨著，胡老太太如数家珍. 金君有幸，在胡家的书架上，竟亦施施然与戴东原、崔东壁诸公揖让进退焉！"如此，笔者窃以为调侃还应该加上半句："适之造房子，给死人和神道、仙女、剑侠住的地方亦不少哩。"

上述这些毕竟是"有闲"、"副业"，主持胡博士的家政，才是江冬秀立身的根本。在这方面，这位小脚夫人既泼辣又大气，诚如胡适的族侄、读北大时曾住过胡适家的石原皋所评论："家中事情都归她处理。她有魄力，有决断，颇有些才华和男子气概。"

首先是待人接物。"我的朋友胡适之"，这是流行于20世纪前50年中国的一句社会俗语，说明胡适的交游非常广泛，贩夫走卒均可去拜访胡适。米粮库4号胡府名副其实地门庭若市，而这家的主妇并无一般贵妇人、阔太太的傲慢、势利眼界，总是敬客礼宾、和顺通达、笑容满面。逢到安徽乡亲找上门，这位胡师母就分外热情，待飨于她亲手制作的徽州名菜"一品锅"(绩溪人叫"吃锅")：一个有两只耳朵的大铁锅，"口径差不多有二尺，热腾腾地端上了桌，里面还滚沸，一层鸡、一层鸭、一层肉、一层油豆腐，点缀着一些蛋皮饺，紧底下是萝卜、青菜，味道极好"(梁实秋)。胡适的中国公学门生、家庭教师兼秘书罗尔纲一度浸沉在这样的氛围中，耳濡目染。他说当家人"胡师母没有进过学校，却是一个非常能干的人。治家有方，待人接物，克尽情意。胡适得有一个舒适宁静的家庭环境做学问，接待亲友，都是她的力量。胡适的事业，应该说有一半是她的"。有一次他们的长子胡祖望(时年15岁)坐私家汽车上街，遇上一位蒙古王公大出殡，为丧仪长队而堵车，回到家里冲着他母亲发脾气："妈，你死了就埋，绝不摆仪仗阻碍交通！"如此没分寸的话，令江冬秀大为生气，蹬蹬地上楼去了。罗尔纲劝慰道："小孩子不懂事，请师母宽恕他。"他担心中午胡适回家，江冬秀告状后要起风波。胡适一向是主张"非孝"的(但他对自己的母亲非常孝顺)，吃中饭时听了此事，颇不以为然，过了五分钟后说："我要写个遗嘱，到我死后把尸体送给协和医院做解剖用。"江冬秀听了这话，发了一个怔，顿时脸色变了，把头低了下去，但只是极短的一下子，到她抬起头来时，脸色恢复了常态，没起风波。罗尔纲在场目睹这转瞬即逝的变化，感动地联想道："好一个强毅的人，也正是

太平天国史专家罗尔纲

这样的人才能克制自己，取得家庭的和睦。"胡适处处爱护、尊重江冬秀，在公众场合中给足她面子；江冬秀同样尊重胡适的思想观念，关键时刻该忍让就无条件地忍让。

正因为江冬秀识大体，胡适晚年时还称赞江冬秀不迷信。 他对秘书胡颂平说："我是一个无神论者。 我的太太跟我结婚 40 多年，我从没有影响我的太太；但她不迷信，不看相，不算命，不祭祖先。 她的不迷信在一般留学生之上。 你看我们的外交官中有两位，他们要做一件什么事，先在房内算一个金钱卦……"（《胡适之先生晚年谈话录》，1961 年 9 月 4 日）

江冬秀不信神鬼，心地坦荡，当然也不怕盗贼。 胡适家曾两次遭"梁上君子"光顾。 第一次是刚从美国留学回来，应聘北京大学，虽然已结婚了，还没有把江冬秀接来，因此失窃了——

> （那时）很穷，跟高一涵两人合住一座院子（按：即缎库胡同 8 号）。南面三间是高一涵的，北面三间是我住的。这时高一涵到南方去了，我的侄子（按：即胡思聪，胡适二兄绍之的长子）住南三间；白天，侄子到北大去上课了。一个厨子出去买菜，往往开着大门，空城计，倒没有失过事。那天晚上，我的侄子睡熟了。我夜里三点才睡，因为第二天八点有课。这个贼来了，大概等我等得太久了，就在厨房洗面间里偷了一面镜子，一把茶壶，还把我从外国带回来的箱子也打开了——那时外国皮箱很软的，在上面一个横屉里有个照相机也被偷去了。一直到第二天早上我洗脸时看不见镜子，以为侄子拿到房间里去吧。接着发现茶壶不见了，再在前面看见箱子也打开了。在院子后面的墙外，发现茶壶里的茶叶倒在泥土里。唯一比较称值钱的，就是照相机的被窃，也不过值十块银元而已。从此次以后，我在国内没有被小偷偷过。
>
> （《胡适之先生晚年谈话录》）

后来胡适家当大了，身价更高了，门面阔了，佣人多了，主要是江冬秀来了，里里外外被她治理得井井有条，所以竟没有遭盗窃。 但是 1949 年 4 月以后，在海外做了流民，胡适连最心爱的书籍也没带几本，寄寓在美国纽约 81 街 104 号 5 楼 H 号公寓，靠做葛斯德东方图书馆馆长的一份薪水，与妻子江冬秀自理伙食，清苦度日——就在这个时候，梁上君子来做不速之客。 胡适回忆道——

　　这天是正午，天下着雨，窗帘都挂着。那座公寓是长条形，我住在这一头，中间是客厅，客厅那边是我的太太的房间。那天我不在家。我的太太看见窗帘里爬进一个人来，吓了一跳，于是去打开了房门。这个贼是不晓得我家有多少人，他看见我的太太指示他从房门出去，他就走了。

好险！ 如果胡太太尖声高呼起来，此贼可能会铤而走险，掏出武器来对抗；如果吓得软倒下，此贼正好下手，大劫一通；如果拿起家伙来

钱复与田玲玲在纽约胡适寓所订婚，江冬秀(中)是主婚人(1961年)

驱赶，那肯定要发生流血事件了；如果……聪明又大气的江冬秀，颤颤巍巍扭着她那双小脚，不动声色开门送盗。 此君哪知城中深浅，还是走为上也。

　　从此，"胡太太开门送贼"的故事流传在北美华人世界。 夏志清教授撇开那天讲授的"中国现代文学"规定的课题，以第一时间把胡适之太太的故事讲给学生们听："GO！ 吓退大黑贼。"

　　胡适这个家，因为有了江冬秀而生机勃勃。 江冬秀当仁不让，全盘管起这个家来，特别是经济收入方面，尽管她识字不多，但胡适的教书薪水、书稿版税、其他服务的酬谢，一本家庭经济收入的账，她心中清清楚楚。 胡适出书多，绝大部分由上海亚东图书馆(出版机构)出版，从1919年的《短篇小说》(译作)、《孙文学说》继1920年的《尝试集》(白话诗集)，以及20年代的《胡适文存》等新文化运动的辟窠大作，都由"亚东"源源不断出版，亚东老板汪孟邹是胡适的绩溪小同乡，私交可说是"红花与绿叶"，来自"亚东"的版税是胡适的一项大宗收入。 胡适1928年12月15日的日记中，记下了早一天"亚东"给他送来的版税账单(至是年11月底)：

（一）版税　　　　　　（按：此表为笔者根据胡适日记所绘制）

单价	书稿名称	出版版次	印数（册）	税率（%）	收款（元）
2.20	《文存》初集	11	43000	15	14190
2.40	《文存》二集	5	18000	15	6480
0.30	《尝试集》	3	12000	15	540
0.45	《尝试集》	4／10	20000	15	13500
0.40	《短篇小说》	初版	2000	15	120
0.30	《短篇小说》	2／11	38000	10	1140

共 35970 元

（二）酬劳

《红楼梦考证》	300 元
十二年（1923 年）5 月至十七年（1928 年）5 月	10000 元
附袁希渊交来	200 元
（一）（二）两项共计	2938061 元
付过十六年（1927）底止	2423704 元
付过十七年（1928）底止	290147 元
	共付 2713852 元
	两比存 2242 元

胡适从"亚东"收获的版税及酬劳，到 1928 年底，折合银元三万元！ 这是一个天文数字，可抵当时一个工人(月薪六元)400 年的收入！

这个时候的胡适确实富有极了。 胡适不善理财，从不过问银钱进出，而且出手又大方，更碍汪孟邹乡亲、世谊情面，于是江冬秀对胡适的著作版税收入当然紧紧盯住不放了。 到了(20 世纪)30 年代，"亚东"经营不景气日益严重，特别是 1934 年难度年关。 汪老板是最精明不过的商人，他了解胡适为人，就将他的版税支付一拖再拖，却过不了细致、精明的江冬秀这一关，诚如 1937 年前在胡适家帮办文秘工作的绩溪乡友章希吕所说："孟翁(汪孟邹)是精明人，适嫂(江冬秀)的精明恐不在他下，或且过之。"江冬秀的精明就在于她并不自己披甲上阵，而是对胡适施加压力。 有章希吕的日记为证："夜，适嫂因亚东版税及借款和适兄起了一次争吵。适兄脾气真好，一面劝适嫂息怒，一面还为孟翁解释困难。"(1936年2月18日星期三)矛盾继续演变下去，过了一个多月，"今天孟翁有信寄适兄嫂，所言欠款改到今年还，力难做到。因此适嫂和适兄又吵嘴，吵得比前一次厉害。我既听见不得不去解围。适兄的脾气诚好，适嫂似不能体谅他。适嫂要我做中人，她以后家不管，每月要适兄给她200元；如要她管家，就非600元不可。我亦不敢答应做这个中人"(1936年3月24日星期二)。4月25日汪孟邹寄快信来，"内附给适嫂1500元借据一张，限期今年十二月还一半并利息，明年四月还一半利息。"江冬秀还是不满意，继续穷追。江冬秀吵得实在太厉害，胡适大概只好躲进卫生间刷牙，把牙刷搅漱口杯的声音弄得很响，以图耳根"清净"。这场争执不知以后如何，不过到了7月份，胡适离平赴美国，出席第六届太平洋国际学会去了。到了1937年，江冬秀使出釜底抽薪的一手，逼胡适将他在"亚东"出版的所有书稿，都提归商务印书馆发行；将胡适所著《藏晖室札记》（胡适留美时期日记）的版权抽出，卖给"商务"。这对面临严重困境的"亚东"无疑是雪上加霜。江冬秀不是不知，新文化运动伊始，胡适靠了汪孟邹的"亚东"，才使他文气与名气如虎添翼，而今她为什么如此做绝，仅仅是为了拖欠的版税吗？有行家认为，江冬秀是为报"一箭之仇"。20年代初，胡适、曹诚英杭州烟霞洞

曹诚英(右立者)和她的同乡女友、"亚东"老板汪孟邹侄女汪协如(左立者)等人合影

之恋，汪孟邹是全力支持的。 亚东图书馆也是这对恋人幽会之地。 1934年曹诚英赴美留学康奈尔大学前，还在"亚东"小住过一段时间……尽管江冬秀办事大气，但一逢情敌，势不两立，穷追猛打，铁青了脸株连"亚东"。

不过这仅是江冬秀处世的一面，维护自家正当收益能不精明吗？ 另一面是待人接物，她与胡适可说"夫唱妇随"，乐助慷慨，气派豪爽。 章希吕则感同身受了。 他在日记中写道："吾因去年吾父六十六大庆，遥遥数千里，不能急归，拟在北平为吾父购一件皮筒……前几天我问适兄嫂皮货店何家为最货真价实，拟为吾父办皮筒之事告之。 乃今天适兄嫂以40元去买了一件来赠。 推辞再三，而适兄嫂之意甚坚，只得收入。 想我来平数月，适兄嫂相待之厚，已感不安。 今天以贵重之物相赠，诚令我不知何以为谢。"(1934年3月5日星期一)

两做月老误两家，一部自传留人间

江冬秀处世行事确乎有些特立专断，在家没有问题，有丈夫的忍让和包涵，大事化小，有时竟因此办事出色有成绩；在亲友间，因为一意孤行，往往好事办坏，酿成苦酒或悲剧。

江冬秀的能耐终于有了机会走出"家门"。 1927年冬，胡适的三嫂在离上庄只有二三里的曹家湾相中了一块土地，去函询问胡适可否作坟地买下来。

胡适与江冬秀

当时胡适的父母胡铁花、冯氏棺椁都"暂厝"，尚未"入土为安"。 胡适访欧美长途跋涉，归来不久，正就任上海中国公学校长前夕，就去信上庄，委托他年龄相仿的族叔、志趣相向的总角之交胡近仁，请他实地踏看下，只要"干爽"，就代他拍板购下，因为他坚决反对"风水"那一套迷信。 购了坟地后，他无暇南下，就派妻江冬秀前去老家，直接指挥施工事宜。 当时的中国社会，大户人家筑墓敬祖是件大事，一个识字无多的家庭主妇能承担起这一重负吗？ 胡适想乘机考验下江冬秀。 当然一切都由胡适遥控操纵，比如所有开支费用，他或托在上海做生意的本家兄弟胡卓林汇到旌德石恒春中药店，或由上海"亚东"汇款，再不然可向屯溪的交通银行支取，甚至运棺材的水客也安排好了，先预支 60 元，到上庄后再付 60 元。 胡适还聘请了乡友、天津北洋大学毕业生程士范专程来上庄，为祖坟做工程设计。 定下图样(四穴)后，胡适去信重点关照："千万不要请什么风水先生。 如果六婶七婶要请风水先生，只好让他们去葬祖父母，我们大可以不管此事。"(致江冬秀，1928 年 2 月 20 日)这一切，江冬秀都一一照办了。 她雇请石匠鲍春华一伙采运花岗石，凿墓碑，设祭坛、石桌、石凳，历时数月。 这年的六月中旬，胡适将三块墓碑的碑文寄到了。 墓碑是请郑孝胥书写的："胡公奎熙及其妻程夫人(按: 胡适祖父母)之墓""胡公传及其续配冯夫人(按: 胡适父母)之墓"。 墓铭是胡适撰写的："先人有训，循理之正，谨乎庸言，勉乎庸行。 唯吾先人，实践斯言。 不怍于人，不愧于天。 群山逶迤，溪水清漪。 唯吾先人，永息于斯。"铭文之后，胡适又撰书两行："两世先茔，于今始就。 谁成此功，吾妇冬秀。"胡适把祖坟筑就的大功归于江冬秀。 事实证明，干事务性工作，妻子确是十分能干的，于是他在给她的信中称赞道:

> 这件事非你办不了，我同绍之都不行，等你回来，好好的谢你。
> ……你此次替我做了这件大事，我心中只有感激，一百二十分的感激。
> (5 月 25 日)

江冬秀继续指挥石匠把碑文铭刻到青石墓碑上，封了四个墓穴，盖了坟顶，树好墓碑；又在墓地里种植常青树木。 此类筑墓工作终告完成，已经是六月中旬，胡适的重要著作《白话文学史》也出版了，他参与的《新月》月刊也创刊了。 此际，他十分想念妻子，盼候"千万望你早日出来"，担心皖南有土匪，危及安全，要她由胡卓林做伴同行，取道余杭返上海。

1930 年胡适重返北平，任北京大学教授、文学院院长，参与重建、振兴北大工作。他的家已搬到米粮库 4 号，宽绰气派，群贤毕至。"我的朋友胡适之"名扬京华，他的小脚夫人也名气日隆。这时江冬秀的专断果敢锋芒使人感到敬畏，但也有人敢顶敢违，毫不买账呢。此人即"南国诗人"梁宗岱是也。

广东新会才子梁宗岱，少年扬名岭南大学，参加茅盾、郑振铎的"文学研究会"。后留学日内瓦大学、巴黎大学、翡冷翠大学，精通英、法、德、意等多国语

1933 年，胡适 42 岁，任北大文学院院长

言，与文学大师罗曼·罗兰(他的偶像)、安德烈·纪德(诺贝尔文学奖获得者)往来，返国后，1931 年为蒋梦麟校长、胡适院长聘为北大教授兼外文系主任，是年才 28 岁，诗才横溢，其讲坛风采亦为男女学生所崇拜，和胡适博士当年美国学成归来做北大教授情况相似。胡适是遵照"父母之命，媒妁之言"与小脚村姑完婚的。但这位英国绅士派头的梁教授则不然，早在出国留学前，他以裸体抗婚，不与发妻同室而名噪一时；到了北大后，与他的相知女友、极有才华的作家沉樱相爱得如胶似漆，他们打算结婚了。正在这时候，封建包办婚姻定下的原配妻何氏从百色赶来北平，要与夫君梁宗岱建立家庭，一起生活。梁坚决不同意，否定这桩婚姻。事情闹大了，可怜何氏在北平举目无亲，江冬秀拍案而起，将她引到米粮库 4 号自己家中，安顿下来，怂恿丈夫出面，再做一次月老，玉成其事。胡适对此有切肤之痛，又听说山东潍坊来的复旦大学高材生沉樱女士小名也叫"娟"，与自己未成正果的恋人"娟表妹"正好同名，如今要棒打这对鸳鸯，实在于心不忍。但违不得太太的意旨，而且人已住入自己家中，只好联络北大史学系主任、梁宗岱的岭南大学恩师陈受颐，一起去说服这位雪莱式诗人教授。哪知梁宗岱仍是不听劝言。他那追求婚姻自由的决心与行动，胡适不能望其背项。梁、何婚姻案上了法院，江冬秀走出家门，与胡、陈两教授一起坐上证人席，为何氏助威，指控梁宗岱。

最后法院判决梁宗岱败诉。 但这颗"自由的种子"还是坚决不认何氏为自己妻子。 最后在胡、陈等诸多同事的调解下，付了数千元赔偿费给何氏，办理离婚手续。 热闹一时"梁宗岱婚变案"画上了句号。 胡适充当了什么角色？他此番一反昔年支持徐志摩、陆小曼两个二婚恋人结婚的立场，公开站在江冬秀一边，参与此事。 他在1934年4月18日的日记中写道——

> 梁宗岱婚变案，自前星期日梁夫人亲笔写信委托我与受颐为全权代表后，昨夜受颐报告与宗岱代表朱孟实谈判结果甚满意……下午两点钟，孟实来了，我们三人把商定的条件写出来，梁夫人签了字，由孟实带回去，请宗岱签了字，仍送给我保存。
>
> 条件如下：
> (1) 须法律离婚。
> (2) 诉讼费归宗岱担负。
> (3) 法律判决之抚养费，自去年一月起，至今共2600元，由宗岱付与何氏。
> (4) 另由宗岱付给何氏生活费5200元，分四次付清。
> 此案我于1932年十月十七(日)代何氏致函宗岱，提议离婚，他(她)只要求5500元。宗岱无赖，不理此事，就致诉讼。结果要费7000多元，而宗岱名誉大受损失。小人之小不忍，自累如此！

梁宗岱婚变案至此已走出江冬秀的阴影，胡适的调解实质上是帮这位年轻人的。 因为"名誉大受损失"，暑假过去了，胡适对他就不续聘。 梁宗岱与沉樱到日本去度蜜月……但故事的尾声却是：抗战胜利后，这对自由恋爱，从废墟上建立起来的小家庭破幻了。 何也？ 梁宗岱又有了新爱。 江冬秀此时又作何感想呢？

村姑终究对五四新文化运动后的感情婚恋缺乏了解，而按自己的理解去做月老，执着地去办好事，再显霸气的是为她仅有的一个亲侄江丕莹择偶的事了，可说是"乱点鸳鸯谱"。

抗战时，她避战乱在上海租界"孤岛"，认识了小儿子思杜的光华大学同学高泽明。 他们曾合租过姚主教路的一套小公寓楼房。 高少爷的父亲曾是东北王张作霖帐下的参谋，东北沦陷后经商，十分富有。 高少爷对江冬秀说，他的姐姐高泽桂在北京结识了你的侄子江丕莹，后一起留学日本，丕莹经济上得到泽桂资助，他们很有感情。抗日战争全面爆发后，丕莹随其叔父江泽涵到了昆明，继续在西南联大求学。"但是，我姐留在东北，人隔天涯，无通音讯，可思恋得她发痴啦！"江冬秀一听，就快人快语地说："那好办，我立刻就把丕莹叫来上海，你也叫你姐来上海。由我作伐，让他俩结婚不就得了！"江、高两家果然都这样做了。1941年，江丕莹从昆明转道香港，由海路来到上海，住在江冬秀侄女婿程治平家，等候高小姐来沪。

"他人长得颀长，皮肤白皙，五官清秀，唯是略显苍老。"程法德对笔者回忆说："冬秀外婆还是忙于搓麻将。丕莹娘舅就由我陪着，跑遍上海滩每一个角落。一路上总是他请客吃啦、玩啦，有时还购物，十分大方。这时我才知道他已经供职重庆国民政府经济部，有时还跑滇缅公路执行公务，收入不菲哩！但是为了顺从他姑妈一贯的节俭作风，就委屈住在我家三楼亭子间里，过了夏秋两个季节。"

这年冬季，高老先生带着他的女儿高泽桂，从东北海陆兼程来到上海，乘着一辆华贵的马车，停在天主堂街50号程家门前。高老先生不愧关东富商，身躯高大，脸色红润，绸面长袍外罩了厚呢大衣，头戴水獭皮帽。他身旁的高小姐身材修长，鹅蛋脸型，五官端正，丝绒旗袍外罩件狐皮大衣，颜面浓妆艳抹，有些不见庐山真面目了。江冬秀在程家客厅热情接待高氏父女。高老先生当即奉上四只木箱的嫁妆，大红礼单上写有狐皮统、翡翠珍珠金饰、现金存折等彩礼，并说，"长途跋涉，又是战时，路上有诸多不便，待小两口成家后，我再给他们一份产业便了，尚请亲家多包涵！"江冬秀笑吟吟地当下就拍定结婚的日子。她大概从自己身上获得了教训，老姑娘等郎君不是个滋味，为怕夜长梦多，还是尽快把喜事办了的好，反正她与胡适一样，不信神卜，不用择日。

江冬秀以地主身份，张罗婚事。婚仪很简单，就在福建路模范村的她干女婿钱思亮家中摆了三席喜筵，宾客都是她圈子中的人：钱思亮夫妇、浙江兴业银行总经理徐新六太太、农林部长周怡春太太、名医李冈太太、张慰慈太太、竹垚生夫妇、侄女夫婿程治平、胡惠平等。喜酒吃罢，她果断地将新婚夫妇向西摩路的沧州饭店头等房里一送，便了事了。

三四天后，这对新婚夫妇启程前去大后方江丕莹供职的昆明。不到一年，江冬秀在她的麻将桌上接到个如同晴天霹雳的消息：泽桂精神失常了，夫妻无法共同生活，由老父亲赶去昆明，把她带回东北老家去了。 江冬秀向她的两个干女儿跌足叹道："我想天假因缘，促成好事，反倒把好事办坏了！ 现在回想起来有点因子，高小姐不是有点郁郁寡欢的样子吗？ 她弟说这是相思病造成的。 可谁想得到相思病发展成了精神病！"

江冬秀和她的两个干女儿

爱国银行家徐新六

顺带介绍一下，江冬秀牌桌上的两位干女儿。 一位是周怡春的女儿、上海名医李冈博士的太太。 周怡春时任农林部长，在大后方重庆政府任上；周老太太与她女儿留在上海亚尔培路家中。 另一位是钱思亮教授的太太。 钱思亮原在北京大学化学系任教授、系主任，为人温和恭谦，慎言慎事，北平沦陷后举家迁上海，经营一家化学厂；40年代末去台湾，后为胡适推荐任台湾大学校长。 钱太太是广东人，性格活泼，对江冬秀"干妈，干妈"的叫得很甜，江冬秀很喜欢她。 李太太性格内向，但以她鹅蛋脸儿、丰腴身材取悦江冬秀，江冬秀则呼她为"美人儿"。

江冬秀还有一位麻将友，就是徐新六的太太。徐太太出身清末扬州显宦大家，徐新六当年出国留学费用都是岳父家资助的。徐太太长相平平，马脸、肤色、头发似已珠黄，但心地宽厚，出手大方。徐新六是位有良心的正直的爱国银行家，胡适的好友，1938年8月23日乘中航班机，遭五架日机攻击而殉难。胡适闻此噩耗，惊呼："天乎！新六如何可死！""新六为最可敬爱，在君(丁文江)已死，新六何可再失！"(1938年8月25日日记)胡适(驻美大使任上)写信给江冬秀说，在美国9月4日收到徐新六上飞机之前——此生最后的一封信，他收到此信，哭了一场，写了一首诗追念徐新六：

> 拆开信封不忍看，/信尾写着八月二十三！/密密的两页二十九行字，/我两次三次读不完……此时当一切一切以国家为前提，/这是信里的一句话。/可怜这封信的墨迹才干，他的一切献给了国家……/我失去了一个最好的朋友，/这人世丢了个最可爱的人！/"有一日力，尽一日力"，/我们不要忘了他的遗训！

江冬秀读了为之黯然。然而在上海，徐新六身后却冒出一个外室和他们已经十多岁的私生子，律师出面，拿出了徐新六生前立下的遗嘱……

太平洋战争爆发后，江冬秀在上海租界待不住了，就悄悄避难到老家，时在上庄住，时到江村歇。她发现当年丈夫来江村相亲的杨桃岭这条古道，年久失修，已变得坑坑洼洼，行路甚为艰辛。于是她掏腰包，让乡人修复路面三大处，还邀监工检查验收。此举在当地传为美谈。当时上庄一带既有国民党军队驻扎，也有新四军游击队活动(至今墙上还保留有国共两党军队分别粉刷的宣传口号)。虽然国共两党合作抗日，但国民党一次又一次掀起反共高潮，因此地方并不安宁。顽方安徽省保安四团驻在上庄镇，常制造摩擦抓人事件。新四军处于劣势地位，游击队长汪木海面见江冬秀，向她求援。江冬秀随即派人，持她的名片去保释，被抓去的人放出来了。在绩溪，胡适大名如雷贯耳，县长朱亚云曾代表全县父老乡亲，制作"持节宣威"匾额，敲锣打鼓地亲自送到上庄胡氏宗祠，悬挂起来；一度还将上庄村易名为"适之村"。冬秀荫袭丈夫声威，尽可能为抗战做些好事。旌德王家庄是新四军游击队根据地，一次顽军袭击中，将王必英的家屋烧毁了，还下令捉拿他的母亲。王母是江村人，一时无处栖身，就逃到江家。 江冬秀欣然接纳，给予庇护。

抗战胜利后第一年，胡适回到祖国，就任北京大学校长。 他们因之迁入东厂胡同公馆，江冬秀再次荣耀了一番。 中国人民革命胜利，北平和平解放前夕，江冬秀随丈夫行色仓皇飞离古城北平，从此流落海外，相依为命地在纽约过起清苦的"寓公"生活来。

胡适在纽约结识了他的绩溪小同乡、哥大校友唐德刚，合作做"口述历史"工作。 唐教授成了胡家的常客，有时逗留在胡适客厅那张堆满线装书的大书桌旁，有时饕餮胡师母为他制作的徽帮菜"豆渣宴"……江冬秀似乎受到了感染，按自己的方式悄悄地开始撰写自传。 待到胡适

唐德刚(1920—2009)

1962年逝世后，她再度到美国，见了唐德刚，向他哭诉一些人世间的不平事之后，忽然取出一大卷用铅笔写的稿子，交给唐德刚。 "要我替她看看。 其中有一部分据说还是寄居曼谷时期写的。"唐教授接受后，取回家在灯下展读。 哦，这份稿子实在太可爱了——

> 胡老太太不善述文，稿子里也别字连篇，但那是一篇最纯真、最可爱的朴素文学；也是一篇最值得宝贵的原始社会史料。

唐教授读到了胡适当年到江村相亲，"这位待嫁女郎'不好意思'，想见他又不敢见他，因而躲在床上哭泣、装病"；"大喜之日又如何'上轿'和坐在'花轿'内的心情"等情节，感叹道——

> 我细细咀嚼，真是沾唇润舌，余味无穷。 它的好，就好在别字连篇；好在她"不善述文"；好在她无"咏絮"之才！
>
> 这种纯真的人情、人性，要以最纯真、最朴素的笔头，才能写得出来。 一经用"才华"来加以粉饰，失其原型，就反而不美了。

很可惜，江冬秀的自传始终没有面世。当年唐德刚批阅后，鉴于是未竟稿，就把原稿还给了江冬秀，并劝她继续写下去。1970年唐德刚去台湾时曾拜访过她，"也把这事忘了"，不意这一别成了永诀。唐教授无比遗憾地感叹，1975年"老太太仙游时，笔者侨居海外，不常看中文报，竟不知消息"，至于"胡老太太的那份手稿，不知今在何方？云天有望，希望它没有自人间遗失就好了"。

78岁时的江冬秀

第六章 曹诚英，西湖婚外恋

"兔子年轮"中最年轻的一只

1917年9月，胡适26岁，英姿勃勃地跨上北京大学的教授讲坛，讲授他开设的"中国古代哲学"、"中国哲学史"、"中国名学"、"中国小说"、"西洋哲学史"、"英国文学"、"英文高等修辞"等课。特别是"中国哲学史"，这是北大最吃重的一门课，胡适破天荒地运用近代西方科学方法，试图找出中国古代哲学家的系统，开始入讲。前任教授不屑一顾地讥讽他，守旧的学生笑他"胆大脸厚"。学生领袖傅斯年关照同学："他走的这一条路是对的，你们不能闹。"暗中保护他。经过一番波动，学生们听后"觉得面目一新，精神为之一爽"（冯友兰语）；"在裁断上是足以自立的"，"从此以后，我们对于适之先生非常信服"（顾颉刚语）。和胡适授课交相辉映的，就是胡适的演讲。他在手帕胡同教育部会堂作的《墨翟哲学》演讲，尤为精彩。特别是他请来恩师杜威讲学，他同时登台，思路敏捷、风度翩翩地作口译，倾倒京城内外不知多少男女青年，成了学术明星。

胡适和陈独秀一起积极参与蔡元培校长主持整顿北大改革学政大事。深受美国熏陶的他，立竿见影地引进了西方大学选科制、教授会制（教授治校）、各门（系）研究

时任北京大学校长的蔡元培

所制(本科毕业升读研究生)以及招收女生制，倡办"工读互助团"，发起成立
"成美学会"(资助贫困学生)，"北京大学赈灾会"(1920年与蔡元培、李大
钊、蒋梦麟、马叙伦等)，等等。 为了妇女解放问题，他写了不少文章，如
《美国的妇人》(《新青年》第5卷3号)、《大学开禁女学的问题》(《少年中
国》第一卷第四期)等。 后者提出解决此问题应分三步走：其一，大学延聘有
学问的女教授；其二，大学先收女旁听生；其三，女子中学课程与大学预科相
等，或办女子大学预科，云云。 胡适的这些建议都为蔡元培校长所接受并实
施了。 胡适本人因之被选为英文部教授会主任、英文学研究所主任、代理教
务长(因教务长马寅初眼疾病假)、教务长和英文学系主任(1922)。

胡适执教北大的第三年，也就是五四运动爆发的1919年，可说是他的
"黄金年"。 这年2月，由蔡元培推荐给上海商务印书馆的胡适学术著作
《中国哲学史大纲》(卷上)，作为"北京大学丛书"出版了。 该书以胡适哥大
的博士论文为基础，又将其教学深化实践北大哲学史讲义内容进行充实，缀成
一部将中国哲学史分为三个时代(古代、中古、近世)——体现他述学观点(明
变、求因、评判)的17万字的举足轻重的学术论著，遂成为中国现代学术史上
的开山之作，也成为胡适立身之基石。 蔡元培校长早在1918年8月为之作
序，指出该书特点：第一是证明的方法，第二是扼要的手段，第三是平等的眼
光，第四是系统的研究，足为后来的学者开无数法门。 这是一部用白话文撰
写，并使用新式标点符号的论著，出版才两个月就再版，正是为五四新文化运
动增添东风，如虎生翼，所以一出版便立刻风行全国，到1930年已出第15
版。 他的中国公学同学熊克武从四川来信说，"购者争先，瞬息即罄"，远离
京华、沪上的四川，竟也如此热烈。

蔡元培领导北大兼容并包，陈独秀坐帐《新青年》大营，胡适驰骋教授课
堂、演说讲坛和倡导白话文运动……这三位文化巨子风云际会，在20世纪初
叶五四新文化运动的策源地北京大学自然地形成一个精英层次，被人们谑称
"三个年轮兔子"。 这是因为，蔡氏丁卯年生，陈氏己卯年生，胡则辛卯年
生——三人年龄各差十二岁。 这纯然是历史的巧合，当年在北大属兔的教授
还有朱希祖(己卯)，刘半农、刘文典(辛卯)。 毋庸讳言，"兔子年轮"的建树
已为历史所肯定，在中国现代文化进程中，留下了厚重的足印。 新文化运动
的主阵地在《新青年》杂志社。 胡适更大的社会声誉是源于在《新青年》倡
导"文学革命"，抨击封建文化，宣传新思想、新文化、新道德。 陈独秀于

北京大學叢書之一

中國哲學史大綱 卷上

胡適著

胡適的 嘗試集 坩去國集

白話文學史

胡適著

鬼古書局類

人權論集

胡適題

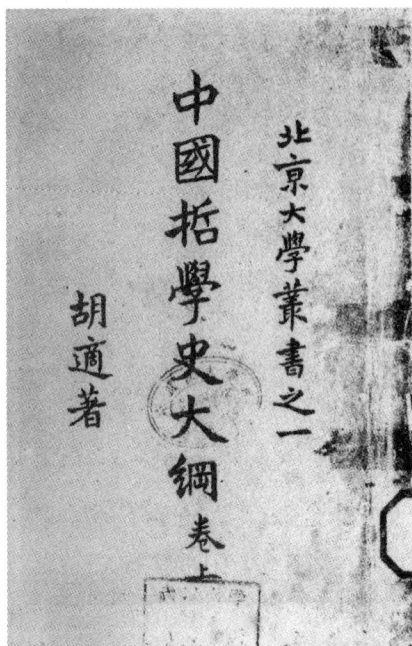

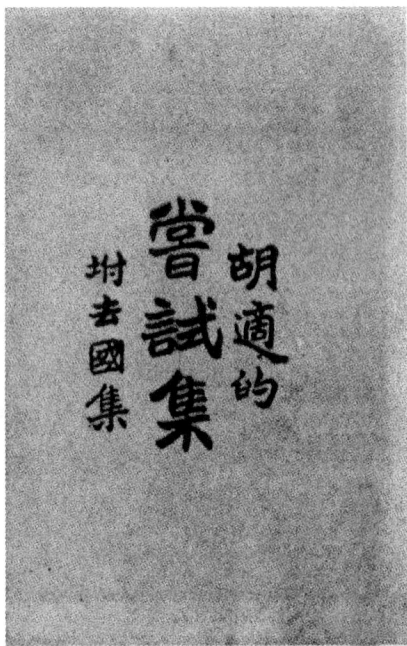

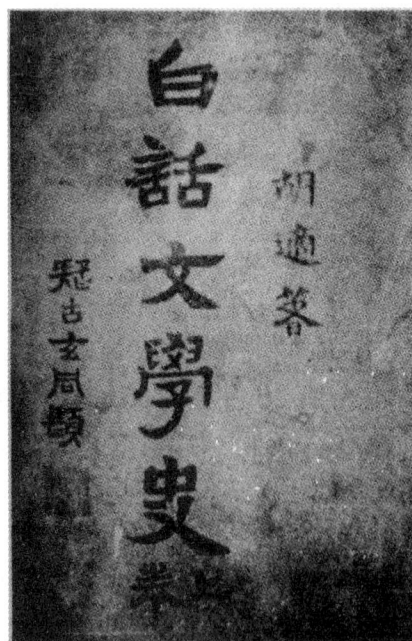

五四新文化运动时期，《中国哲学史大纲》等胡适著作封面

1915 年在上海创办的《青年杂志》，于 1916 年搬到北京，改名《新青年》；1918 年 1 月，《新青年》改组为同人刊物，成立编委会，陈独秀、胡适、李大钊、钱玄同、高一涵、沈尹默轮流主持编辑工作。 这六人圈子外，还有几位坚定的撰稿人: 鲁迅、周作人、张慰慈、陶孟和、王星拱、刘半农。 他们 "要拥护德先生(按: 民主，Democracy，音译德莫克拉西)便不得不反对礼教、礼法、贞节、旧伦理、旧政治。 要拥护赛先生(按: 科学，Science，音译赛因斯)，便不得不反对旧艺术、旧宗教。 要拥护德先生，又要拥护赛先生，便不得不反对国粹和旧文学"(陈独秀语)。 作为《新青年》同人的中坚，胡适在 "德莫克拉西"、"赛因斯" 两面旗帜下，执笔冲锋陷阵，留下不少闪烁历史光辉的篇章。

——《建设的文学革命论》(《新青年》第 4 卷 4 号，1918 年 4 月)，提出其宗旨为 "国语的文学，文学的国语"。 又，与陈独秀、钱玄同通信，讨论《中国今后文字问题》(《新青年》同期)，主张 "先用白话文字来代替文言的文字，然后把白话文字变成拼音的文字"。

——《易卜生主义》(《新青年》第 4 卷 6 号，1918 年 6 月)，揭露现实社会男盗女娼、赃官污官政治，要像易卜生写实主义那样写家庭社会如此黑暗腐败，觉得家庭社会不得不维新革命。

——译易卜生戏剧《娜拉·第三幕》(《新青年》同期)。

——《答任叔永书》(《新青年》第 5 卷 2 号，1918 年 7 月)，再次强调要用白话文写诗作文。

——《美国的妇人》(《新青年》第 5 卷 3 号，1918 年 9 月，原是在北京女子师范大学的演讲)，说若能用美国妇女的 "自主" 精神来补助中国姐妹的 "依赖"、"贤妻良母" 的观念，可使中国女界有一点 "新鲜空气"。 有了 "自主" 的男女，自然产生良善的社会。

——《论〈新青年〉之主张》(《新青年》第 5 卷 4 号，1918 年 10 月)，该文是胡适与陈独秀联名复易宗夔函，指出创造新文学，对旧的不塞不流，不止不行，新文学乃欲叫于春、啼于秋者，安得不取而代之。

——《我对于丧礼的改革》(《新青年》第 6 卷 6 号，1919 年 11 月)。 胡适慈母 1918 年 11 月 23 日病逝。 返乡奔丧前，撰成并印刷了讣帖，行文中革除诸如 "不孝子××等罪孽深重"、"孤哀子××泣血稽颡(叩首)" 等封建陋俗、虚伪套语，直白云(按: 原讣帖为直书):

先母冯太夫人于中华民国七年十一月二十三日病殁于安徽绩溪
上川本宅。

敬此讣闻

胡觉 谨告
适

这份讣帖在《新青年》上公开了，无疑是对封建丧礼改革的一个示范。

——《文学进化观念与戏剧改良》(《新青年》第5卷4号，1918年9月)，说文学乃人类生活状态的记载，人类生活随时代变迁，故文学也随时代变，一代有一代的文学。中国戏剧若能采用西洋戏剧最近百年来继续发达的新观念、新方法、新形式，才有改良进步的希望。

——《不朽——我的宗教》(《新青年》第6卷2号，1919年2月)，表述他的"社会的不朽论"人生观。无穷的"小我"一代传一代，积成"大我"。"小我"是会消灭的，"大我"是永远不朽的。胡适到1930年写的《我的信仰》，则进一步发挥了"社会不朽论"。

1920年有一件载入中国文化教育史册的大事，就是1919年11月，由胡适执笔并与马裕藻、朱希祖、钱玄同、周作人、刘复等联名向教育部递交议案，提请颁行新式标点符号。翌年2月，教育部批颁了这个议案。从此，中国官方和学校教育便正式使用现代标点符号。胡适努力倡导白话文，又结一硕果。

1920年3月，他的处女白话诗集《尝试集》由上海亚东图书馆出版发行了。两年内卖出了一万册，又一次创下胡适著作的奇迹。这本实验白话诗集是中国现代诗集之肇始，堪称五四新文化运动的一个高峰。《尝试集》应是胡适"诗国革命"，尝试新诗一个阶段的总结。对于作者，这本诗集中包含胡适为之探索、为之挨骂、为之不屈、为之实验与尝试的历程，也多少有点辛酸滋味，诚如他在第4版自序(1922)中所说——

现在新诗的讨论时期，渐渐地过去了……新诗的作者也渐渐地加多了。有几位少年诗人的创作，大胆地解放，充满着新鲜的意味，使我一头高兴，一头又很惭愧。我现在回头看我这五年来的诗，很像一个缠过脚后来放大了的妇人回头看她一年一年的放脚鞋样，虽然一年放大一年，年年的鞋样上总还带着缠脚时代的血腥气。

北京大学四巨子，由左至右：蒋梦麟、蔡元培、胡适、李大钊(1920年3月)

在五四新文化运动中冲锋陷阵的除《新青年》外，还有一支生力军，那就是北大学生运动领袖傅斯年、罗家伦的《新潮》杂志。傅斯年是"五四"天安门集会游行的总指挥，火烧"赵家楼"、痛打章宗祥的主角，罗家伦是《北京学界全体宣言》的执笔者，提出了"外争主权，内除国贼"的著名口号。他们的周围聚集了一群时代精英：康白情、徐彦之、江敬熙、顾颉刚、江绍原、王星拱、俞平伯。周作人、孙伏园、叶绍钧也加入《新潮》同人队伍。胡适被聘为《新潮》的顾问、指导，协助这本更为大胆泼辣的刊物，同时他的"不干政"信条也被《新潮》动摇。

无疑，胡适被学生们奉为"五四"精神领袖，但是1919年5月4日这天，胡适不在北京，而在上海迎伴来华讲学的恩师杜威。5月4日，他在蒋梦麟家从来访的记者那里获知了北京学生"五四"大集会、大游行的消息。5月7日，他在上海参加国民大游行，从西门走到大东门，走得大汗淋漓，把内外衣都浸湿了。就在这天，他与蒋梦麟去拜谒孙中山先生。护法不成，被南北军阀夹击而避居上海的孙先生正在撰著《建国方略》，就向他俩谈了自己"行易知难"的哲理。

5月底他回到北京后，忙于为杜威演讲做翻译。6月12日，他与陈独秀、高一涵两位安徽老乡在北京城南新世界游乐场喝茶时，陈独秀趁机在茶室散发传单(传单中六条的英译，是胡适应陈独秀要求做的)，胡适、高一涵离去后，陈独秀又发传单，遭拘捕。此后，《每周评论》由李大钊、胡适编辑。胡适在这本刊物上发表文章《多研究些问题，少谈些"主义"》。李大钊著文批评胡适。胡适接续"二论"、"三论"、"四论"进行反批评，因此挑起"问题与主义"论战。五四新文化阵线分野就此产生。用现今学者的话来说，胡适"以倡导白话文和文学改良而声誉鹊起"，但"由于他挑起'问题与主义'的争论，公开反共，声誉一落千丈"(王子野)。

世纪老翁、国学大师梁漱溟比胡适小一岁多，相差两个月时间到北大任教，是同时代的学人。梁氏在1987年(95岁)时谈话说："胡适先生功劳很大，提倡语文体，促进新文化运动，这是他的功劳。""他最早开始用白话文写文章，提出《文学改良刍议》八项主张，提倡用语文体，这是开放性的。从前一讲学问，写文章，都用文言文，他打破了这一点，这是他的功劳。当时很多人表示反对，其中有两个知名人物，一个是林琴南，再一个是章士钊。但不久，使用白话文的人还是越来越多了。"梁氏同时也指出："胡适为人有个弱点，就是怕共产党。"

胡适在北京挥舞新文化运动"德先生"、"赛先生"两大纛的同时在钟鼓寺胡同也建立了一个完整的家。1919年3月16日，胡适的第一个儿子呱呱坠地，给胡适夫妇的婚姻带来了天然的纽带，他们兴奋喜悦的同时，立刻联想到了已故去的老太太盼望抱孙子愿望未遂(只差了四个月)，于是胡适给这个儿子取名祖望，又名思祖(后行名祖望)，以寄托哀思。胡适给儿辈取名，与他三位胞兄、诸宗兄弟截然不同，彻底舍弃了宗族辈次排名传统，再一次体现了他的反封建精神。胡适犹如硝烟中钻出来的勇士，斗情未酣，把反封建礼教的精神甚至渗透到他的家庭细胞中去了——看，他在长子祖望身上做文章了："将来你长大时，/莫忘了我怎样教训儿子:/我要你做一个堂堂的人，/不要你做我的孝顺儿子。"这首题名为《我的儿子》的白话诗，发表在1919年8月3日出刊的《每周评论》第33号，曾一度收入《尝试集》(四版时删除)。胡适是名人，如此"非孝"的诗公之于世，自然引来了非议。一个叫汪长禄的人致信胡适，责问他为何"一定要把'孝'字驱逐出境"！胡适把这封信，连同自己的回信《再论〈我的儿子〉》一起发表在越二期的《每周评论》(第35期)上。答复目的，借此廓清"天下无不是之父母"是非，抨击这种腐朽不堪的封建伦理观念。

　　　　我的意思以为"一个堂堂的人"决不至于做打爹骂娘的事，决不至
于对他父母毫无感情。
　　　　但我不赞成把"儿子孝顺父母"列为一种"信条"……假如我染着
花柳病，生下儿子又聋又瞎，终身残废，他应该爱敬我吗？……又假如
我卖国主义，做一国一世的大罪人，他应该爱敬我吗？

　　1920 至 1921 年，是胡适身心过度浸沉于"整理国故"的年度：在他支持、
协助下，汪原放现代标点《水浒传》、《儒林外史》由上海亚东图书馆出版面
世了；附有胡适作序《红楼梦考证》(1921 年 3 月初稿，11 月改定稿)的《红楼
梦》也由"亚东"出版了，是此，升起了"新红学"的一轮红日。 中国传统白
话文学登入中国古典文学大堂，应了胡适"盖白话之可为小说之利器，已经
施、曹诸人实地证明"之预言，因此这三部古典小说名著经现代白话文手段整
理出版，也就是标志着五四新文化运动的一个里程碑的树立。 就在这一红火
年头，胡太太继续喜气洋洋地"弄璋弄瓦"。 1920 年 8 月 16 日生下个女儿；
1921 年挺着肚子随丈夫到火车站送别杜威先生后，年底又生下个儿子(12 月 7
日)。 如此，胡适身为"五口之家"
的主人了。 他婉约地给女儿取名
"素斐"，寄托他对知己女友莎菲
(陈衡哲)之不忘情。 他给次子取名
思杜，顾名思义，是怀念他的恩师
杜威。 胡适是教授，是演说家，是
智慧学者，是"德先生"、"赛先
生"的旗手，胡适也是性情中人。
　　恰在这时，胡适从红火的新文
化运动中抽身南下，来到水漾温润
的缠绵之乡，在桃红柳绿的西湖之
滨，演出了一场荡气回肠的婚外恋
活剧。

1921 年冬，北大教授胡适

伴娘，脉脉含情的眼波

主角之一，曹诚英，一位小胡适 11 岁的五四新女性。 而舞台，则起自1916 年岁末上庄村，胡适与江冬秀拜堂的胡家大厅。

/ 曹诚英

曹诚英(1902—1973)是与上庄村仅一水之隔的七都旺川村一位徽商富家的小姐，字珮声，小名丽娟、单娟。 曹氏祖辈几代都在武汉经营茶叶、字画、文房四宝生意，十分富有。 父亲曹耆瑞与填房谭莲子（四川人）生了二子一女，女儿便是曹诚英。 曹耆瑞在她出生时已经 70 岁，在她两岁时过世。 她婴幼时在外婆家乡奶娘家里生活，备受外婆、奶娘两家宠爱，养成叛逆的追求自我的性格。 5 岁时回到曹家，虽然被送进私塾进学，但她发现"在家里绝无爱抚、温暖、同情，而是经常受威严申斥、冷淡、讽刺"。 因为她是一个"犯冲"的女孩，从此她便与家庭格格不入，且我行我素。 只有当七里外余村的汪静之来到时，她与汪静之(同岁)、侄女儿(汪的未婚妻)，一起嬉戏，青梅竹马，才给童年带来一丝阳光。 幸好她在外读书的同母长兄曹诚克十分理解她，特别呵护她，每次回家，就带给她"片刻温暖"。 及至她 13 岁时，被带去武昌大哥家，与嫂、侄一起在家庭教师指导下读书，涉猎经史典籍及小说诗词，在国学上打了点基础，陶冶了情性。 但不幸的是母亲尚在怀她的时候，就已经与邻村(宅坦)胡家指腹为婚，及至她长到 16 岁，便与该家公子胡冠英完婚。 这在徽州这个封闭社会里是极为普遍的。 但曹诚英就是曹诚英，婚前一年(1916)，在胡适与江冬秀的婚礼上，做伴娘的曹诚英已默默爱上了这位风度翩翩、才气横溢的新郎糜哥了。

曹诚英是位感情丰富的女子，成熟早，很懂得分寸，坚定己见。 据 20 世纪 90 年代初，硕果仅存的"湖畔诗社"九旬诗翁汪静之先生说："曹珮声是我的第一个恋人，我和她是从小在一块长大的。"他的"指腹为婚"的未婚妻是曹诚英大哥大嫂的女儿，这个姑娘在 12 岁时死去了，而汪静之还是常到曹家去玩。"到 15 岁时我就懂事了，很喜欢她，就写了一诗给她，表示爱她的意思。她看了我的诗，说：'你发疯了！我是你长辈呢，是你的姑姑。这样的诗我不要，还给你！'后来我还写了两首诗给她，她都还给我了。但她同我两人一直都是很好的，我们从来没有发生过冲突。"

就在这年，她被胡适母亲冯氏选中，作为四个少女之一，做她儿子、媳妇婚礼的伴娘。说来胡、曹两家还沾亲带故，胡适的三嫂恰好是曹诚英的同父异母姐姐，因此他俩是姻亲表兄妹。婚仪堂上，新郎表哥仪表堂堂，他的气度，他的学问，他的举手投足，都一一摄入娟表妹眸中，潜入心房。从此曹诚英对胡适的爱似潜流一样隐伏了下来。然而胡适归国不久，从世界大都会纽约到古都北京，又从十里洋场上海滩，到封闭寂寞的古山村上庄，他并没注意到人群中那个小姑娘脉脉含情的眼波。

翌年，1917 年，16 岁的曹诚英与胡冠英结婚了。这当然是包办婚姻。曹诚英婚后，心境悲怆，郁结在胸，酿成当时极为可怕的肺结核。她的胞兄曹诚克当时正留学美国，无法劝阻这门亲事，但理解处于困境的妹妹，托了南洋路矿学校同学帮助，于 1920 年使她到了杭州，就读浙江女子师范学校。翌年，她丈夫胡冠英与汪静之等绩溪人也来到杭州，就读浙江第一师范学校。

曹诚英在杭州读书，天地宽了，得以发挥她爱自由爱文学的天性。她继续大大方方地与汪静之来往。她热心地一个又一个地给汪静之介绍女友，一起游西湖，从湖滨到三潭印月，再到刘庄，再到西泠印社、孤山，一共介绍了八个！汪由此产生了著名的诗集《蕙的风》。为此，汪静之对胡适侄外孙程法德先生和绩溪县政协原副主席颜振吾先生——此二公均是笔者的朋友——动情地说："我出名主要是写爱情诗写出来的。所以我说我一生的幸运都是曹珮声给我的。"她因此也参加一师学生汪静之、潘漠华、冯雪峰、柔石、魏金枝

曹诚英家乡旺川山村今貌

等组织的"晨光文学社"活动。曹诚英"是属于那种不很漂亮，但有迷人魅力的女人"(汪静之语)，是一位相当活跃的新女性。也就在这一年(1921年)，胡冠英母因为儿媳曹诚英一直未能怀孕，无法接续香火，让儿子娶了二房。本来就是不融洽的家长包办结合，一经杭州五四新文化新风的熏陶，终于导致这场封建礼教婚姻的结束——1923年，曹诚英与胡冠英离婚了。当时她的情绪坏极了，她的一首残词恰是此际心境的写照："镇日闭柴扉，不许闲人到，跣足蓬头任自由。"

冥冥中似有神灵在牵引，就在这个时候，胡适来到了杭州。

胡适已经被一个权威光圈罩住了，在1922年过得太吃力了。2月，出版他的《章实斋先生年谱》。3月，应上海《申报》50周年纪念，撰写《五十年来中国之文学》，该文涉及50年来的白话小说和近五年"文学革命"的敏感话题。这个月，他作为"不赞成世界语的人"，却给俄盲诗人爱罗先珂世界语演讲做翻译。3月内为推广白话文学，他两次去天津，在南开大学作《国语文学史》演讲，被推选为北大《国学季刊》主任编辑。4月，为美国山格夫人演讲《生育制裁的什么与怎样》做翻译。当年胡适就是一位节制生育的热情宣传者。4月25日，他被选为北大教务长及英文学系主任。5月，《努力周报》创刊，他任主编。"努力！努力！阻力少了！武力倒了！中国再造了！"他创作《努力歌》代发刊词。紧接着，他筹划、联络社会贤达蔡元培、王宠惠、罗文干、汤尔和、陶行知、王伯秋、梁漱溟、李大钊、陶孟和、朱经农、张慰慈、高一涵、徐宝璜、王征、丁文江16人联名发表《我们的政治主张》，刊登在《努力》第3号上，提出"好政府"目标，改革中国政治……学术、文化运动、政治改良……北京政府恼怒，不肯放过胡适。这边他要应战梁漱溟挑起的"玄学与科学"之争，那厢有南方《学衡》复古势力滚滚而来，又一次文言文、白话文的大战，胡适哪能不挥戈？还有后起之秀《创造季刊》郁达夫制造的"文阳楼日记"事件，骂胡适是"清水粪坑的蛆虫"，迫使胡适回应……1922年的是是非非，把胡适累倒了，他得了一种叫神经紧张的病，连续坐着工作两三个小时，就会腰背酸痛。他长夜失眠。7月痔疮发了，去开了刀，手术后七天才回家。11月又病倒了，怀疑发现有糖尿病的现象。当时高教界有个规定，凡在国立大学教书满五年的，可休假一年。于是，这年12月，胡适向北大请了一年病假，并在《努力周刊》发表启事，长假离校。接着，他住进了协和医院。

1923 年开始几个月，胡适还在北京，为杂事缠身，与北京政府对立严重，拒绝接受"三等嘉禾章"。还有他的《努力周报》，他甩不开。他的美国哥大同学陶行知来信劝他"带着图书、家眷搬到庐山去住"。他的女友陈衡哲(已与任叔永结婚了)热情邀他去杭州，同游西湖，因为他们 1914 年发起成立的"科学社"今年在杭州开年会。4 月里，不幸的事发生了，他的才 20 岁的侄儿胡思永夭折了！思永是三哥振之的儿子，在天津南开中学读书，因患病来到北京，住在胡适家里，这个孩子才华横溢，被称作"五四新诗人"，很有发展前途。胡适感慨地说："我所痛惜者，一个文学天才的少年，因为父母遗传的病痛而中道受摧残！此子一身病痛，是从其父得来的；一生的怪癖多疑不能容人容物的心病，是从其母得来的。"(《胡适日记》，1923 年 4 月 9 日)思永死后，棺椁需南运归葬故里。

胡适下决心摆脱世俗烦恼，于 4 月 21 日离京启程，到天津过一宿。22 日南下，23 日到上海，住在任叔永、陈衡哲夫妇家。在上海参加"新学制课程起草委员会"。两天后，于 29 日到杭州去了。

这一次在杭州行程只有四天(4 月 29 日—5 月 3 日)。胡适是带着病体而行的，"有两日脚很肿"，"是日(5 月 3 日)脚痛稍好，走路不很觉吃力"，但"坐骨直肠脓肿复发，半日之间，已大如手指的一节"，回到上海后，就诊外科、肛肠科专家牛医生、黄医生。赴杭同行的有：任陈夫妇、朱经农、杨杏佛、赵志道、唐擘黄，共七人，分别住里西湖的新新饭店和旗下湖滨的环湖饭店。汪静之闻讯，迅即邀集了在杭州的绩溪人曹诚英、胡冠英、程干堤、程本海、汪恢钧及曹诚英的同学北京人吴洞业共七人，去拜访胡适他们，然后汇聚拢来，一起游西湖。

20 世纪 20 年代的胡适

曹诚英缘何与胡适见面？据自称是胡适的学生汪静之晚年回忆说，"1923 年春，适之师来杭，住在新新旅馆，我去拜访"，"我与珮声等三人曾陪适之师乘小艇游西湖", "曾在三潭印月与适之师共五人合影"(《我与胡适之先生的师生情谊》)。 不管是 14 人一行游湖也好，还是五人行、三人行，总之在这样热闹的情况下，曹诚英可没有机会向这位自己一直暗恋着的糜表哥倾诉衷肠；但可以肯定的是，胡适已经从汪静之，或者绩溪老乡，乃至胡冠英口中，正面或侧面了解了曹诚英那凄然的处境了。 不然，5 月 3 日他回到上海之后，何以写下了那首凄婉又直有所指的《西湖》诗呢？

/ 曹诚英

七年梦想的西湖，
不能医我的病，
反使我病的更厉害了！

然而西湖毕竟可爱。
轻烟笼着，月光照着，
我的心也跟着湖光微荡了。

前天，伊也未免太绚烂了！
我们只好在船篷阴处偷窥着，
不敢正眼看伊了！

最后是密云不雨的昨日：
近山都变成远山了。
山头云雾慢腾腾地卷上去。
我没有气力去爬山，

只能天天在小船上荡来荡去，
静瞧那湖山诸峰从容地移前退后。

听了许多毁谤伊的话而来，
这回来了，只觉得伊更可爱，
因此不舍得匆匆就离别了。

这首诗当即刊登在他的《努力周报》第 53 期上，是 5 月 23 日面世的。 毫无疑问，遭"毁谤"、"太绚烂"、"更可爱"的伊捧着读了一遍又一遍，偷偷地哭了……于是鱼雁时有往来，只是没有留下传情的文字罢了。 这在胡适日记中还保存一些蛛丝马迹：5 月 24 日"得书"中有珮声。 5 月 25 日，"作书与珮声"。6 月 2 日，"收信珮声二"。 6 月 5 日，"收信"中有珮声。 6 月 6 日，"发信"中有珮声。

既然不舍得匆匆离别，还是再去杭州了吧。 胡适 6 月 8 日上午 8 点 15 分在上海梵王渡站上火车，下午 1 点 10 分到达杭州，入住西湖边有名的新新饭店。 这天正是阴历四月二十四日林社祭日(纪念清光绪时杭州知府林启)，胡适与先期来到的"商务"老板高梦旦及林氏后人等一起参加了这一纪念活动。

20 世纪 20 年代，胡适与曹诚英

活动结束后，胡适会见了曹诚英，这是当然的、情之所至的。 但是忠于日记的胡适，从来到杭州的第二天(6 月 9 日)起，日记突然中断了——中断竟有三个月之久！ 直到 9 月 9 日，才以《山中日记》续笔。 那么这"空白"的三个月，胡适是怎样过的？ 文字传情的曹诚英如今又是怎样付诸实际的？ 可以断言，绝非胡适给他的另一衷情女性美国韦莲司小姐信中所说的，"我除了爬山和跟我的小表妹说些故事以外，什么事都没做"(1924 年 1 月 4 日)。 绝非，绝非。 那么我们是否可作设想：这三个月，或许是感情的过渡？ 或许感情已臻熔点，直奔主题了？ 或许只能意会，不便言喻的？ 细读《山中日记》，再观他 1924 年写的一首诗——

> 多谢你能来，
> 慰我山中寂寞，
> 伴我看山看月，
> 过神仙生活。

(胡适：《多谢》，1924 年)

神仙生活，烟霞洞中三个月

1923 年 6 月 9 日至 9 月 9 日，杭州。 舞台当然是温柔的西湖，但西湖的山山水水何处可藏娇，可抒情？

最早透露这座舞台地点的，还是汪静之老先生。 1990 年夏天，颜振吾、程法德联袂采访汪静之时，88 岁的汪老把他们带到了离市区尘嚣不远的西湖南山区，上了翁家山，径往杭州名胜古迹景点"烟霞三洞"(烟霞、水乐、石屋洞)。 但见峰峦幽邃，林樾古莽，苍翠之气有些逼人。 烟霞洞内藏有"十六罗汉"石雕闻名于世，是五代晚期吴越国王钱俶母舅吴言爽命匠人制作的。 烟霞洞口有两尊石雕观音立像，姿态娴雅、容貌端庄，一为杨枝观音，一位水陆观音，均高达两米，系北宋石刻精品——烟霞洞造像现为全国重点文物保护单位。 洞外南侧，有一座叫"清修寺"的古庙，当年"有庙十余楹，结构小而轩宇明净，翛然尘外"，现在只剩一座大雄宝殿和一排斋舍。 汪老招呼颜振吾、程法德两人在斋舍外的走廊长椅上坐下，侧身向后，指指那一排平屋，又指指这里的座椅，狡黠一笑，说："那里是当年适之先生、珮声的卧房；这里，便是他俩坐着讲故事、谈闲说笑的地方。 他们在这里度了一个暑期，立秋之

1990 年，汪静之(中)在烟霞洞叙旧事

后，还在这里中秋赏月，直到 10 月里，女师开学了，珮声才离去。 当然，适之先生也回上海了。"

原来，6 月 15 日胡适和高梦旦及刚从绍兴赶来的蔡元培一起游"烟霞三洞"，在清修寺吃中饭时，就看中了这块宝地。 高梦旦、蔡元培力劝他在此地过夏。 清修寺住持金复三居士是蔡元培的朋友，当时就讲定搬进大殿侧旁斋舍居住，疗养他的痔瘘顽疾。 房租是便宜的。 胡适将他在北京的侄儿思聪(绍之之子)唤来，一起休养。 曹诚英闻讯，正好学校放暑假，赶来帮他叔侄俩料理生活。 事理都属正常，连远在北京的江冬秀也来信表示感谢："珮声照应你们，我狠(很)放心，不过他（她）的身体不狠(很)好，长(常)到炉子上去做菜，天气大(太)热了，怕他（她）身子受不了……"(1923 年 8 月 1 日)

汪静之坦言："这清修寺东端的斋舍，就是当年胡适居住养病的地方，也是他和他的表妹曹珮声女士双栖双宿、海誓山盟之所。"因他当年也常来这里看他们的，一些风景心中有数，不便点破而已。 现在陪颜振吾、程法德两位前来，旧地重游，虽然 60 多年过去了，人无物在，却斋舍结构依旧，不免唏嘘。 汪老说，东端这排斋舍共有三个房间，胡适住最东头一间，曹诚英住中间一间，正好贴隔壁。 此壁开了一扇门，因为胡适住的东间朝走廊无门，于是糜表哥就从此门经娟表妹房间出入走廊。 曹诚英住的房舍内加隔一层板壁，一分为二: 卧室在里间，外间作起坐间，糜表哥、娟表妹共用。 "如此，若把他俩的居舍合起来岂不是天造地设的一个套房了？"至于侄儿思聪呢，他的住舍远在大殿另一头的西斋，而且还间隔天井、厨房。 东斋三间房，只有胡适、曹诚英两人住，十分清幽。

为了证实这个爱巢的真实存在，颜振吾、程法德两人择日专门踏看了一次。 现在的原"胡舍"好像做过储藏室，里面锄头、麻袋、破草席、杂七杂八放了一地。 原"曹舍"也乱放了一些什物。 房间的一角安放了一张十分简单的单人床，那是烟霞洞茶室临时工何师傅搭的，他兼管看守庙宇，晚上就住在这里。 当然，对半个多世纪前那场情事，他茫然无知。 除劳作工具杂物外，颜振吾、程法德在三间东斋里发现一块木制楹联，刻字云："名山权假烟霞岂无真面存在"，是上联，但寻不见下联，不知作者何人。

学校放暑假了，曹诚英就搬来铺盖，住进了清修寺斋舍，与她的糜表哥一板之隔，一门相通，天天厮守……这就是毋庸言喻的"空白"的三个月。

秘魔崖月夜

翠微山上的一阵松涛，

惊破了空山的寂静。

山风吹乱了窗纸上的松痕，

吹不散我心头的人影。

胡适回到北京后，这年岁末，在西山秘魔崖养病，"依旧是圆月时，依旧是空山，静夜"，他触景生情，回味西湖翁家山上烟霞洞那段"神仙生活"，如此柔情万丈地写了这首小诗。乃至到了晚年，他俩天各一方，再没有见过面，胡适在他台北南港"中央研究院"的寓所里，挂了一副他书写的立轴，云："山风吹乱了窗纸上的松痕，吹不散我心头的人影。"边款云："三十年前的诗句"。显然，西湖南山烟霞洞那段"神仙生活"依旧回肠荡气。

胡适是当世名人，社会交游面极广，虽然他已登报启事休长病假，但仍有许多朋友聚在他的周围，到哪里都一样，杭州南山深处烟霞洞也不例外。

——接待湖南省长赵恒惕特使李济民，婉辞赴湘讲学。

——浙江省立师范学校校长黄百新来邀，去校演讲。

——瞿秋白自广州来，上山与胡适谈广东近况，谈在广东召开中共三大，等待孙中山的国共合作态度。

——高梦旦父子在清修寺住了几天，胡适羡慕他父子俩亲热的情景，清夜又为老高的高鼾与梦话所扰。

——乡友汪孟邹、章希吕上山来，还住了两夜。他们是由汪静之陪同来的，事后汪静之在文章中说："发现适之师与珮声已成一对恋人，我十分替珮声高兴。"

——陈廉斋带着三位乡友上山来游，招待吃饭。

——陈琪夫妇上山来，住了几天。

——浙江二师长官祝绍周带兵上山拉练，并且造访胡适。

——姻亲江绍原教授(曾是北大五四运动火烧赵家楼的干将)上山来谈北大开设印度宗教史课。

——中秋节的那一天，上山游客众多，一些教师、学生知得胡适在这里休养，多来探访。胡适都一一接待。

——越南人"巢南子"潘是汉偕四越南人慕名登山造访。

——陈景玮上山，邀胡适去办《时报》。

——高梦旦、陶行知上山，拉了胡适、曹诚英和金复三夫妇下山，游花坞、游西溪。

——徐志摩邀了一群友人赴海宁观钱塘江大潮，他们中有汪精卫、马君武、任叔永、莎菲、朱经农及蕲萨大学教授 Miss Ellery。当然，胡适与曹诚英成了中心人物。

……这些交游仅仅是发生在9月份内，记载在胡适《山中日记》中的一部分。上山来的都是些风流才子，都是些俊男淑女，谁不深谙世间这等情事？所以，在如此情势下，胡适实在没有必要再"金屋藏娇"了。娟表妹已亮相了，事情已半公开了。所以胡适续写了《山中日记》(1923年9月9日—10月4日)。那么我们不妨听听走出光圈，来到"山中"的胡适一段"犹抱琵琶半遮面"的故事吧。

出门赏桂品"龙井"

桂花开了，秋风吹来，到处都是香气。窗外栏杆下有一株小桂树，花开的很繁盛。昨天今天的早上，门外摆摊的老头子折了两大枝成球的桂花来，我们插在瓶中，芬香扑人。(9月11日)

今天晴了，天气非常之好。下午我同珮声出门看桂花，过翁家山，山中桂树盛开，香气迎人。我们过葛洪井，翻山下去，到龙井寺。我们在一个亭子上坐着喝茶，借了一副棋盘棋子，下了一局象棋，讲了一个莫泊三(按：即莫泊桑)的故事。(9月13日)

下午，与复三(按：即金复三居士)、娟和一位翁家山的人同去看翁家山"桂花王"。这位王爷本干是几株大干并生的，故树身并不粗，两枝叶伸出，遮盖甚远。他每年要生三担多桂花，真不愧"桂王"之称了。全树为黄花，只有一枝上生出两小枝丹桂。娟看见了，叫我们看，连那位翁家山的朋友也说是奇事。他攀折下来，送给娟。

……

夜间与娟下棋。(10月1日)

陟屺亭坐说莫泊

同珮声到山上陟屺亭内闲坐（原注：烟霞洞有三个亭，陟屺最高，吸江次之，最下为卧狮），我讲莫泊三小说《遗产》给她听。上午下午都在此。（9 月 14 日）

午间下棋月夜坐

下午与娟下棋。

夜间月色甚好（今日是阴历初八），在月下坐，甚久。（9 月 18 日）

月色朦胧对弈坐

与声出门，坐树下石上，我讲了一个莫泊三故事"Toine"给她听。

夜间月色不好，我和珮声下棋。（9 月 19 日）

曹诚英晚年撰写的《自述》中也有同样的记载："那时，思聪管家（主要是伙食账——曹原注）。白天上午下午各干各的，看书看报。胡适则看莫泊桑、柴霍甫（即契诃夫）等人的小说。我因住院缺课须补读一些书。晚间则大家同在外面走廊上坐着乘凉。除了大家讨论次日菜单外，总是胡适引逗我们笑，或把白天所看到的有趣的故事讲给我们听……"

下山进城住旅馆

与珮声同下山，她去看"师竹友梅馆"管事曹健之，我买了点需用的文具等，到西园去等她……后来珮声来了，说没有见着健之。我们决计住清泰第二旅馆（按：在杭州城内），约健之晚上来谈。晚上无事，我打电话去邀柏丞谈了好一会，健之们也来了，谈到深夜才去。（9 月 16 日）

今天梦旦回上海去了。

傍晚与娟同下山，住湖滨旅馆（按：在杭州旗下新市场）。（9 月 27 日）

同读仲马命绎诗

早晨与娟同看《续侠隐记》（按：系法国大仲马小说，伍光建译）第二十二回"阿托士夜遇丽人"一段故事，我说这个故事可演为一首纪事诗。后来娟遂催促我把这诗写成。我也觉得从散文译成诗，是一种有用的练习，遂写成《米桑》一篇，凡九节，每节四行，有韵。（9月21日）

六和塔顶云栖逆道

早九点，同娟及山上养病之应崇春先生的夫人坐轿子去游云栖。路经理安寺，我和娟曾来游过，故不进寺……出山后，即是钱塘江。我17年不来江上了，今年见了，如见故人，精神为之一爽……（轿子）从江边折入山路，又行了几里，始到云栖。路上两旁都是竹林，约有二里长，比韬光路上的竹路似更好些。

……

在云栖吃饭后，我们下山，仍沿江行，过之江大学，到六和塔。我与娟登塔顶纵观，气象极好……继至虎跑寺……

四点，回到山上。（9月22日）

这些日子，胡适频繁地与珮声出游，也频繁地收到冬秀来自北京的信。他也有回信给她。当然，这位小脚夫人对丈夫与曹诚英那段"神仙生活"尚茫然无知。

秋咏凋梅看明年

9月23日，秋分日。时令应是仲秋了，胡适即景生情地赋《烟霞洞杂诗·之一》（后改名《梅树》）——

树叶都带着秋容了，
但大多数都还在秋风里撑持着。
只有山前路上的许多梅树，
却早已憔悴的很难看了，
我们不敢笑他们早凋，
让他们早早休息好了，
明年仍要在百花之先开放罢！

十二（1923）．九．廿三

不是吗？ 她经历了萧索秋风，可惜早凋，憔悴秋容了，但她还是在秋风里撑持着，且让她早早休息，相信她明年要赶在百花之前开放的呢！ 显然，这是为曹诚英而写的。

要知今日，何必当初。 应该说胡适在忏悔自己的"不经意"，为什么不早早发现她的爱？

> 那一年我回到山中，/无意中寻着了一株梅花树；/可惜我不能久住山中，/匆匆见了，便匆匆地去。/这回我又回到山中，/那梅树已移到人家去了。/我好容易寻到了那人家，/可怜他已全不似当年的风度了。/他们把他种在墙边的大松树下，/他有好几年受不着雨露和日光了；/害虫布满了叶上，/他已憔悴的不成模样了。/他们嫌他总不开花；/他们说："等的真心焦了。/他今年要还不开花，/我家要砍掉他当柴烧了。"/我是不轻易伤心的人，/也不禁为他滴了几点眼泪：/一半是哀念梅花，/一半是怜悯人们的愚昧。/拆掉那高墙，/砍倒那松树！/不爱花的莫栽花，/不爱树的莫种树！

一曲隐晦含蓄的《怨歌》淹没在他的《山中杂记》无序的杂记中。

游罢花坞又西溪

今天游花坞。同行者，梦旦、知行（按：即陶行知）、珮声、复三夫妇。坐船到松木场，雇人把船抬到河里，仍上船行。两岸"竹叶青"（俗名靛青花）盛开，风致佳绝：我竟不想到如此小花有如此动人的风致。

……饭后，我和梦旦、知行（按：即陶行知）走进花坞，直到白云堆。路的两旁全是大竹林，何止几万株竹！风过处，萧萧作声，雄壮不如松涛，而秀逸过之……

回到船上，开到西溪，在秋雪庵上岸。庵外四望皆是芦花，当盛开时，定真有"秋雪"之奇观……

船到留下，娟的身体不好，不能坐船了，我和她同梦旦、知行（按：即陶行知）四人包了一个汽车回到湖上。（9月26日）

钱塘江潮西湖月

称胡适为"老阿哥"、"恩人哥"的徐志摩来到，把胡适、曹诚英的恬静生活推向热闹、热烈。 他在烟霞洞过夜，"与适之谈，无所不至，谈书谈诗谈友情谈爱谈恋谈人生谈此谈彼: 不觉夜之渐短"，当然免不了谈珮声。 诗人的敏锐，慧眼独到，对胡适说:"适之是转老回童了。"

/ 1923 年 9 月，徐志摩(左一)邀请胡适(左四)、曹诚英(左三)、汪精卫(左五)、陶行知(左六)、陈衡哲(右一)等人赴海宁观潮后留影

9 月 28 日，适农历"八月十八(钱塘江)大潮日"，老家在海宁的徐志摩自上海发起，带来了汪精卫、马君武、任叔永、莎菲、朱经农和潘萨大学史学教授 Miss Ellery，赴海宁观大潮。 胡适和曹诚英应邀赴约，由杭州乘早车到海宁县斜桥镇火车站，在约定好的一条船上等候，待乘火车来的上海朋友到斜桥下了车，到了船上，"我们在船上大谈"。 船到海宁盐官后，大家观赏了有名的海宁大潮。 热情、天真的徐志摩，对胡适一对当众献殷勤，观潮时，他写条子"珮声女士——望潮，适之——怡";他"还替曹女士蒸了一个大芋头，大家都笑了"。

看潮后，叔永们回上海去了，马、汪、徐、曹和我五人回到杭州。晚上在湖上荡舟看月，到深夜始睡，这一天很快乐了。（9月28日）

下弦残月移屋去

天下无有不散的筵席。10月2日，胡适在作下山前的准备，最重要的"检点各种影片"(按：即照片，胡适三个月"神仙生活"摄下了很多照片)，粘在一本册子上，题为《南行片影》。过了一天，已经是10月3日了。胡适在这天的《山中日记》中写道——

睡醒了，残月在天，正照我头上，时已三点了。这是烟霞洞看月的末一次了。下弦的残月，光色本凄惨；何况我这三个月中在月光之下过了我一生最快乐的日子！今当离别，月又来照我。自此一别，不知何日再能继续这三个月的烟霞洞山月的"神仙生活"了！枕上看月徐徐移过屋角去，不禁黯然神伤！

10月4日，他们收拾行李下山，住入杭州城内聚英旅社。"娟今天也回女师"。10月5日，胡适在与省会各界人士作别时，不忘"到女子师范学校访叶墨君校长，谈了一会。娟也出来见我"。午饭后回到旅馆小睡。出发上火车前，到旅馆来送行人中有"娟来"。这天12点，回到上海沧州旅馆，就"发信：冬秀、娟"。

就这样，烟霞洞中三个月，胡适生平唯——次享受灵与肉自由爱恋的"神仙生活"结束了。但它余音绕梁：从胡适回到上海的10月6日起，到18日的13天中，他收到曹诚英的信有六封之多。这不到半个月的日子是怎么捱过的！于是10月19日，胡适又从上海到杭州来了。晚上7时到达城站，当晚住入远离市区里西湖畔栖霞岭下的新新饭店。诚如汪静之在接受颜振吾、程法德采访时所告："胡适又到杭州来了。这次来不是住在烟霞洞，而是住在西湖旁边的新新旅社里。胡适一到，曹珮声就向学校请假，也住在新新旅社。"由翁家山到栖霞岭，由清修寺到新新饭店，真可谓山外青山楼外楼呀！20日、22日、23日、24日……一直到31日，胡适携曹诚英，以及徐志摩、朱

湖畔诗人汪静之(中)等人在西湖新新饭店前

经农这四人几乎天天都游西湖。 20 日那天，"娟来。 我们四人同出游湖，在楼外楼吃饭"(胡)。 "曹女士贪看柳梢头的月。 我们把桌子移到窗口，这才是持螯看月了！ 夕阳里的湖心亭妙；月光下的湖心亭，更妙。 曹女士唱了一个《秋香》歌，婉曼得很。"(徐志摩)经这位新月诗人淡笔素描几下，把珮声声容活脱脱描绘了出来。 但是也就是这位徐志摩，一回到北京，兴致所至，松了口，竟对嫂夫人江冬秀泄露了烟霞洞中藏娇的秘密。 "泄密"的还有胡适的侄儿胡思聪。 天天住在一起，只有 20 多岁的人，不经意漏了口。 过不久，思聪因病去世了。

其实，把"洞中神仙生活"最先讲出去的，还是曹诚英本人。 她感到幸福极了，返校以后不久，便对两小无猜的汪静之说，胡适和她要好了。 汪不以为奇，反为她高兴。 第二年春天，胡适连到杭州三次，有时住在新新饭店，有时住在湖滨聚英旅馆，也是套房。 胡适住在外间，曹住里间。 有客人来，曹就躲进里间。 已算公开化了。 胡适有时到上海来，也通知曹诚英去。 "这些事都是曹珮声亲口告诉我的。"汪静之如是说。

"我爱你，刻骨的爱你"

"糜哥，在这里让我喊你一声亲爱的…… 糜哥，我爱你，刻骨的爱你！我回家去之后，仍像现在一样地爱你！"结合不可能，于是曹诚英在 1925 年浙江女师毕业离开杭州前，给胡适写了封诀别信。 这个痴情女子何能诀别？看，字字句句，无不喷发着爱的烈焰。

胡适既痛苦又无奈，斗不过江冬秀，放不下社会名望，跨不过他自己设计的那个伦理门槛，只好依了他大姨子润生的劝导，"我妹子性子浮躁，望你还是容忍她些，看上人面子，与小孩们情面"，终于牺牲了他的娟表妹。 在这样境遇下，他只好复以一首《好事近》以作慰劝："多谢寄诗来，提起当年旧梦。 提起娟娟山月，使我心痛。 殷勤说与寄诗人，及早相忘好。 莫教迷疑残梦，误了君少年。"(1926)而对自己，只能："匆匆离别便经年，梦里总相忆。 人道应该忘了，我如何忘得。"(《多谢》)"山寺的晚钟，/秘魔崖的狗叫，惊醒了我暂时的迷梦。 /是的，暂时的！"(《暂时的安慰》)"依旧是圆月时，/依旧是空山，静夜；我自月下归来——/这凄凉如何能解！"(《秘魔崖月夜》)

但是曹诚英在精神上执着追求胡适，忠贞不贰地遥爱着他。 1925 年，她考取南京东南大学农科，选择了胡适未竟的专业。 毕业后继续读中央大学农学院。 由于她的活泼与才气，她成了男女同学心目中的"校花"。 1931 年中央大学毕业后留校当农学助教。 1934 年她由二哥曹诚克资助留学美国，再一次选择了胡适的母校康奈尔大学——胡适只读了一半的农学院，攻读遗传育种专业。 为此，胡适在这年 8 月 8 日，专门写信给他在绮色佳的亲密女友韦莲司，说："我冒昧地向你介绍我的表妹曹诚英。 她正拟去美国进研究所学育种学，她可能会在康奈尔待两年。 她在南京中央大学所做的研究工作时棉花种子的改良；她的老师，大部分是康奈尔的毕业生，鼓励她去康奈尔进修。 她是自费生，由她在天津北洋大学教书的哥哥资助她。 (因此)她得节约过日子，还得学口语英文。 你能在这两方面给她一些帮助和引导吗？"曹诚英，这位充满文学气质、富有才气的新女性应该加入"湖畔诗社"才是，或许会在中国诗坛、文坛上升起一颗耀眼明星。 但是她为"刻骨爱的糜哥"走上了一条艰巨而又充满魔力的学术僻径。

1937 年，曹诚英遗传育种学硕士毕业，学成归国，任安徽大学农学院教

1931年，胡适(右二)、曹诚英(右一)和郑振铎(左二)、高梦旦(左一)在北平西山

授。她是中国农学界第一位女教授。未几，抗日战争全面爆发，她流亡入川，任四川大学特约教授。国难当头，遍地哀鸿。胡适远在美国当大使，曹诚英无处可吐衷肠，无一人可倾听她的心音。大后方物质条件艰苦不说，她总需要有个男人与她共赴国难呀，但她两次经人介绍的恋爱失败了(她并不知道，一次因为江冬秀在上海向男方亲戚讲了她许多"破话"而告吹)，精神遭打击惨重，一度思想苦闷到了极点，因此上了峨眉山，遁入空门。糜哥，你听得到吗？"孤啼孤啼，倩君西去，为我殷勤传意。道她末路病呻吟，没半点生存活计。忘名忘利，弃家弃职，来到峨眉佛地。慈悲菩萨有心留，却又被恩情牵系。"这首写于1939年七夕的无题词，寄到美国，落到胡适手中，但没有寄信人地址，叫正在为支援国内抗战而奔走的胡适干着急。远水救不了近火，幸好她那在重庆的二哥曹诚克闻讯赶上山，苦苦劝导，终于把她带来陪都，她被复旦大学农学院聘为教授(1942)，从此定位复旦(一直到1952年全国高等院校院系调整)。过不久，她先后遇到了她的同学朱汝华、好友吴健雄，书长短句，由她们带往美国，交给胡适。

前者是：

鱼沉雁断经时久,未悉平安否? 万千心事寄无门,此去若能相遇
说他听。　　朱颜青鬓都消改,惟剩痴情在。念年辛苦月华知,一似
霞栖楼外数星时!(《虞美人》,1943 年)

另一首词只作了上阕:

阔别重洋天样远,音书断绝三年(曹自注:从吴素萱即吴健雄女士
带来信后算起)。梦魂无赖古缠绵。芳踪何处是,羞探问人前。(《临
江仙》,1944 年)

抗日战争胜利后,她随复旦大学回到上海。 这是一位"身体苗条,容貌
秀丽","衣着朴素整洁,脑后盘着发髻,说一口流利的普通话,举止端庄文
静、和蔼可亲"的中年知识女性。 "走上讲台,她是一位博学多才的教授;回
到家里,是一位勤劳能干的普通徽州女人,会做家务,会做针线活。"她的姨
外孙女胡恩金这样描绘曹诚英。 曹诚英是个痴情女子、学者教授,并不关心
政治,但因为胡适的特殊地位,因而时时以"糜哥"为轴线打听国共两党战争
的现状,尤其是解放战争的进程。 北平和平解放前夜,1948 年 12 月 15 日,

中年曹诚英

胡适夫妇征得傅作义将军的同意,在傅部
军官护送下乘车到南苑机场,上了蒋介石
派来的飞机,飞向南京。 这些日子里,
曹诚英天天望眼欲穿地关注着胡适的动
态。 胡适曾有三次去过上海:一次是送江
冬秀等女眷去台湾(1949 年 1 月 14 日—21
日),一次是与梅贻琦到上海会陈光甫(1
月 25 日),一下火车即被接去霞飞路上海
银行招待所——两次都如"丧家"之忙
乱,曹诚英哪能攀见。 第三次是从去台
湾安置家眷后返回上海,3 月底 4 月初,
他与长子胡祖望被绩溪老乡胡洪开(上海
"胡开文笔墨庄"老板)邀去吃徽州饼、叙

乡情。 曹诚英闻讯，欲邀汪静之(亦任教复旦大学)同去送别。 汪说："你一人去送行才对。 这一次生离，等于死别，你和他有许多情话要互相倾诉，我去对你们俩谈话不便，我就不去送别了。"曹诚英到场作陪，颇多拘谨，分别几多岁月，思念之湖快干涸了……而今她凝视这位望眼欲穿的心上人，已是危楼将覆的蒋氏反动政权的"总统府资政"大官(蒋介石曾计划想在"国民大会"上选胡适做"总统")，昔日汖汖君子风度早失，长衫袖子也有些磨损了，而在情人面前显得憔悴，神色不安。 曹诚英一往情深、至诚至义地说："糜哥，蒋介石已经回奉化去了。 你不要跟他走下去了！"

胡适当然没有听曹诚英的话，也没有劝曹诚英出走。 4月6日，在上海公和祥码头乘船，独自去了美国。 曹诚英回到复旦，满脸泪痕地对汪静之说："我再三劝他不要走，挽留不住。 我哀哭留他，劝不回头。"说着，又伤心地哭出声来了。

上庄村口，芳草孤坟

曹诚英在1952年全国高等院校院系调整时，坚决服从分配，来到沈阳农学院任教授(被评为三级)。 以她赢弱的身子，在寒冷的北国生活，是要有勇气

曹诚英教授与沈阳农学院师生

学院贺曹诚英六十寿辰

的。 她从遗传学角度从事棉花品种改进和马铃薯遗传育种的研究，获得成功。 后者在东北广为推广。 同时她还抱病教学，甚至在病榻上为学生授课，受到师生们的敬重。 她是教授，当时工资相对很高，但她生活节俭，把省下来的钱资助家境困难的学生，还汇给家乡穷亲友、她的奶娘家人。 她曾任沈阳市政协委员。 1958年她提前退休了，1962年农学院领导为她做了六十大寿。 她始终没有成家，天涯何处是归宿？ 只好孤身一人留在沈阳，直至1969年"珍宝岛事件"，被疏散还乡。

曹诚英南下，自然回到昔年回肠荡气的杭州，来到了望江门外"青梅竹马"、"两小无猜"的汪静之的家。 这位"湖畔诗人"热情地将仅有的三个房间让出一个给她。 她和汪家人同桌吃饭，共用碗筷，一待就是两个月。 这在人情薄如纸的"文化大革命"岁月里多金贵呀！ 汪静之打算将她留在杭州安度晚年，但此时的杭州，到处是"文攻武卫"，派战正酣，流血事件随时随处可见，到处抓"权威"、"海外关系"，人命如蝼蚁。 汪氏子女害怕飞来横祸，来信表示非议。 曹诚英也知趣，决定回原籍。 行前，她将一本宣纸订成的本子

晚年曹诚英

交给汪静之夫妇，说是历年留下的她与穈哥之间的爱情诗词，及她一生历史的记录，怕带到乡下，被人家发现或者查抄去，希望他们在自己死后，付之"丙

丁"(烧掉)，一块飘然而逝。 汪氏夫妇含泪接受了。

曹诚英回到绩溪旺川老家。 皖南山乡封闭，人们对外界时事并不感兴趣，况且乡亲也多少了解她，所以不怎么为难她。 茕茕子立，形影相吊，曹诚英在家乡旺川村(七都)度过了三年黄昏岁月，但总念念不忘上庄村(八都)。她曾对亲友说："我爱七都，但更爱八都。 要是八都有地方住，我就愿住在八都。"人有爱屋及乌情愫，胡适的侄外甥程法德告诉笔者："上庄村口有座石砌拱洞桥，叫杨林桥，当年胡适外公曾出资翻造过。 珮声姨婆晚年居住旺川时，自己省吃俭用，舍不得多花一分钱，但她慷慨出其积蓄，花了 1000 元，修复杨林桥。 20 世纪 70 年代，千元顶现在的几万呀！"笔者在采访上庄村时，曾到杨林桥上浏览风光，真是小桥流水人家，风景美不胜收。 另据绩溪朋友相告，她自己节俭到了极致，奉献一生积蓄，向旺川生产大队捐了 5500 元，帮集体购买拖拉机。

1972 年，她赴上海治病。 她已是肺癌晚期的病人了，自知来日无多，没有返回乡里，住友人家。 翌年，1 月 15 日，她客逝在心上人胡适诞生的这个城市，享年 71 岁。 胡适也活了 71 年，不过是早她 11 年在台湾逝世的。 接受寄存她遗物的汪静之在杭州闻噩耗，"我是服从她命令的"，"我就把它烧掉了"。 一缕青烟带走了哀婉的断肠生涯和她没有诉完的故事。

曹诚英留下遗言，要求将她的骨灰埋葬在旺川村口，通往上庄的公路旁。绩溪的乡亲理解这层意思，他们照办了。 当年，"若无人指点，谁会注意这个孤零零的小墓？ 这里埋着一颗孤寂的心、一段无尽的相思"(美国胡适学家李又宁教授语)。 现在，"曹诚英先生之墓"的墓碑树起来了，凡去上庄参观胡适故居的海内外朋友，熟悉胡适故事内情的，都不会漏掉这一景点的。 他们在这里下车，朝这座孤坟站立默思，致意。 呜呼，要是"糜表哥"魂归故里，也一定会先在这里与"娟表妹"相会的。

安徽绩溪上庄村口重修的曹诚英之墓

第七章 韦莲司，海外一世爱

　　走出光圈的胡适，在杭州烟霞洞和小他11岁的"娟表妹"回肠荡气地过了三个月的"神仙生活"；以后还"余音绕梁"地幽会于西子湖畔、葛岭山麓的新新饭店、聚英旅馆，但到终仓皇难置一词地走了。人家曹诚英呢，刻骨地爱他一辈子，死后亦埋骨通往他老家的大路边。胡适岂不知其深情？

　　同样，走入光圈前的胡适，还为另两位拔萃女性所钟爱，在漫长的岁月里，虽然没有"娟表妹"那样火辣辣地舍身同居，但真情同样持续一世，演绎了动人心魄的故事。

韦莲司情恋：差一点上床

　　胡适(1891—1962)71年的生涯中，在美国前后生活了25年又8个月，应该说他成年后近一半以上的时间是在美国度过的。而无论是在美国的日子，还是在祖国的人生岁月中，他有一位始终保持着异乎寻常热情的思想感情超越夫妻层面的美国女友，便是艾迪丝·克利福德·韦莲司小姐(Miss Edith Clifford Williams，1885—1971)。她长胡适六岁，却视胡适为师长。

　　韦莲司与胡适，深情50年，而且延续到胡适身后。

　　韦莲司小姐是位知识女性，画家，至死未嫁人。她1885年4月17日生于纽约州的绮色佳(按：现通译伊萨卡)，是该镇的老居民。她的父母都是新英格兰人。新英格兰在美国大陆东北角、毗邻加拿大，含马萨诸塞等6个州，是英国移民北美最早的地区。她父亲是耶鲁博士，耶鲁大学、康奈尔大学的地质学、古生物学教授。她的母亲是位善于交际的家庭主妇。这个家庭乐于接待中国留学生，胡适是经久的客人，韦莲司夫人对他很亲切。韦莲司小姐并未受过高等教育，曾在新港和纽约就读艺术学校，心智上的训练主要得益于父亲的言传身教，此外她长期旅行美国各地和欧洲各国，增长见识。韦莲司和胡适交往的第一年(1914)正是她创作的旺盛期，她乐于尝试各种新样式，但后来证明，她并没有太多的艺术创作天才，于是她放弃了绘画。1920 年韦莲司的父亲、姐姐逝世后，受聘为康奈尔大学图书馆馆员，1946 年 61 岁时退休。晚年她迁居加勒比海上的巴贝多岛，除了向康奈尔大学档案馆整理、提供家庭文献外，还向中国台湾"中央研究院"捐赠了胡适写给她的100 多封书信、电报。她说，"我是一个害羞的人，而实际上又没有任何重要性"，"我无非只是一个幸运的胡博士书信的接受者"。

艾迪丝·克利福德·韦莲司

不尽然也。她是胡适各个时期的异性知己。

留　美

四百里的赫贞江，
从容的流下纽约湾，
恰像我的少年岁月，
一去永不回还。

这江上曾有我的诗，
我的梦，我的工作，我的爱。
毁灭了的似绿水长流，
留住了的似青山还在。

（胡适：《从纽约省会回纽约市》）

这首抒情诗是胡适 1938 年出任驻美大使后，途经纽约州的赫贞江(按:现通译哈得逊河)，太多的旧事感怀激活"烟士披里纯"，而写下的。"旧事"

1930 年的韦莲司

的核心，就是江畔海文路 92 号的那幢公寓: 韦莲司在纽约学艺术时住过这里; 后来胡适求学哥伦比亚大学时与同学合租的宿舍也在这里; 1915 年 1 月 22 日，他俩以一个下午的时间"纵谈极欢"，在这里; 1916 年 8 月 23 日，两只黄蝴蝶，一只飞下去，一只独自飞，也在这里的窗口……这里既演绎他"文学革命"的始梦，也拉开了他扑朔迷离跨国恋的帷幕。 那么韦莲司到底是怎样一位美人儿呢?

不，她并不怎么美。 韦莲司描绘自己: "胸部扁平而又不善于持家"，"头脑不清而又不得体"，"是个又丑又无风韵的女人"，"是个很卑微的人"。但是她呼出了"胡适，我爱你!" "我崇拜你超过所有的男人……"(均摘自韦莲司致胡适信中语)

胡适呢，韦莲司是他初入美国社会时的一道阳光。 "美国大学学生大多数皆不读书，不能文，谈吐鄙陋，而思想固隘"。 而韦莲司"其人极能思想，读书甚多，高洁几近狂狷"，"其待人也，开诚相示，倾心相信，未尝疑人，人亦不敢疑也; 未尝轻人，人亦不敢轻之"(撷取胡适日记中语)。 五四新文化运动中，胡适对中国妇女解放问题多有建树，韦莲司对其启发颇多。 "吾自识吾友韦女士以来，生平对于女子之见解为之大变，对于男女交际之关系亦为之大变……惟昔所注意，乃在为国人造贤妻良母以为家庭教育之预备，今始知女子教育之最上目的乃在造成一种能自由能独立之女子"(胡适留学日记)。 总之，留学时代的胡适认为，在与韦莲司交往中，自己"一直是一个受益者"，韦莲司的谈话总是"启发"他去"认真的思考"。

一起出游比书信更便于交流思想与情感。 人在画中行，岂不营造感情?

胡适在日记多有这样的记录。

> 星期六日与韦莲司女士出游，循湖滨行，风日绝佳。道尽乃折而东，行数里至厄特娜村，始折回，经林家村而归。天雨数日，今日始晴明，落叶遮径，落日在山，凉风拂人；秋意深矣。是日共行三小时之久，以且行且谈，故不觉日之晚也……余等回至女士家已六时，即在彼晚餐。晚餐后，围炉坐谈，至九时始归。(1914 年 10 月 20 日，绮色佳)

胡适在这则日记中还对韦莲司的"狂狷"有所描绘，说她虽然生活在富裕的家庭，却不注重服饰，有一天她自己剪去头发，仅留两三寸。她母亲与姐姐虽然非议，也毫无办法。胡适称赞她狂，"是美德，不是缺点"。韦莲司回答："若有意为狂，其狂亦不足取。"

> 韦女士与余行月光中，因告余以印度神话"月中兔影"。其言甚艳，记之……(兔献身作天帝食，天帝拔山作墨汁，画兔形于月中的故事)(1914 年 11 月 3 日，绮色佳)

就在这一天，胡适还与韦莲司讨论人伦中"容忍迁就"问题。

> 此间殊不多垂柳，平日所见，大都粗枝肥叶，无飘洒摇曳之致。一日与女士过大学街，见垂柳一株，迎风而舞，为徘徊其下者久之。此诸图皆垂柳也(按：韦女士在纽约寓所窗前所摄，赠胡适)。余一日语女士吾国古代有"折柳赠别"之俗，故诗人咏柳恒有别意，女士今将去适纽约，故以垂柳图为别云。(1914 年 11 月 13 日，绮色佳)

在这则日记中，还记有胡适昔年在上海所作《秋柳》一诗送韦莲司：

> 已见萧飕万木摧，尚余垂柳拂人来。
> 凭君漫说柔条弱，也向西风舞一回。

(1915 年 2 月 14 日胡适代表康奈尔大学赴纽约参加"各大学非兵

主义大同盟"会议)一时往访韦女士于其居（按：海文路92号公寓)，女
士为具馔同餐。谈二时许，与同出，循赫贞河滨行。是日天气晴和，斜
日未落，河滨一带，为纽约无上风景，行久之，几忘身在纽约尘嚣中矣。
行一时许，复返至女士之居，坐谈至六时始别。（1915年2月14日，
纽约)

胡适与江冬秀结婚后，恐怕没有这样抒情的画面吧？ 小脚夫人既不耐行，也
没有如此嘤嘤细语的能耐。 那么胡适与韦莲司独处久了，感情是否会"升
华"呢？

1915年1月22至23日纽约海文路公寓韦宅的故事是耐人寻味的。 胡适
在早一年1914年获英国卜朗吟文学奖，故今年1月18日，应波士顿卜朗吟学
会之邀，由绮色佳前往波士顿，参加该会集会并发表《儒教与卜朗吟哲学》演
讲，讲了40分钟，自我感觉和与会反响很好。 20日到康桥访哈佛大学，会上
海"澄衷"同学竺可桢。 21日由波士顿赴纽约，行前打电话给韦莲司，相约
会面。 22日到纽约，韦莲司陪他参观纽约大都会艺术博物馆，两人心领神会
地欣赏馆藏"尤物"，"女士最喜一北魏造像之佛头，其慈祥之气，出尘之
神，一一可见。 女士言，'久对此像，能令人投地膜拜'。"胡适在这天日记
中如此细笔记下韦莲司女士的声音，但对"午后至女士寓午餐"直到下午四时
离去乘火车，则一笔带过了。 他俩在室内独处，谈了些什么？ 做了些什么？
隐略了。 第二天，23日，胡适复归纽约，"下午，访韦莲司女士于其寓，纵
谈极欢。 女士室临赫贞江，是日大雾，对岸景物掩映雾中，风景极佳。 以电
话招张彭春君(按：胡适留美同学，张伯苓胞弟，曹禺老师)会于此间。 五时
许，与女士同往餐于中西楼"(1915年1月23日，纽约)。

这是一个雾茫茫、情恰恰的"纵谈极欢"的下午，他俩是怎样度过这个下
午的？

首先，电话招张彭春。 此君没有来，不然五时去吃晚餐时，怎会"与女
士同往餐于中西楼"？

要紧的是"纵谈极欢"。 纵谈，指胡适谈对第一次世界大战的看法，已
转变观念，告韦莲司"已决心主张不争主义，决心投身世界和平诸团体"。
"女士大悦"，"且勉余力持此志勿懈"，因为去年"夏与女士谈及此问题
时，余犹持两端"。 和平主义观念两人发生共鸣，胡适由衷钦佩"女士见地

之高，诚非寻常女子所可望其肩背，余所见女子多矣，其真能具思想、识力、魄力、热诚于一身者惟一人耳！"在两相情悦的氛围中——日记又隐匿了，这当然可以理解。但是事后胡适写给韦莲司的两封长信(1月25日、2月1日)中留下了痕迹，特别是后者。从2月1日函中的只言片语，不妨推论、试析，因为这种事只能写得隐晦曲折。

老太太韦夫人首先作出反应了，因为母亲最了解女儿。当(胡适去绮色佳她家时)她得知女儿与胡在周末下午单独相处之事后，就说："啊，这个，胡先生，要是这里的人知道了这件事，他们可要大不以为然了！"胡适以电话招张彭春来喝茶作搪塞。20世纪初，美国中产阶级社会的严格家教比当时中国半封建社会有过之而无不及。当然老太太想得更深远些，因为她知道胡适已有未婚妻，而且是下决心娶那个中国女子的。

但是事实上张彭春没有来，"因为我们那时是两人独处"烹茶，"对你来说，这样鄙夷世俗的规矩是完全正当的，因为你是超越这种世俗规矩的"。胡适在信中坦言，"跟你在一块儿，与你谈话，共同思考问题。(你知道我是乐在其中的！)"于是乎，"你有了'略显无礼'的举止"。

这一"'略显无礼'的举止"，或"'略嫌无礼'的举止或动作"(均胡适信中语)，是否把这位东方青年吓坏了？胡适"指天发誓"地剖白自己"我在上海不曾跟一个女人说过超过十个字以上的话"(胡适信中语)。当然这里是在说鬼话了。于是我们可以侧面理解，是否胡适婉辞了她的"略显无礼"？

有本写胡适的书中写道："两人相对而坐，品诗论文，谈得情投意合。残冬天气，室外寒风飕飕，寒气袭人；室内却温暖如春，暖气熏得人欲醉。胡适面对着这位年轻洒落的洋女郎，血液循环加快，不觉有些心猿意马，难以自持，便向韦莲司提出了性的要求。然而大约是被韦莲司所拒绝。不几天，便接到了韦莲司女士的一封长信……"

为了避免胡适专家周质平教授所设言，"处理胡适与韦莲司的关系，稍一不慎，也容易走上想象与文采齐飞的道路"的流俗，我们可以从胡适日记及胡适给韦莲司信件的原始资料中认定"无礼"的应是韦莲司，胡适因为慈母订下的黄山脚下的婚约，显得"谨小慎微"，没有胆量接受"狂狷"，因而避免了一次"非礼"行为(引号内均胡适信中用语)。至于本节标题中的"差一点上床"，乃是1933年胡适重访绮色佳宿韦家，这位老姑娘又一次心中骚动的未遂事了。

事态只不过闪电一般消逝了。 平复后胡适自省一段时间，终于决心"与
C.W.(即韦莲司)约，此后专心致志于吾二人所择之事业，以全力为之，期于有
成"，"自今以往，当屏绝万事，专治哲学，中西兼治，此吾所择业也"。 这
也许是胡适又一次精神转机，不过不像上海求学末一年那样公开忏悔，是暗地
的。 你知我知默契反省，而上述那段颇有分量的文字，则淹没在他那汪洋大
海一般的《胡适日记》中了。

绮色佳橡树街 120 号韦家，依然是他海外温暖的"家"，那里有"我老想
着你，有时甚至觉得挥之不去"，"欢迎你随时回家"的长辈韦老太太，有终
于成为事业上相互鼓励、精神上相互爱慕、感情上互吐衷肠的异性朋友韦莲司
小姐。 所以 1917 年 6 月，胡适在哥伦比亚大学考过博士论文后，离美回国
前，专程到绮色佳辞行。

橡树街院子里伏牛花开得艳红时候，胡适来了。 "6 月 9 日离纽约，10
日晨到绮色佳，寓韦女士之家。 连日往见此间师友，奔走极忙。"这时的 120
号，韦莲司已有自己一间大画室，墙壁"照着自己的品位重新做过。 在她的
画室里，她是至高无上的，没有人打扰她——她过自己的日子。 我们只在晚
上吃饭的时候见面。 她见她想见的朋友……"(韦母语)。 胡适，当然是她想
见的朋友。 胡适来了。

在绮五日(十日至十四日)，殊难别去。韦夫人与韦女士见待如家
人骨肉，犹难为别。 (胡适：《归国记》)

胡适把绮色佳视作自己的家乡，说这里朋友之多，远于其他地方，然而说
到底，还是因为韦莲司小姐。 以后漫漫一生事实证明，此言不虚矣。

旅 美

胡适与韦莲司于 1917 年 6 月分别，一离便是近十年。 1926 年他去伦敦
出席"中英庚款顾问委员会"全体会议，去时，取道陆路哈尔滨、莫斯科、巴
黎至伦敦。 返国时他转道大西洋，到美国，1927 年 3 月重返"哥伦比亚"母
校，作学术演讲，实质上是最终完成博士学位手续。 至于他那篇手续未竟的
博士论文《先秦名学史》(即《中国古代哲学方法之进化论》)，已由亚东图书
馆出版，印了英文本 100 册，先由友人沈有乾携去哥大代交了。 母校之旅结

束，他到绮色佳与韦莲司聚首。 此后，两人再聚首的次数多了，都是胡适利用出差的机会而果缘的，至胡适正式出使美国之前，计有: 1927 年 3 月一次，1933 年 9 月两次，1936 年 10 月一次，共四次。

分别十年里，他们两人还是互通音讯(包括韦老太太)。

胡适去信概述回国后倡导新文化运动的硕果:"说到中国的文学革命，我是一个催生者。 我很高兴地告诉你这件事差不多完成了。 白话散文和诗已经成了一件时髦的事，反对的意见已经差不多完全消失了。""我在中国哲学史上的研究工作还在继续，三年内第一册的《中国哲学史》已经印了八版。""我的

胡适赠给韦莲司的照片，1927 年赴美母校哥伦比亚大学完成博士学位留影

诗集(按: 指《尝试集》)已经卖出了一万五千册。""我的文存(1912—1921)已在 1921 年 12 月集印成四册，在一年内卖出了一万套……"胡适并不遮掩自己"暴得大名"(胡适语)的兴奋，"我获选为'中国十二个最伟大的人物'之一"(上海一家周报举办的公众投票)，但在知己女友面前，立下自戒:"我很清楚，以我这样的年纪暴得大名的危险。 我为自己立了一个生活的原则:'一定要做到名副其实，而不是靠名声过日子'。"(1923 年 3 月 12 日致韦莲司函)如此亲切，如此坦诚。

韦莲司去信安慰胡适丧母之痛:"我首先想到的是人天永诀的悲痛，但继而一想，她看到你回到中国，结婚，并即将生子，延续她所赋予你的(生命)，这些事再加上你能令她引以为荣的成就，她一定是很高兴的。"(1920 年 5 月 2 日)

对于胡适的家庭，她感到由衷的高兴:"在一天的忙碌之后，想到好妻子和家，必定是件乐事。"(1920 年 5 月 2 日)(收到胡适合家欢照片后)"你的妻子甜极了，我希望有一天能和她会面。 我觉得好像认识你长子……素斐很可爱，将来会是一个有趣而活泼的淑女。 从思杜眼神中看出一个敏慧的心灵。"(1924 年 5 月 4 日)

她隔洋关心胡适的健康，不知怎的，胡适"患糖尿病"的误传，传到了大洋彼岸康奈尔大学城，于是韦莲司去信说，要是北平没有胰岛素，"我们会立刻寄去"。

更突出的一点，是韦莲司对胡适的再认识，她在报告父亲去世的信中说，"你和父亲都把我惯坏了，你们教我，而不把我送去学校……"(1920年5月2日)。"你总是给我心智上的启发，我非常喜欢"(1927年4月5日函)。她视胡适为自己成长过程中的老师。甚至两性间的崇拜："我崇拜你超过所有的男人"。(1933年9月27日函)

在这样的感情背景下，1927年3月，胡适与韦莲司先后两次聚首，"我真喜欢在你家里的两次造访，唯一的遗憾是我无法待的久些"(胡适离西雅图上轮船前致韦信)。韦莲司更不舍，辛酸地哀怨："让你走，是如此的艰难，老友——但是你留下来也不会有什么好结果！"她甚至一反常态地说："你们两人(指胡适与江冬秀)同是一个不合理制度下的牺牲品。她可能不很清楚，而你是完全了然的。"但是面对现实，韦莲司只能这样："生命充满了离合聚散，在离合聚散之间，我们工作。"(胡适离去后韦致胡函，1927年4月6日)

狂狷的韦莲司就这样第一次向胡适表白自己的爱情，然而是理性的。不要忘，这时她的母亲还在世。

20世纪30年代,任北大文学院院长的胡适

韦老太太敞开自己家，"亲爱的朋友，欢迎你随时回家"，对胡适这次造访，是十分欢欣的，就是她太老了，无法尽情交谈。胡适返程后，她完成了这次会聚的尾声：大概是韦家的老管家伍尔特殷勤照料胡适(后来他又专门为胡适收集火柴盒)，胡适临别时给了他一笔小费。韦老太太发现了，问道："你都收下了吗？Walter？"伍尔特如实回答。韦老太太正色说："我真为你觉得不好意思！你怎么没有拒收呢？"伍尔特回答："胡博士不会喜欢这样的。""可是，他会更尊敬你的！"韦太太说。最后老太太收回胡适多给的至少四美元，兑作支票，用信退了

回去。信中赞胡适"是个十全十美的客人"、"一个基督式的君子"，"可是如此大笔小费，在我家是不允许的"。

但是胡适第二次旅美来到绮色佳时，这位可爱的老太太已早一年归天了(1932年4月)。胡适再探韦莲司，是借他1933年赴加拿大参加第五次太平洋国际学会会议的机会。他6月18日从上海启程，横渡太平洋。7月4日，抵达加拿大温哥华后，先到火奴鲁鲁岛，在夏威夷大学演讲《人生哲学》，听众满厅，兴致盎然。然后应美国芝加哥大学之请，在"贺司克尔讲座"作《中国文化之趋势》系列学术演讲，共六次。后来由芝加哥大学汇总出版，书名为《中国的文艺复兴》。接着又参讲了世界六大宗教(印度教、儒教、佛教、犹太教、伊斯兰教、基督教)讲座，他作了三次演讲，也被编入芝加哥大学出版的《各大宗教的新趋势》文集。接着他奔加拿大班福，出席第五次太平洋国际学会年会，作即席演讲。这期间，他心系韦莲司，不断写信、打电报去，"我离开六年之后，再度来到(北美)大陆"，"我真希望能到绮色佳看你和你母亲"(7月4日，温哥华)。在芝加哥作演讲时，在撰稿十分紧张时间中也匆匆去信。"班福会议"一结束(8月26日)，他又去信，"希望9月1日、2日到绮色佳"，"可能从瀑布城进入美国"，真可谓归心似箭！忙到9月上旬，才得以抽身，专程去绮色佳。

韦莲司得悉将再次与心上人聚首，感到幸福极了。"欢迎你，胡适！""我保证你得到宁静，休息并消除疲劳。这段期间，我们可以用我的雪佛兰车子去观赏美丽的乡间，在平静的湖边野餐。即使躺在院子里的树底下也是很清新的。"(1933年7月5日、10日函)言犹未尽，隔了十来天韦莲司又去信说："胡适，你的来访，对我而言，有如饥者之于食"，"除了说欢迎你，还有什么可说的！"她希望胡适有个什么计划，"我好安排"。她设想胡适会从尼亚加拉大瀑布入境，"我会非常高兴，去那儿接你，一起开车回来"。

9月上旬，胡适终于来到绮色佳韦莲司的家，12日才离去，这回，韦母已去世，他俩是真正"独处"了。于是发生了这样的情况(仅从事后韦莲司致胡适信中坦露的)："昨晚(按：指12日晚)，我要睡哪个床都觉得很难。我有意地从你的房间走到我的房间。最后，我总不能老靠着门柱子站着啊，我把你床上那条粗重的被子拿到我床上，装满了热水瓶就钻进了被子里。让人不解的是，最难堪的时间是早上六点的时候……我想念你的身体，我更想念你在此的点点滴滴。我中有你，这个我，渴望着你中有我……"(1933年9月13日函)

　　此外，再没有任何文字依据了(胡适又用老手法，中断了这年 8、9 两个月日记)。 这个夜晚，性欲加情爱在她体内澎湃着，她徘徊在两个房间的走廊上，不知如何才好；最后回到自己的床上，又想着他的身体，多么难捱这时刻！ 从韦莲司小姐这封自白、自责的信中，可以说是她差一点上了胡适的床！

　　然而狂狷的韦莲司究竟是有教养的知识女性，尽管她与胡适"曾经共度过一段岁月——我们同游，同乐……在时光的泡影里，想到我们曾经在一起游乐，这是何等甜美"！ 尽管她期盼"第二个童年，但愿我们能快快乐乐的白头偕老"，尽管她吐出了心声，"我崇拜你超过所有的男人"，但是她明白地意识到他俩间有"一堵高不可测的石墙"！ "只要无视它的存在"——对韦莲司，可以"无视"，但对胡适这位大名人，"无视"则意味着被社会舆论制裁，毁掉了十年功德。 韦莲司如此深爱胡适，当然会想到若翻越"石墙"的严重后果，所以隔了六天，她又写信给他，表示自己的理性："在我一生之中，有一种苦行僧的倾向，对于我自己非常渴望的东西，我宁可全部放弃，也不愿意仅取其中的一小部分。"(9 月 22 日)

　　胡适心中感激，感到这座"石墙"依旧，所以 9 月 24 日再一次造访绮色佳。 不过不过夜了。 早上 7 时 28 分到达，晚上 10 时 29 分坐夜车回纽约，紧接着由陈衡哲陪他去她的母校瓦萨学院作演讲。 两颗有意回避的心，隔了一夜就相撞了，撞出火花来了。 9 月 25 日回到纽约后，胡适立即写去了发自心底回响的信——

　　　　星期天美好的回忆将长留我心！ 昨晚我们在森林居所见的景色是多么带有象征意味啊……月光被乌云所遮，最后为大风暴所吞吃。风暴过去，而新月终将成为满月。

此际胡适填词《水调歌头》——

　　　　执手真难放，一别又经年！ 归来三万里外，相见大江边；更与同车北去，行遍两千里路，细细话从前。此乐大难得，高兴遂忘眠。　　家国事，《罗马史》，不须言。眼中人物，算来值得几文钱。应念赫贞江上，有个同心朋友(原写"伴侣")，相望尚依然。夜半罢清话，圆月正中天。

120 Oak Ave.
November 2, 1914

My dear Miss Williams:

Yesterday morning in our discussion on the subject of "toleration", I have presented only the oriental point of view in which I was trained in my early years of life. Time did not permit me to present the modern and occidental point of view. I wish to state this latter view in writing. Before doing this, I shall summarize what I consider to be the oriental view in brief outline.

The oriental view may be characterized as an "altruistic toleration", that is, toleration based on consideration or regard for

/ 现存胡适致韦莲司最早的一封信

心有灵犀一点通。同一天(9月25日)，韦莲司也写信给胡适。第一句话就是火辣辣的——

> 胡适，我爱你！
>
> 我是个很卑微的人，(但是)你应该爱我——有时，你的爱就像阳光中的空气团团围绕着我的思想(见不到踪影，但我必须相信它的存在)……要是我们真能完全生活在一起，我们会像两条溪流，奔赴同一

山谷……这次新的交会,也非不可能放出光芒来! 当我看到你的嘴
角,你那半闭的眼神,我是个温柔的女人……

韦莲司在写些什么呀? 她从哪个角度获得如此令人难测的感觉? 她还学胡适
那样写诗——

> 昨晚(似乎已经很久以前了!)我写道:
> "喉管已被切断,
> 唱你的调子是不自然的,
> 我寄上僵硬的沉默——
> 在虚空中,无声的喘息。"
> 我想,并不是麻木让我此刻觉得平静,
> 而是你的爱,胡适!

胡适走了。 胡适途中意识到,这两次聚首可能使韦莲司激起心底波澜。
返国轮船上,他付于一纸安慰道:"我觉得这两次去绮色佳看你,给了你许多
麻烦。 我真诚的希望你能渐渐回复到平静生活。"

1936 年 10 月,分首三年后,胡适借道参加第六次太平洋国际学会年会(在
加州约瑟米岱举行),再次去绮色佳看望韦莲司。 她大概已平复,没有什么故
事,所以胡适在她家住了四天,写作到深夜凌晨三点,还想首先念给她听呢。

但是这次胡适走后第一年,52 岁的韦莲司小姐却又经历了一次感情危机:
一位叫 R.S.的先生、一位叫邓肯的先生(是胡适在康奈尔大学的同学,而且早
胡适三年认识韦莲司)向她求婚了。 韦莲司为此写信给胡适,征求他的意见。
胡适回信"赞成"。 但韦莲司心中只有胡适,两位美国男士无论怎样体贴她
"到惊人的程度",甚至曾为她欲自杀,她还是放弃了最后的机会:不婚。

韦莲司对婚姻有一个固定的观念:"问题的关键是我应不应该出卖自
己——把自己当一个妻子或帮手卖给一个对我全无吸引的人,去过一种我极度
厌恶的生活。"(1937 年 11 月 11 日致胡适信)无疑,有吸引力的人,舍胡适,
别无他人了。

韦莲司，胡适：感情升华

使　美

　　这里所述的"使美"，是广义的，时间上除了胡适出任驻美大使(1938 年 9 月至 1942 年 9 月)的四年之外，还包括前一年赴美欧开展国民外交活动，以及卸大使任后移居纽约从事学术研究的四年(1942 年 9 月至 1946 年 6 月)。 这近九年时间，胡适与韦莲司聚首共有五次，先后是：1938 年 3 月 15 日；1938 年 8 月，伦敦八天；1939 年 6 月，胡适参加康大校庆活动时；1942 年 7 月；1946 年 2 月，胡适去康大作学术讲座时。

　　1937 年"七七"卢沟桥事变后，中国全面抗日战争开始。 时任北京大学文学院院长的胡适被聘为国防参政会参议员，接着蒋介石要他和钱端升、张忠绂二教授一起到美国、英国去做非正式的外交使节，开展国民外交活动，宣传中国抗日，以争取欧美各国政府与民众的支持。 9 月 20 日，他乘飞机从香港启程，其间辗转菲律宾马尼拉和美国关岛、中途岛、檀香山。 在飞向旧金山的航道上胡适就写信给韦莲司，告诉此次"赴国难"的行程。

　　在 1937 年年底之前，胡适在美国演说极忙，他俩没有时间聚首，但年末胡适 46 岁诞辰(12 月 17 日)那天，收到了韦莲司邮寄的 24 朵玫瑰花的生日礼物。 胡适十分重视，去信说："跟着玫瑰一起来的还有一朵紫罗兰，我把它别在大衣上。""想到我至少有一个朋友，用她的全部同情和爱心来了解我的工作，我感到非常舒畅和快慰。"(1937 年 12 月 20 日函)

　　这阶段，爱国主义主题贯穿着他俩的感情交流。 韦莲司尽管是美国人，却体贴入微地关心着胡适的健康状态，体贴他，鼓励他。 她爱中国。

　　胡适从 1938 年 1 月 24 日开始了演说之旅，50 多天的时间里，胡适奔走美、加两国，行程一万多英里，作演讲 56 次(其中美国 38 次，加拿大 18 次)，告诉北美人民中国抗日战争现状，"我们在打一场非常艰难的仗，有 30 万的人经受着无家可归的痛苦"。 演说之旅的中间站，3 月 15 日他到了绮色佳。

　　到家了。 韦莲司到火车站把疲劳之极的胡适迎回家。 胡适在"家"休息了三天。 韦莲司发现他感冒了，又犯牙痛老毛病。 胡适说："老了。"她劝慰他："你并非'老了'，而只是'年久未修'。 人就像机器，要是小心使用，只需要短时期小修理，就可以继续运作；但是，如果使用过度，一旦坏了，就需要长时期的大修哩！"韦莲司又建议胡适减肥："这样可以让你觉得舒服一些，也呼吸得容易些。我相信你这些全懂，其实你懂的远比这些多。但是，我只是要你知道，你的美国家人是很惦记你的！"

这些珍珠般的语言落在胡适心田上，所以4月19日的"四百里赫贞江"的诗中突现了"这江上曾有我的诗，我的梦，我的工作，我的爱"的心声。

1938年的第二次聚首的地点在英国伦敦。胡适7月初在美国密歇根大学向中国学生会作演讲后，就启程去欧洲，经法国，到了英国。途中，蒋介石已电报"跟踪"，要他做驻美大使。胡适再三考虑后，认定"现在国家是战时。战时政府对我的征调，我不敢推辞"的前提下，接受大使任命。在接受与不接受的十字路口，8月19日，他与韦莲司在伦敦聚首了。这次聚首穿插在他频繁的演说和社会交往中，共有六天时间。胡适日记中留有"Clifford"(克利福德，即韦莲司)痕迹的，仅如下寥寥数语：

8月19日："Clifford来吃饭。三月在Tthaca(绮色佳)相见后，至今才重见。"

8月21日："到Mrs. Eleanor(John W.) Toung(埃莉诺，约翰的夫人)、杨太太家173 Hollamd Park AV吃茶，Clifford亦在，同去吃饭。"

8月22日："饭后与Clifford同观museum(博物馆)中的中国部分。"

8月24日："料理行事。下午，Clifford邀吃茶。八点一刻上车，赴瑞士。"即由伦敦赴日内瓦。

仅据日记，无法了解韦莲司缘何渡大西洋来伦敦以及其行踪，也无法获知他们见面有限时间里的言谈。但是可以肯定，他们很认真地商议胡适是否接任大使的大事。以韦莲司的胸怀，是赞成胡适做大使的，因为她在1月31日给胡适的信中就说"你属于世界"，"我不知道当今可有第二人像你这样，对东西方人民和政府的特性有如此深切的了解"。当胡适说"我宁可过我的学术生涯，扮演一个社会和政治的评论家，而不愿做一个实际的改革者和政客"而犹豫时(8月25日函，苏黎世)，韦莲司用女性特有的方式鼓励他："我确信你会'全力以赴，因为这是攸关我同胞生死的事'。而你的同胞也会证明，你不但是个大学者，也是个伟人……(历史)将认定，你的服务不只是为了'你的同胞'，也为了整个大病的世界。 就我个人而言，胡适，你知道，我爱你。"(8月31日，伦敦)韦莲司是从美国女子视角鼓励胡适从政——做大使的。

江冬秀从她的角度，反对胡适从政。 所以胡适才有"你跟我20年"，"我愧对老妻"那封信："现在我出来做事，心里常常感觉惭愧，对不住你。你总劝我不要走上政治路上去，这是你的帮助我。 若是不明大体的女人，一定巴望男人做大官。 你跟我20年，从来不作这样想，所以我们能一同过苦日子。 所以我给(徐)新六的信上说，我颇愧对老妻，这是我的真心话。"(11月24日)

1938年，胡适就这样既辛苦又困惑，终于走出了学术生涯之外的一步。

9月17日，重庆国民政府发表"特任胡适为中华民国驻美利坚国特命全权大使"命令。 10月5日，胡适赴华盛顿大使任。 10月27日，他向美国总统罗斯福递交国书。 一到华府使馆不久，胡适就给韦莲司写信——

胡适寄韦莲司信件的信封

鉴于形势的危急，我必须立刻开始工作，所以从10月6日到此以后，我相当忙。多谢你给我的同情与支持，这是我时时都需要的。(10月14日函)

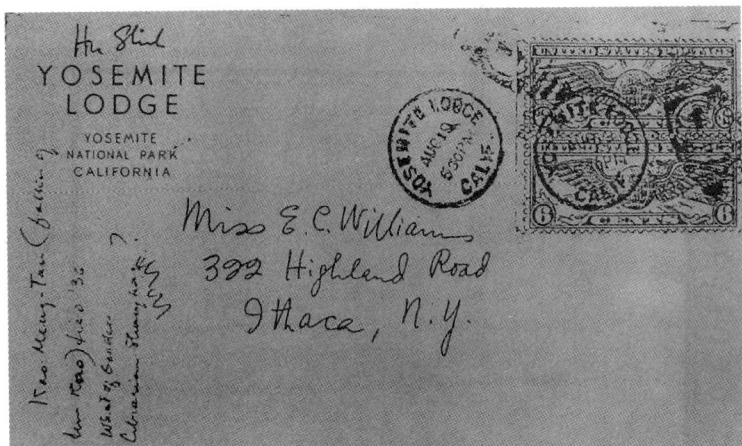

胡适寄给韦莲司的明信片

　　胡适出任大使后，代表抗战中苦难的祖国，维护国家利益的政务外交活动多且重(如"桐油贷款"、"滇锡贷款"，阻止美国会"中立法案"通过，反对美国国务卿赫尔同日本驻美大使野村、特使莱栖的谈判等)，还要继续他特具优势的爱国演讲，所以与韦莲司晤面的机会大大减少。但他们保持频繁的书信往来，亲密、亲爱程度依旧。

　　　你是中国驻美的大使了！我不能恭喜你，因为我深知这份你并不想要的责任是如何的重大……然而，终究找不到另一个和你能力相当的人，你接受了这个工作，中美两国都应该受到恭贺。(韦莲司，1938年9月20日)

　　胡适赴任后，在那两次有名的演讲《北美独立与中国抗日战争》(1938年12月4日，纽约哈摩尼俱乐部)、《日本对中国的战争》(12月5日，纽约"中国文化协会")中累倒，引发心脏病，住院14天后，托他的秘书游建文书告韦莲司，说(胡适47岁生日)"信与礼物，已在17日交给了他，他要我向您深致谢忱"。

　　　(韦莲司并不知情胡适是患心脏病)无论你得了什么病，我很高兴，你能有个长时期的休息。毫无疑问的，你需要休息，而这个休息也

是你挣来的。（1939年1月9日）

经过77天的休息和"保护"以后，我很光荣的出院了。……这封信只是要告诉你，我健康恢复了，体重增加了，正要出院。同时也谢谢你，在那几个漫长的星期里，你送来了美丽的花，使我高兴。（胡适，1939年2月20日）

我仍东奔西跑，并时常想着你。（胡适，1939年4月17日，韦莲司生日）

我坐在床上，可以看到房间的另一端，高高的放着可爱的花，这些花带来了你年年不断为我生日的祝福。在全世界正想把自己撕成碎片的时候，我却能在此欣赏着黄点的白色菖蒲、精巧白色的兰花、水仙、郁金香、金鱼草……（韦莲司，1939年4月17日）

我现寄上一套《藏晖室札记》（我留美学生时代的日记）给你。这套书是我的出版商上个月在上海出版的。……诚如你可以想象，在日记里，我经常记录你的看法和我们的谈话。你的名字第一次出现在第428页上（1914年10月20日）。你的名字出现在中文里是"韦莲司女士"，或仅作"韦女士"，或作"C.W"。昨天晚上，我试着把有你名字的页码确记下来，我找到了许多：

第二册：428；431……

第三册：625；626……

第四册：938；958……（胡适，1939年5月17日）

《藏晖室札记》"商务版"初版（1939年）封面

胡适，真是个多情的男人，在那个繁忙的战争岁月里，还频频回首逝去的诗的年代。

> 你的信和邮包是十天前收到的……（你的日记）对我还是一件有趣而且令人兴奋的事。那段历史带着新的看法又复活过来，随之而来的是新的解释……公开资料中，有关我的部分，如果有些是个人的私事，我会觉得非常尴尬。（韦莲司，1939 年 6 月 4 日）

> 读了你 4 日来信以后，我只想告诉你一件事，日记中提到你的部分都是"无关个人的"，也是"抽象的"……那几首诗也是无关个人的——都没有主语。（胡适，1939 年 6 月 10 日）

然而胡适在华盛顿大使任期四年内，与韦莲司聚首仅两次，且时间也不长。

一次是 1939 年 6 月 15 日，胡适应邀去康奈尔大学，参加校友返校活动，接受母校授予"本级最杰出校友"荣誉证书。住在 E.E.戴校长家中。18 日，应"中国学生会"之邀，去恩菲尔瀑布野餐，由韦莲司开车送去。当日晚 10 时，他离去绮色佳，往纽约。此次校友返校活动，胡适应接不暇，有校友午餐会，有同班同学夜宴、校长夜宴、同班年宴，同年级校友集会，他特去赛格学院看望同班同学 E.I.安德森夫人。当年胡适获卜朗吟奖，她获莎士比亚奖，她的丈夫也是胡适的老友。校友晤见热闹交往中，韦莲司送给胡适一个戒指。胡适回去打开盒子，看到戒指上铭有"胡适"和"14—39"字样。胡适顿时大悟，去信说："14—39 提醒了我，我们的友谊已经有 25 年了！我会永远珍惜这个戒指。"胡适与韦莲司于 1914 年结交，正如胡适所说在 1914 年 10 月 20 日的日记中，第一次出现韦莲司的名字："星期六与韦莲司女士(Edith Clifford Williams)出游……"

另一次是 1942 年 7 月 22 日至 6 日，距卸大使任前一个多月，是专程去绮色佳看望韦莲司的，住在韦家。那个时令，正是盛夏来到之前的闷热的霉季(类似中国江南的梅雨季节)。胡适在韦家感受"清凉下雨的星期天，那是我觉得最轻松的一天！"(胡致韦函)《胡适日记》中没有留下这次聚首的任何痕迹。胡适还说"我想你工作的太辛苦了，即使只这么短短的看你几天，我觉

得好极了。"(1942 年 7 月 31 日函)

韦莲司的辛苦，是几件突发性事件造成的：老管家伍尔特病重，住院手术，主仆倒置地看护他；哥哥家里车祸，嫂子、侄子受伤；她(已在康奈尔大学图书馆工作)还在晚上选读两门课：急救护理、汽车维修。 57 岁的韦莲司生活得很充实。

这里值得一提的是，胡适把与韦家交往的传统，延续至第三代。 1939 年 8 月 18 日，胡适长子胡祖望与徐新六儿子徐大椿到达美国旧金山，一起去参观康奈尔大学，然后祖望进康奈尔大学就读，大椿就读赫维福(Haverford)大学。 事前，胡适写信给韦莲司，要求她照应祖望。 于是她就盼望这位"侄子"的来到："这个月你儿子就要到了。 我希望他安全抵达并带来一些家中并不太坏的消息……他对工程的兴趣，不知道他会不会选择到康奈尔来……要是他到绮色佳来，让他在晚上打电话给我。 电话是 5345。"(韦莲司，1939 年 8 月 16 日)。 后来胡祖望去拜望了韦莲司，送了一块中国刺绣以及胡适赠她的茶叶。 就读康奈尔大学后，胡祖望也常去韦家茶叙。 这样胡适与韦教授、韦老太太交游，与韦家二小姐韦莲司相知有后续了。 胡祖望继承这一传统，父亲过世后，继续与这位姑姑往来。 两个国度的胡韦两家遂成世交，这是世人鲜知的佳事。

胡适与韦家情谊还延伸到另一人：老仆伍尔特。 胡适一直待他很好。 胡适被韦母赞为"有我们敬爱的耶稣基督的特质"，"一个有神圣品质的十全十美的人"。 伍尔特知道胡适有收藏火花的爱好，就留心给他收集空火柴盒子，直到病重时还念念不忘。 韦莲司告诉他，将把他收集的火柴盒子寄给胡适，他很高兴。 1944 年，伍尔特在韦莲司亲人般的护理下，安然去世了。 遵照他的遗愿："今天早上我寄了一小包裹火柴盒给你，那是我们的管家伍尔特为你收集的……在你想到他是为你而收集的，你应该觉得快慰。 我答应他把火柴盒寄给你，他很高兴。"(韦莲司，1944 年 4 月 30 日)

一年后，胡适在致韦莲司生日祝贺时(他俩逢对方生日都寄花、写信互贺)，提到伍尔特和火柴盒，"上个星期六，我回到纽约公寓的时候，才看到那一箱火柴盒……我想到伍尔特过去那么多年来为我收集火柴盒，我真是深受感动。 为了纪念他，我会珍视这些火柴盒"(1945 年 4 月 16 日)。 胡适这时正在写一篇《不朽》的演讲稿，由伍尔特联想到韦莲司的主仆关系，"你对他极好，而他对你也极为忠心。 对所有你的朋友来说，想到你的房子而不想到他是不可能的。"因此认为伍尔特也是"不朽"的例证,"是一个人的影响及于他人而可以不朽的最好例证"。

胡适1942年9月6日驻美大使职卸任后,18日离华盛顿,移居纽约东81街104号公寓,做学术研究工作,又待近四年时间,直至1946年6月才离美返国。但直到现在尚未有资料可查,除1946年2月3日至15日胡适去绮色佳康奈尔大学作"马圣格讲座"(六讲)时,与韦莲司聚首外,这四载春秋,不算太短的时光里,有他俩促膝晤谈的记录。而且那次与韦莲司的接触,仅是他讲到2月15日第六讲《当代中国思想》完毕后,"与Clifford williams(克利福特·韦莲司),Julia Sampsom, Mrs E. Abwood,同坐 Mrand Mrs Donald Kerr 的汽车到 Kerr 家中小坐,吃了一点东西才散"。这天的日记仅此一句而已。为什么工作闲了,而两人反而疏了?也许与胡适被排挤下大使职位,索居纽约,囊中羞涩(大使卸任时,银行存款仅1800美元),只能靠讲学、写文章赚钱打发生活,以及钻进故纸堆中,精神不振有关系吧?也许还有一些世人永远无法得知的故事。

"在离开美国之前,未能再去一趟绮色佳,我觉得非常难过。"1946年6月12日,胡适所乘的"塔夫脱总统号"轮船经过巴拿马运河时,给韦莲司发去一信,如此感叹中结束了近九年的使美生涯。

滞 美

一艘叫"塔夫脱总统号"的八千吨货船(共载10名乘客),海上走了30天,把卸任的大使胡适送回祖国(7月5日)。两年又九个月后,一艘大客轮"威尔逊总统号"又把尚在北京大学校长座上的胡适带到了美国。胡适在1949年4月6日的日记中有云:"此是第六次出国。"但确切地说,应是流亡了。

胡适到达旧金山(4月21日)后,径往纽约他原来就租住的东81街104号公寓。这回胡适滞留美国,自然是今非昔比了,"我感到抬不起头,说不出话……我充满了悲痛的心情"(胡适1950年在台北"北大"同学会的讲话中语)。但是韦莲司依然热忱地欢迎胡适夫妇到她家中小住,而且事先做了周到的准备。

1950年5月,胡适谋到一份与他原来身份并不相称,但乐于踏实去干的工作:普林斯顿大学葛斯德东方图书馆馆长。同年6月,江冬秀自香港启程到美国，住进纽约东 81 街 104 号公寓，夫妇终于团聚，共过清苦的流寓生活。同年 11 月，胡适第一次去台湾，分别在台湾大学、省立台湾师范学院作《治学方法》、《杜威哲学》系列讲座。 胡适政治上是反共的，他在台湾和途经东京的公开场合，发表了不少攻击新中国的言论。 1953 年 1 月下旬回到美国纽约自己的寓所，再静下心来，做他的《水经注》研究，同时进行向葛斯德东方图书馆赠送《清实录》1200 卷的工作(他的馆长职务早一年已停)。 这时，一直把胡适挂在心上的韦莲司来信了，盛情邀请胡适和他的夫人江冬秀到绮色佳去度假。 为表诚心，4 月 18 日，她特地(第一次)给江冬秀写了信——

亲爱的胡夫人：

　　你到达纽约似乎已经很久了，无论就什么礼节规矩来说，我都应该在几个月前寄封信表示欢迎才对。要是母亲还活着，你到达的那一刻，她就会写这封信(而且会做得比我巧)。虽然这样的延误是不可原谅的，我还是要请求你的宽恕。

韦莲司很聪明，抬出母亲来，以示两家的关系是世谊："你丈夫在此做学生的时候(1913)，我母亲待他如自己的儿子。 你们结婚以后，你们的照片就放在她的案头。"这样一写，"多年来的风言风语"谅必会在这位胡夫人头脑里冲淡。 鉴于这一往事，她同时在给胡适的信中也提了一句："也许多年来的风言风语并没有造成不可理解的误会。"韦莲司确实是充满诚意的，她已做了周到的准备工作，她在给江冬秀的信中继续说——

　　我这所小房子(按："小房子"是谦语，她这幢新楼有好几个独立单元，平时租给康大的师生住，7 月份暑假他们都离开了)里几个单元，7 月里可供你们使用。我希望你和你的丈夫能莅临寒舍，要是你愿意，也请带几个朋友同来。此地有二三个小单元，每个都有双人房、卫生间、客厅和厨房。除了你们自己以外，再来二位到四位朋友，能住得相当舒服。我希望在环境简单愉悦的乡间，这样一个家庭式的小聚会，能带给你们轻松愉快。绮色佳的七月比纽约稍凉。希望你们能来。

　　这年的 7 月 6 日，胡适、江冬秀夫妇来到绮色佳高地路 322 号(322，

Highland Road)韦寓，"很舒服"地住了 27 天，可说天天都是家庭式小聚会了，乃至"有点舍不得离开"。

1953 年 7 月，胡适夫妇在绮色佳韦莲司寓所度暑假

遗憾的是没有稍多一点文字资料具体记载这两家三口人如何共处，度过这 27 天礼貌的和谐的舒服的生活，只有美国普林斯顿大学教授周质平先生提供的两份珍贵的资料(包括两张照片)，就是胡适致陈之迈夫妇明信片上的一句话——

我们在 Ithaca 小住已经两星期，此地很凉爽，有点舍不得离开，大约须到 8 月 12 日回纽约去。(1953 年 7 月 12 日)

和胡适致赵元任夫妇函中的一句——

冬秀同我在 Ithaca 住了 27 天，很舒服。(1953 年 8 月 8 日)

按韦莲司的计划，在她出卖 322 号这幢屋子前(然后移居到巴贝多岛去度晚年)，还想再请胡适夫妇来绮色佳，团聚一次。这个愿望是 1955 年发出了，但未能如愿。胡适在这年末回信给她说："我已经感到岁月不饶人了。上个

星期是我 64 岁生日，也是我心脏病发(1938 年 12 月 4 日)第 17 周年。 去年，我很容易感觉疲倦，在第五大道上，走上五条街，就经常需要停下来休息，那才只有四分之一里的路啊。 唯一让人宽心的是: 在我作自己喜爱的研究工作时，坐着工作三四个小时，还不觉得疲倦。”

以胡适寿命计，这是暮年学人的声音。

胡适于 1958 年 4 月 6 日返回中国台湾省定居，就任“中央研究院院长”。 这年初，韦莲司出乎意外地收到胡适邮寄给她的一双拖鞋！ 她写信道:

> 最受欢迎的礼物茶叶已安全到达，精致的拖鞋也同时收到。茶有一种我很喜欢的特殊的清香和味道。
> 寄拖鞋来是否表示你有意来绮色佳？我希望如此！一如既往，我对我们长久的友谊，怀着无限的感念。(1958 年 1 月 13 日)

一双拖鞋也引发了韦莲司如此丰富的联想。 “拖鞋”可作胡韦之恋在美国的尾声了。

韦莲司祭奠: 半世纪书信

1958 年 4 月胡适正式返台后，因料理善后和参加学术活动，又去过美国三次: 1958 年 6 月 16 日到纽约，处理行李、书籍和动员江冬秀同返台(未成);1959 年 7 月赴夏威夷大学接受荣誉博士学位后，转赴美国纽约，参加“中华教育文化基金会”董事会年会; 1960 年 7 月到美国西雅图，参加华盛顿大学举办的“中美学术合作会议”，然后返纽约自己寓所，此行为时三个月。

胡适三行美国，韦莲司无时不企盼再聚首，“我怀着多看你几眼的希望”，“我的思绪总是围绕着你”。 但胡适行程那么紧，只在最后一次的一百天中，在华盛顿匆匆短聚了一次，另外，只能以书、以物传情了。

1958 年 7 月 4 日，乘胡适到纽约寓所收拾行李，正式结束美国生活时，韦莲司寄了“典型的美国小礼物两人用餐具”一套，作为惜别留念。 韦莲司别出心裁地在这套精致的银餐具上，分别用中文、英文刻了“冬秀”两字。 “那个刻工从来没有见过汉字，更没有刻过汉字。 第一个汤匙，一眼看去，真是太奇怪了，我几乎要放弃(刻中国字)的打算了。 然而，我们还是坚持了下来，希望这个可笑的结果能使她(冬秀)一笑。"为了表示对冬秀朴素而不加修饰的敬重，韦莲司没有采用她的"讲究礼貌又受过亚洲式教育的西方朋友"的建议，没有称冬秀为"姐姐"，因为"实际上，她比我小几岁，这在西方，却反而更值得骄傲"(韦莲司，1958年7月4日)。

胡适收到后，大为赞赏："这真是一套非常漂亮的银器，背后有多少巧思和关怀！"(1958年7月11日)果然，这份被胡适称为"长久以前开始，一直维持到今天，对我们一生有多方面影响，这个影响是超过我们所能理解的"友谊，在胡适身后，为江冬秀持续了下去。

在胡适正式返台后的那些日子，他俩一直盼望着再度聚首。 "明年夏天我会回来，也许参加我那一级同学45周年的同学会"(胡适，1958年10月21日)。 "要是我安排得开，我会去看你的"(胡适，1959年6月18日)。 "我今年最大的一个遗憾，就是没能去绮色佳"(胡适，1959年12月2日)。 胡适终于在1960年7月至10月生平最后一次的赴美行程中，于9月，在华盛顿与韦莲司聚首了。

韦莲司何以急盼见到胡适呢？ 因为她晚年生活发生了急遽的变化。 她已过古稀之龄了，她在抓紧时间整理韦莲司家族档案，交康奈尔大学档案馆保存的同时，计划出售现在拥有的那幢楼房，以便移居东加勒比海巴贝多岛度暮年。 该岛只有430平方公里，当时是英国的殖民地，1966年独立，现已是加勒比地区最富裕的岛国。 为此，她想把楼房所有单元先出租，自己住在由车房改建成的只有一间卧室的单元里，"试着同一个时间又做清洁工，又做油漆匠，又做搬屋工人，又做园丁，又做推销员，还得兼做经销商"；"我在外面的工作之一是在一个小儿麻痹症诊所帮忙"做义工。 她的晚年生活既充实又辛苦，经济上也不太富裕。 她要为自己的最后归宿作计划，想在离开美国本土前，再晤一次心中唯一的人——胡适。 机会终于来了，1960年9月，华盛顿。

9月，正不是个时候！ 纠缠胡适晚年的"雷震·《自由中国》"案正发生在这个时候。 7月15日，西雅图"中美学术合作会议"结束，胡适东行到华盛顿，9月4日，参加"中华教育文化基金会"董事会第49年度会议。 这天，传来了台湾警方拘捕《自由中国》半月刊雷震等四人的消息。 接着"副总统"陈诚去电向胡适通告。 胡适是在"台北发生的事让我非常不愉快"、

"我的思绪有些不宁"、"目前我一筹莫展"的心绪中，于 9 月 6 日上午，与韦莲司、蒋梦麟等人在华盛顿共进早餐的。 但是这次聚首何其短暂！

这次晤面，实际上是韦莲司来向胡适辞行，因为她在 9 月 1 日已经盘出了她那座绮色佳的楼房；用可的松支撑身体，完成了韦氏家族档案整理移交工作。 在储藏室里留下了少量家具后，她便打点行李，准备孤身前她所向往的英属巴贝多岛过冬去了。 她已经告别了种下爱情、发展感情的绮色佳镇，年已 75 岁的韦莲司最后追踪到她心目中唯一的男人身边，鼓足勇气，辞行——她想要是今世再也见不到他，那便是诀别了！

她明确地告诉胡适，此去是碧波荡漾中的一小丁点，加勒比海里的一个小岛巴贝多。 都是风烛残年的人了，生离，无异死别。 胡适尽管际此政治境遇尴尬，依然决心亲自送行。 由于资料缺乏，不知他到何地、何港口、何码头送行。 胡适送行，可感动了这位多情的美国女性了——

> 你来送行是一个珍贵的礼物，我哪怕花费不赀，言语是无法表达我的感激的……这幅人间关爱的图像将悬挂在我的记忆里，无论我到何处，都将带给我喜悦。
>
> ……你来送行的时候，实在太苍白了。我希望牙疾是使你疲愈的部分原因，而牙疾治好后，你会觉得好些。在获悉你的音信之前，我是无法放心的。
>
> 面对着浩瀚的海洋和无边的天际，看惊涛拍岸……不知道围绕着台湾的海水是否也如此碧绿中带着紫色……不久，你也将回到一个海岛上……（韦莲司，1960 年 10 月 10 日巴贝多岛首府桥头镇）

这可能是韦莲司小姐给胡适的最后一封信。 信寄往纽约，正好胡适原计划 14 日启程那天收到。 因为西北航空公司驾驶员罢工，延误航班，胡适赶紧在寓所写了信，16 日由纽约发去。 信中特别说："看到你用有力而且稳健的手所写出来的字让我非常高兴，这也是 40 多年来我所看惯的。 我相信，你我还有好多年的日子可以过呢！"

但是，不到半年，韦莲司收到胡适寄自台北台大医院一张明信片(1961 年 3 月 4 日)，仅歪歪斜斜一行英文——

I am making satisfactory progress. Don't worry.

（病情有进步，别担心。）

胡适在这年 2 月 25 日心脏病复发住进台大医院。住了 356 天，3 月 1 日，输氧管拔掉，病情缓和下来了，之后能看《词选》及报纸，便立刻给远在加勒比海巴贝多岛上的韦莲司报平安。

身　后

浪涛滚滚为何不歇？ 大海喘息为何呜咽？ 太平洋的黑潮终于带来了凶信: 1962 年 2 月 24 日，下午 6 时 30 分，胡适对他的院士同仁说着"大家再喝点酒"时突然倒下了……噩耗像恶浪一样狠击了巴贝多岛上的韦莲司，但她苍老的心没有被击碎——

亲爱的胡夫人：

多年来，你一直生活在一棵大树的余荫之下；在你年轻的时候，也曾筑巢枝头……而今，这棵大树倒下了……我最珍惜的，是对你的友谊的追怀，和对这棵大树的仰慕……

1962 年 10 月 15 日，胡适遗体归葬台北南港"中央研究院"门口对面的旧庄墓园。 77 岁的韦莲司小姐不能越洋来参加葬礼，她委托胡祖望在她这位相知 50 年故友的墓前，献上"一个小小的不显眼"的花篮，花篮里有十束花，"每五朵分装成一束，也许可以用白色而芬芳的水仙，或类似的花朵"；此外，"我想捐一笔钱，作为你父亲文章英译和出版的费用。 这件事不必说出去，就简单的汇入'中研院'作为这个用途的基金就行了"(1962 年 10 月 1 日，致胡祖望函)。

捐赠出版基金事，尚在 1959 年时韦莲司就有了构想。 她在当年 12 月 11 日祝贺胡适 68 岁生日的信中曾说"长久以来，一直有一件在我心中想告诉你的事"，"我有些不自量力，也有些犹豫，想帮你做一件事"，"我想为你重要著作的出版和英译尽些微薄的力量，比如，你早年所写那些具有启发，充满活力和创造力的作品，都是用中文写的"。 她认为英译胡适这些著作，需要花钱，当时她预想自己会死在胡适之前，因此她"确定，在我身后，有笔款子专门用做这个目的"。 "这笔款子也许不过几千块钱，但如果应用得当，可以用这笔款子作为开始，逐年递加，结果可以成为一笔可观的基金"。 第二年，1960 年 7 月 9 日，韦莲司在给胡适谈动迁巴贝多岛计划的信中，又一次提到 "我稍早提到出版(你的著作)的计划，你的看法如何？"

韦莲司虽出生教授之家，但此时父母兄弟均亡故，自己也早已退休，仅靠有限房租维持清淡的晚年生计，这几千美元的 "基金"，数目并不太大，但肯定是她一生的积蓄，分量可不轻，所以当年胡适在世时，也许不忍拂她好意，也许想得更远，因为这是一个庞大的计划，没有正面答复，"容我考虑过后，再写信给你"(1959 年 12 月 22 日)。 以后便回避了此事。 如今他不言而走了。 韦莲司却念念不忘，觉得祭奠于他墓前，没有比这笔 "基金" 更现实更有人情味的了！

韦莲司还有一份更为厚重的 "丧仪"，就是整理并无条件奉献了感情无价的胡适生前写给她所有的书信。

胡适早年留学期间(特别是 1915 年、1916 年)思想感情变迁的 "真我真相" (胡适语)多留迹在他给韦莲司的百余件书信中，这是研究胡适的第一手珍贵资料。 韦莲司出于对胡适的挚爱，悉心保存、保护了胡适给她的书信。 这些信件基本上分两组：1914 年至 1918 年，计 60 函；1923 年至 1945 年，计信 36 函，明信片、电报若干。 这些信函中，最早的一封是 1914 年 11 月 2 日写的，第二天即 11 月 3 日，胡适与韦莲司在月光下散步，韦莲司讲印度 "月中兔影" 故事——那是多么抒情的年华。 最后一封是 1961 年 4 月 23 日，这是胡适因心脏病第二次住院，出院后暂住台北福州街 26 号台大学人住宅楼(进行病后观察休养)的第二天写的。 看来韦莲司仍是他心中最重要的人。 在当时，他对身边人说："这次病好了，希望能在这捡来的十年中，做一些更实际的工作。"可见胡适对生的要求是强烈的，但天不遂人愿，10 个月后，他匆匆地走了。 韦莲司清点、整理后，在邮寄原件之前，为保证安全，在巴贝多岛对上述信件全部进行了复印，俟(1964 年)圣诞节邮局忙乱一阵过后，1965 年 1 月初寄往台北江冬秀。

"除了我曾经作为这批信件的收信人以外，我这一生没有任何重要性。" 韦莲司在寄出这批信件后，应江冬秀要求介绍自己生平时说："我非常希望不要公开我的身份，我无非只是一个幸运的胡博士书信的接受者。"

这些都是 20 世纪上半叶颇属陈旧的故事了，但想想，"一个 80 岁的老小姐，整理了伴着她度过了50个年头的书信，而今她将这批书信寄给万里之外写信人的妻子。这里头有半个世纪的深情，50年的寂寞。多少悲、欢、聚、散，都伴随着信件的寄出而成为空寂！"(周质平语)

1965年以后，韦莲司孤独地面对加勒比海的"浩瀚的海洋和无边的天际，看惊涛拍岸"，空寂地又生活了六年，在和胡适归天的同个月里，走了(1971年2月2日)。

她一世善良，心地开阔，对己容忍，对人迁就。

她享天年86岁。

第八章 莎菲，志同缱绻情

唐德刚教授有一句话，切中胡适根本："适之先生是为发乎情、止乎礼的胆小君子。搞政治，他不敢'造反'；谈恋爱，他也搞不出什么'大胆作风'。"所以胡适与异性的故事只能在缱绻这个范围内兜圈子，牺牲伊人，回肠荡气。曹诚英一例是也；韦莲司一例是也；陈衡哲一例，更含蓄，也无例外也。

陈衡哲：响应"诗国革命"

月

初月曳轻云，笑隐寒林里。

不知好容光，已印清溪底。

风

夜闻雨敲窗，起视月如水。

万叶正乱飞，鸣飚落松蕊。

1916年上半年，为"诗国革命"，胡适与任叔永、梅光迪、杨杏佛笔战正鏖，被他们夹击得像"两个黄蝴蝶"中"剩下那一个，孤单怪可怜"时，一天，他在哥伦比亚大学收到任叔永寄来的这两首小诗，要他猜猜是谁作的，并且骗道"是我作的"。胡适当然不会上当，回信说："两诗妙绝……《风》诗吾三人(任、杨及我)若用力力尚能为之，《月》诗绝非吾辈寻常蹊径……足下有此情思，无此聪明。杏佛有此聪明，无此细腻……以适之逻辑度之，此新诗人陈女士乎？"没错，果是陈女士衡哲。一位在瓦萨女子学院就读的才貌俱出众的中国第一位女留学生，当时已是任叔永的女友。

陈衡哲，1893年出生于江苏常州府武进县的一个官宦人家，自幼抗拒缠

陈衡哲

脚，得以天足，与男孩子一起撒野。 少年时代，受从政两广舅父的影响，游历广东，接受新思潮。 18 岁随舅母到上海，就读蔡元培创办的爱国女校。 为反抗父母包办婚姻，逃到乡下姑母家，得到支持。 1914 年她应考清华庚款第一批女子留美官费生，被录取，终于冲出封建婚姻牢笼。 横渡太平洋后，来到距离绮色佳和纽约均只有数小时火车车程的普济布施村 (Poughkeepsic) 瓦萨女子学院 (Vassar College，1969 年后招收男生)，主修西洋史，辅修西洋文学。 她给自己取了个美丽的英文名字 Sophia，即中文的"莎菲"。

那时，美东任叔永、胡适等一群中国留学生将原来的《留美学生年报》接编为《季报》(1914)，举任叔永为主编。 这时任叔永收到了莎菲寄来的稿子《来因女士传》(来因，美国孟河女子大学创办人)。 接着莎菲参加了任叔永任社长的"中国科学社"(任叔永、胡适、赵元任、杨杏佛、胡达等均为第一批社员)，并为该社的杂志《科学》写稿。 所以留美男生中，任叔永最早结识了陈衡哲女士，并开始追求她。

就在胡适为倡导白话文，特别坚持白话可以做诗而被"逼上梁山"时，读到了陈衡哲这两首近乎白话、意境隽永的小诗，并且写下了那封叩击心扉的信。 这封信，任叔永也交给陈衡哲了。 美东中国留学生群体中胡适这位才子如此看重她，怎么不令她倾心？ 于是乎，自 1916 年 10 月起，两人白话书信、诗文来往，谐趣频繁，似乎同现在"网聊"那样，未曾谋面而互相仰慕——

所谓"先生"者，"密斯特"云也。

不称你"先生"，又称你什么。

不过若照了，名从主人理，

我亦不应该，勉强"先生"你。

但我亦不该，就呼你大名。

还请寄信人，下次来信时，申明要何称。

——陈衡哲

先生好辩才，驳我使我有口不能开。

仔细想起来，呼牛呼马，阿毛阿狗，有何分别哉？

我戏言，本不该。

下次写信，请你不用再疑猜。

随便你称什么，我一一答应响如雷，决不再驳回。

——胡适

才子才女就这样"白"来"白"往地以诗传情，在五四新文化运动的酝酿期，比之任叔永描写凯约嘉湖倾舟(陈衡哲也在其内)诗，酸溜溜地屡"掉书袋"，多么别开生面，新鲜活泼！ 但他们还未见过面。 后来据胡适自己说："(1917年)四月七日，与叔永去普济布施村访陈衡哲女士。 吾于去年十月始与女士通信，五月以来，论文论学之书以及游戏酬答之片，盖不下40余件，在不曾见面之朋友中，亦谓不常见者也。 此次叔永邀余同往访女士，始得见之。"(《胡适日记》，1917年4月11日追记)

这是胡适与陈衡哲在美国的第一次见面，也是唯一一次的会晤，但其精彩，可谓"神来之笔"！ 何也？ 5个月，男寄女40多封信，也就是每月将近10封。 信中"论文论学"、"游戏酬答"，等等。 女寄男，虽然在日记中没有记载下来，不过在被同学乡友文字夹击烽火中，从那方"阵营"过来一位红颜知己，不是最大的精神安慰么？ 令胡适出乎意外的，莎菲小姐进而付出了具体行动。 她创作了一篇白话短篇小说《一日》，寄给了胡适。 胡适这时正执编《留美学生季报》，就在第一期上发表了。 这篇文学作品虽然在国内影响甚微，几乎被现代文学史忘却，但它毕竟是现代文学探讨时期最先用白话文创作的现代小说，是胡适"文学革命"理论的诠释之一。 以后，她恪守未成约的宗旨，"小雨点"地继续用白话文创作现代小说与诗文，虽然她已与任叔永结秦晋(1920)，但她以女性特有的关怀，注视着胡适在新文化运动的举动，仍执着于1917年的精神之约。

当胡适成为名人后，回顾往事时说话就较轻松了。 1928年，陈衡哲的小说集《小雨点》出版了，胡适为之作序，说，这位莎菲女士虽不加入男士们的笔战，"但她对于我的主张的同情，给了我不少的安慰与鼓励"，"她是我的

任叔永和陈衡哲

一个最早的同志"。

美国留学时代的胡适，才情拔萃虽不到招蜂惹蝶程度，却也颇受异性的追慕。在绮色佳，有教授之女、艺术家气质的狂狷的韦莲司；在普济布施村，有"诗国革命"的响应者才女莎菲；据说还有一位书信来往仅次于韦女士的笔友"瘦琴女士"（Nellie B. Sergent）……还有，远隔重洋，藏在深山里的小脚村姑江冬秀。但是他没有别的选择。陈衡哲不是抗婚促成自己的官费留学吗？他俩惺惺相惜，何不圆满白话文学姻缘？不，唐德刚力作《胡适杂忆》序作者夏志清先生说得对，"中国大学生、留学生间，的确有'朋友之友不可友'的传统。莎菲女士既为任叔永所发现，胡适又是任君的挚友，当然不便去追她。"

任叔永(1886—1961)，名鸿隽，出身小官宦之家。他原籍浙江吴兴县，祖辈因避太平军战乱，逃往四川，出生在垫江(现重庆市垫江县)，父因捐粮得县衙典吏官职。他是清朝科举末考的第三名秀才，后考入重庆府中学堂，1907年赴上海就读中国公学，与胡适同班。1908年赴日本东京，就读东京工业学校应用化学科。1909年加入同盟会。1910年胡适赴美，途经日本横滨时，任叔永曾到船上匆匆会见胡适，"扣舷短语难久留，惟有深情耿胸臆"。从此他俩结交，友谊深长。1912年，他与杨杏佛离开政权已移交袁世凯的民国政府，渡洋留美，追随胡适，到了康奈尔大学。胡适到车站迎接，陪他去买衣服、租房。任叔永可说是胡适的老大哥、革命党，莎菲小妹是老大哥介绍的，君子胡适岂能夺人之爱？何况老家已有道义婚约，慈母眼巴巴等他回去完婚。于是，本来同志加才情的1917年之春，就此掩卷了。5月22日，胡适考过博士论文口试后，六月初便匆匆回国，径往老家绩溪与江冬秀完婚去了。胡适与陈衡哲的感情故事似乎画上了句号。

莎菲：洛绮思的问题

胡适返国后，任叔永于翌年(1918)拿到哥伦比亚大学化学硕士学位后——胡适与任叔永是三个大学的同学——也于10月回国，径往家乡四川。任叔永怀着报国宏志，为筹备办四川钢铁厂，于1919年末再度赴美，同时追到了在芝加哥大学研究院在读硕士的陈衡哲，于1920年夏双双回国。任叔永返川，继续筹办钢铁厂，但终为地方势力所阻而中断，下江到南京，7月，他主持发起成立的中国科学社第五届年会，并与陈衡哲相会订婚了。

1920年春，胡适亦是忙事之秋，忙于接待杜威讲学，并作口译，扬名京华。乘暑假机会，7月2日，应南京高等师范学校第一期暑假学校之邀，抽身南下，开设两个讲座："古语文法与白话文法之比较"、"中国古代哲学史"，听众来自17个省的教育机构，达七八百人。罩在盛名光圈中的胡适在石头城与任叔永、陈衡哲重逢，他们相聚在鸡鸣寺豁蒙楼。为祝贺任、陈订婚，胡适兴致勃勃地写了分上下两首的白话诗《我们三个朋友》，"别三年了，/又是一种山川了，/依旧我们三个朋友。/此景无双，/此日最难忘……"

胡适回到北京后，尚在暑假中，就忙于向校长蔡元培和史学系主任朱希祖推荐陈衡哲，终于讲定聘陈衡哲为北大教授，讲授"西洋近百年史"。暑假过后，任、陈来到北大任教。9月27日，他们结婚。蔡元培做证婚人，胡适做司仪，并书贺喜联："无后为大，著书为佳。"希望生儿育女的同时，不要耽误著书授课。

但是，陈衡哲婚后，这位原抱"独身主义"的女士，北大第一位女教授，一反常态，怀孕生产，接连生了两个女儿和一个儿子，养育

1920年8月22日，南京，任叔永(左)、陈衡哲(中)订婚时与胡适(右)合影

儿女使她中止了北大的教书事业，弄得胡适十分难堪，"此后荐女子入大学教书，自更困难了"。不过她总算没有辜负胡适期望，她不断以白话小说、诗文来呼应胡适，加入新文化运动，在《新青年》、《努力》、《现代评论》等知名刊物上，有她醒目的席位。尤其对中国妇女解放问题，写了《妇女与职业》、《女子教育的根本问题》、《"父母之命"与自由结婚》等文章，不愧依旧"是我的一个最早的同志"。但是，问题出来了。"问题"是就在这期间她的一篇题目为《洛绮思的问题》的小说，在《小说月报》上面世了（1924年10月号）。

"洛绮思"是一个国际题材。欧洲中世纪曾有僧尼孽侣"亚波拉与爱洛绮思"的故事。法国启蒙运动先驱卢梭写了书信体小说《新爱洛绮思》。这个三角恋爱的故事，在莎菲笔下衍生为知识女性的独身问题。她写道——

> 哲学系研究生洛绮思（Lois）和她的导师瓦德白朗教授相爱三年后订婚了。没想到洛绮思害怕结婚后怀孕养育儿女，妨碍她的学问事业，旋即反悔。深爱她的瓦德白朗竟然同意解除婚约，对她说："洛绮思，我的爱你，我的崇拜你，便是为着你是一个非常的女子。若是为了我的缘故，致使你的希望不能达到，那是我万万不能忍受的。你应该知道我并不是那样自私的人。若能于你有益，我是什么痛苦都肯领受，什么牺牲都能担当……"

> 三四个月后，瓦德白朗教授同一位"中学校的体育教员"结婚了。蜜月后，他写信给洛绮思。信中说他的妻子"是一个爽直而快乐的女子，虽然有点粗鲁。她当能于我有益，因为我太喜欢用脑了，正需要这样一个人来调调口味"。"我不愿对于我的妻子有不满的说话"，"但我心中总有一角之地，是不能给她的。那一角之中，藏着无数过去的悲欢，无限天堂地狱的色相。我常趁无人时，把他打开，回味一回，伤心一回，让他把我的心狠狠的揉搓一回，又把他关闭了。这是我的第二个世界，谁也不许偷窥的。"

> "我的朋友，请你恕我乱言。我实愿有一个人，来与我同游这个世界。我怎敢希望这个人是你呢？""我要求你明白，瓦德虽是结了婚，但他不曾因此关闭了他的心；尤其是对于洛绮思，他的心是永远开放着的。"

信末署名"我永远是你的，瓦德"。但是这封信最后没有寄给洛绮思，"把这粒种子收回他心之秘处去，永远不让他再见天日了"，而是"写封比较大方的信寄她，表示除了切磋学问，勉励人格之外，在他们两人中间，是没有别的关系可以发生了"。

小说是文学，文学是人学。小说感人之处是联系并渗透人的感情。了解胡适、莎菲个人关系的读者，岂不一目了然！这是已为人妇的陈衡哲的缱绻之意。不知道胡适(婚前、婚后)有否写过"第二个世界"之类的情书？也不知道陈衡哲有否写过"一角之地"之类怨信？或者两个角色倒置一下(因为是小说)。但是瓦德的那封终于"永远不让他再见天日"的剖白心迹的信，不就诉说了痴男怨女的真情吗？所以，《洛绮思问题》这篇小说在发表之前，胡适阅读之后，立刻作了删节。在胡适的授意下，莎菲在故事结尾拖了一章，瓦德这个人物隐下去了，叙述了老姑娘晚年的故事。

但他俩实在回避不了那份缱绻之情。胡适1933年赴加拿大参加太平洋国际学会第五次年会暨应邀到美国讲学时，在赫贞江畔与陈衡哲邂逅了，他们一同北去与会。

会后，他们又一起南下美国，陈衡哲陪着胡适，到她的母校萨瓦女子学院去作演讲。殊不知，就在不远的绮色佳，美国老小姐韦莲司正"欢迎你，胡适！你的来访，对我有如饥者之于食"地望眼欲穿等着这位心上人来家。

究竟都是有家室，生活在社会上层、事业辉煌的人了，旧事如烟云，即使感情缱绻，驱之不去，也只能在"地底"极端隐蔽地委婉地运行，这应该是"我们三个"的共识。不料《洛绮思问题》的十年之后，在上海突然节外生枝了。

1934年4月20日，《十日谈》

1933年7月，《良友画报》刊登了莎菲(右)、胡适(左)赴美国讲学的消息

杂志第 29 期上的"文坛画虎录"专栏里，发表了一位叫"象恭"的人写的文章《陈衡哲与胡适》，称：陈衡哲在留美时期，与五四运动健将胡适相见机会甚多，要求与胡适结为永久伴侣，胡适始终未答应，将陈衡哲介绍给自己的朋友任鸿隽(叔永)。任叔永、陈衡哲婚后，感情总是淡淡的，云云。"胡适大名垂宇宙，小脚夫人亦随之"，如此花边新闻立刻传遍大江南北，致当事人芒刺在背。时任中华教育文化基金会董事会董事兼干事长的任叔永和陈衡哲读了该文后十分愤慨，同去找北大文学院院长胡适，胡适此际正写作论文《说儒》，又为五十九军抗日战死将士公墓墓碑撰文，又作一论、再论、三论《信心与反省》历史时评，7 月悼念挚友刘半农……得知"象恭事件"之后，也很气愤，挤出时间，写了封抗议信，于 8 月 13 日寄给上海《十日谈》，要求编者"向原文中被攻讦诬妄的个人负责道歉"。该刊编辑部没有交出"象恭"其人，而是在 39 期上刊登了《胡适之来函》，从四方面进行辩诬；编者仅付一则按语，向任叔永、陈衡哲、胡适三人"告罪"(但否认攻讦)。胡适从来大度，就此息事宁人。但这则花边新闻却因此提醒了人们，中国文苑逸事绯闻，恒河沙数，又增加了一段情事支流。

素斐(莎菲)，我忍了一年半才哭

当 1920 年 8 月 22 日，胡适等"我们三个朋友"在南京鸡鸣寺豁蒙楼重逢欢聚时，北京钟鼓寺胡同胡宅里，一阵阵婴儿的啼哭声传来，孤独的江冬秀为胡适生了一个女儿。

胡适当然要给可爱的小生命取名。是女儿，取个什么名字呢？胡适取名，从来破除封建伦理，不循家族宗亲排次；而且也不追求时髦、洋气，都是朴实地联系现实，善于寄托情意。聪明的胡适，铁桶似的瞒过了妻子江冬秀，也许连"我们三个"中的任叔永都毫不知晓，他把一个"莎斐"的谐音"素斐"给了女儿。莎斐、素斐的英语发音是 Sophia。"素斐"，一个多清婉、时髦的女性名字，江冬秀当然会接受的。但可知道否？胡适隐在"第二世界"里的缱绻之情，从隙缝中飞出，借了自己女儿名字的载体，终于向伊人"打开"了。

越年，七月中旬，胡适应高梦旦之邀南下上海，考察商务印书馆编译所，感怀江南荷花初绽情景，赋七绝一首(此时胡适已难得写旧诗)寄赠在北京的任叔永、陈衡哲夫妇："遥祝湖神好护持，荷花荷叶正披离。留教客子归来日，好看莲房结子时。"没有想到尚在返京途中，在南京陶行知家闻知"叔永、莎菲新得一女，因重到鸡鸣寺作一诗贺他们"。(1921 年 7 月 31 日日记)诗曰：

> 重上湖楼看晚霞，湖山依旧正繁华。
>
> 去年湖上人都健，添得新枝姐妹花。
>
> (三个朋友一年中添两女，吾女名素斐，即用莎菲之名)

这里胡适泄露"天机"了，不过是写在他的日记中，没有人会知道的。回到北京，9 月 10 日，他去探望莎菲，见着她的女儿，名荷儿(按：即照胡适贺诗中"姐妹花"取名)。莎菲因孕后不能上课，他很觉得羞愧。"……莎菲婚后不久即以孕辍学，确使许多人失望。"(1921 年 9 月 10 日日记)

但是不幸得很，这双"姐妹花"之一的素斐，1924 年就患病，不善理家的胡适忽视又忽视；沉湎于"方阵之战"的江冬秀拒绝西医，就这样把女儿病情医治时机错过去了，住医院时已无可挽回了，到 1925 年 5 月，竟至夭亡。只活了五年的小生命游丝般飘然而逝，在胡适日记中不留只字痕迹——这年的日记，记了没有半年。胡适之哀痛，难以言喻。

关心痛失女儿的胡适的，似乎只有莎菲了。她从南京去信(时在东南大学任教)说："你若真能怜爱女儿，我们倒还有一个办法——把我们的女儿送一个与你罢。或者更好一点的办法，把你的儿子也送一个给我们，你说好不好？"任、陈夫妇果真把次女以书给了胡适做干女儿。不过胡适没有把以书带去北平。胡适到暮年还向他的秘书胡颂平谈起这件事："过去有个女儿去世后，也想抱个女儿来养。那时在南京，有一对夫妇都是很好的家庭出身的(按：指任叔永、陈衡哲夫妇)，他们觉得女儿太多了，想抱一个儿子，愿意把女儿送给很好的人收养。那时从南京到北平是没有飞机的，要我在火车上抱她，怎么抱得去？后来战事发生，火车也断了，就没有实现了。"(《胡适之先生晚年谈话录》，1961 年 3 月 18 日)可见胡适直到谢世前一年，还是记着这个可怜的女儿的。

胡适记着素斐，更有一重要因素，那就是怀念青年时代惺惺相惜的对莎菲的爱恋。这一爱恋，随着他的默契让与，和他"父母之命"的婚姻完成，已名存实亡。 不，就连形式也不允许存在了。 于是他只好缱绻在女儿的身上。但是1925年以后，素斐也失去了——这是一种怎样的痛苦呀！ 胡适忍受着。忍受，是胡适与生俱来的品德。 他强抑自己，以工作排遣痛苦，帮助清华大学设计"国学研究院"，推荐王国维去做院长；译勃朗宁(即卜朗吟)诗《你总有爱我的一天》；在北大二院为哲学研究会作《从历史看哲学是什么》讲座；出席中华图书馆协会董事会第一次会议，接受董事职；作诗《记言》、《瓶花》；就上海"五卅惨案"，与他人联名致信北京政府外交总长沈瑞麟；乃至到杭州去找小表妹珮声，在洞中过神仙生活……但两年后，终于在三万里外的美国纽约(向母校哥伦比亚大学补交了博士论文，完成了学位手续)放声大哭了。

"冬秀，我今天哭了女儿一场！"胡适在信中对妻子的第一句话如洪水决口，这封信写于1927年2月5日。"梦中忽然看见素斐，脸上都是病容，一会儿就醒了。醒来时，我很难过，眼泪流了一枕头，起来写了一首诗，一面写，一面哭。忍了一年半，今天才哭她一场……"

"我想我很对不住她。如果我早点请好的医生给她医治，也许不会死。我把她糟掉了(按：江南方言，给害了的意思)，真有点难过。我太不疼孩子了，太不留心他们的事。今天我哭她，也只是怪我自己对她不住。"

"我把这首诗写给你看看。"

"见通伯叔华(按：即陈西滢、凌叔华夫妇)时，把此诗给他们看看。整整一年不作诗了，谁知却是死了的女儿事破了我的诗戒！"

信后胡适附抄了这首诗：

素斐/梦中见了你的面/一忽儿就惊觉了/觉来总不忍开眼——/明知梦境不会重到了/睁开眼来/双眼逆堕/一半想你/一半怪我/想你可怜/怪我罪过……留着这只鸡等爸爸来/爸爸今天要上山东了/那天晚上我赶到时/你已经死去两三回了/病院里，那天晚上/我刚说出"大夫"两个字/你那一声怪叫/至今还在我耳朵边刺！

这首诗的最后一节，是胡适迸发心声，发出的呼号：

> 今天梦里的病容/那晚上的一声怪叫/素斐，不要叫我忘了/永久
> 留作人们苦痛的记号！

这首附诗尾，胡适在括号内自跋有云："忍了一年半的眼泪，想不到却在三万里外哭她一场。"哭女儿是真情迸发，诗素斐，可到底是为哪个 Sophia?

1961年，竹垚生(左)、任叔永(中)在杭州灵隐寺飞来峰

抗日战争期间陈衡哲随夫返川，任四川大学史学系教授。1943年应周恩来之邀，到重庆红岩访问。周恩来自称是她的学生，亲切地说："听过您的课，看过您的书。"

真情挚谊贯穿了"我们三个"的一生。新中国成立后，任、陈夫妇留在上海。任叔永主持中国科学社末期善后工作后，为人民政府任命上海科技图书馆馆长和明复图书馆馆长，并被安排为上海市政协委员、华东科协副主席。但他们从此与胡适天各一方，再也没有机会晤面了。不过由于他们的一女一子(以都、以安)去了美国，得以保持了间接消息往来。1961年11月任叔永在上海华东医院病故后，以都、以安姐弟于翌年1月写信告诉已定居在台北的胡适，信里还附有母亲陈衡哲的三首悼亡诗词，其一：

> 何事最难忘，知己无双；人生事事足参商；原作屏山将尔护，恣尔翔翔。　山倒觉风强，柔刺刚伤，回黄转绿孰承当？猛忆深衷将护意，热泪盈眶。

1962年1月16日，胡适读到这封信及莎菲悼亡诗后，很是伤感，连连说："叔永还有一个女儿以书是我的干女儿，现在在大陆(按：任上海外国语学院教授)。我要复他们一信。"当天晚上，他给以都姐弟(按：即任以都、任以安，均为博士，在美国大学中任教授)写信，特地询问叔永生前"手抄的自传稿子"写成了多少，表示将于今年3月间去华盛顿与会"中华教育文化基金会"时，希望能读读这部自传，"三个朋友中，我最小，如今也老了"。其实胡适排老二，莎菲最小。他真老糊涂了。但他不忘莎菲，信中还殷殷探问，以他们对母亲昵称呼莎菲："好娘眼里坏了，不能读书写字，不知近年有进步否？"寄信同时，他还打算把台北影印再版的《胡适留学日记》也寄去，说"其中记叔永、莎菲的事颇多"。

但是，这封信寄得晚了一点。胡适决心要去美国开会时读读老友遗书——任叔永的《前尘琐记》(即"手抄自传稿子")的这个愿望无法实现了。信、书寄出后才一个月零七天，胡适便溘然长逝了。胡适逝世的消息迅即传到美国，引起世界性的反响，但由于意识形态原因，在祖国大陆却纹风不动。任以都立即给在台北的程靖宇——当年陈衡哲最喜欢的学生写信，叮嘱他"无论如何不能让好娘知道"，"一定要瞒住她"，因为"胡伯伯是好娘和爸爸平生最好的朋友，这消息绝不能让她知道"！

陈衡哲辞世于 1976 年 1 月 7 日她的上海太原路 7 号住宅中。 这是一幢花园洋房，任叔永病逝后，因为陈衡哲没有工作，市委统战部通过人民政府有关单位，支她一定生活费，和小女儿以书夫妇一起生活，日子尚宽裕。

任叔永（前左）、陈衡哲（前右）夫妇与著名戏剧教育家余上沅（后右）、陈衡萃（后左，陈衡哲的三妹）夫妇 1950 年在上海

第九章 两个儿子：一个寓美，一个自尽

无后主义，招牌挂不起来

胡适与江冬秀 1917 年 12 月 30 日结婚后，1919 年 3 月 16 日长子胡祖望出生，1920 年 8 月 16 日年女儿胡素斐落地，1921 年 12 月 17 日次子胡思杜来到人间。江冬秀真能干，生产周期实打实 15 至 17 个月，不过四年时间，使得"无后为大，著书为佳"的胡适教授家室派生成一个五口之家，于是诚如他自己所说："'无后主义'的招牌，于今挂不起来了！"

1920 年，胡适怀抱长子祖望

"无后主义"是胡适哲学中的一个板块，如今与生育、养育子女的现实主义发生撞击，以后便爆出一连串父亲主义的耀眼光彩。这里暂时搁一下，先浏览下他的"无后主义"哲学观。

"无后主义"萌发于胡适 17 岁读中国公学时的一篇时评《论继承之不近人情》(《竞业旬报》1908 年 10 月 5 日，第 29 期)。该文论述的是，鉴于他儿时眼见三哥出继给珍伯父家的痛苦情景，认真地"从一个真问题上慢慢的想出来的一些结论"。这位初出大山的思考青年"如今要荐一个极孝顺永远孝顺的

儿子给我们中国四万万同胞。这个儿子是谁呢？便是社会"。"你看那些英雄豪杰仁人志士的名誉，万古流传，永不湮没，全社会都崇拜他们，纪念他们，无论他们有子孙没有子孙，我们纪念着他们，总不少减"。"一个人能做许多有益于大众有功于大众的事业，便可以把全社会都成了他的孝子贤孙"。由此出发，逐渐形成了胡适的"无后主义"和"社会不朽"思想。

胡适留学时期，1914年著文《家族的个人主义》，批判中国封建家族嗣续传统的六个流弊，公开提出"无后"和"遗产不传子孙"主张。推崇英国大哲学家培根的"社会为妻为子"、"无后者乃最能传后"的"无后"论说，又从《左传》(鲁襄公二十四年)的叔孙豹"立德、立功、立言"的对话中获得启发，确立了"三 W 的不朽主义"（"三 W"即 Worth、Work、Words，即立德、立功、立言）。

"三 W 的不朽主义"到了1918年11月胡适母亲逝世时，在巨大悲痛打击下，他对生死进行深一层的哲学思考，修正为"社会不朽论"（《不朽——我的宗教》，《新青年》第六卷2号，1919年2月15日）。他在许多"不朽"中，过滤了"小我"，留存了"大我"，说："'小我'是会消灭的，'大我'是永远不灭的。'小我'是会死的，'大我'是永远不死，永远不朽的。'小我'虽然会死，但是每一个'小我'的一切作为，一切功德罪恶，一切言语行事，无论大小，无论是非，无论善恶，——都永远留存在那个'大我'之中……故一切'小我'的事业、人格、一举一动、一言一笑、一个念头、一场功劳、一桩罪恶，也都永远不朽，这便是社会的不朽，'大我'的不朽。"何谓胡适的"社会不朽"？一言以蔽之："承认善的不朽，也承认恶的不朽"，其核心精神，便是个人对社会的负责。

胡适这一"社会不朽论"延续到五四新文化运动时期，便确立了以人格自由独立、个性价值尊严为精神核心的"健全的个人主义"。胡适在那篇有名的《介绍我自己的思想》（《胡适文选·序言》1930年11月)文章中，向当代青年发出呼吁——

现在有人对你们说："牺牲你们个人的自由，去求国家的自由!"我对你们说："争你们个人的自由，便是为国家争自由! 争你们自己的人格，便是为国家争人格! 自由平等的国家不是一群奴才建造得起来的!"

胡适是如此引导他人,也当然如此教育自己的儿子。 这就是胡适身家"无后主义"的实质内容。

胡祖望出生四个多月后,胡适写了一首极有新意的白话诗,发表在《每周评论》第 33 号上(1919 年 8 月 3 日)。 题目是《我的儿子》——

> 我实在不要儿子,
> 儿子自己来了。
> "无后主义"的招牌,
> 于今挂不起来了!
> 譬如树上开花,
> 花落天然结果。
> 那果便是你,
> 那树便是我。
> 树本无心结子,
> 我也无恩于你。
> 但是你既来了,
> 我不能不养你教你,
> 那是我对人道的义务,
> 并不是待你的恩谊。
> 将来你长大时,
> 这是我所期望于你;
> 我要你做一个堂堂的人,
> 不要你做我的孝顺儿子。

这首诗一面世,社会反响极大,不久就引出了读者"汪长禄质询事件"。汪长禄责备胡适"把'孝'字看得与做人的信条立在相反的地位","一定要把'孝'字驱逐出境',划在做人事业范围之外,好像人做了孝子便不能够做一个堂堂正正的人"。

胡适自身是位孝子,是最尊重母亲意见的,但作为五四新文化思潮的掌旗人,此时他的父子关系观念已越过传统的封建家庭伦理范畴,抨击"天下无不是之父母"虚伪孝道的同时,输入了西方民主平等的家庭伦理观,虽然矫枉过正，但还是和五四时代脉搏精神相一致的。《每周评论》34 号至 35 号续刊了《关于我的儿子一诗和汪长禄的通信》。除上述那"汪信"外，胡适的答复是意味深长的——

> 我们糊里糊涂的替社会添了一个人，这个人将来一生的苦乐祸福，这个人将来在社会上的功罪，我们应该负一部分的责任。说得偏激一点，我们生一个儿子，就好比替他种下了祸根，又替社会种下了祸根。他也许养成了坏习惯，做一个短命浪子，他也许更堕落下去，做一个军阀的走狗。所以我们"教他养他"，只是我们自己减轻罪过的法子。

1919 年胡适的《儿子》诗及复信，应是胡适"无后主义"哲学的具体诠释。那么在日后漫长的父子人生岁月中，是一部"信条"，一幅"预示图"，还是溢出了理性范畴，返回人本天性？

家书絮叨，都是父亲的爱

胡适"糊里糊涂"地做了父亲，是怎样"负起一部分的责任"来的？因为他是大教授、大学问家、大演说家、社会活动家，一年复一年地奔波于他的事业，兼程海内外，因此他的教子方式有异于他父亲手把手地教识方块字，除了让儿子接受现代学校教育外，主要在书信中体现他的做父亲的责任。这在胡适家书中，语录式的诲导，与常人般的父爱，俯拾皆是。

尚在母亲在世时，胡适几乎每封敬禀老人家的家书中，都报告媳妇肚里的"动静"："冬秀近日时时呕吐，但食量还好"(1918 年 8 月 24 日)。"冬秀的病实在不很要紧，大概是'病儿'，请吾母不要记

胡 适

着"(9月4日)。"我们身体都尚好，冬秀也略见好点"(9月14日)。"冬秀这半个月来已不呕吐，精神虽不很好，但没有什么病了。吾母尽可放心"(9月27日)……看来胡适做父亲，并非什么"糊里糊涂的替社会添了个人"。

胡祖望堂堂皇皇地来了，哺育带养的责任全落在江冬秀身上。八年后，胡适迁家到上海极司菲尔路(今万航渡路)49号。1928年他就任中国公学校长兼文理学院院长。从这年2月开始，江冬秀带了七岁的小儿子胡思杜，负胡适之命，去老家绩溪主持修筑祖坟，于是家中只剩下胡适、祖望父子俩了。只懂做大学校长和研究学问的胡适，如何与九岁的儿子做伴呢？他在信中对太太说："从你走后，我把那篇红楼梦(按：系指《考证红楼梦的新材料》)写好了。共写了两万六千多字，三夜都两三点钟才睡……祖望寂寞的很，第二天晚上哭了……"做父亲的同时还念着小儿子呢："小三（按：次子思杜的小名）怎么样，他喜欢家里吗？"(1928年2月20日)过了三天(2月23日)，他写信时又问："小三喜欢徽州吗？"在这封信中胡适还告诉江冬秀，她的妹妹和徐新六(胡适好友)太太"怕我们饿死在替工厨子手里，常常送菜来吃，可感之至"。应好友丁文江的太太邀请，将于24日携祖望去苏州作演讲。

在苏州的日子里，胡适、祖望父子俩相处得很融洽，玩得开心，他尝到做父亲的滋味。他们住在丁太太任教的苏州小学里，受到很好的招待。不过胡适这位名人，在30个小时内被安排六次演说，"真干不了"啦。接着"廿六日去游邓尉山，那天是星期天，轿子都没有了，我们走上山，丁太太姐妹都走不动了，我也倦了，还有一位史监督，也倦了。在元墓山的庙里等候轿子，直到天黑，轿子方才回来。抬到光福镇，一家旅馆都找不到，

胡适与长子祖望

后来住在一家坏旅馆……祖望很好，这回游苏州，我吃了苦，他却很高兴。廿五日他跟丁大哥去上了一天课(按：苏州小学)，他很喜欢那学堂，先生们也喜欢他。下学年似可以把他送到苏州去上学"(致江冬秀函，1928 年 2 月 29 日)。

回到上海后，很快长子祖望的十(虚)岁生日来到了。坚决反对神道迷信的胡适怎样给儿子过生日呢？"祖望今天阴历生日，要我请他看戏，我请万孚、法正同他去了"(致江冬秀函，3 月 6 日)。做父亲的想得实在周到："儿子阴历生日，我请他去看戏。阳历生日，我答应送他几部小说"(致江冬秀函，3 月 10 日)。他还告诉江冬秀，"大姐(按：冬秀姐润生)今年 2 月还想来上海给祖望做十岁生日呢。后来因为走不开，遂不曾来"。

与长子相伴在上海，胡适同时挂念着随妻去绩溪乡下修祖坟的次子小三，"但愿你们在家十分小心，保重身体。你同小三最好是住楼上。楼上干净宽敞的多"(3 月 19 日)。

"糟"掉了一个女儿的惨祸，生命的教训时时刺痛胡适的心，这回做爸爸的沉重担子，实实压在肩了，他小心翼翼护着身边长子，深夜守着，果然被他发现盗汗："祖望近来似乎有病，我晚上常常看见他出大汗，连看了多少次，心里决定这不是怕热，必是一种根本的病。明天我要送他去给一个有名的外国医生细细一验。"胡适立刻联想到那种致他家族同辈、小辈死命的可怕的病："我怕他是肺病！"(致江冬秀函，4 月 1 日)耽误不得，翌日——"今天同祖望去看美国斯温医生，细细验了一点钟。他说，有没有肺病的情形。明天要去用'爱克斯光线'照肺部，看有无病状。"(致江冬秀函，4 月 2 日)4 月 4 日。他要带儿子去庐山"换换空气"了，赶在半夜上长江轮前一天(4 月 3 日)早上，陪祖望去医院，"医生用'爱克斯光'给祖望照了几次"；4 日下午又去看斯温医生，"'爱克斯光'的报告也到了，医生同我细细谈了一会，他说，祖望的左肺不很好，但完全没有危险。此时须加倍留意。"(致江冬秀函，4 月 4 日)

一块巨石从心中落下，于是父子俩可以在庐山痛痛快快地玩了。"我们在庐山玩了三日(八日、九日、十日)，游了不少地方。我同儿子的脸同手都晒黑了。儿子的身子很好，咳嗽也完全好了"。精神一轻松，胡适的痼疾也见好，"我的脚好了，前天山上走了不少的路，并不觉得困难"(致江冬秀函，4 月 12 日)。此后，在江冬秀滞留绩溪的日子里，胡适每去信，几乎都就儿子及其健康状况带上一笔：

——"我同祖望都很好,你可勿念。"(4月18日)

——"你不出来,我不能走开。庐山可带儿子去,开会讲演都不能带了儿子去。"(4月30日)

——"我本想带祖望去(按:去南京参加全国教育会议第四次大会),后来因为招待所须带铺盖,故不便带他去。若把他交给大姐,我又怕他们家中有肺病,故决计留他在家中,睡在万孚房里。"(5月22日)

——"祖望身体还好,夏天到了,小孩子在这个空气干净的地方,总还没有大危险。"(5月25日)

——"祖望身体不坏。"(5月30日)

——"祖望的出汗,我先告诉南京大姐。大姐说,你的祖父有个方子,用浮麦与红枣两味可治。我回来,就买给祖望吃,果然有效。"(6月4日)

——"儿子身子还好,只是晚上还有时出汗。"(6月13日)

这是1928年上半年,江冬秀返乡修筑胡家祖坟期间,仅从有数的絮絮叨叨的家书长言短语中,折射出来走出"无后主义"光圈的胡适,那个父亲的形象。不过这时胡适所抱的"无后主义",已是更上一层楼的"健全的个人主义"了。胡适这一人生哲学的核心是人格独立。胡适要求中国青年"争你们个人自由",他既实践于自己一生,又对儿子刻意培养。

1928年2月带胡祖望去苏州时,发现他喜欢丁太太那个小学,于是到第二年暑假末,与妻子商量后,决定将才10岁的儿子送去,过独立的寄宿读书生活。1929年8月离开上海时,不知道他夫妇俩怎样为儿子准备行李,又千叮万嘱的;送到苏州后,也不知道是如何难分难舍的(没有这方面的资料),但从胡适的"苏州一号"(即第一封)给儿子的信(1929年8月26日)中,可以看出他是如何抑制自己情感,下这个决心的。

祖望:

你这么小小年纪,就离开家庭,你妈妈和我都很难过。但我们为你想,离开家庭是最好的办法。第一使你操练独立的生活,第二使你操练合群的生活,第三使你感觉用功的必要。

人格的独立在于自小就有意识地自觉地操练"独立的生活",胡适在这封信中说——

> 自己能供应自己服事自己,这是独立的生活。饮食要自己照管,冷暖要自己知道。最要紧的是做事要自己负责任。你功课做的好,是你自己的光荣;你做错了事,学堂记你的过,惩罚你,是你自己的羞耻。做的好,是你自己负责任。做的不好,也是你自己负责任。这是你独立做人的第一天,你要凡事小心。

"合群的生活",就是处世立身,关系到做人的一辈子。 这方面胡适是深受慈母教诲的,胡适将这一"基因"传授给儿子——

> 你现在要和几百人同学了,不能不想想怎样才可以同别人合得来好。人同人相处,这是合群生活。你要做自己的事,但不可以妨害别人的事。你要爱护自己,但不可妨害别人。能帮助别人,须要尽力帮助人,但不可帮助别人做坏事。
>
> 合群有一条基本规则,就是时时要替别人想想,时时要想想假如我做了他,我应该怎样? 我受不了的,他受得了吗? 我不愿意的,他愿意吗?

谈到功课,胡适似乎延伸自己当年上海求学时"物竞天择"的精神了——

> 功课及格,那算什么? 在一个班要赶在一班的最高一排。在一校要赶在一校的最高一排。功课要考优等,品行要列最优等,做人要做最上等的人,这才是有志气的孩子。但志气要放在心里,要放在功夫里;千万不可放在嘴上,千万不可摆在脸上。无论你志气怎样高,对人切不可骄傲。无论你成绩怎样好,待人总要谦虚和气。你越谦虚和气,人家越敬你爱你;你越骄傲,人家越恨你,越瞧不起你。

如此嘱咐儿子为人处世，岂不是胡适本人做人的写照？ 胡适生命深处，有一个了不得的光点，就是"徽州朝奉"的精神。 绩溪是徽州府六县之一。 自古以来，有称徽州地方人穷志不穷，"徽州人，十三四岁往外一丢"，努力混出个有一定社会地位的"朝奉"来。 徽州人自立自强，自重自尊，做人韧性很大，认准一个目标，百折不挠攀进。 胡适尚在美国留学时，禀母家书中曾保证道："吾乡俗话说'徽州朝奉，自己保重'，我现在真是自己保重了"(1918年2月23日函)。 现在，胡适从箱底翻出这句箴言，送给儿子——

> 儿子你不在家中，我们时时想着你。你自己要保重身体。你是徽州人，要记得"徽州朝奉，自己保重"。

在这封给儿子编号"爸爸苏州第一号"的家信中，胡适还向儿子提出了六条保重身体的要点，诸如"不要买滩头食物"、"不要喝生水"、"不要贪凉"、"有病寻医生"、"防脚气病"、"每日早起吃麦精一匙"，絮絮叨叨的，要他"千万不要忘记"，并加了重点符号。 写到信的结尾，已是8月26日落下夜幕时分了，这位"无后主义"爸爸在灯下又长啸一声——

> 儿子，不要忘记我们！我们不会忘记你！努力做一个好孩子。

1936年，胡适夫妇与二子祖望(后左)、思杜(后右)合影

胡祖望18岁时，中国全面抗战开始。 1937年"七七事变"后，胡适离北平南下，参加蒋介石的"庐山谈话会"。 江冬秀携次子胡思杜随叶公超、梁实秋等逃出北平，迁居天津。 因为日寇轰炸天津南开大学，就读南开中学的胡祖望南下到南京，和父亲会合，一起住北平路69号"中英文化协会"会馆里。 但是到9月初，蒋介石已要胡适和钱端升、张忠绂三学者以非正式使节身份赴美欧开展宣传中国抗日、争

取外援活动。9月11日胡适携祖望和钱端升、张忠绂，由南京到汉口，原来想让他留在武昌珞珈山等候武汉大学二次招考，读旁听生。后来胡祖望到了长沙，成为流亡到长沙的南开大学(按：后西南联合大学)正式一年级学生。

1939年8月，胡适出使美国还不到一年，胡祖望陪着徐新六遗孤徐大椿来到美国华盛顿，要做留学生了。胡适把徐大椿安排进赫维福大学("这个学堂很小，只有三百廿五个学生，规矩最好，功课也很严，校长是我的老师。")然后让胡祖望进入康奈尔大学，攻读工学院航空机械专业。胡适还写信给绮色佳的韦莲司，要求她照顾祖望。他十分关心大儿子的学业，与妻相隔万里，总是越洋告诉儿子的功课成绩。胡祖望换了环境，开始一个学期，功课"不很好"；第二个学期，七门课中"四门过75分，三门及格"；到了第二学年第一学期，"居然有三门功课可以'免考'(平日的分数好，平均约有85分，就可以免去大考)。我想你听了也很高兴"(1941年2月27日函)。

此时(1939年，华盛顿)彼时(1929年，苏州)，使胡适联想起送子上学独立生活的往事，说明自己的教育方法是成功的。在这点上，胡适夫妻意见合拍，所以他遥问妻子："我想起那年你同我送他到苏州的事，又想起我同你在家里举杯祝他平安的事。你记得吗？"

但是在对儿子(指长子祖望)的家教上，他俩显然分野了。对待传统观念上，江冬秀动辄责怪，以致造成隔阂。大概源头还是在1934年"蒙古王公出殡"那件事上，胡家的汽车受阻，接受胡适无神无后主义思想的胡祖望直愣愣地对江冬秀说："妈，你死了就埋，绝不摆仪仗队阻碍交通！"江冬秀听了吃不消了。胡祖望在父亲安排下，一直在外读书，不仅在人生价值观上，也许还在一些具体问题上，母子间有了裂痕，所以当大儿子一到美国，江冬秀跟着去信就骂他了。胡适收到这封信，隐匿了下来，反省自己，并提出"做朋友"的看法，规劝道："冬秀，你对儿子总是责怪，这是错的。我现在老了，稍稍明白了，所以劝你以后不要总是骂他。""我和你两个人都对不住两个儿子。现在回想，真想补报，只怕来不及了。以后我和你都得改变态度，都应该把儿子看做朋友。他们都大了，不是骂得好的了。你想想看，我这话对不对？"(1939年9月21日函)

正因为胡适将祖望当做"朋友"，祖望康奈尔大学毕业后，面对中国战后动荡的局势，对他也不怎么要求，让他与自己一起留在美国，直到1946年3

月胡祖望先行返国，6月胡适离美回国主北大。

蒋介石政权溃退到台湾前后，胡祖望曾在他岳父驻泰国曼谷的一家公司任工程师。 1953年迁居台北以后，往返于台湾美国间，曾任台驻美经济机构代表。 这期间，他与韦莲司沟通，承袭了胡家第三代人与韦家的世谊(胡母冯氏与韦老太太同通过信)。 1959年7月，韦莲司曾写信给胡祖望的太太曾淑昭，就他们的独生子胡复患小儿麻痹症住院表示慰问。 1960年胡祖望一家定居美国。 1962年2月24日胡适在台湾逝世后，韦莲司发江冬秀唁电、寄信，表示沉痛哀悼，复信就由胡祖望写的："亲爱的韦莲司小姐：多谢你给我母亲的电报和信……我试着将你的来信译成中文，但却无法表达其中的深意……我勉强向我母亲说明了其中部分的意思，但远不能完全表达你所要说的。 也许有一天，我们可以找个诗人来做这件事。"胡祖望向她报告了父亲逝世情况和母亲悲痛后恢复的过程，最后说："母亲把你送她的银器(按：指银餐具)给了我。 我们会永远珍惜这份礼物的。"后来，韦莲司得知胡适大殓丧礼的日子，送花篮和表示要赠款作胡适著作英译出版的基金，也是通过致胡祖望的信表达的。

中美建交后，台在美国的"官方机构"被撤除，胡祖望就在美国与朋友合股经营一家工商服务公司，他的一家就定居在美国首都华盛顿宾夕法尼亚大

寓居美国华盛顿的胡祖望(左一)、夫人曾淑昭(左二)、独生子胡复(后排)，以及客人寓美的龙云女儿龙国碧(右二)、中国大陆胡适研究专家耿云志(右一)

/ 76岁时胡祖望(右)在华盛顿植物园与祖国大陆亲人在一起

街的一栋花园别墅里。他的一家仅三口人：夫人曾淑昭，重庆丰都人；儿子胡复，独身主义者。龙云的公子龙绳祖夫妇是这里的常客。他们言谈中常常提到祖国大陆改革开放新事好事，特别知得胡适第二故乡川沙已成为上海浦东新区的一部分，兴旺繁华已今非昔比了，兴奋与思乡之情溢于言表。自胡祖望夫人曾淑昭女士两次返故乡四川探亲后，他们与祖国大陆距离拉近了，夫妇俩参加李道豫大使举办的中华传统节庆招待会。胡祖望的晚年生

/ 胡适含饴弄孙

活是平静安逸的，于2005年病逝于华盛顿，享年86岁，是胡铁花后人中创高龄纪录的第一人。

胡祖望夫妇只有一个儿子，因幼年患小儿麻痹症，留下跛足后遗症。祖父胡适是很喜欢这个孙子的，1960年1月9日，儿媳曾淑昭带了胡复到台北南港看望胡适，胡适发现他母语中不会讲国语(普通话)，更不会讲徽州话，只

会讲广东话。 爷爷委婉地说:"可以用广东话作基础,将来可念中国古音,因为广东话中还有许多古音哩。"儿媳说:"孩子教不好。"爷爷说:"小孩子教不好,是做母亲的没有耐心的缘故。 你可以每天教他两个字,时常要他温习,没有教不好的!"胡适当年在台东学方块汉字,不就是这样的吗? 这位儿媳

胡适与长子胡祖望(左)、儿媳曾淑昭(右)及孙子胡复

是守孝道的,1991年台湾举办胡适百岁冥寿时,她著文《回忆家翁胡适之》,云:"我要以一瓣心香恭祭冥灵,一串追忆倾诉思念之情。"大概是胡祖望父子真的承袭了胡适"无后主义"精髓,胡复先生至今还没有结婚。 他早年就读皮伯岱大学,学钢琴;后任美国劳工部争议司司长,不乏为美国华人中的一颗耀眼的星,但胡家(文化运动)皇皇事业,就因此没有下文了。

撰文演说,老牛舐犊为这般

1940年,二次大战第一个年头,德意日法西斯轴心国侵略气焰嚣张;中国抗战第三个年头,日本推出"大东亚共荣圈"计划;胡适驻美大使任上第二个年头。 年初,他完成了美国第二次对华贷款(滇锡抵押)谈判使命。 年内频

繁的演说援华活动使他声誉倍增，美国八所大学分别授他八个法学名誉博士学位。 年末，适逢他五十大寿，祖国绩溪乡亲赠他"持节宣威"横匾，并将上庄村改称为"适之村"。 胡适接受荣誉的同时，并没有忘掉与他同一天生日的小儿子思杜，也是 20(虚)岁了，他写信去祝贺——

　　　小三（按：胡适对思杜的昵称）今年也是二十岁了，我也祝他万万岁。

胡适次子胡思杜（幼年）

　　小三一直跟在江冬秀身边。鉴于女儿死于肺病的教训，江冬秀发现小三也有这种可怕的病根，十分认真地给他治疗。 为给他养好病，甚至把他衣服都脱光，强迫他整日躺在床上睡觉，营养充足丰盛，倒真给养好了，但也养肥了。 胡适负命出国后，一样很记挂他的，常在家信中问起，并要求他写信："小三怎么不写信？ 我盼望你们常常写平安信来，明信片也好。"(1937 年 10 月 19 日)"小三应该写信给我，怎么一封都没有？"(1937 年 11 月 29 日)"你和小三的信都收到了。 你(指小三)写的字也有进步，最好不要写草体字，先写规范字。"(1938 年 2 月 12 日)后来他在上海寄去的家庭生活电影录像片中目睹了小三的走路姿态(江冬秀已迁家，住麦琪路三德坊)，心中不快，去信指出："我在……电影片里看见小三走路有点摇头摆耳的神气……叫他自己留心，不要养成这种不好看的样子。"

　　胡思杜在上海那段日子的生活状况，胡适侄外孙程法德因为与他相处甚密，是十分了解的。 程先生曾几次向笔者讲述——

　　　思杜舅舅是个厚道、朴实、平和的青年，这点很有胡适外公之风，而当时民国要人的公子哥儿都十分奢华、爱摆架子。 他穿着很随便，套一件蓝布大褂,蹬双布鞋,对生活要求很低,完全平民化。1937年12月,随冬秀外婆自天津避难到上海,大舅祖望已去昆明就读西南联大;小舅思杜就在上海南京路原慈淑大楼的东吴大学读书。当时我家住天主堂街(现四川南路)50号,冬秀外婆母子住麦琪路(现乌鲁木齐路)三德坊。不久,不愿当亡国奴的北京大学教授钱思亮先生也举家南下到上海"孤岛",住公共租界福熙路(现延安中路)模范新村一栋楼屋。我们这三家常有往来。

当时我尚12岁,跟随大我五六岁的思杜舅舅到处跑。抗战时的大上海"孤岛"租界,仍是灯红酒绿、纸醉金迷。他带我去海格路上的一家外国酒吧去摇"吃角子老虎机"(外国赌具),他很有手气,时常得彩。出来后,我们舅甥二人悠悠晃晃地游到相距不远的"六国饭店",那里是一家大赌窟,什么赌具都齐备,参赌人比肩接踵,吆五喝六不绝于耳。思杜舅舅拉着我东窜西钻,有时也押几下宝,赢了钱,那高兴的劲儿不用说了。出了赌场,思杜一面走,一面哼京戏,双肩一高一低,摇头晃脑,绘影绘声的一副得意忘形的样子。我们来到"大世界"后面一条街的地摊上,吃鸭血羹、"时件羹"(鸡鸭内脏碎件儿)等类小吃,又去西藏路、金陵中路口的中法学堂门口看变戏法、卖武艺的露天把戏,有好的表演,思杜情不自禁地喝彩,慷慨地掷钱,尽管他本没有什么钱。他从小就是京戏迷。北平名角儿来上海演出,他都爱去看。那时票价很贵,我们没有多少钱,总是坐在楼座的最后一排,津津有味地欣赏。回到家后,思杜有时还赤了脚,在地板上手舞足蹈地又唱又做复演一番。他记忆力好,人很聪明。会写美术字,特别有一手漂亮的空心体美术字。他曾送我一本英文版的书,扉页上写了空心字:"步正兄的后履,莫蹈杜舅覆辙"。法正兄是我已故大哥。看来思杜舅舅有自知之明,这点正是他的可爱处。我哥哥法善受他影响,也成了京戏迷。冬秀外婆给思杜舅舅只有少许零用钱,是不够他花的。怎么办?渐渐地他将家中没用的物品偷拿出去变卖。

渐渐地这些情况为远在美国的胡适断续所闻,终于,一向宽容他人的他写来了带有愠色的但也是胡适式的信:"冬秀……我盼望你不要多打牌。第一,因为打牌最伤神,你的身体并不是那么结实,不要打牌太多。第二,我盼望你能有一点时候在家照管儿子。 小儿子有一些坏脾气，我颇不放心，所以要你多在家照管照管儿子……"(1938 年 5 月 5 日)。 一气用了三个"照管"，这对胡适用词分量已很重了，而此时的胡适，正"持节"演说，奔波北美、西欧，宣传中国抗日战争。

不过胡适究竟是胡适，他非常了解小儿子，主张正面引导，他对冬秀说："小三也很聪明，你不要太悲观。 每月给他一点买书钱，叫他多读有用的书。 英文必须补读。"(1938 年 7 月 30 日)后来，终于"小三的信收到了，谢谢他！""小三功课有进步，我很高兴！"(1939 年 3 月 14 日)他写信给小三，"你问问'老胡开文'，我是否曾寄存第一批《万有文库》。 如尚存在，你可取回自用。 不要单读旧书，英文要用功读"(1939 年 5 月 27 日)。 到了小三20 岁那天，大使爸爸为他"山呼万岁"了。

接着胡适为小儿子读大学的问题伤脑筋了。 没想到小三像自己当年那样，喜欢政治，而江冬秀是极力反对的，胡适就说，"小三要学政治，也不要紧。 小孩要学什么，说不定后来都改变了"(致江冬秀函，1939 年 7 月 31日)。 他要冬秀转告，既然学政治，还是国内为妥，"我想叫小三到昆明去上学。 小三要学社会科学，应该到昆明去准备考北大、清华(按: 即西南联大)。我此时没有能力送两个儿子去美国上学。 所以想小三跟一位朋友到昆明去，跟着泽涵暂住，考进学堂后搬住学校"(1940 年 3 月 20 日)。

紧接着他又同胡思杜对话："你是有心学社会科学的，我看国外的大学在社会科学方面未必比清华、北大好。 所以我劝你今年夏天早早去昆明，跟着舅舅(指著名教授江泽涵，时在西南联大任教)，预备考清华、北大。""学社会科学的人，应该到内地去看看人民的生活情况。"(致胡思杜函，1940 年 3 月 21 日)但思杜就是想去美国留学。 这一来，胡适十分尴尬了。 他的大使月薪只有 540 美元。 1938年 12 月他心脏病发作，住院 77 天，医疗费用 4000 多美元都是由好心朋友帮助垫付，欠在那里的。 1939 年 9 月祖望来美

1957 年，胡适好友竹垚生

国读书，"大儿子现在进了大学，每年要 1200 美金。 我明年要是走了，我就得想法子去到什么用金子的地方，教一年书，替大儿子挣两年学费。 不然，大儿子就得半路上退学。 一个儿子已是如此，加上太太和小儿子，就更不自由了。 (现在要想从国内寄美金给儿子留学，是万万不可能的)"(致江冬秀函，1939 年 11 月 14 日)。 翌年(1941)5 月，受胡适之托照管胡思杜的竹垚生(胡适至交，时任上海泰山保险公司经理)去信说："小二(按: 指思杜)在此念书(按: 东吴大学)，无甚进境，且恐沾然上海青年恶习，请兄赶快注意。"因此胡适还是让思杜越洋去了美国。

小儿子既然来了，胡适就得设法张罗。 首先把他送到费城的海勿浮学院(Haverford College)去就读。 该校的院长康福教授(Prof. W.W.Comfort)是胡适当年康奈尔大学的法文教师，两人友谊甚笃。 第二，也是最重要的，筹款。"小三来了，至少四年，我要走开，(按: 指大使职卸任)就得替他筹划一笔学费、用费，那就不容易办了。 就得设法去卖文字，或者卖讲演，替儿子筹备一点美金。"于是胡适目的明确地"从现在起，要替他储蓄一笔学费，凡我在外面讲演或卖文字收入的钱，都存在这个储蓄户头，作为小儿子求学费用"(致江冬秀函，1941 年 4 月 10 日)。 他希望小三用功读书，多挣学分，利用"三个暑假(期)学校"，把四年课程用三年半读完毕业，这样就节省一个学期的学费了。 但是胡思杜并没有读好，后来转学到中部的印第安纳大学，用钱低了一半，但一个学期内他根本没有去上课，期间还到一家健康学校去减肥，把父亲汇给他的钱全部去跑马跑光了，欠了一身债。 结果为了两张支票，差点被警察传去，被胡适的一位朋友救了出来，发现他的口袋里全是当票，其中

留美时的胡思杜(后左一)与中国驻美大使馆官员

一张是胡适回国时留给他的一个打字机的当票。胡思杜在美国读了两个大学，都没有毕业。

外人哪里知晓，这位"行程三万五千里"，"讲演次数之多超过罗斯福总统夫人"，轰轰烈烈的胡博士，这位为国事可以随时晋见罗斯福总统，第一时间得悉珍珠港事件、美国向日本宣战的胡大使，还有如此囊中羞涩的苦衷。其个中原因，还不是老牛舐犊为这般。

古城诀别，月有阴晴圆缺

胡思杜于 1947 年 10 月 12 日回国。胡适没有允许到他做校长的北京大学教书。山东大学历史系来聘他，胡适知道是因为自己的面子关系，只同意让他进该校图书馆工作。直到 1948 年夏，辽沈战役、平津战役即将开始，平津各大学、研究院所罢课、罢研、罢工风潮此起彼落，反内战、反饥饿、反迫害学潮怒吼震撼古城，国民党政权风雨飘摇，胡思杜由青岛回到北平。8 月 30 日，胡适安排"思杜今天到北平图书馆去做工"（《胡适日记》，1948 年 8 月 30 日）。但父子相聚才不过数月——此际正是蒋介石独裁统治反动政权崩溃的前夜——便分离了，而且成了永诀。

1948 年北平,胡适夫妇暨长子祖望(后左)、次子思杜(后右),最后一张合家欢

1948年12月11日，中国人民解放军东北、华北野战军联合发动平津战役，到14日，北平城已被团团围住，傅作义接受和平解放谈判的条件，行将起义。14日，胡适还在研究校正《水经注》，寄出答复陈垣(北平辅仁大学校长)函。蒋介石派来专机接他去南京。15日，胡适偕江冬秀决定离平南下。但他们身边的小儿子思杜呢？在北平读辅仁大学的程法德印象中的"思杜舅舅此时期沉默寡言，看书很勤，老气多了"，他明确表示要留在北平，说，我又没有做什么有害共产党的事，他们不会把我怎么样。让我迎接北平解放，同时看管东厂胡同家中父亲的120箱书籍。江冬秀十分难过，立即整理了一皮箱金银细软给儿子。说是将来结婚时好派用场。这天下午6时3刻，胡适夫妇在傅作义派来的副官和军人的护送下，只带了26回《石头记》手抄本和正在考证的《水经注》，匆匆乘车到南苑机场，上了飞机，至夜10时，抵达南京的故宫机场。

北平解放后，1949年9月，胡思杜被安排进华北革命大学学习，编在政治研究院二班七组，与黄炎培的侄子黄清士同一个班。据说原北平市最后一任市长何思源也在同一期学习。在"解放区的天是明朗的天"浓浓的政治氛围熏陶下，胡思杜要求进步的愿望很强烈。据他舅舅江泽涵教授(1949年8月回到北平，任北大数学系主任)对胡适研究专家沈卫威博士回忆说，思杜"去(华北革大)学习前，他把冬秀留给他的一皮箱细软和金银首饰等存放在我们这里。等他学习、改造结束后，他来把这一皮箱东西取走了，说是要把这些东西上交给共产党的上级组织，他以后用不着这些东西了。同时他还说要加入中国共产党"。华北革大结业后，胡思杜被分配到唐山铁道学院政治理论教研室，执教中国革命史。这时他也常去泽涵舅舅家，"说要与他父亲划清界限，并积极要求加入共产党组织。他上交母亲留给他的东西，就是向共产党组织表示他的决心。他还写了批判他父亲的文章"(江泽涵回忆)。

胡思杜所说的"批判父亲文章"，是指他的结业"思想总结"的第二部分。不知何方决定，又通过什么渠道，为1950年9月22日的香港《大公报》以《对我父亲——胡适的批判》为题名发表了。

诚如胡思杜在该文中所说，他是"经过学代选举前两次检讨会"，"结合社会发展史、国家与革命、中国革命简史的学习，邓拓、何干之等同志的著作，自己斗争的结果"来批判父亲胡适的——

　　我的父亲出身没落官吏士绅之家，在 1904 年到 1910 年时，他还是个学生，1910 年去美国（时年 20 岁），美国的物质文明和精神文明，使一个从半封建半殖民地社会来的人迅速的被征服，他的长期教育环境使他的立场逐渐转移到资产阶级。

胡思杜在文章中说，胡适"1919 年以后，日益走入歧途，提倡易卜生主义，以充实他的'问题论'；介绍实验主义来对抗唯物主义"。历数胡适在每个历史时期的"罪行"。"从阶级分析上，我明确了他是反动阶级的忠臣，人民的敌人。在政治上他是没有什么进步性的。"尤其在抗日战争时期——

　　他在 1938 年终于做蒋政权驻美大使，做了一个蒋政权得力的官吏。他在任中签订了种种的商约，使美帝可以继续取得"四大家族"从人民手中掠夺的"专卖品"。签订多次借款，这些借款可以使蒋政权增强"威信"，可以购买武器弹药来防共灭共，也可以使四大家族多一笔资本，在更广的范围内盘剥人民的血汗。他严谨不苟地为他的老板服务着。

胡适的出走，这个小儿子是这样分析的——

　　他对反动者的赤胆忠心，终于挽救不了人民公敌的命运。全国胜利时，他离开了北京，离开了中国，做了"白华"，他还盛赞"白俄居留异土精神之可佩"。

　　……这次出走，并在美国进行第三党活动，替美国国务院掌管维持中国留学生的巨款（四百万美金，收受这笔钱的人大都是反动分子，民主个人主义者的资助和养成费），甘心为美国服务。

胡思杜在划清同老子的界线后，也实事求是地表明自己的阶级立场——

　　今天，受了党的教育，我再不怕那座历史的"大山"，敢于认识它，也敢于推倒它……

　　……在决心背叛自己阶级的今日，我感受了在父亲问题上有划分敌我的必要，经过长期的斗争，我以为在思想上大致划分了敌我，但是在感情上仍有许多不能明确隔开的地方，除了自己随时警惕这种感情的危害性以外，我并要求自己树立起工农大众的感情来。在了解工农的伟大，自己胜利的参加土改后，我想一定会决绝消极狭隘的、非无产阶级的个性感情的。

对于父亲胡适的去从，胡思杜则表示——

在他没有回到人民的怀抱来以前，他总是人民的敌人，也是我的敌人。

……今天了解政府的宽大政策，对于一切违反人民利益的人，只要他们承认自己的错误，向人民低头，回到人民怀抱里来，人民是会原谅他的错误，并给以自新之路的。

胡思杜这篇批判父亲的文章一见报，海外反响相当强烈，但一般舆论认为"作伪者代为捉刀"。胡适学生挚友、台湾大学校长傅斯年相隔一周(9月29日)即致信台湾某报说，"胡思杜对于求学一事，没有任何兴趣，且心理上亦不无影响"，"尚属天性醇厚"，那篇文章"绝非思杜之混混沌沌者所能作出"，"别人代他写文，我们也不必责备他了"。傅氏的公开讲话，实质是起代言作用的，因为谁都知道他与胡适关系密切。

胡适当然也读到了这篇文章，似乎没有什么公开反应，只是将该文剪了下来，贴在自己9月27日的日记页上，并附批道："小儿此文是奉命发表的。"也许他感到奇怪，该文见报前十天(9月11日)，已迁居到美国纽约的江冬秀曾收到胡思杜的信，告诉她"书都还存在北大，安好无恙"，并希望父亲"少见客，多注重身体"。写如此有人情味的信，肯定是在那篇批判文章之后，因为文章是在"华北革大"改造后的"思想总结"。

但在新政权建立后的大陆，这样文章的价值就非同一般了。国内论者都认为，长达十多年的大陆批判胡适运动，其序幕，应是胡思杜这篇文章揭开的。那年月，运动中衍生的悲剧故事已见多不怪了，而批胡(适)悲剧第一出，恰恰是胡思杜，恰恰中了胡适1919年在解释他的"无后主义"时所假设的"说得偏激一点，我们生一个儿子，就好比替他种下祸根……"如今，不就成了谶语？

不过那时香港《大公报》，内地一般人还是看不到的，胡思杜那篇文章舆论反响主要是在海外。但接着团中央机关刊物《中国青年》等转载它了，胡思杜的身份一下便被公开了。笔者高中同学朱君当年正就读于唐山铁道学院，他对"胡老师"(即胡思杜)颇有印象：他教我们公共必修课"新民主主义革命史"，是留过洋的讲师，个子高高的，脸庞圆圆的，一团和气，言谈很"革命化"，马克思主义、列宁主义挂在口上；但派头颇洋派、海派。才不过一年，也就是1957年夏秋间，在如火如荼的反右斗争中，胡思杜上吊自尽了。

时在北京铁路局印刷厂当工人的胡思杜堂兄胡思孟见证了现场，他对采访他的沈卫威博士说——

1957年秋，思杜被打成"右派"，批斗得很厉害，他受不了，就上吊自杀了。自杀的原因，他事先告诉了他的一个同事，是个共产党员，一个系的(按：一个教研室)。他死前，给我留了个遗书，是写好后压在他枕头下。他单位的人发现后，让我去唐山。我收到电报时哭了。我到唐山后，他已经死了，装在棺材里。我们在郊外挖了坑，把他埋下，并立了一个小木牌，现在恐怕已不知是什么地方了。

遗书我看后要带回来，他的单位人不肯，留下了，只给我抄了一份。我是到唐山后，他组织上的人告诉我，他是畏罪自杀的。遗书的内容我现在记不大清了，但基本内容还记得，大意是：现在我没有亲人了，也只有你了。你来后我一定不在了。找我的一个同事，他会告诉你我的一些情况。你是我最亲的人了。现在我已经死了，你不要难过。你能吃苦、耐劳，我剩下的600多元钱，公债券200多元，你的孩子若能上学的话，供给他们上大学。一个手表也给你，留个纪念。希望你们努力工作，你的孩子好好学习，为社会主义立点功。

其实当时还有江泽涵(胡思杜舅舅)、胡桓立(胡思杜远房堂弟、北师大党委副书记)等亲人，他是怕连累他们，因为胡桓立兄弟都是共产党员。我是没有文化的工人，不怕连累。

我到唐山后，看到满院子的大字报，都是批判他的，也有批判胡适的。我把他的书和衣物装了一架子车托拉回北京。其中《新华月刊》

就有一大箱子,还有许多外文书。家里没有多余的房子放他的书刊,我就把大部分当废品卖掉了,卖了十几元钱。因我有六个孩子,没有一个上大学的,他们也不读思杜的书。衣服没有什么好衣服,一个旧皮袄,一件呢子衣服。他也是艰苦朴素,钱不多,平时还接济我,让我的孩子上学。思杜也没有对象,找不到对象。别人一介绍女方,女方一听说他是胡适的儿子,是战犯(按:胡适并不在中共权威人士公布的战犯名单内)的儿子,女方都不愿意了。有对象他也许就不会死了。

胡思杜是哪天自尽的? 据保存下来的"遗书"抄件碎片显示,"九月廿一日",这个日子是胡思杜遗书的最后一行,那么他告别人世当在 1957 年 9 月 21 日这天,或者稍后一些时间。

胡思杜的死,在美国,以后到了台湾的胡适夫妇并不知晓。 胡适是挂念小儿子的。 1961 年 4 月 30 日(星期三)在与秘书胡颂平谈大陆他熟悉的学者(在运动中)挨整时,谈起"思杜 1958 年上半年之后就没有来信过,恐怕是免不了(挨整)"。 过了半个月,适逢母亲节,胡适立即联想起 1946 年 6 月 8 日美国的父亲节,他乘船返国途中,打电报给小儿子。

"父亲节,儿子没有电报给我,倒由我打电报给他。"胡适深情地说,

1960 年,台北,胡适 69 岁照

"这个儿子五尺七寸高,比我高一寸,比大儿子高两寸,肩膀很阔,背也厚——孟真(傅斯年)的肩膀很阔,所以孟真特别喜欢他。"说着,早把四年前《对我父亲》那篇文章抛在一边了,哪知"这个儿子"的冤魂何时能飘忽到父亲跟前!

无论怎样,胡思杜的结局总是一个悲剧,笔者想再知道得具体一些,询问程法德先生。 岂知当年程法德也陷落于"反右"灾难,直到十一届三中全会以后才去北京,探望胡思孟。 程先生在叙述此事时说:"可怜思杜舅舅那时才 36 岁,单身一人,六亲无靠,只能和他堂兄胡思孟写信诀别。 胡思孟是一名铁路局的印刷工

人，那个年代有'天然保护衣'，不碍事，是他去草草收拾后事的，哪知后来被发配去筑宝成铁路几个年月。 1986年冬，我去北京定武门外椿树头头条胡同原绩溪会馆思孟舅舅家中，他交给我思杜舅舅穿过的一件白衬衫、一条长裤，又指着摊在过廊墙角的一堆英文书籍说：'我留着无用，你拿去做个纪念吧！' 1979年胡思杜获得彻底平反，不过他的遗骸已无处可寻了。"

1962年2月24日下午，胡适在"中央研究院"年会新老院士酒会上讲话劝酒时猝死。 江冬秀闻讯从台北牌局赶回南港，抚尸恸哭不止。 举丧期间，胡祖望从美国回来奔丧，江冬秀劈头问他："小三知道了吗？ 可接丧报？"祖望浑身一阵寒战，觉得再也隐瞒不下去了，低声说："他，他先父亲离世了！"江冬秀简直不敢相信自己的耳朵，再问："你，你在说什么？""我是在美国听大陆上来的人说的，是真的。 思杜弟弟自尽了。 我们怕你太伤心，一直没敢告诉你……"江冬秀再一次昏厥，继之用徽州方言又哭又号。 小三是会讲家乡话的，胡适为此赞扬过他。

程法德在台北南港胡适墓园内的"思杜纪念碑"前留影

胡祖望曾间接向在北大的江泽涵打听小三去世的情况。 但那个尚噤若寒蝉的年代，有海外关系是非同小可的。 直到"文化大革命"阴霾过去，祖国大陆改革开放，江泽涵才与胡祖望恢复正常联系。 这时胡思杜已获平反昭雪了。 胡祖望在一次返台扫墓时，在"胡适公园"墓园内，父母坟侧畔，为他那位枉死的胞弟半埋了一块"思杜碑"。 "魂兮归来，小三弟弟，你生前没有筑巢，身后就到这里来安家吧！"

第十章 胡适，学者大使不辱使命

1937 年卢沟桥事变发生，中国全面抗日战争开始。 7 月 16 日，北大文学院院长胡适与清华大学校长梅贻琦等参加蒋介石召开的"庐山谈话会"。 7 月 11 日一上山，下午蒋介石就邀请胡适吃茶座谈。 时任教育部长王世杰 24 年后回忆说："他(胡适)到庐山之后当天跟蒋委员长谈话，对于以后蒋的长期抗战的决策有决定性的作用。"(《胡适之先生晚年谈话录》)27，胡适又参加汪精卫的 2 期"庐山谈话会"(谈对日外交问题)。 到南京后，7 月 31 日，赴蒋介石宋美龄邀宴，胡适与梅贻琦、张伯苓、陶希圣、陈布雷等在座。 不久，胡适被聘为国民政府"国防参政会"参议员(8 月 13 日)，接受蒋介石使命，赴美、英开展"国民外交"活动，争取国际支持中国抗日战争(9 月 8 日)。

胡适(前右一)任北大文学院院长时与顾颉刚(前右二)、徐芳(前右三)、魏建功(后排右一)、罗常培(后排右四)等师生合影

从 9 月 13 日开始，胡适偕北大教授钱端升(1951 年时任北大法学院院长)、张忠绂(后曾代表中国参与联合国宪章的起草)持节去国赴命。

胡适行前，接行政院院长汪精卫信，告诉他所请求设法开释拘禁在狱中的陈独秀事已成，一周后陈独秀便出狱了。 此前，陈独秀已被江苏省高等法院判刑 13 年。

过河小卒，办成"桐油"、"滇锡"两贷款

胡适虽然是中国新文化运动的开拓者、国际著名学者、演说家，但究竟不是长于行动的社会实践家、职业外交家、长袖善舞的政治家，不知何故蒋介石那么热衷于他，定要他做中国驻美大使，承担中华民族存亡危急时期，沟通地球另一端强大友邦的国家代言人的重任？

——胡适开展"国民外交"，1938 年 7 月 4 日至 7 日在密歇根大学演讲《没有殖民的国家要殖民地》、《在远东局势里美国能做些什么》、《中国和日本的西化》后，13 日启程，乘"阿奎塔尼亚"号轮船横渡大西洋，前去法国。 20 日在法国夏浦港口，接到由纽约转来蒋介石的电报，要他出任驻美大使。 "此电使我十分为难"，"不能决"，胡适因此没有作回音，就继续行程，去英国了。

——7 月 24 日，胡适到达英国伦敦。25 日就收到行政院院长孔祥熙的电报："介石及弟甚愿借重长才，大使一职，拟由吾兄见屈。"他正与驻英大使郭泰祺商量此事，第三天(27 日)蒋介石的电报又来了，催请他赴华盛顿，出任驻美大使。胡适对此事颇为苦恼，日记中有云："既不能辞，不如'伸头一刀'之为爽快。"

——胡适的学生、挚友罗家伦说："据钱端升告诉我，胡先生接到这电报后，考虑了一个整夜几乎没睡。 当然一方面他感觉到责任的重大，另一方面又不忍放弃他为学而不从政的夙愿。 最后他决定干

/ 时任清华大学校长的罗家伦

了。"胡适本来已拟就的"廿余年疏懒已惯，决不能任此外交要职"回电，经

过一个多星期的考虑，改发"现在国家是战时，战时政府对我的征调，我不敢推辞"。

——但是任命事并非胡适这位书生所能想象的顺利。原任大使王正廷恋栈，已经被他吹嘘而落空的向美国几千万元借款，此时又扬言在进行两亿五千万元的借款，岂知中介人 B.是个流氓掮客，大借款子虚乌有，造成纠纷与国家笑话。王正廷是孔祥熙的人。直到此时，孔祥熙才决心撤换王正廷。但为顾及他面子，要他请呈辞职。王正廷又拖了一段时间。胡适不谙内中，"拟一电报与蒋先生，未发。在此生死肉搏的苦战中，何必以此种琐事去麻烦他！"(1938 年 9 月 4 日日记)直到 9 月 17 日，重庆国民政府才发表命令："驻美利坚国特命全权大使王正廷呈请辞职，王正廷准免本职。此令。特任命胡适为中华民国驻美利坚国特命全权大使。此令。"国难时期，瞬息万变，一道任命经历了 50 天的折磨。胡适"21 年的独立自由的生活，从今日起，为国家而牺牲了"(1938 年 9 月 17 日日记)。他对挚友傅斯年说，此犹"逼上梁山"。

于是胡适走马上任。9 月 23 日由瑞士返伦敦，29 日离英赴美，10 月 3 日抵达纽约。5 日赴华盛顿，住进梧德来街的中国大使双橡园公寓，6 日到西北区 19 街的中国驻美大使馆就视事。10 月 28 日，向美国总统罗斯福呈递国书。罗斯福说，"胡大使名遍世界，今出任中国驻美大使，必能更进一步促进中美之谅解。美国对于中国亦随时准备与之合作"。

递交国书时的驻美大使胡适

任驻美大使时的胡适

然而对胡适来说是苦涩的。 "这 40 天正是国家最倒霉的日子！ 我递国书之日，正是武汉退却的第三天。"胡适在致友人信中如是说。 接着又说："我自知不能作外交官，但在此时间，我无逃避之理。 也许我的一点虚声，在国家最倒霉的时候，还有点用处。 国家承平，用不着我；国家越倒霉，也许越需要我们平日养成的一点点地位。 至少，我可以补偏救弊，可以洗刷前任遗留的一大堆烂污。"(1938 年 11 月 15 日函)这段白描性的自白，把胡适此时的心境与情怀祖露无遗。 胡适是个诚实君子。

胡适就任驻美大使消息公开后，中美两国舆论反应极佳。 《大公报》的社论说："他(按: 胡适)最了解美国，也最了解中国，我们政府与人民十分期待他此次能完成更加增进中美两国友谊的崇高使命。"《纽约时报》称："胡适不是狂热分子，他是言行一致的哲学家。 他的外交必定是诚实而公开的。 他将有很大的贡献，使中美两国人民既有的和好关系更能增进。"

日本对胡适就任驻美大使是十分震动的，其官方喉舌《日本评论》为此提出对策："建议日本需要派出三个人一同使美，才可抵得住胡适。 那三个人是鹤见佑辅、石井菊次郎和松冈洋右。 鹤见是文学的，石井是经济的，松冈则是雄辩的。"鹤见是日本众议员，是日本驻台湾长官后藤新平的女婿。 老外交官石井就是一战时与美国国务卿蓝辛签订"蓝辛石井协定"的石井。 松冈后来任日本首相，签订《德意日三国同盟条约》。 在日本人眼中，胡适这位驻美大使，分量是超级的。 他们尤其恐惧胡适的抗日演讲。

胡适上任以后，面临的第一件大事，就是摆脱国内广州失守(10 月 21 日)、武汉陷落(10 月 25 日)后十分不利的外交困境，配合专使陈光甫，与美国谈判"桐油借款"。

银行家陈光甫(1881—1976)，江苏镇江人，留美生。 1936 年以中国币制代表团首席代表身份赴美，与美国财政部长摩根韬(Henry Morgenthau)谈判，成功签订《白银协定》。 回国后陈光甫任贸易整理委员会主任委员，主持进出口、外汇事宜。

赴美特使陈光甫

1938 年，国民政府再次派陈光甫赴美，争取美国财政援助。 胡适与陈光甫素有交往，1934 年年底胡适赴香港大学接受博士学位，途经上海时，鉴于亚东图书馆(出版社)经济危机，曾转托陈光甫上海银行透支款再转一期，救了急。 如今陈光甫来华府，轻车熟路去找财长摩氏，摩氏热情接待。 鉴于美国传统的孤立主义，不愿过问欧洲、亚洲正在进行的战争，而不问侵略或抗战，再加上国会已通过"中立法"，使孤立主义法律化。 美国国会激烈反对给华政治借款。 罗斯福总统援华力不从心。 赫尔国务卿鉴于国会压力，反对直接借款于中国作军火买卖。 这些，对中国抗战十分不利。 蒋介石在胡适赴任途中，曾发一电，指示开展中美外交四要点，其中"二、中立法。 三、财政援助"。 胡适明白，争取美国经济援助，必须绕开"中立法"。 他与陈光甫商量认为，应该通过商业形式谈判贷款，才不会招致孤立主义者的反对。 他们同摩根韬财长谈判得十分艰苦，终于双方统一用出售桐油(中方)方式进行贷款

/ 罗斯福总统与胡适大使

(美方)，即在中国成立复兴商业公司，收购桐油，售给美国的世界贸易公司；世界贸易公司则与美国进出口银行订立借款契约，由中国银行纽约分行担保，形成一个商业机构与银行之间的借款方式；合同规定五年内中国复兴商业公司运美国桐油 22 万吨，以售价半数偿付借款本息，其余在美采购"政府需用物资"(军火及装备除外)。 按谈判进程，"桐油贷款"在 10 月定案，但倒霉的消息传来了：广州、武汉接连沦陷，大半个中国河山为日本军队侵占。 从美国眼光来看苦难的中国，蒋介石政府是否会垮台？ 10 月 25 日，武汉沦陷这

个黑色的日子，摩根韬打电话给胡适，约胡适、陈光甫去他家喝酒。 胡、陈

到达摩府后，发现财政部几位要员和财长秘书也在场，气氛有些严肃，心里不免忐忑。摩根韬财长拿着酒杯，指着桌上的文件说："借款的事，罗斯福总统先生已经 OK 了。听说这两天中国的消息不好，希望这笔借款可以起到强心剂作用！"听着，陈光甫不免兴奋起来，但摩根韬财长话头一转，紧接着说："现在只剩下一件事——中午时候我去向总统请示借款事，总统先生略加考虑就说'不幸的广州、武汉相继被日本军队占领，如果我今天批准借款，明天中国换了政府，变了政策，我一定会遭到(国会)非议。如果在数日之内，蒋介石将军能明白表示，中国政府安定而不变，我就可以立刻批准此项借款。'"

"大使先生，希望贵国蒋介石将军能明白表示。"摩根韬重复了罗斯福那句话。

胡、陈两人既惊喜又惭愧，只稍坐片刻，喝了一杯水，便匆匆告辞而去。

回到大使馆，胡适对同样悲愤、懊丧的陈光甫说："我是明知国家危难才来的。国家越倒霉，越用得着我们。国家到太平时，才可以歇手。"

他又对使馆官员说："我们是最远的一支军队，是国家的最后希望，绝不可以放弃职守呀！"

回到双橡园大使公馆后，胡适与陈光甫拟了长电，向重庆的蒋介石、孔祥熙报告了摩根韬财长及转告罗斯福总统的谈话。此时蒋介石已去前方视察，重庆行政院长孔祥熙回电云，"广州陷落，武汉撤退，政治情形，尚称安定"，"今后方针，只要友邦能予有力援助，决仍照原定计划继续抗战，绝不因一二城市之得失而有所变更"。但是孔嫌此次桐油贷款(2500 万美元)数目太少。10 天之后，蒋介石也来电了，就是那篇《为武汉撤退告全国同胞书》(11 月 2 日)。

罗斯福总统获悉中国这两份文件后，决定批准"桐油贷款"。但 1938 年11 月是美国国会议员的选举年，直到 12 月初才将总统的批准公布，美国务院于 15 日发布进出口银行与世界贸易公司达成 2500 万美元的信贷协议的公告。

"桐油贷款"一波三折，终于告成。18 日，蒋介石驰电胡适、陈光甫予以鼓励："借款成功，全国幸福。从此抗战精神必益坚强，民族前途实利赖之。"

身负民族重担，艰苦的 1938 年快过去了，胡适、陈光甫在美国的努力终于初见成效。他们两人合作得很好。这年 10 月 31 日，陈向胡要张照片。

胡把自己一张照片给了他，陈要求"你在照片上写几个字纪念吧"，胡适就在照片背面题写了一首白话诗——

略有几茎白发，
心情已近中年。
做了过河卒子，
只许拼命向前。

1938年，胡适驻美时题赠陈光甫"几茎白发"照

此照他自留同样一帧，在影像旁边题了这首诗，改了三个字："偶有几茎白发"，"心情微近中年"，"只能拼命向前"。 不知怎的这首诗被弄错了时间：由1938年错成1948年，于是产生了衍义，被说成"卖身投奔蒋介石"。

"桐油贷款"成功后，陈、胡深有体会，"只要我方情形相当稳定，(美方)继续援助，似有可能"。他们紧依摩根韬，"兢兢业业，与之研求"。 这时陈光甫被委任为新设立的"中国世界贸易公司"董事长，驻美全面负责用美国贷款购办农工产品，更便于和胡适进一步合作。 但胡适在纽约三次著名的演讲中病倒了，患了心脏病，住院治疗了77天(得到护士哈德曼夫人精心的无微不至的看护与照料)。1939年2月20日出院后，胡适开始活动，阻止美国国会修正"中立法"。

5月23日，陈光甫到华盛顿大使馆，与胡适商谈向美第二次贷款事。 大病之后的胡适有感于陈光甫的爱国热情，极愿第二次合作。 当时他们拟订三条途径去争取：其一，直接找罗斯福总统开口；其二，托美最高法院法官佛兰克福斡旋；其三，直接与国务院(即外交部)谈判。 胡适都同意了，因为胡适与罗斯福关系甚好，可以直接找上他的办公室面谈，这是一般外交官乃至白宫官员难以达到的。 曾有这么一个故事：一次胡适在罗斯福办公室里谈天，罗斯福是健谈的人，两人谈了不少时间，秘书把门打开了，伸头一看，又把门关上了。 胡适理解到是"送客"了，就站起来。 但罗斯福不让他走，继续谈。 又过了一些时间，秘书又来把门打开，这回他站在门口，不走了。 于是胡适主动告辞。 但这究竟是私交，胡适认为，与国务院谈判，是正常外交途径，既是国事，必须走的，尽管当时美国国务院以"守旧不管闲事"著称。

胡适先通过他的好友、国务院资深顾问洪伯克向赫尔疏通，然后，1939年6月21日，胡适大使拜会赫尔国务卿，说"桐油贷款"的钱款已用完(大部用于改善滇缅公路运输现状)，希望贵国国务院提议，向中国提供第二次贷款。 赫尔与胡适打交道次数多了，而且知晓他与罗斯福总统有十分友好的关系，当即就向胡适指示了一条道路："大使先生可以找联邦贷款主任杰西·琼斯(Jesse Jones)先生商谈。"这时候，重庆频频来电，催促他从速办成借款协议。 陈光甫心烦，原来"办银行30年，平日里只有人求他，他不消看别人的脸孔。 此次为国家的事，摆脱一切，出来到这里，天天仰面求人"(胡适语)，因之萌生去意。 时代背景的因素也是十分重要的，由于日本侵略军队在中国肆无其惮地损害美国的利益，日益严重。 美国忍无可忍，乃于7月26日，国务院照会日本大使馆，声明六个月后废止1911年的"美日商约"。 9月3日，德军分四路进攻波兰，英法对德宣战，欧洲大战正式爆发。 国际风云突变，美国的"中立主义"、"孤立主义"有所松动。

胡适眼前豁然一亮，与陈光甫商定，决定单独谒见罗斯福总统。 陈氏说："此举只有适之兄好担当！ 你向罗总统开口，仍是桐油借款，不足则以滇锡为抵押。"这期间恰逢长子胡祖望和胡适亡友徐新六儿子徐大椿来华盛顿。 胡适迅速将他们分别安置到康奈尔大学和赫维福大学后，9月8日，胡适谒见罗斯福。 请求"再打一次强心针"，作二次之借款。 罗斯福答应交财政部办理，随即电话通知了摩根韬。

9月26日，胡适拜会摩根韬财长。 摩根韬一见面就说："我等候你两个星期了！"证实总统果然9月20日对他说了。 这次谈得尚顺利，摩根韬财长让他的助手怀特博士和科顿谈细目。 怀特反复询问云南锡矿管理和锡砂运输问题。 最后原则定照"桐油贷款"方法继续加贷。 陈光甫闻讯，28日由纽约赶来华盛顿。 两人联袂，邀请摩根韬财长的亲信助手阿切尔·洛克海德(Archie Lochhead)夫妇吃晚饭。 10月13日，胡、陈又请白宫几位"少年才士"幕僚吃"中国饭"。 10月16日，胡适书"说帖"(包括对罗斯福"东三省共用共管"说法不能实行的解说)，亲自与美国务院谈判。 这场谈判之艰巨不亚于陈

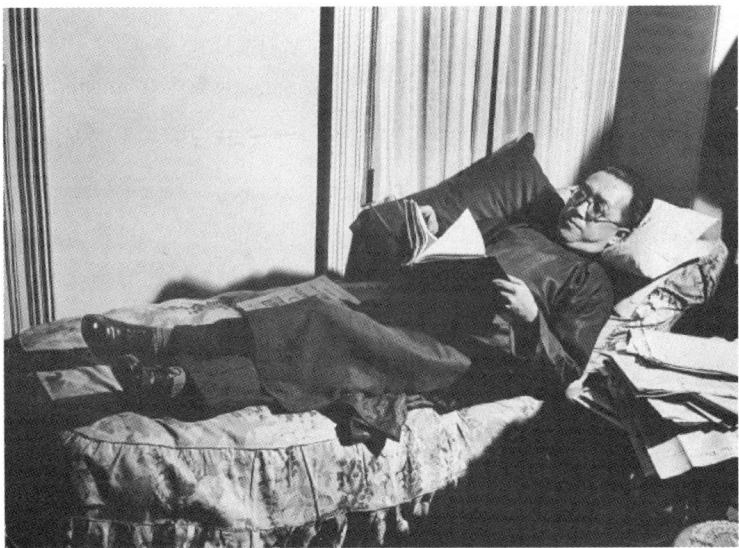

1939 年，任驻美大使时期的胡适在美国住所读书

光甫与美财政部的谈判，"(国务院)暮气沉沉，只以保全个人地位为目标，其他概非所计，欲求其出力助华，殆如登天之难……美外交部之远东司长项白克(Hornbeck)，此君老气横秋，彼对适之讲话有如老师教训学生，可见做大使之痛苦矣！"(陈光甫日记)胡适也感到美国务院仍抱中立主义、孤立主义立场，对他进说援华事半句也听不进去，犹如"对牛弹琴"。

这期间，美国会正在进行修改"中立法"大辩论，胡适也奔走于各政要，希望废止老"中立法"，寄望突破对中国的军火支援。欧战爆发后，美国会终于通过新"中立法"，取消对"民主国家"的武器禁运。

汪精卫

胡适继续走"罗斯福路线"。1939 年 12 月 20日谒罗氏，告之"中国目前之情形，并不如一般想象之窘迫"。美国总统对此甚感兴趣。1940 年 1 月13 日再谒见罗氏，再谈借款事，请求迅速议定。

陈光甫 1 月 16 日拜会摩根韬，借款事请他特别帮忙。摩氏了解陈氏，态度很诚恳，但没有新消息。

1940 年是中国抗日战争最艰苦的岁月。在国内，一方面，胡适好友汪精卫在南京成立伪"国民政府"，堕落成十恶不赦的中华民族的汉奸。一方面，国民党发动了第一次反共高潮，进而策划第二次反共高潮（"皖南事变"），严重损伤了抗日武装力量。　国际上，德日意三个国家在柏林签订军事同盟条约，终于形成法西斯轴心。

　　这年伊始，胡适奔走求美援，也是倍加辛苦，但他爱国初衷一直未改，正如他与陈光甫作长夜谈(1月16日)时，所出示他旧诗《回向》中一句："管他下雨下雹，他们受得，我也受得。"他俩终于悟出条路，就是去年赫尔国务卿所指津的美国复兴金融公司董事长、联邦贷款主任杰西·琼斯。　1月24日，他俩拜访了琼斯。　胡适大声地对琼斯说："中国决不媾和！　一定长期抗战，如得美国援助，最后胜利一定属于中国！"陈光甫也大嗓门地边说边将"桐油贷款"一应资料出示，说中国是讲信用的国家，要求美国这回借贷7500万美元。　听力有些失聪的琼斯也大声吃力地对胡、陈二人说，参议院虽然决定进出口银行增资一亿美元，但给每个国家的借贷不得超过3000万元。　这次会谈结果，第二次借款终于基本成立。

　　果然，2月29日国会通过了此次贷款法案。　3月5日，琼斯通知陈光甫，中国第二次借款成立，款额2000万美元，以云南矿产锡为担保。　越二日(3月7日)，琼斯谒见罗斯福总统，宣布"滇锡贷款"案成立。

　　然而陈光甫、胡适千辛万苦走门道、谈判争取得来的第二次借款即"滇锡贷款"，却为大后方的孔祥熙代院长(行政院长已由蒋介石亲兼)不满，开始时认为钱太少了，现在又嫌条件苛刻(抵押、担保)，经胡适电报多次往复，才勉强认可。　陈光甫趁机于当年5月卸任回国。　启程前，胡适陪陈光甫去向罗斯福总统辞行，由谈判对手成为朋友的摩根韬也前去。　罗斯福对陈的工作表示满意，希望他秋天早点来(结果来了宋子文)。　罗氏在轮椅中说："我是最看重外交部和大使馆的；但我想，我的办法比较便捷一点吧！"听罢，三人都欢欣地以笑致谢。　胡适工作做得很周到，通过"文胆"陈布雷，让蒋介石电慰陈光甫"厥功至伟，尤念勤劳"。　临到分离，胡适知道再也没有机会合作了，颇为惆怅，在当天(1940年5月3日)日记中写道："我与光甫共事19个月，他是很不易得的好同事。　我和他都不求名利，都不贪功，都只为国家的安全，所以最相投。　今回别了，我们都很惆怅！"

　　同年6月14日，蒋介石派他的小舅子宋子文作为他的个人代表赴美。　胡适与宋合作，在9月15日完成"钨砂贷款"，款额2500万美元。　此后，以宋子文为主，胡适协助，又在1941年完成两笔各5000万美元的贷款。

罗斯福:"胡适! 战争已经开始"

诚如胡适自己所云, "借款、购械、宣传、募捐四事虽属重", "却均非外交本身, 宜逐渐由政府另派专员负责", 而他的外交重心是, 以"苦撑待

胡适大使、外长郭泰琪(右二)与英国驻美大使哈利·法克斯爵士夫妇

变"为最终目的, 针对美国的孤立主义和"中立法", 开展外交活动。 弱国外交缺乏后盾, 他困难重重, "盖孤立论是美国人的一个传统信仰, 非笔舌所能摧破。 只有事实的演变与领袖人物的领导, 可以使孤立的国家转变为积极参加国际政治也"(致重庆陈布雷电, 1939 年 1 月 27 日)。 "孤立派问题, 关键在事实演变, 在政治领袖, 而不在舆论", "但谓外交着眼自有射马擒王的必要"(致重庆王世杰电, 1 月 30 日)。 胡适"苦撑待变"等待这一时机。

1940 年秋天, 德日意结成轴心国军事同盟, 日本进军越南, 太平洋的战争阴云凝重, 国际形势急转直下。 年底, 罗斯福总统三连任, 在就职演说和 1941 年新年国会致辞中, 表示完全抛弃孤立主义, 走向国际政治的立场。 罗氏说, 对任何为自由而抗战之勇敢民族, 美国均有援助的义务, 美国应成为"民主国家的兵工厂"。 胡适的"待变"逐渐演变成有利于中国抗战方向, 胡适静观事态再度演变, 留意捕捉太平洋局势的突变。

胡适、郭泰琪外长与美国参议员塔夫塔夫妇在酒会上

1941 年 8 月 14 日，罗斯福与丘吉尔在纽芬兰签订"大西洋宪章"，正式宣布英美结盟。8 月 19 日，胡适访晤国务卿赫尔，交中国政府照会，表明"中国为外国政府中对有历史性之'罗邱宣言'为最先表示赞同之国家"。

日本拉拢美国很紧，9 月初派出特使来栖，与大使野村与美国秘密谈判，要美国对日本作"三个月妥协"。神经高度敏感中的胡适一闻到气息，于 9 月 4 日，就日本美国秘密谈判(中国、西南太平洋局势)事再晤赫尔。赫尔告："中国无须忧虑美日谈话，美继续实行援助中国的政策，绝不间断。"太平洋局势波谲云诡。日本两特使神秘出入白宫，胡适也一样频繁进出白宫，展开他的外交活动，据有关年谱记载，大概有：

——(1941 年)11 月 10 日，到白宫拜会美国总统罗斯福，就远东局势之发展交换消息，并以一份文件送交罗斯福。

——11 月 18 日下午，晤国务卿赫尔，就该日赫尔与野村(大使)、来栖(特使)密谈，了解该情况。胡适"离国务院时，拒绝发表意见，惟神情显示乐观"。

——风起云涌，"三个月妥协"再版。11 月 22 日，赫尔约见胡适，及英、荷、澳大利亚大使，通告美国与日本谈判，拟签订"临时协定"。"协定"主要内容：(1) 日本从南越撤军，在北越驻限 25000

人；（2）有限度恢复美日通商，让日本取得美国石油供应；（3）中日间之解决，应基于"和平、法律、秩序、公正的原则"，也就是美国停止对中国一切道义与物质的援助。胡适当即表示反对，反问赫尔说："在'临时协定'的三个月内，会约束（日本）不攻击中国吗？"

——11月24日，赫尔再约见中、英、荷、澳四国大使，出示"临时协定"美方定稿。后三国大使表示大致满意。胡适反对日在北越驻军5000人以上，反对美对日经济封锁有任何松动。事态已很严重，当天，他急电告重庆。蒋介石回电："不能退步。"

——11月26日，胡适往美国国务院向赫尔国务卿声色俱厉地提出严重抗议，抗议美方（在"临时协定"中）答应日方"停止对中国的一切道德与物质的援助"的要求。赫尔颇感吃惊，表示容再商议。

——同日，胡适携宋子文谒见罗斯福总统，慷慨陈词。"这位一向温文尔雅的学者第一次在美国最高领导人面前发了脾气"（美历史学家保罗·海尔语）。没想到，"罗斯福总统居然把这方案（按：即'三个月妥协'）的内容全部告诉胡大使，他说：我决不背了中国答应中国不曾同意的事，所以要请你电告蒋委员长征询他的意见。"胡适学生、挚友罗家伦（二战结束后，曾与胡适一起参加发起成立联合国教科文组织的伦敦会议）叙述此事如是说。胡适立刻把这一情况电告重庆。蒋介石则通过胡适转告罗斯福，中国反对"三个月妥协"。罗斯福的反应显然支持了中国，并颇愿承担因之产生的严重后果，他说："既然蒋委员长不赞成，我可以拒绝日本提出的方案。可是请你转达蒋委员长，我拒绝了日本的要求之后，太平洋上有随时发生战事的可能！"

这场外交战，胡适终于反败为胜：11月27日，赫尔、胡适再晤。赫尔告诉胡适，美国取消日本提出"临时妥协"方案。同日，赫尔会见野村、来栖，宣读"赫尔备忘录"，宣布赫尔同野村、来栖的密谈失败。

接着，情节被推向高潮，而且富有戏剧性。12月7日下午，胡适赴纽约，参加一个援华性质的盛大晚宴，正要上席的时候，华盛顿来电话，要他去白宫，罗斯福有话要面谈。胡适一时分身不得。席终，他立即坐夜车返华府，第二天上午11时左右拜会白宫。罗斯福一见面，就说："胡适！那两个家伙方才离开这里。我把不能妥协的话坚定地告诉他们了。请你告诉蒋委员长，请他放心。 可是太平洋战争随时可能爆发，可能在菲律宾、关岛这一带。"

胡适出总统办公室，就绕到国务院，想打听点动静。 赫尔不在，副国务卿也不在。 胡适因为在这里有很多朋友，所以就到其他办公室走走，遇到了那位老气横秋的远东司司长。 他反倒问起胡适和总统谈了什么。 已是吃饭时候，胡适回到大使馆去吃中饭。 胡适正在吃饭，电话铃声大响，说是总统要和大使先生讲话。 胡适去办公室，拿起电话，就传来罗斯福熟悉的声音——

胡适! 方才接到报告，Japs 对我们的珍珠港用空军、海军一道开始攻击了! 战事已经开始。请你打电报告诉你本国政府。

胡适吁了一口气。 他当即急电报告重庆。 然后他对使馆同事说:"这时我觉得大事已定，心里一块石头才放下去。""这使我国家民族松了一口气，太平洋局势大变了! "胡适"苦撑待变"的这一天——12月8日终于等到了。

1941年12月9日，美国参众两院通过决议，对日宣战。 12月23日，中国国民政府对日本正式宣战。 中美合作共同反对日本法西斯的战争开始了。

二战结束后，1945年胡适在伦敦对罗家伦回忆1941年12月8日上午罗斯福第一时间告诉他太平洋战争爆发消息的往事时说:"我想罗斯福为什么立刻亲自打电话给我，他除了要我报告中国政府之外，还有一个理由就是他在半点钟前同我谈话的时候，觉得自己有点考虑不周，所以特别补这个电话。"

其实，英国比美国早一天——8日向日本宣战。 因为日本偷袭珍珠港同时用飞机炸沉了正在航行中的英国无畏级军舰 WaLes 号(3.2万

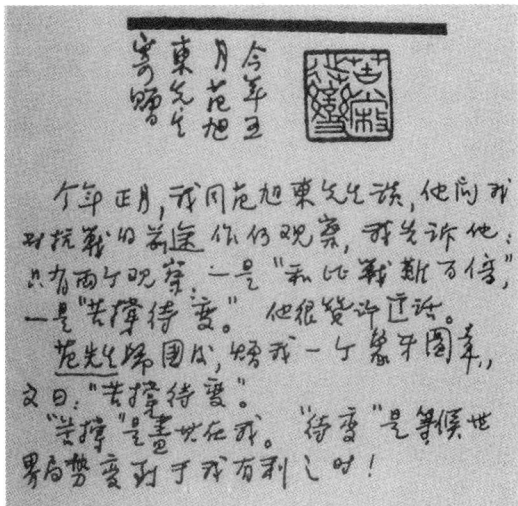

1941年，胡适日记手迹，上有范旭东赠"苦撑待变"牙章

胡适和罗家伦

吨)、British 号(3.5万吨)。 地点在马来半岛海面上。 日机飞得很低,舰上高炮打不到。 英军死了一千多人。 这也是当年震动世界的大事件。 这是胡适晚年在"珍珠港事件"纪念日时讲起的。

胡适促成罗斯福拒绝野村、来栖"那两个家伙"游说,诱发太平洋战争爆发,加速日本军国主义灭亡。 这一大历史贡献,是不争的历史事实,乃至有位美国史学家称,罗斯福"不幸地上了那位颇为干练的中国大使胡适的圈套,才惹起日军前来偷袭珍珠港"。 其实胡适丝毫未使掉阖纵横的政治技巧,分化美日;事实上胡适也没有这份政治能耐,诚如他自己所言,"我从不曾开口向美国要过一分钱,要过一支枪,我只是把真实的事实告诉人家,把真实的道理告诉人家"。 这种被他在国民政府任高官的学生称作"过于君子相"的外交风格,"大处只有好结果而并不曾吃亏","也是外交上一个很有价值的记录"。

书生形态,无为而治

其实胡适大使的"书生相"无处不现。 1941年12月,北平图书馆102箱善本图书(2720种,共3万册)为避战争劫难,运抵华盛顿,托美国国会图书馆代为保存。 当这批图书开箱时,该图书馆馆长和美国国务院邀请胡适大使前去察看。谁知他一进书库，如入宝山，顿时旁若无人地翻看起书来，站得累了，便席地而坐，一看便是个把钟头。把那些陪他前来的美外交官员和国会图书馆馆长，冷落在书库走廊里，任他们踱方步，等着这位"书迷"大使。不知他看够没有，终于从"书堆里笑吟吟地走了出来，和陪同他的要员们大谈其善本的经纬"。这段逸事为唐德刚所拾遗，记载在《胡适杂忆》中。其实，胡适也是策划、运作这批国宝"逃难"的成员之一。初，这批善本书(甲库 180箱、乙库 120 箱)运到上海之后，北

胡适在大使官邸双檬园书房读书

图馆长袁同礼奔走于中国科学社图书馆、震旦博物院、法租界及美国驻重庆大

胡适大使在"双檬园"书房

使詹森、驻沪总领事梅乐和，都不得要领，最后求请于胡适，运往美国代管。胡适允诺，两次去美国国务院和国会图书馆商谈。经美方同意后，胡适又派王重民(目录学家、文献学家，时在美国国会图书馆访问)去上海，实地踏看、研究运输方法。曾任中华图书馆协会董事、北平图书馆委员会委员长的胡适代表北平图书馆与美国国会图书馆签约。上海方面通过巧妙又大胆的方式，终于将 102 箱 3 万册中国善本书安全运抵华盛顿，寄存于该馆远东部书库。

学者大使胡适的另一重大使命，便是运用他丰厚的文史、政治

学识，满腔爱国热血地旅行全美，向大学师生、社团公众以及议会议员、政府官员发表抗日演说，但是却为他的哥大同学、继任中国外交部长宋子文所不屑，宋对他说："你莫怪我直言，国内很多人说你演说太多，太不管事了。 你还是多管正事吧！"当年驻美使馆秘书傅安明说："其实，他的部属多人帮他管理'正事'，只有两事部属帮不上忙，必须他亲自出马。 一项是广交朋友，以及与总统、部长、议员和名流显要的接触；另一项就是发表演说，因为他有中国大使职位与国际名流声望的双重身份。 由于这双重身份，他与美国显要接触及在美公开发言，都能发挥高度效力！"

胡适做大使，上任伊始，召集全体属员谈话说，他从未在政府机关做过事，对公务程序一向外行，全靠各位帮助他完成任务，务望各位专业人员，坚持职守，他是不会多作干预的。

胡适手迹

要知道，这里面大有学问。 这位傅秘书道出了胡适领导艺术的真谛："胡先生在大使任内建立一种分层负责的制度，以发挥他'无为而治'的精神。 他要求使馆同仁尽量发挥各人的专业才能与抱负。"其实，"无为而治"也并非一事不做，而是尽量授权属员完成他们职权内的事，培养他们的学识与能力，训练他们的责任感，让他们每个人都能够负起责任来处理他们职权以内的事情，也可以说是一种分层负责的制度。 "在他任内，官员多能负起责任处理各人职权内的事，使他有时间专心做他的政策思考、结交朋友、沟通政要、应酬、演说等属员们不能帮他做的事情。 偶有必要，他会与属员分层合作，完成任务。 那时，陈光甫在美洽办借款，他与光甫的合作，也是各尽所能，各从其人际与管道尽力疏通，再求整合以成事。"大使馆秘书傅安明如是说。

胡适这套领导本领，是从他的上司北大校长蔡元培先生那里学来的(胡适在任何场合提到蔡元培都带上"先生"的称谓）。 胡适常说蔡先生在北京大学、"中央研究院"时期，只谈政策，不管行政，"蔡先生最会用人，而对人信任亦专任"。 他说他在北大做教务长，丁文江在"中研院"做总干事——都是蔡先生的助手，蔡先生则希望他们"独断独行"，因为能"全心全意替蔡先生办事"。 30 年代重振北大，蒋梦麟做校长，也继承了蔡元培的"无为而治"的领导作风。 蒋梦麟留给胡适(时任文学院院长)的印象是: 他(蒋校长)对北大几位院长说各业专才只有各院系行家才知道，所以聘任新人是各位的责任，他不作干预。 辞退老人，易得罪人的事，他全力担当。 这才是了不起的领导人的本事，普通校长的作风并无勇气负起责任来辞退老人，而往往会在新人聘用上插手做文章。

胡适对于蒋介石什么公职都要兼任的独裁作风颇有微词。 他的使馆属员都知道他曾说过:"那时除军事以外，内政、外交、财政、教育、实业、交通，都有蒋委员长积极干涉的痕迹，其实这不是'独裁'，而是'打杂'；这不是'日理万机'，只是'侵官'。 天下没有万知万能的人，也没有一个能兼百官的事。 '侵官'之害能使主管官吏不能负责做事。"在刚从两千多年封建专制转型过来的 20 世纪三四十年代里，胡适能有如此"无为"思想，实在难能可贵。

因为"无为而治"，尊重属员工作，加上一贯慈祥和蔼的风范，胡适任期四年里，大使馆尽管工作量增加了许多，大家都不以为苦，反以为能多多为大使服务是乐事。 尤其有晚宴时胡适会约属员轮流去双橡园大使公馆陪客。 因为夫人不在，他常在客散后，留他们小坐闲谈，畅谈时事或学问。 这时候胡适妙语连珠，"那就是我们最大的享受了"。

当时双橡园有位大厨师叫许耀明，烧得一手好菜，为人正直，绝不揩油，对胡大使忠心耿耿，自胡适卸任后，他也走了，到意大利去做生意了。

胡适的饮食习惯是地道山里人的，从不挑剔，爱吃红烧五花肉，爱吃鸡蛋，而不喜吃鱼、蔬菜、水果。 他还引经据典地申述他的饮食原则，即孔子"食不厌精，脍不厌细。 食饐而洁，鱼馁而肉败不食……割不正不食，不得其酱不食"。 他说我华族孔子是殷人后裔，饮食习惯颇似美国的犹太人。 犹太人大概也是肉食类者也。

胡适用人也继承蔡元培作风，任人唯贤。 初任大使时，邀来资深外交官陈长乐任参事，后来发现陈长乐不能胜任其职，仅一年，就由外交部调任其去他处做总领事。 接着胡适设法调驻英使馆秘书刘锴升任他的参事。 刘锴在胡适"无为而治"风范下，充分发挥自己的外交才能，如鱼得水，干得出色。 由于刘的主要活动是对外应酬，微薄薪金(500 美金)捉襟见肘，胡适两次与重庆外交部电涉，终于为他争取到每月 300 美元的交际费。 后来刘锴升任外交部次长、大使，都与胡适"无为"作风的栽培有关。 他心怀知遇之恩，及至1942 年 9 月胡适卸任，18 日大使馆全体同仁茶话惜别，却未见刘锴身影。 何也？ 胡适在这天日记中有记载——

今天早十一点离开双橡园，离开华盛顿。同事诸人都在站送我。刘锴躲在我房里，我忽然觉悟，他不愿人看见他流泪。他送我直到Baltimore(巴尔的摩)，才回去。我也下泪与他相别。(1942 年 9 月 18日）

胡适大使的去职，原因重重，究其实质，表面固因胡适不违初衷，认为太平洋战争发生后，自己大使任务已完成，身心俱疲，应该返身自由学术中去了；实际是被宋家兄妹逼走的。 1942 年宋子文继任郭泰祺之后外交部部长职，"不在重庆而长在美国"，"常常自以为和蒋先生有亲戚关系而目空一切"，常常掣肘代表国家的大使，使胡适觉得"到最后不能不走了，宋当然很愿意去掉一个在美国声望远高过他的人"(罗家伦语)。

胡适去大使职的日程是：

1942 年 8 月 15 日，胡适得到免其大使职的电报。 当晚 11 时回电重庆："蒙中枢垂念衰病，解除职务，十分感激。"

8 月底，中国为魏道明继任美使事，征求美方同意。

9 月 2 日，与罗斯福总统作短时间会晤。

9 月 3 日，与美方人士告别。

9 月 6 日，重庆中央社正式发布胡适辞职消息(胡适并未正式递交辞呈)，并报道内定魏道明继任。

9 月 7 日，行政院院长蒋介石(兼)"庚电"，特聘胡适为行政院高等顾问。

9 月 10 日，胡适复电，请辞。

9 月 11 日，国民政府明令，免胡适驻美大使职。

9 月 14 日，胡适卸大使任。

1942 年 9 月 12 日，胡适卸任大使职，在双橡园与同仁惜别

9 月 18 日，胡适离华盛顿，移居纽约。

"兄持节四年，誉满寰瀛，功在国家。一旦去职，中外同深惋惜，其难进易退，有古人风，尤为士林衿式。"曾任驻英大使、外交部长的郭泰祺，在给胡适的信中如是评价，实矣。

"奉总统命表示美国对于胡大使的离任，表示诚恳的惋惜，因为他是中国最能干最忠厚的公仆。"美国副国务卿韦尔斯(S.Wells)在中国新任驻美大使后，代表罗斯福总统发表讲话，诚哉！

两地书："看着天上的星，当然想念着你"

"我在这十几天遇上了一件'逼上梁山'的事，我知道你听了一定很不高兴，我心里也觉得很对不住。""飞上九江，我在飞机上忽然想起今天是七月十二日。在 20 年前的七月十二日，我从外国回来后(按：指 1917 年留美学成归国)，在上海的新旅社里发下一愿，决定 20 年'不入政界'、'不谈政治'那一句话是早就抛弃了。'不入政界'一句话……在这大战怕不可避免的形

势里，我还能再逃避 20 年吗？ 果然不出两个月，我就跑出去了。 现在怕更躲不开了。 我只能郑重向你再发一愿：至迟到战争完结时，我一定回到我的学术生活中去。"

这是胡适持节开展"国民外交"，1938 年 7 月由美国纽约渡大西洋，到法国，转赴英国伦敦，30 日写给夫人江冬秀信中那段有名的"20 年不入政界"，"战争完结回到学术生活中去"的话。

大使职被免后，胡适离开华盛顿，回到他纽约东 81 街 104 号公寓，果然做起学问，考《易林》，考"两汉"，考曹操，考《水经注》全、赵、戴三种校本的真伪起来。

徽谚有云："一世夫妻三年半"，胡适夫妇倒没有如此程度悲凉。 但从 1937 年 7 月，一直到 1946 年 7 月，特别是出使节驻美国的四年，胡适夫妇横隔大洋，遥望海天。 在民族垂亡的艰难岁月里，谁不希望一家数口患难与共、生死相依？ 但在这场残酷的法西斯侵略战争、神圣的民族保卫战争中，胡适没有其他选择，"国家到这地步，调兵调到我，拉夫拉到我，我没有法子逃，所以不能不去做一年半年的大使"(致江冬秀函，1938 年 9 月 24 日)，结果做了四年。 在这四年或者五年(一年"国民外交")的"烽火连三月"的春秋里，如何沟通夫妇之情？ 胡适则运用了他传统的方法——书信。 此际也真可谓"家书抵万金"了！

笔者粗略统计，在这四年或五年的两地生活中，胡适写给江冬秀的信有 60 多封，平均每个月一封。 但有时一个月也有两封或三封、四封的。

如 1940 年 3 月，他与陈光甫合作进行的第二次借款"滇锡贷款"告成，此外，博士学位有所增添。 心中略宽，家信就接连写了四封。 3 月 19 日的那封信中说："我许久不曾寄钱给你，累你困难，我很不安。"汇钱到上海，银行照本日市价折付法币。 国难时期的法币波动甚大，于是胡适就托他的美国朋友施太尔先生到上海时带去 500 美元。 是补冬秀去年一年的，以后将陆续寄来。 施先生是资助徐新六遗孤大椿来美国读书的一个好人，与竹垚生熟悉。 施太尔的太太会说上海话。 所以胡适又托了施氏夫妇带去西洋参(按：胡适曾说过，西洋参原来是美国农夫喂猪的，中国人发现了它，可以当药吃，才推销到中国去，还不到百年历史)四磅。 "我认得卖参的人，所以价钱不贵，每磅九元五角"。 又说惠平侄女(就是程法德的母亲)吃了有效，我可以再买，不必惜费。

3 月 20 日和 21 日的两封信是放在一个信封中同时寄出的。 20 日信对江冬秀欲想明年回老家去住一年表示不同意，说："你现在是 50 岁的人了，不要去冒那走长路的险"。 信中特别提到小三求学的苦衷，"我此时没有能力送两个儿子在美国上学"，希望他到昆明去上学，先跟江泽涵舅舅暂住，考进西南联大后再住校。 胡适给了太太两件小礼品，是托人带去的: 匣子里是印度银器，一个"蝴蝶儿"的小盒，纪念他上海求学时的一个笔名"胡铁儿"。 这封信中还提到了他的幼年好友、流落在美国七八年的孙竞存，在他的帮助下回了国。 孙竞存是后来复旦大学名教授孙大雨的本家叔父。 21 日的家信则报告: "我去年得了两个名誉博士学位(本有五个，因病后不能远行，辞去三个)。 今年春夏秋三季可得八个名誉博士。 连以前得到的三个，总共有 13 个名誉学位。""身体最近重量是 138 磅。"

第四封信(3 月 23 日)中说:"我有时太忙，不能写信，害你牵挂，真是我的罪过。"告诉妻子后天(25 日)将作来回六千英里(相当于一万八千里)飞行。 身体已好了。 呼吸全不觉困难了。

综观这五年家信，其内容无非是国事、家事、学事。 我们形象地看到了做丈夫的胡适大使。

国家事

"尽此一分力，尽此一日力而矣。"以报答国家报答朋友。(1938 年 8 月 27 日)。

胡适以普鲁士科学院通讯研究员身份，在离伦敦赴瑞士参加国际史学会会议途中，于比利时火车站看报，得知好友徐新六罹难，悲痛不已，家书中很实在地说:"我自己的事，至今没有定妥(按: 为重庆三封电报催任，但正式任命今尚未下达)。 将来是怎么样，我全不知道。 新六最后一次写信(八月廿三日)给我，说:'此时能尽一分力，尽一日力，只好尽此一分力，尽此一日力而已。'我现在也只能作此想，以报答国家报答朋友。"爱国银行家徐新六应国民政府召邀，由香港飞重庆(将与孔祥熙面商赴美争取美援事)途中，于 8 月 24 日上午遭五架日军驱逐机袭击，殉国。

现在国家到这地步，调兵调到我，拉夫拉到我，我没有法子逃，所以不能不去做一年半年的大使。(1938 年 9 月 24 日夜半)

这天胡适收到了徐新六殉国前一天(23日)夜里写给他的信。胡适收到此信，哭了一场，写一首诗追念他——

> 拆开信封不忍看/信尾写着"八月二十三"/密密的两页二十九行字，我两次三次读不完，/……"此时当一切一切以国家为前提，"/这是信里的一句话。/可怜这封信的墨迹才干，/他的一切已献给了国家，/……我失去了一个最好的朋友，/这人世丢了一个最可爱的人！/"有一日力，尽一日力"，/"一切一切为国家"/我们不要忘了他的遗训！

胡适在信中要次子小三把这首诗抄下来，给徐氏遗孤大椿。

就是徐新六遭日机袭击身亡的血的事实和民族悲愤，更直接导发"二十一年做自由人"的胡适"我没有理由可以辞此事"，终于接受"征兵"、"拉夫"，"去做一年半年的大使"。

这次日军野蛮制造的空难中，罹难者还有治愈胡适肾炎的北京中医国手陆仲安之子等，"十几个人之中，许多是熟人……"民族灾难直逼胡适。

> "留得青山在，不怕没柴烧"。国家是青山，青山倒了，我们的子子孙孙都得做奴隶了。(1939年9月21日)

胡适就任大使已一年，与陈光甫合作，第一次借款已完成，此时正为第二次借款谈判艰苦进行中；因为演讲劳累致心脏病发作，治疗已出院。胡适做大使，表面风光，内里经济着实拮据，底细在家信中袒露了："我这一次病了，单是医院，77天，就是3000多美金(医院特优待，给了我打六折)。医生是最有名的医生(他来看了70次)，起码开账可以开5000元，但他只开了1000元的诊费。这两笔就是4000多元。我每月只有540元美金。这一场病就去了我八个月的俸金。但我从不对人叫穷。孔庸之先生(按：即孔祥熙)好意寄来了3000美金给李国钦兄，助我的医药费。国钦知道我不肯受，又不好退回，所以等到我的医药费付清后，慢慢的把这3000元退还给孔先生了……医药费是陈(光甫)、李(国钦)二人借的居多。他们都是好朋友，我借了他们的钱，慢慢还他们不要紧。"

原来大使级的国家高官，因公生病，既没有"公费医疗"又不能"实报实销"。胡适为生病没有钱治疗而苦恼过吗？不，他在信中对妻子说："我是为国家的事来的，吃点苦不要紧。我屡次对你说过，'留得青山在⋯⋯'"

身家事

国难当头，山河破碎，人民背井离乡，在如此"烽火连三月"的天幕下，家书中谈身家，自然浮游着几丝淡淡国忧。

> 你今年50，我也49了，可惜我不能在家里给你祝寿。（1939年11月14日）

这封信胡适"是客中的客中"，在一个旅社写的，"我心中当然有无限的感慨"，其一，"《琵琶行》中说，'商人重利轻别离'。我此次出门，既不为利，更不为名，只为国家有危急，我被征调出来，不能不忍起心肠，抛家别友，来做两三年孤家寡人。"

> 给你祝寿，祝你万万岁。（1940年2月1日）

江冬秀比胡适大一岁，1890年阴历十一月初八生。胡适给她核阳历，生日该是12月19日，1940年是她50足岁了，"我盼望你收到信在你阳历生日之前"。"小三今年也是20岁了，我也祝他万万岁"。但这个爸爸口惠而实不至。胡适在另一封信中对冬秀说："你的生日，若改用阳历，同我只差两天，将来大可以同时做生日！"

> 在外过生日，虽然热闹，心里只感觉不好过，并不觉得高兴。（1940年2月4日）
>
> （胡适生日）十七那天，有六七十个客来吃便饭。儿子（祖望）从学堂（按：指康奈尔大学）打长途电话来给爸拜寿。（1940年12月23日）

为什么呢？想念——

我在旅馆的十四层楼上看月亮，心里想着你。（1937 年 11 月 15 日）

在这封信中，还提到恩师"杜威先生上月二十日过生日，整七十八岁了，精神还很好。他常问我家人安否"。

今天是七月七日，（按：阴历七夕）我在园子里看着天上的星，看着那半圆的月亮，当然想念着你。（1940 年 8 月 10 日）

这封信还提到了江冬秀在上海收钱思亮太太等做干女儿的事，"你收了那许多漂亮的干女儿，你要我买东西送她们。我是不会买东西的，只好托游太太去买几个粉盒，几个钱包……这些都不贵，因为我在乱世，所以我不送贵重礼物"。这些小礼物计有："耐郎"（按：即尼龙）袜子七双、手皮包三个、粉盒五个，还有给小三的墨水笔和笔座，都是托沈燕返国带去的。

我看见你亲手剪的红寿字，心里当然感激你。（1940 年 10 月 9 日）

曾给胡适捎去 500 美元、西洋参的施太尔夫妇由上海返美国了，带去了江冬秀托捎给胡适的丝袜 12 双、领带两条、绣品两块，以及手剪红寿字。这回胡适有丝袜"当然可以穿了"，以前不穿丝袜，"是因为美国丝袜是用东洋丝做的"。

打开一看，里面是七副象牙挖耳。我看了，心里真有点说不出的感情。我想，只有冬秀想得到这件小东西。（1940 年 5 月 25 日）

这天有点凉，胡适把江冬秀寄去的红绛色便袄穿上，觉得右边口袋似有东西，伸手一摸，摸出一个小纸包，打开看，便是七副挖耳。"谢谢你！只有你知道我要用挖耳。"胡适好容易从华人街买到一根银子打的挖耳，用了容易发黑，也太软。"现在有了你寄来的七副，尽够用了。"

（想念、爱怜之情绵绵）我难道不想家庭团聚？我不叫你来美，只是不要你来受罪。（1941 年 9 月 10 日）

江冬秀

江冬秀曾在信中抱怨胡适："你要讨了个有学位(按：问)的太太，不就是天天同你在一块，照应帮助你吗？"胡适叫冤道："我在这儿的生活，并不是很快乐的生活。我三番五次想过请你来的问题，总觉得你来这里有种种困难，来的困难多，不来的困难少。根本的问题，你我的生活只可做一个教授的家庭生活，不能做外交官的家庭生活。"接着胡适在信中历数官场应酬"受罪"的事。"我一个人在这里'受罪'还不顶苦。你若在这里，还得跟着我'受罪'呢"！"这里中国人少，又因为地位关系，我的太太在这里就不能谢绝应酬，出门必须坐首座，在家必须做女主人，那就是天天受罪了"。当然还有一个经费问题。信中胡适备述为两个儿子留美，筹划学费而卖文章、卖演讲，煞费苦心。

尽管鞭长莫及，胡适还是不停叮嘱不在身边的妻子。

你不要多喝酒，像在徐老太太家那样的大醉，是很伤身体的。（1940 年 6 月 22 日）

我盼望你不要多打牌，我盼望你能有多一点时候在家照管小儿子。小儿子有一些坏脾气，我颇不放心。（1938 年 5 月 5 日）

你要多休息，少打牌。（1941 年 1 月 20 日）

我看了这封，忍不住要笑，我很盼望你不要乱想乱猜。我在这里，身边没有一个人！更没有女人。（1939 年 10 月 12 日）

原来江冬秀去信说："我想你近来一定有个人，同你商量办事的人，天上掉下来的人。我是高兴万分，祝你两位长生不老，百百岁。"江冬秀在另一封信中说得更厉害："你的师姐师妹要把我们全全送掉，也是前世里的遭击(按：

造孽),现世出了这么一班宝贝。想开点罢! 干(甘)心完了。 住在我家的小李的父亲,你千万不要拿他当好人……他同你的师姐师妹连觉(按:着)的,你这次出台,有他在内工为(按:恭维)上台的吧? 你对人太忠厚,上这个当,把你送掉名誉,不能说赏(按:响)了。 他们就少一个人说破他们的穿衣镜子了。"江冬秀多心了。 中年胡适与韦莲司的心旌动撼的时期过去了,反倒是使美时期他俩见面次数少了,而且多在社交礼节场合。 所以胡适在信中大叫冤枉:"我是孤零零的一个人,每晚睡觉前,总喝一杯热的俄勿廷(Ovaltine),再吃一粒安眠药。""今晚家里有 13 个客人,客散时已 12 点。 人都去睡了,只有我还在这里写家信给妻子伸冤枉! 到一点半才睡!"

也只有分离了,胡适才深刻体会到江冬秀的价值。 这些,胡适在家书中有所表述。

> 你在患难中能帮助家中贫苦的人们,真不愧是我母亲的媳妇。
> (1938 年 7 月 17 日)

胡适对江冬秀捐 200 元给她家乡周先生的学堂,不仅支持,而且"十分感激"。

> 你费心血把书救出北平。(1939 年 6 月 25 日)先父的稿子,若不
> 是你一力保护,恐怕现在还保不住。(1940 年 7 月 30 日)

1937 年"七七"事变不久,胡适南下,接着就被"征调"由"国民外交"到驻美大使,把北平那个家抛给夫人江冬秀了。 冬秀真能干,"七七"事变后四天(7 月 11 日)随叶公超、饶树人、梁实秋、姚从吾等胡适的北大同事,携小儿子思杜和胡适父子书籍 15 箱及细软一小箱由北平逃往天津。 一切都安然无恙(一度丢失的小箱子也找到了)。 后来又带到上海。 胡适又要她"把我的日记、稿子,老太爷的日记、稿子,全托人带到美国来",也办成了。 "现在这些稿子绝对安全了(按:胡铁花的遗稿已存放在美国国会图书馆),我十分高兴。 你听了也一定十分高兴吧?"

胡适一生感谢江冬秀的是她的"非妇人之见",也就是这位家庭妇女与世俗不同寻常之处——不要丈夫做官。

你总劝我不要走上政治路上去，这是你的帮助。若是不明大体的女人，一定巴望男人做大官。（1938 年 11 月 24 日）

胡适又说："你跟我 20 年从来不这样想，所以我们能一同过苦日子。所以我给新六的信上说，我颇愧对老妻，这是我的真心话。"

江冬秀尽管出身官宦人家，但不要自己丈夫从政的立场是十分明确的。抗日战争爆发，鉴于民族救亡，胡适出洋演讲抗日，她不反对。但一旦做了大使的官，江冬秀的态度是反对中有尺度，就是："但愿你给我信上的一句话，'我一定回到学术生活中去'。我狠(按：恨)自己不能帮助一点力，害你走上这条路上去的。"也就是胡适在接受大使职时对江冬秀所说的——

胡 适

> 我声明做到战事完结为止。战事一了，我回来仍旧教我的书。请你放心，我决不留恋做下去。（1938 年 9 月 24 日函）

"中央研究院"院长蔡元培逝世(1940)后，重庆传言胡适将出任院长职。江冬秀闻讯赶紧去信"敲"胡适了——

> 昨天看见孙先生，他开会回来，见我头一句话替我恭喜，说你就要回来了。我莫明(名)其妙。他告诉我，命你回来做研究院院长。我听了很不好过。骅，你知道我的皮(按：脾)气处处不忌(按：愿)那种假仁假意(按：义)的朋友，有点肉麻他不过。你要知道，万一有此事出来，你千万那(按：拿)定主意，不要耳朵软存(按：成)棉花，千万你的终止(按：宗旨)要那(按：拿)的定点，不要再把一支(按：只)脚哒

（按：踏）到烂呢（按：泥）里去了，再不要走错了路，把前半身（按：生）的苦功放到冰泡里去了，把你的人格思想毁在这个年头上。（1940 年 4 月 26 日）

胡适回信中态度鲜明：

> 上次信上，你谈起"中央研究院"的事。此事外间有许多传说，我无法过问。也无法推辞。我并不想做院长，但我此时若声明不干，那就好像我舍不得丢现在的官了，所以我此时一切不过问。你懂得我的意思吗？（1940 年 6 月 22 日）

不过，1958 年 4 月，胡适返中国台湾省，还是做了"中研院"院长(蒋介石于 1957 年 1 月 4 日任命他)。 这是后话了。

第十一章 胡适，拥有 36 顶博士帽

有史以来，炎黄子孙中一人一生中荣膺 36 个博士学位的，舍胡适，恐怕再无第二人了。胡适拥有"36 顶博士帽"，应该是中国现代史上的一个奇迹，但是他却说，"这是我今年(按：1940 年)得的第一个名誉学位(按：宾州大学授予名誉法学博士)。六月初，可以得六个。九月里可得一个。今年共得八个，七个是法学博士，一个是民法学博士。这些玩意儿，毫无用处，不过好玩罢了。到今年九月底，我总共有了 14 个博士学位。一个是四年苦工得来的，13 个是白送的"(致江冬秀函，1940 年 4 月 21 日)。

骄傲的美国人哪会"白送"给黄种人博士帽！看来胡适博士帽里还有些故事哩，且先听听"一个"是怎样"苦工"得来的？

1929 年 10 月，胡适在杭州之江大学作演讲

1927 年，结束"冒充博士"历史

胡适 1915 年 9 月转学到纽约哥伦比亚大学，师从杜威教授，攻读哲学博士。1917 年 5 月 22 日"吾考过博士学位最后考试"(即答辩考试)，即响应蔡元培校长北京大学教授之聘，29 日向杜威辞行，启程返国了。所以，实际上

胡适在哥大读博士研究生的时间，两年还不足。 胡适入室弟子、《胡适口述自传》作者、纽约市立大学教授唐德刚先生在《胡适杂忆》中有云: 胡氏在哥大研究院两年时间连博士学位研读过程中的"规定住校年限"都嫌不足，更谈不到通过一层层的考试了。 美国所谓"常春藤盟校"领袖学府内，正统的"哲学博士"学位是相当难读的。 以创哥大成绩空前纪录的顾维钧，在哥大研究院读了四年(实修五年)，顾氏论文也只完成个"导论"……其他华裔名校友如马寅初、蒋梦麟、蒋廷黻、罗隆基、金岳霖等差不多也都是住校四年以上的。 所以胡适以两年时间读完是不可能的。 胡适之所以放弃学位而急于回国，实在是个熊掌与鱼翅的选择问题。

胡适很实际，考过博士答辩就回国做教授了，在北大开课，倡导白话文运动，加入蔡元培、陈独秀等时代精英的"兔子年轮"，领导五四新文化运动。潮流锐不可当，风云际会，一部"新文化"与学术并重的著作《中国哲学史大纲》(上卷)出版了。 这部具有划时代意义著作的封面上印上了"胡适博士著"字样——"洋翰林"的头衔在封建旧文化壁垒中冲刺，是很有造声势作用的。随着这本书的轰动反响，也给胡适飞来了一顶不雅的帽子:"冒充博士"。

实在是不可否认的现实，因之给胡适带来了委屈。 实际上仅仅是他哥大的毕业论文《中国古代哲学方法之进化史》及以后在北大授课衍化成的《中国哲学史大纲》(上卷)，又岂能是一个哥大哲学博士学位可以涵盖的。 他对自己的学问底气很足，所以他乘1926年7月去英国参加"中英庚款顾问委员会"全体会议之便，专道去美国，把早在1922年已由上海亚东图书馆印行出版的他当年10万字的博士论文(一字不动)《中国古代哲学方法之进化史》(英文版)100册带上，到了纽约之后，交给了他的朋友、"华美协进社"的沈有乾，转递哥大，从而完成博士学位证书的手续。 其实，尚在杜威到中国讲学时，已多次劝促胡适完成"100册副本"手续，并就当年六主试官提出的修改意见，表示已是过去，不必介意。 胡适十年后以大学者身份返母校，虽谈不上作秀，但博士论文100册托人转交此举，是颇有心机的，一方面似示"不屑"的样子，另一方面折射他重视"补办"手续。 美国大学是重实际的，他们认识到胡适确实到达博士水准，如今既然来补办手续，就顺水推舟(当然还有导师杜威的斡旋作用)，3月为他举行了博士学位授予仪式。 不仅如此，还邀他在母校作了九次学术演讲。 所以胡适自己说一个是"苦工得来的"博士，不是没有道理，恐怕还有"苦心"、"苦涩"的成分。 从此以后，他那顶"冒充博士"

的帽子不摘自去了。　他到纽约后，为应母校邀请作《中国哲学的六个时期》学术演讲，可谓"下车伊始"扑向书斋，认真踏实做学问，或在居所"城市住宅宾馆"(Town House Hotel)，或在哥大图书馆，潜心写讲稿，写了近一个月，终于出来了一个提纲——

一、第一次造反，第一次调和，第一次反动(600—200BC)

二、统一的时期(200BC—300AD)

（一）第一次统一（道家）

（二）第二次统一（儒家）

（三）反抗（王充至魏晋）

三、佛教征服中国，与中国的反抗(300—1100)

四、中国哲学的复兴(1050—1150)

五、理学的时期(1150—1650)

六、反理学的时期(1650—1850)

胡适自己说，原来本想随便讲讲，现在坐下来越写越有兴趣，结合他此行在巴黎、伦敦图书馆、博物馆查录到的大量敦煌千佛洞佛教禅宗卷子，充实了他的唐代哲学禅宗史料，便决计用心写出来，"先作英文的全部《哲学小史》，作我的《新哲学史》的稿子"。　总之，胡适的博士学位被授予，确是有他的真正学问基础的。　每接受一次(名誉)博士学位，他都要作数次学术讲座或学术演讲。　此次纽约行，还在"泛太平洋俱乐部"作了题为《中国文化的再生》的演讲；参加纽约的"两周讨论会"，论题是"我们这个时代应该叫什么时代"。

考过博士答辩后十年，哥伦比亚大学正式授予他哲学博士学位，终于戴上博士帽，胡适从此便"博运亨通"，一顶顶博士帽飞过来了。

港大博士，演说惹来麻烦

胡适的第二顶博士帽，也就是说他的第一顶名誉博士帽，是香港大学给他的。　1935年元旦，他由上海坐海轮"哈里生总统号"南下，4日到香港。　7日，香港大学举行仪式，授他法学名誉博士学位。

胡适接受香港大学授予博士学位后与该校校长合影

下午四点，大学茶会。

五点，大学授学位典礼。

八点，港督 Sir William Peel（威廉·皮尔爵士）晚餐。（《胡适日记》，1935 年 1 月 7 日）

这天，胡适心情很好，还反映在他给妻子的信中。

香港是一个海岛，风景好极了，非常使我诧异。

今天下午是香港大学给我学位的日子，行礼在下午，所以上午我稍有空闲。

此间的人待我很好。昨天我在"华人教育会"演讲，听的人是三四百中国小学教员。讲完后他们抢着拿小册子来，叫我签个名字在上面做纪念，又拿了许多纸来，请我写字。我写得手都酸了。但我心里觉得很感动。他们敬重我，使我心里觉得我不会说他们的话（按：指粤语）是很对不住他们的。我明晚（八日）上船，九日早上可到广州……（1935 年 1 月 7 日）

胡适在香港住了五天(4—8 日)，做了五次演讲——三次用英语、两次用国语。没想到在签名"写得手都酸了"的 6 日，在香港华侨教育会举办的演讲中竟惹了祸，得罪了广东国民党军政当局。胡适演讲题目是《新文化运动与教育问题》。根据当年胡适在日记中所附贴的剪报，讲的主要内容是："中国办教育已经 30 年了，却没有一个地方能够做到普及的、义务的、强迫的教育。"香港是一个办学的好地方，是东亚唯一能够办普及的、义务的、强迫的教育的地方。广东是革命的策源地，但文化是很落后的，其原因是"广东自古是中国的殖民地，中原的文化许多都变了，而在广东尚留着"。各位应该把香港做成南方的文化中心。胡适对广东的批评，具体所指就是当局反对白话文，要小学、中学读经的政策。胡适说，"现在广东很多人反对用语体文，主张用古文，不但用古文，而且还提倡读经书。我真不懂。因为广州是革命策源地，为什么别的地方已经风起云涌了，而革命策源地广东尚且守旧如此。"

这份未经胡适审阅的讲话记录一见报，立刻引起了广东军政当局的恼怒，粤军首脑陈济棠直接出面，中止中山大学、岭南大学邀请胡适到校作演讲(原计划在该两大学及一女中、青年会等地

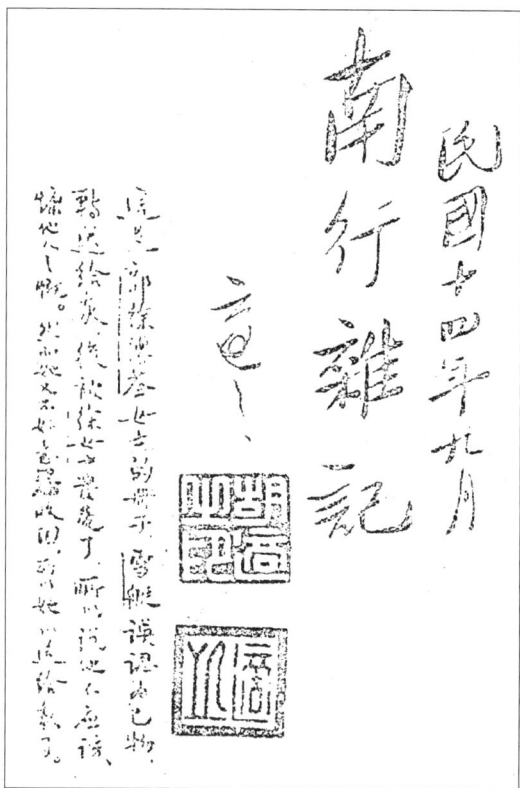

胡适游香港、两广后作《南行杂记》

演讲10次)。胡适8日晚一到广州港码头，欢迎人群十分冷落，当时就有朋友传信警告他："兄此次到粤，诸须谨慎。"到新亚饭店下榻后，负责接待他的中山大学文学院院长吴康送来一信："适晤邹海滨(按：即邹鲁，中大校长，西山会议派代表人物)先生云，此间党部对先生在港言论不满，拟劝先生今日快车离省，暂勿演讲，以免发生纠纷。"

胡适演讲做不成了，这倒不使他气馁，但心中不平广东军政当局如此傲慢，他这位北京大学文学院院长倒要领教下，不甘被逐。偏就要他"离省"的这日——9日上午由负责接待方之一的地方法院院长陈达材陪同，面见广东省主席林云陔和粤军总司令陈济棠。

胡博士一到场，这位陈总司令先声夺人，开门见山，一口广东官腔："读经是我主张的，祀孔是我主张的，拜关拜岳也是我主张的。我有我的理由！"未待胡适开口，他傲气十足地"演说"施政方针：一是生产建设，二是如何做

人。 处在尴尬地位的林主席(与胡适有旧交)趁此应付几句广东省政府的"三年建设计划"。 陈总司令毫不客气地打断省主席的话,以军阀训话方式大谈如何"做人":"生产建设可以尽量用外国机器、外国科学,甚至不妨用外国工程师。 但是做人,必须有本。 这个'本'就必须到本国古文化里去寻求!"陈济棠隼视胡适,暗想你这个洋博士有什么"古"的招儿。 胡适一直有平心静气聆听他人言谈的习惯,他今天是有备而来的,一定要以"谦逊"的姿态,把这位傲慢老总最后的话引出来,所以他还是一言不发。 果然,陈总司令更加得意了,便夸夸其谈说:"我寻求探索出来了,那就是读经、祀孔、拜关拜岳,就是这个理由,是这个做人之本!"

"依我的看法,伯南先生,"胡适终于回应了,他微微欠身,依旧坐着,不卑不亢,不学官场那套山呼总司令官职,依旧按学人惯例尊称他的字:"伯南先生的主张和我的主张有一点不同。"

陈伯南睁大眼睛,欲知下文,不得不按捺傲慢听着。

"我们就要那个'本'。 是的,"胡适侃侃而谈,"所不同的是,伯南先生要的是'二本';我要的是'一本'。 诚如伯南先生之见,生产建设须要科学,做人须要读经祀孔,这是'二本'之学。 我个人的看法是:生产要用科学知识,做人也要用科学知识,这是'一本'之学了。"

才听了一半,陈济棠耐不住了:"你们都是忘本! 难道我们五千年的老祖宗还不知道做人吗?"

胡适紧接上去,针锋相对说:"五千年的老祖宗当然也有知道做人的,但绝大多数的老祖宗,他们在许多方面实在够不上做我们'做人'的榜样。"

说到这里,这员五四新文化运动的大将顿时显现他昔时反封建、反礼教、反传统的凌厉锋芒:"举一个很浅的例子来说吧:女人裹小脚,裹到骨头折断,这是全世界野蛮民族都没有的残酷风俗! 然而我们的老祖宗居然行了一千多年!

"大圣大贤的两位程夫子(按:宋朝的程颢、程颐兄弟)没有抗议过。

"朱夫子(按:宋朝的朱熹)也没有抗议过。

"王阳明(按:明朝的王守仁)、文文山(按:文天祥)也没有抗议过。

"他们都是我们老祖宗中大圣大贤者。 他们都没有抗议过女人裹小脚。这难道就是'做人'的好榜样?"

陈总司令张口结舌,脸色铁青,只听得他断续哼着、骂着:"都没有本了……都是亡国教育……现在中国人学科学，都是皮毛……"

胡适没有放过他，继续舌战，针对他胡诌什么学科学"皮毛"、"都不能创造"，估计这位武将是科学上的草包，就直言告诉这位盘踞一隅的"南天王"："现在中国的科学家也很做了些有价值的贡献，比如数学家姜蒋佐先生、地质学家翁文灏先生、李四光先生，生物学家秉志先生……他们都是第一流的科学家，而且都有很高明的道德。"

陈济棠听着，一脸茫然。他不过是名大权在握的武夫罢了。

最后回到本题"读经"问题，胡适说，"我并非反对对古典经书研究，但我不赞成一般不懂得古书的人假借经典来做复古运动……"大概这句话言中陈济棠的要害了，脸色顿时难看起来，所以他根本听不进胡适自报原来到广州拟讲的题目《儒与孔子》、《怎样读经》……一个半小时的"接谈"就不欢而散了。

胡适博士广州演讲被南天王陈济棠中止，无疑是条叫板的新闻。外间还盛传着胡博士在香港对胡汉民说的——岳武穆曾说："文官不要钱，武官不怕死，天下太平矣。"我们此时应该倒过来说，"武官不要钱，文人不怕死，天下太平矣"——那段话，也栽到陈总司令头上了。

这边，中山大学校长邹鲁贴出了布告，说胡适"在港华侨教育会所发表之言论，竟谓香港最高教育当局也想改进中国的文化，又谓各位应该把它做成南方的文化中心，复谓广东自古为中国的殖民地等语。此等言论，在中国国家立场言之，胡适为认人作父；在广东人民地位言之，胡适竟以吾粤为生番蛮族；实失学者态度，应即停止其在本校演讲。"

不容胡适分辩演讲记录与事实有出入，而布告的指责系断章取义，他一回到新亚酒店，吴康便送来"逐客令"："惟事已至此，只好向先生道歉，并劝先生离省，冀免发生纠纷。"不过胡适没有当即"离省"，在岭南大学当局陪伴下"就充分那两天半的时间，去游览广州的地方。黄花岗、观音山、鱼珠炮台、石牌的中山大学新校舍、禅宗六祖的六榕寺、六百年前的五层楼的镇海楼、中山纪念塔、中山纪念大礼堂，都游遍了"(胡适：《南游杂记》)。

胡适离粤境后，还有中山大学守旧派教授古直(中文系主任)等人驰电粤、桂军政当局，要求"电令截回，径付执宪，庶几乱臣贼子，稍知警悚"，真比当年林琴南猖猖咒詈，凶厉得多，也比陈济棠逐客狠毒数倍。胡适在广东的遭遇，其实质是新文化运动中新旧两种势力斗争的延续。

"胡适在广东吃瘪"(李宗仁晚年在美国对唐德刚语),却在广西受到热烈欢迎。 他除了应广西大学校长马君武之邀,在梧州(逗留一日)作了题为《中国再生时期》的演讲外,桂军副总司令白崇禧等广西军政当局得悉他已在广州,有意拍去电报盛邀,"粤桂相距非遥,尚希不吝赐教,惠然来游,俾得畅聆伟论,指周行,专电欢迎"。 胡适当然去了,而且由西南航空公司做东,提供"长庚号"飞机,一路飞行。 这是胡适生平第一次坐飞机。 这样,胡适在广西玩了12天,先后到了南宁、武鸣、柳州、桂林、阳朔、梧州等风景名胜地,作了八次演讲(梧州一次、南宁五次、桂林两次),留下的印象是"广州城里所见的读经、祀孔、祀关岳、修寺、造塔等等中世纪空气,在广西境内全没有了"。

1月24日,胡适由桂林飞柳州,到梧州,结束广西行。 25日飞广州,然后乘火车到香港。 26日在香港乘"胡佛总统号"轮船北返上海。 就这样,为一个博士学位引来风波,又迎来风光,胡适1935年元月南国演说行结束了。南游归来后,撰写了《南游杂记》四篇:(一)香港,(二)广州,(三)广西,(四)广西印象,先后刊登在《独立评论》1935年141—145号和164号上。

1935年6月,"何(应钦)梅(津美治郎)协定"之后,面对华北主权被出卖的现实,居在北平的胡适对中国局势和世界趋势的看法日益清醒,感到中国抗日战争必得在美英参加的太平洋地区大战中赢得最后胜利。 到1936年,一向低调的胡适,也公开发表《敬告宋哲元先生》的文章(5月31日),警告地方当局者,"国家命运,已到了千钧一发的时候,凡是反对中华民国的人,凡是有心破坏中华民国的统一的人,都是存心遗臭万年的人","在今日是汉奸,在中华民族史上永远是国贼"。 "这些奴才将来都有在中山墓前铸长跪铁像的资格"!

1936年7月底,胡适渡太平洋,在美国旧金山上岸,8月11日到达约瑟弥岱,15日出席第六届太平洋国际学会大会。 29日大会闭幕,胡适当选为该学会副主席。 会间,他指责日本阻挠中国的建设,与日本代表展开激烈的争辩。

9月16日至18日,他应邀参加哈佛大学300周年校庆大会,并接受这所名校授予的文学名誉博士学位,随即发表演讲《中国的印度化:文化借贷的专题研究》。 得到哈佛博士帽的胡适,是此次校庆授予世界60位名人中的唯一华人。 而且意义还不止于此,胡适挚友、学生罗家伦说,因此"罗斯福总统对他(指胡适)有特别的好感"。 "罗斯福是哈佛的毕业生,所以哈佛捧的人他也跟着捧。 以后他同胡先生过从颇为频繁,有时还请胡到他的休假地点温泉别墅去度周末。"这对以后胡适驻美大使任上开展外交活动，带来了中国其他任何官员无法替代的优势。 胡适逗留在纽约期间(11月才由旧金山启程回国)，尽力宣传他的"太平洋战争格局"看法。 他在《人类面临选择》的演讲中称，"太平洋已不再是战争的障碍，而是战争的通道"。 "与一战一样，美国敌人的蠢行将不可避免地把美国卷入未来的世界大战"。 "日本的蠢行同样会将你卷入战争"(《胡适日记》，1936年9月29日)。 同年，他又接受美国南加州大学授予的文学名誉博士学位，这是胡适的第四顶博士帽。

二战，赢得廿七顶博士帽

1937年9月，胡适奉命赴北美、欧洲开展"国民外交"活动。 1938年9月至1942年9月，被任命驻美国大使。 他出任伊始，《纽约时报》评介说，胡适以外，没有人更够资格向美国说明中国情形，同时向中国说明美国的情形。 胡适去职的同时，也是这家《纽约时报》同样发表短评，表示惊讶，说："重庆国民政府寻遍中国，可能再也找不到比胡适更合适的人物。他1938年来美上任，美国友人对他期望甚高；而他的实际表现，却又超过大家对他的期望……他所到之处，都能为自由中国赢得支持。"

胡适出色的爱国外交活动树立了他在美国的政治声望，而塑造并丰满这一形象的，则是他特有的"演说造势"。 大使胡适是位有世界影响的学者，"因为他有中国大使职位和国际名流声望的双重身份，由于这双重身份，他与美国显要接触及在美国公开发言，都能发挥高度效力"(傅安明，时任大使馆秘书)。 一到美国，胡适看到美国舆论对中国抗日战争是同情的，但深感一般百姓对此并无深刻认识，援华呼声，时断时续，非常微弱。 因此为唤起广大民众注意，必须要演说造势。 为了向美国公众宣传中国的抗战，他几乎到了殚精竭虑的程度。

他大使到任不久，于1938年12月4日和5日，在纽约哈摩尼俱乐部、律师俱乐部先后作了题为《北美独立与中国抗战》的演讲，第三天即5日，他又去纽约"中国文化协会"演讲《日本侵华之战》。 这两篇三次演说是他倾注全力的精心构制之作。 他把历史上的北美独立战争和现今的中国抗日战争作比较，指出美国独立建国运动成功的主要原因：一是华盛顿和他的军民们的六年苦斗，誓达独立的决心；二是法国对美国人民的精神和物资的援助。 因而他联系到今日的中国抗战，两者在历史上虽有若干不同，但奋斗方法与誓求独立自由的目标却是相同的，中国期待美国友人的援助。 4日，胡适在作此演说时，已觉得胸口作痛，休息时喝了口白兰地酒，缓解了些，当时以为是饮食不消化。 回到旅馆开始呕吐。 睡下之后，终夜出汗不停，睡衣都为之沾湿。第二天还有一个演讲，他坚持去了，他在演讲中表示了中国抗日战争最终必胜的信念，同时呼吁："各国之爱好和平人士，为国际正义计，为人道计，设法阻止以武器及制造武器之原料运往日本。"演说完，回到旅馆，医生来检查，并做了心电图，诊断是"心脏的一茎血管受伤，关闭住了，起了一个小血块(按:心脏冠状动脉阻塞)。 这是很重要的病"(致江冬秀函，1939年3月14日)。因此胡适住进纽约长老会医院，住院77天，直至1939年2月20日才出院。胡适晚年，谈起当年那场心脏病时说："我接任驻美大使后，汉口丢了，我的心脏病发了。 那时唯一的海口是广州，二十九年(1940)广州也丢了，我的忧虑不能摆脱，心脏病又发了。"(《胡适之先生晚年谈话录》)

所以，胡适的博士帽不是平白无故地飞来的。 1939年他接受了两个博士学位——哥伦比亚大学的法学名誉博士(6月6日)、芝加哥大学的法学名誉博士(6月13日)。 辞去了三个博士学位，是因为病后不能远行之故。 母校哥大在胡适毕业后10年正式授他哲学博士学位，戴上这顶博士帽，不可不谓艰辛。 事隔12年后，母校再一次给他荣誉。 这次与胡适同时获誉的还有美国副国务卿韦尔斯、捷克前总统班尼士。 胡适以国际名流的身份，对哥伦比亚大学应届毕业生发表了题为《谈国际理想主义》的演说。 《纽约时报》对此作了详情的报道，并编发特稿，介绍胡适的生活与思想，以及他对抗日战争和未来世界的观点。

1940年6月，胡适得到美国八所大学分别授予的8个法学名誉博士学位，形成"博士高峰年"。 这八个法学名誉博士学位，分别是下列美国大学授予的:

柏令马学院(Bryn Maur C.)，授予名誉博士;

宾夕法尼亚大学(U.of Pennsylvania)，授法学名誉博士;

韦斯理阳大学(Weileyan U.)，授法学名誉博士;

杜克大学(Duke U.)，授法学名誉博士;

克拉克大学(Clark U.)，授法学名誉博士;

布朗大学(Brown U.)，授法学名誉博士;

耶鲁大学(Yale U.)，授法学名誉博士；

联合学院(Union C.)，授法学名誉博士。

胡适在三个星期内(集中在上半个月)，分赴这八家大学毕业典礼，并发表他的演说。很难想象，这位学者大使为了节约战时国家外汇，从不带随员，不动用大使馆公车，自己拎皮包，赶乘公共交通工具或搭乘朋友接他的小车，像走马灯一般飞梭八地，作他的特色演讲。他为国家节省花费达到苛刻的程度，从他极不完整的日记中，发现一些雪泥鸿爪——

胡适穿戴博士服,接受名誉博士学位

出行前的准备："把我的演说稿写成，题为'Intellectual Prepredness'(《理性的准备》)。我费了四整天预备这篇演说。昨晚到四点才睡。"(6月1日)

旅途达勒姆："早晨到 Ralegh, N. C. (北卡罗来纳州罗利)，Dr. Paul M. A. Linbarger(保罗·M. A. 林巴格博士)开汽车来接。同到 Durham N. C. (北卡州达勒姆)，是 Duke Univ(杜克大学)所在地……上午十一点，去听 Dr. Wm. A. Neilson(尼尔森博士)的毕业演说。Dr. Neilson 是此邦名人，故我要听听他的毕业演说如何说法。下午 Duke Univ 赠我 L. L. D(法学博士)名誉学位。"(6月3日)

旅途费城："回到美东，吃了早饭，发了两个电报，又上火车北行，到 Philadelphia(费城)。Mrs. Ch. J. Rhoads(鲁茨夫人)来接。住他们家。"(6月4日)

"到 Bryn Maur College(柏令马学院)的毕业典礼,我作毕业演说。

胡适在美国演讲,宣传中国抗日

午饭后,回京。"(6 月 4
日)

自 1939 年 9 月,二战爆发后,胡适的演讲重心侧向中国抗战与欧美密不可分的战略关系上。 1940 年 7 月 5 日,他在纽约"世界博览会"作了题为《中国抗战的世界意义》的演讲,极大地刺激了日本军国主义。 东京《日本时报》同年 10 月 30 日为此发表社论称,中国驻美大使胡适在美国大选年,公开作巡回演讲,激发美国公众的仇日情绪,引导美国进入战争危境。 胡适此举,似为美国国务院所幕后"特意安排"。 该社论要求美国国会"非美活动委员会"对"胡适的演说活动严加限制"。 二战一开始,"轴心"日本一方已意识到胡适"演说造势"的厉害,从这个角度说,胡适的博士荣誉实非虚矣。

1940 年,比八顶博士帽更使胡适感奋的是,他老家安徽绩溪为庆祝这位持节在海外为国效力的乡贤 50 岁大寿,由县长朱亚云出面,制作了一块"持节宣威"横匾,率士绅,浩浩荡荡送到上庄村胡氏宗祠悬挂,并将上庄村改为"胡适村"。 沧海桑田,胡氏宗庙已颓圮,但"持节宣威"的匾额尚在,现悬挂在上庄村"胡适故居"的第二厅堂上方。

1941 年,胡适同样是个"博士丰收年",共有七个。 在美国被授博士学位五个,在加拿大被授两个。 分别为:

加利福尼亚州立大学(U. of California),授法学名誉博士(3 月 27日);

加拿大麦基尔大学(Mc Gill U.),授文学名誉博士(5 月 28 日);

佛蒙特州密特勒雷大学(U. of Vermont),授法学名誉博士(6 月17 日);

森林湖学院(Lake Forest C.)，授法学名誉博士；

狄克森学院(Dickinson C.)，授法学名誉博士；

密达伯瑞学院(Middleburg C.)，授法学名誉博士；

加拿大多伦多大学(Toronto U.)，授法学名誉博士。

1941 年是胡适外交活动最为频繁，也最为紧张的一年，他"苦撑待变"到这年末，12 月 7 日。"珍珠港事件"爆发，终于松了口气，中国抗日战争格局有了改变。但是他对演说宣传、声援祖国抗战依旧坚持不懈，却为时任外长的宋子文不屑，说："你莫怪我直言，国内有许多人说你演说太多，太不管事了。你还是多管正事吧。"真莫大冤屈了胡大使。

这年 1 月 20 日，胡适为参加罗斯福第三次连任美国总统典礼，放弃了一次接受博士学位的机会，"因为那天正好有一个学院邀请我演讲，并且赠我此项头衔"。

胡适外交活动的成功，又使他迎来 1942 年再一个"博士高峰年"，达 10 个之多，都是美国大学授予的。其中两个是文学名誉博士: 达脱茅斯学院(Dartmouth C.)、纽约州立大学(State U. of New York)。其他八个是法学名誉博士，授予方分别是: 俄亥俄州立大学(Ohio State U.)、罗切斯特大学 (U. of Rochester)、奥白林学院(Oberlin C.)、威斯康星大学(U.of Wisconsin)、妥尔陀大学(U.of Toledo)、东北大学(Northeastern U.)、普林斯顿大学(Princeton U.)、第那逊大学(Denison U.)。

1942 年，虽然是胡适驻美大使任上最后一年，却也是和他荣誉博士头衔相应的抗日爱国演讲"高峰年"。年初，2 月 19

演讲时被戴上花环的胡适大使

日至 26 日，他在西海岸作《中国作为一个作战的盟邦》系列演讲，充分表述中国在极端困难的境况下对日长期作战的原因，其中有"国际对中国的帮助"。在上半年，他所作的重要演讲还有:《太平洋区域的公正和平》(2 月)、

《我们的共同战斗》、《中国抗战也是要保卫一种文化方式》(华盛顿纳德克立夫俱乐部，3月23日)、《我们共同战斗》(3月)、《中国在目前世界斗争里的地位》(宾州大学商学院，4月20日)、《论战后新世界建设》(曼彻斯特大学"远东前线会议"，4月23日)、《中国的战斗力量与战斗信心》(4月)、《末次战争》(丹佛的午宴，5月2日)、《五四广播词》(华盛顿电台，对中国青年华文演说，5月2日午夜)、《同盟国战争与和平的目的》(魏里斯女子学院，6月15日)、《美应飞机援华》(美国38个州州长会议上，艾施维尔，6月23日)、《展望》(《现代中国》2卷3期，6月29日)。

这年夏天，他在给好友王世杰的信中说："今年体质稍弱，又旅行一万六千英里，演讲百余次，颇感疲倦。"

归纳胡适在大使任中，"赴全美各地演讲400次之多"，尤"在此三年，不曾有过一个Weekend(周末休息)，不曾有一个暑假。"(胡适语)这就是胡适大使任上获取了27顶博士帽的代价之一。 美国人眼中的胡适呢？《华盛顿邮报》有一段述评，倒是给52岁的胡适"生日贺卡"写上一段精彩的总结：

> 中国驻美大使胡适，最近六个月来曾游遍美国各地。行程3万5千里，造成外国使节在美国之行最高纪录。胡大使接受名誉学位之多，超过罗斯福总统；其发表演说次数之多，则超过罗斯福总统夫人；其被邀出席公共集会演说之记录，也为外交使团所有人员所不及。

说到罗斯福总统夫人，这位当年的美国第一夫人，也仰慕胡适大使的演说风采，曾邀请他到自己的家乡——美国最东北与加拿大接壤的缅因州(Maine)去作一次演说，胡适与罗斯福总统颇有交情，碍于面子，只好去了。 坐火车到了梅因州，还要再坐一段路小火车才能到达她的家乡。 这是一个很偏僻的乡镇。 胡适是一个人去的，下了火车，感到内急，急忙上车站厕所。 什么厕所呀，哪来的抽水马桶，跟中国内地农村一样，是一个很深的坑，上面倒有木架子可以坐。 胡适如厕时，不意听到旁边有"狃狃"的猪叫声，猪粪的臭气也不时地飘来，胡适四顾，才发现车站厕所旁边的木栅栏里是养猪的。 好在他儿时家乡的情况也是这样的，并不惊怪，大便顺利解完。 这则逸事，是他晚年讲给他秘书胡颂平听的(1961年4月17日，星期一)。 末了，他说："罗斯福夫人也姓罗斯福，因为血统关系很远的关系，可以结婚。"

胡适已成为名扬全美的成熟的英语演说家。 溯其肇始，是为 20 世纪初留学康奈尔大学时，祖国发生辛亥革命，中国当时既然是亚洲唯一的共和国，美国各地的社区和人民对这一新兴的中国政府发生了浓厚的兴趣。 校园内外对这一问题的演讲都有极大的"需要"。 胡适鉴于爱国热情，接受康大工学院同学蔡吉庆的邀约，参加了中国问题的公开英语演说会。 因为胡适"略谙中国古典文史"，又"作了极大的准备工作"。 "几次演说是极好的训练"。 到了 1912 年暑假，他选修了一门训练演讲的课程。 胡适一直记得他的老师艾沃里特(Ererett)教授，发现自己第一次上台演讲时，浑身发颤(时值盛夏)，扶着讲台，想看着讲稿，才能发言。 第二次上台前，老师就把讲台撤走，使他无所依凭，讲着讲着，无所遮掩的腿不再发抖了，就这样几十年如一日演讲下来，自如发挥思想，即使上午、下午各家学会团体都邀他作演讲，他都接受，讲下来，便充分发挥自己的思想了。 "不是太辛苦了吗？" "你把这些学会讲话当做好玩的事，就不辛苦了。"晚年胡适对他秘书胡颂平说。 "但是演说的时间越短，预备越困难，演说越困难"。 胡适很相信美国前总统胡佛的说法："三分钟的演讲，要三个月的预备时间；半小时的演讲要三个星期的预备时间；一个钟头以上的演讲，只需三天的时间就够了。"

胡适卸大使任，返国(1946 年 6 月)前，又获两顶博士帽，先后是：

美国伯克纳内尔大学(Bucknell U.)，授文学名誉博士，1943 年；
英国牛津大学(Oxford U.)，授法学名誉博士，1945 年 11 月。

此际，胡适赴伦敦以中国首席代表身份出席联合国教科文组织会议，参与制订该组织宪章。 会议期间，他提议 1949 年纪念孔子诞生 2500 周年。

至此，胡适已得到博士学位 33 个(其中 32 个是名誉博士)了。 那么身边收藏着几套博士帽袍呢？ 晚年，他的秘书胡颂平在一次中饭饭桌上问起。 胡适笑笑回答："我有两件，一件丢了，一件好像放在思亮(按：台大校长钱思亮)那里。"接着胡适说："英国各大学授予名誉博士是很慎重的，各校的博士服装不同。 至于美国，因为大量生产博士的关系，所以博士服就一律了，只是各校的颈带不同而已。 不过在美国也只有斯坦福大学和康奈尔大学不送名誉博士。 当年康奈尔大学要送我名誉学位，我劝他们不要打破传统习惯，没有接受。"胡颂平又问："1935 年先生接受港大名誉博士学位时穿的礼服是不是跟现在的一样？"胡适回答说："一样的。那次我是向他们学校借用的。"胡适指指胡颂平说，"像你，或者中等身材的，都借得到。但是矮小的人，像李先闻那样身材，只好借用女的博士服了。"谈到男女的博士服，胡适说："没有男女格式的分别，只有大小的不同。所以嘛，身材小的(男博士)只好借用女的(博士服)了。"(《胡适之先生晚年谈话录》)

胡适最后三顶博士帽先后是：

美国柯鲁开特大学(Cocgate U.)，授文学名誉博士，1949年；

美国克莱蒙研究院(Claremont Grad S.)，授文学名誉博士，1950年；

美国夏威夷大学(U. of Hawaii)，授名誉人文学博士，1959年。

胡适最后一次接受博士学位的前一年，1958年4月，由美国回到中国台湾省，任"中央研究院"院长。1959年7月，到美国檀香山，出席夏威夷大学主办的"东西方哲学讨论会"，宣读他的英文稿论文《中国哲学里的科学精神与方法》。7月9日，接受夏大的博士学位后，又在该校作《杜威与中国》的演讲。68岁的年纪参加这次平等的学术活动，"和不少哲学家同住，大家过大学生宿舍的生活。每晚自己洗袜子小衣，在窗口吹干。早饭在房间里吃点水果饼干；午饭则在一家小饭店里吃，往往须走20分钟，故走了不少的路。每天穿单衣衫在太阳里走，背上的伤口(按：指3月切除背上的粉瘤，住院)居然全好了"(致胡颂平函，7月22日)。看来胡适对最后一个博士学位及其相应的这种朴素的学术活动是很喜欢的。

做学问要在不疑处有疑，待人要在有疑处不疑。

胡适

胡适手迹

第十二章 风水都被胡适一人占去了

　　绩溪明经胡氏繁衍到胡适这一代，已第42世。因为胡适这位大名人，近代这一族群体渐为世人所关注。比如1895年在台南抵制日军占据台湾而殉国的胡铁花，因为儿子胡适1952年重访台南台东，其名字随之放光彩。台东县为纪念"清朝本县末任州官胡铁花"，将光复路更改为铁花路；接着又在鲤鱼山风景区树立"州官胡公铁花纪念碑"。台湾当局1958年颁布命令，准予胡铁花入祀"台湾省忠烈祠，以昭矜武"。有学者评论此举为"父以子贵"一例。反过来说得通俗一点，是父亲(或祖上)的荫福给胡适先生"风水"。

　　那么，胡适的同胞或者子侄呢？胡适有同胞(同父异母)兄长三人，姊辈三人，他们中不乏精明能干者，但都被这位小阿弟的光芒掩盖住了；生活在封建末期极其落后的社会环境中，生命不是无端被消耗，就是年轻轻地结束，可叹。至于女性，更是被悄悄湮没，连一个正式名字也没有。胡适有子女三人、侄子女10人，直系子侄共13人，都是民国时期出生的人，但只有两人得享天年，11人不是夭亡就是死于非常，而他们中才俊硕彦者不乏有之，花才开就凋落了。所以，胡适的侄外孙程法德先生对笔者说："我们老家老辈人有句叹息的话，说珊先生(按：胡适父亲又名珊)一家的风水都被胡适一人占去了！'此话一直传了下来。"

胡适同胞命运多舛

　　胡适胞兄有三个，均为胡铁花第二任妻子曹氏所生，分别为：胡洪骏(1871—1915)，字嗣稼，号耕云，享年52岁；胡洪骓(1877—1929)，字嗣秬，号绍之，享年42岁；胡洪骆(1877—1904)，字嗣秠，号振之，只活了27岁。洪骓与洪骆是孪生兄弟，但洪骆及早过继给胡适叔祖胡星五的长子即胡铁花的堂兄弟胡祥虹做儿子。

　　老大嗣稼是个吸大烟、嗜赌博、不务正业的人，他的父亲胡铁花在家乡时

胡适二胞兄胡绍之画像

曾要处死他，因为后娘冯顺弟以死求情，才得偷生。 不过后来，他给冯氏苦苦支撑的胡家带来很多的麻烦。 每逢阴历大年夜，债主们擎着烟笼，络绎不绝上门，讨债声中一岁除，成为铁花撒手而去的上庄胡家过年时一大风景。 这位老大要比后娘大两岁，不仅撑不了一家门面，反而败坏家业。 分家析产时照顾他，把汉口的店产分给了他。 不料辛亥武昌起义时被大火烧毁，只身逃回老家，潦倒一生。 胡适在日记中曾说："得吾母一月十三日书(按: 1916 年)，大姊大哥于十二月二日、三日(按: 1915年)先后死去(大哥死于汉口，身后萧条，惨不忍闻)……吾于兄弟姊妹中最爱大姊。 吾母常言:'吾家最大憾事在大菊之非男儿'。 使大姊与大哥易地而处，则吾家绝不败坏至今日之极

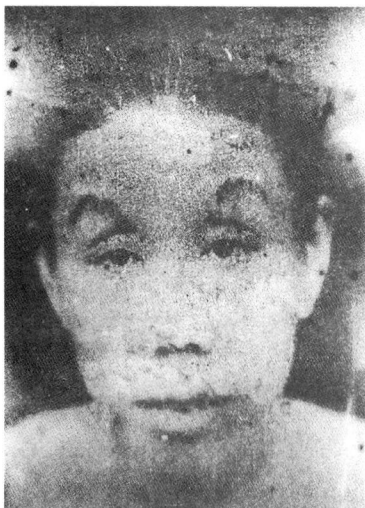
程法德母亲胡惠平(胡嗣稼之女)

程法德父亲程治平

也。 大哥一生糊涂，老来途穷，始有悔意，然已来不及矣。 大哥年来大苦，生未必较死乐也。"(1915 年 2 月 29 日，留美日记《家书中三个噩耗》)

胡洪骏遗下二子一女，女儿胡惠平。 程法德就是胡惠平的儿子，是大陆唯一热衷胡适研究的胡家后人。 洪骏的两个孙子，目下在上庄村维护"胡适故居"，成了胡家人的正宗代表。 所以，"风水"不是一成不变的。

老三胡洪驲，虽然过继给堂叔，但对胡适有携带出山(到上海)之恩。 胡适到上海是读书，从此告别了皖南大山；振之到上海是治病。 这致命的肺病弥漫在胡家，首先吞噬了他。 他曾在上海读梅溪书院和南洋公学，可这回到上海才六个星期，就不行了。 13 岁的胡适闻凶讯，赶到南市店里(公义油栈)，"三哥还能说话。 但不到几个钟头，他就死了。 死时他的头还靠在我手腕上。 第三天，二哥从汉口赶到"，料理后事。 振之尚在人世时有二子，不久即夭亡；死前还遗一子，才一岁，后由胡适培养读书。 遗孀由本家婆婆、胡适生母冯氏大度收容，到上庄胡宅一起过日子。 惜哉，才生活 27 个春秋就结束了生命，既没有发挥才华，更没有享受生活！

老二绍之及早得到父亲的刻意栽培。 他自幼被送往上海，与他的孪生弟弟就读于梅溪书院和南洋公学。 15 岁时就被胡铁花带去台湾，18 岁就亲历了甲午战争，扶持病危的父亲横渡台湾海峡，在厦门送终。 运柩回乡，承受沉重的身心悲痛与压力。 父亲死后，上庄胡家的重担几乎全压在他一人身上。胡适曾说："我的二哥是个有才干的人，他来往汉口、上海两处，把小店变来变去，又靠他的同学与朋友，把他们的积蓄寄存在他的店里，所以他能在几年之中，合伙撑起一个规模较大的瑞兴泰茶叶店。"(《四十自述》)

胡适在上海求学六年，主要靠这位二哥供给(中国新公学时期靠半工半读自给)。 也就在胡适在上海学业将结束的 1909 年，32 岁的胡洪骓有些像他已故的父亲那样，发兴奔走仕途起来。 这之前，他的精力全都放在经商、主持家庭经济之上。

他赴北京，转奔辽宁，在牛海(牛庄海城)税局任职。 辛亥后，他回到上海，"被举为司法部文牍员"，后"改为典狱长"、上海审判刑厅推事、典籍、《时事新报》商务编辑、丹阳县知事署总务课长、官钱局职员、天津华昌公司文牍员、南京河海学校总务、饶州采煤公司文牍员等地方官府或实业里的中下层官职，几乎年年更换职位，冷眼观察官场职场万象。 胡绍之在政治上是有抱负的，也曾想在历史大转换中施展自己的才学，但辛亥革命后的中国现实，使他一度寄予的希望归于冷灰，"吾国今已进为共和，表面上固可自豪，然实际则危险万状，较前尤甚"。"至新政府制虽已具雏形，然一究其内容，则所用无非新进浅夸无识之士，即旧日之神尸巨蠹，彼此混揉，互相盘踞，胸中只有'权力'二字，则国家不知何物。哀哉！痛哉！"他在致胡适信中针砭时政，一吐为快，乃至对当时"革命四杰"的看法直抒胸臆，也颇为入骨：孙中山，"有品有学，而无统治之才"；袁世凯，"有其才，而无品学"；黎元洪，"极平和热心，而才智薄弱"；黄克强，"只能破坏，而不知建设"。建立民国之后的中国基本现实是"凡前清之恶习弊政，新政府无一不蹈其覆辙"。特别使他痛心疾首的是，"吾皖一都督之争，已不知流若干血、耗若干财，直至今日祸犹未已"。至于"南北争持，各为私计"。他感慨地对胡适说："弟处海外，全不知真相，若使身处祖国，则其愤懑又不知如何！"

胡绍之恃才傲物，不愿与世俗同流合污，但又找不到精神出路；加上川沙店经营不顺，面临倒闭；身患痔瘘，吸鸦片成瘾，"惟有日与红友为伍，醉复昏昏酣睡而已"。晚年回到老家，创办上庄村毓英小学校，受到父老乡亲的尊重。村里有纠纷，总找他去评判调解，乃至繁而不堪，难以应酬。胡适是十分支持二哥和另四位乡人在上庄办学的，曾在1928年1月写信给他在上庄的族叔胡近仁，建议给绍之等五人立小传，勒石作碑，嵌入学校墙上作纪念，校内悬挂他们的照片以表彰。

绍之、适之这对昆仲相差14岁，长兄如父，不仅经济上供需小弟读书、生活，而且在胡适学涯的关键时刻，给予定夺方向。

1903年，12岁的胡适在家乡接受私塾较育已九年，塾师的知识再也满足不了他的求知欲了。按照徽州的习俗，应该"十二三岁，往外一丢"的时候了，于是就被舅舅冯厚城带去泾县一家药店当学徒，有半年左右时间。经商岂是胡适的前程！小胡适写信给他的二哥，要求读书。这位哥哥是深知小弟聪慧，读书必有前途的；也没有忘记父亲对他们三兄弟的遗训。一次绍之从上海返回上庄，就对后母冯氏说："婶，我想带穈弟到上海去读书，未知你放心么？"这一说正中了冯氏的心意，她不假思索地回答："好，好，这也是还你父亲的愿！"胡铁花的遗嘱"要穈儿好好读书"终于得以实现。当时尽管老三振之对此是"哼，读书"不屑一顾的态度，在老二绍之的鼎力支持下，1904年，13岁的胡适走出大山，走向领风气之先的上海。在上海"物竞天择，适者生存"的时代潮流中，二哥给他取了"适之"的名字。

"胡适之"、"胡适"的名字就永远留在中国历史上了。

胡适能走向海外，也是与二哥绍之的极力推动、扶持分不开的。 1910年春，胡适越过精神危机，上海求学生涯结束，一份教书饭碗也被自己弄丢了。何去何从？ 正巧逢到二期庚款留美官费生招考，胡适鼓起勇气去应试，除了得到在沪三位绩溪同乡——中国公学同学许怡荪、徽商族公胡节甫、绩溪富商之子程乐亭的直接经济资助外，正在上海即将返回海税局任上的二哥鼓励他北上，并陪他乘轮船到天津，继而又陪他到北京，安排食宿(女师大校舍)，介绍朋友杨景苏，指导他应考复习。 胡适被录取后，行程匆促，来不及返乡拜别慈母，限时渡海去美。 这时，二哥又从东北赶来上海代表亲人送行。 "木叶去枯枝，游子将远离。 故人与昆弟，送我江之湄。 执手一为别，惨怆不能辞。 从兹万里役，况复十年归！ 金风正萧瑟，别泪沾客衣。 丈夫宜壮别，而我独何为？"(胡适诗)

胡适初入康奈尔大学，选择农学专业，出于二哥的决定。 当然家庭经济困难也是现实因素。 读农可以免缴学费，省吃俭用，多余些许尚可寄家。 后来他改择哲学、文学专业，也是潜移默化地受二哥忧国忧民思想的影响，但他没有接受二哥嫉世愤时的消极因素。 转文学院前，他曾向二哥征求意见。 绍之很尊重适之的志愿，尽管他认为"文学在西洋各国固为可贵难能，然在中国则明珠暗投，无所见长。 以实际言，似农学较为切用，且以将来生计，亦易为力。 惟弟天性于文学为近，此则事难两全。 鱼与熊掌之择，固非隔膜者所能为妄断也"。 他自明"自愧学浅，无以孚弟之望，只有任弟自行抉择耳"。

不过胡适求学中有几次行动，却是这位长兄给他把关的。 比如有一年暑假，他想渡洋返回探亲，被二哥劝住了："数万里出洋求学，学未成而归，岂不有负初志？ 纵使仍可重往，然往返之间，耗金钱几许，耗光阴几许，弟岂全未思耶……日本维新志士出外求学，有'学若无成死不归'之句。 弟志岂不如人？ 愿务其大者远者，毋数妇人女子之所谓孝也。"又如，胡适欲购家乡一乡绅藏书《图书集成》，鉴于家庭经济困难，为二哥所反对："与其出此价购书，不如移而多购有用之西籍，况弟此时身在外洋，购此作何布置？"长兄如父，黄山巍巍，新安江水绵长，这位二哥代表家族心愿，寄语留学海外的胡适："幸得此机会留学，此实先灵之默佑。 可望从此矢志向上，专心力学，以收桑榆之效。家中各事有余力任，尽可不必置怀。"

但是胡绍之自己，因心志不容世俗，更因染上鸦片毒瘾，从此便一蹶不振。 分别仅六年，胡适学成回国，1917 年 7 月 10 日船到上海，在码头迎归他的才 41 岁的二哥，与当年送别时已判若两人。 "须发皆已花白。 甚矣，境遇之易老人也！"胡绍之晚年烟瘾愈大，全靠胡适供钱。 胡适是坚定的禁烟毒者，奈何绍之是自己的胞兄兼恩人，十分为难，据说绍之也十分不满。 当然胡适还是尽心供养二哥晚年生活。 绍之的三个儿子胡适十分关心，长子思聪一直跟胡适生活。

胡适还有三个胞姊，也系胡铁花的第二任夫人曹氏所生，分别是：胡大菊(织儿，1866—1915)、细菊(致菊，1868 年生)、幼菊(金菊，1876 年生)。 大菊的年纪比她后妈冯顺弟大七岁，但母女俩性情脾气十分投契，常在一起互诉衷肠。 "她有决断力、有识见，可惜不是男的"，胡适很敬重她。 大姊活了 49 岁，她的儿子章砚香寿命更短，1921 年便死了。 二姊从小过继给别家。 三姊的丈夫周绍瑾在上海周浦开店，每次回上庄，总给胡适带来一些言情小说——原是这位瘾君子在炕上吸大烟时消遣用的，因此丰富了胡适的文学营养。

表弟冯致远(汝骐，1905—1992)是胡适唯一的舅舅冯诚厚(胡母为他"割股"治疾)的次子，一位安于清寂、一生从教、深得学生尊敬的教师，因此得高寿。 冯致远早年学业上受到胡适的帮助，他说："我幼年时，由于我姑母(按：冯氏)的关怀、表哥胡适的帮助，先后就读南开中学和南开大学……我在南开中学高一读了一年，南开大学预课读了两年，本科读了四年，共计七年，全靠他每年资助 200 元，我才能从南开大学数学系毕业。"冯致远 1932 年南开大学毕业后，并不倚仗表哥胡适的关系，谋官职或谋出国留学，先后在北平安徽中学、合肥安徽省立六中、徽州中学等中学任教高中数学(兼过徽中教导主任)，1952 年被安徽师范学院聘任讲师，直到逝世前几个月，才被安徽师大补升为副教授。 可以想象，批判胡适思潮是他一生职称晋升的阴影。 冯致远几十年如一日地尽职与敬业。 他一如既往地对表哥持敬重态度："胡适一生，一如其父，是清白的一生，不为私，不图利，在文学革命中，曾立过丰功伟绩。"(冯致远语)冯致远夫人胡琬卿是绩溪上庄村人，曾是胡适、江冬秀婚礼上的女傧相之一。

胡适子侄夭折不少

胡适骨肉子女，除长子胡祖望长寿天年 86 岁外；二女素斐患肺病，没有及时就医、护理，不幸五岁夭折；三子胡思杜 36 岁，未婚，"反右"运动中在唐山自缢身亡。

胡适的嫡堂侄辈，似乎也被厄运之网覆罩，能健康地享天年的极少，而年轻病故乃至自尽者不少，还有自幼夭折的。

大哥洪骏之门有一女二子：长女胡惠平，二子思明，三子思齐。

——胡惠平生于 1892 年，是仅比胡适小一岁的大侄女，活了 60 多岁。她的丈夫——胡适的侄女婿程治平，与胡适同龄。1920 年前后，程治平受胡适之托，接续经营行将倒闭的胡家上海川沙百年老店"胡万和"，担负胡家老小一部分生活开支。胡家人一直认为胡程两家是一家。女婿便是半子。程治平为人勤奋耐劳，活了 90 多岁。程治平、胡惠平夫妇有三个儿子：程法善、程法德、程法嘉，除程法德 2004 年病故外，另二昆仲至今健在。

——胡思明(1898—1917)，天资聪颖，少年老成，乐于助人，甚得乡里众亲看重。后去上海求学，在"普盖习艺所"学画，但只生活了 19 个春秋岁月，病故在上海。

——胡思齐(1907—1986)，活了 86 岁，是位残障人。他 8 岁时生病，为庸医误诊致转成聋哑，只能"咿咿呀呀"地表达自己的内心感受了。1907 年冬胡适因脚气病，由沪返乡养病，赋诗《秋日梦返故居觉而恍然若有所失因记之》中曾描写思齐聋哑状态："入门拜慈母，母方抚孙玩。齐儿见叔来，牙牙似相唤。"姊夫程治平帮他娶了三次媳妇(前两个都逃走了)，终于有了后嗣。他身材魁梧，身形、脸庞酷肖祖父胡铁花，在上海手帕厂当工人。他的两个儿子胡毓凯、胡毓菁，在上庄当农民。胡毓凯因是长房嫡曾孙，主持"胡适故居"日常事务。笔者 20 世纪 90 年代去采访胡适故居时，曾在毓凯家中看见胡铁花将军的七星钢剑和冯氏的御赐三品夫

胡适大哥之二子胡思齐

胡适长房侄孙胡毓凯(右一)、胡毓菁(左二)

胡思齐一家人

人"诰命箱"。 毓菁在初中时逢"文化大革命"，宁愿退学，做农民，拒绝带头批判四叔祖胡适。

二哥绍之有三子一女，长子思聪、二女阿翠及三子思敬为第一任夫人曹杏娟所生。 四子思猷为第二任夫人所生。 曹杏娟与曹丽娟(曹诚英)是同父异母姊妹，绩溪旺川人。

——胡思聪(1899—1923)，只活到 24 岁，因患肺结核而死。 思聪初在家乡和上海读书。 19 岁时随胡适去北京，就读国立艺专，从此一直生活在这位四叔身边。 胡适在 1923 年送他去上海治疗肺病，并延请日本内科医师铃木博士为他诊断。 是年夏，胡适到杭州烟霞洞养病，也把他带去了。 思聪目睹四叔和小姨的洞中"神仙生活"，可谓第一见证人。 回到北京后，岁末，肺痨终于把他带走了。 他的棺椁和后来素斐的棺椁一起埋在北京万安公墓。 所谓"白发人送黑发人"，思聪死在他父亲之前，胡绍之更受刺激。 从此返乡办小学，直至病逝。

——阿翠(1909—1928)，生母曹氏亡故后，回到家乡跟随三婶曹细娟一起生活。 细娟自丈夫振之死后，为婆婆冯氏收留回胡家。 儿子思永死后，承继二房的思猷为嗣，这样便名正言顺在胡家立住了足。 婶娘细娟早年守寡，性格孤僻；亲子夭亡之痛，在大烟云雾中求摆脱，性情进而被扭曲，心胸狭窄得不容他人。 阿翠受不了苛刻虐待，生吞烟土，这位 19 岁的少女，口吐白沫，满床打滚而气绝。 当时，江冬秀正在上庄主持修筑祖坟，对阿翠的死，向外只好以"时疫"来搪塞，胡适闻讯，"身上发抖"，其弟"思敬知道了阿翠的死信，哭的不得了"(胡适致江冬秀函，1928 年 3 月 29 日)。

——胡思敬(1910—1935)，比大哥思聪多活一年，25 岁时自尽。 他曾受过较好的教育，毕业于南京中央政治学校，英语较好，任职于上海商务印书馆编译部。 他患有睾丸结核症，致性功能障碍。 医生在给他做手术时，摘除了那颗有病的睾丸，从此他精神痛苦异常。 胡适再三开导他，无效。 1935 年思敬到杭州，在一家小旅馆里服安眠药结束生命。 大姊夫程治平赶去杭州料理后事，葬他于西湖之滨翁家山。

——胡思猷(1921—1950)，胡绍之得此子时既高兴又忧虑，给胡适信中说："所稍自慰者，上月沪寓曾举一雄，状貌雄伟。 颇类乎祖。 然不知此子将来为亡国之民乎？ 为兴国之民乎？"思猷长大后果然身躯魁伟，善运动，天资也聪明。 胡适很喜欢他。 他从小学到大学，学费都由胡适承担。 寒暑假住

胡思猷遗孀李庆萱(前中)及其子孙

胡适家，开阔了视野。读天津南开中学时，他加入了共产党，一度被捕入狱，胡适因之奔天津，营救他出狱。其后他转学北平，继续读高中，这时他以胡评的笔名，在报纸上发表文章，抨击胡适观点，成为胡适家族中首先批判胡适的子侄。毕业后到上海读大夏大学。他口才极好，颇有胡适之风。但胡适对他很严格。思猷大夏教育学院毕业后，请求四叔推荐一份工作。胡适问："有什么著作？"思猷答："没有。"又问："有什么研究？"答："没有。"于是胡适说："那么我不能替你找事。假若你有著作，有什么专门研究的话，我可以向人介绍'这里有一个人才'。现在你既没有这些成绩，我不能对人家说：'他是我侄子，你们必须要给他安插一个位置。'我不能为你破例。"胡适很关心他与他的同学李庆萱的婚事，承担了全部费用，还请出安徽教育厅厅长做证婚人。抗日战争全面爆发后，思猷夫妻俩在南京与胡适匆匆会面。胡适给他们一笔可观的现款，要他回合肥岳家避难。合肥沦陷后，他们避居到上庄村老家。思猷已患上胡氏家族中互相传染的可怕的肺痨病，战时山村闭塞，无药可用，他就吸上大烟，嗜毒成瘾，无可救药，全靠妻子教书糊口，意志消沉，被江冬秀斥为"胡家不成材的子孙"。抗战胜利后，思猷在省教育厅做挂名督学，支工资。人生是个难以解剖的复合体。程法德对笔者说："思猷舅舅1950年寄宿在芜湖市老胡开文墨店中(胡开文与胡适同村同族)，那几天晚上(夏天)，他精神恍惚，香烟蒂扔了一地，以后失踪了。据说留有遗书，投长江自杀了。"胡思猷仅活了38岁。他的遗孀、儿子都从事教育工作。

胡适在经济上承担了二哥三个儿子的教育费用，这一回报是深厚的。同样，对相处时间甚少，学业上并不甚支持自己的三哥遗族的求学，也是全力尽义务的。 可惜这又是一个短命的青年。

胡振之自己只存活 27 年，第三个儿子思永出世后的第二年，他就去世了。 但思永寿命比他更短。

——胡思永(1903—1923)，文思敏捷，诗泉如涌，但是手足残障(手痉挛，足跛)，享年仅 20 岁。 胡思永生命虽然短促，但在五四新文化诗坛上留下了一本三卷的《胡思永的遗诗》由上海亚东图书馆出版(1924 年)。 胡适在序言中称思永的诗，"第一是明白清楚，第二是注重意境，第三是能剪裁，第四是有组织、有格式。 如果新诗中真有胡适之派，这是胡适之的嫡派"。 并为该书名作题签。 胡适在《努力周报》著文介绍已去世的胡思永时还说："他是一个有文学天才的少年，死后只剩许多写给朋友的信和几十首新诗。 他的诗大都可诵，有一些竟可说是近日新诗界的上品。"

逼促胡思永英年早逝的因素之一，是他恋爱的失败。 "在南

胡适为《胡思永的遗诗》写序言的手迹

方恋爱着一个女子，而那女子不能爱他。"(胡适)情场如战场，有时是很残酷的。 他一心追求的那位女子，被她另一位男友告知，"他有严重的肺痨，信纸上带有传染病菌，必须经过太阳晒晒才能看"。 女友自然拒绝了他，和那个人结合了。 "寄上一片花瓣……你见了花瓣便如见我心，你有自由可以裂碎他。"诗人彻底失望了。 胡适补充道："到此时期随着不幸的遭遇与疾病迸发，是无法可以挽救的。"1922 年胡思永告别他的女友，回到天津南开中学，肺病加重，年底返北平胡适家，延至翌年 4 月，含恨魂游无所处。

胡适姻亲书香门第

挥去胡适血亲头顶上那堵可怕的乌云，越过羊桃岭，来到旌德江村，眼界豁然开朗。 夫人江冬秀那个家族是世家，境遇有异胡家了。

先说说江冬秀(族名端秀)的本家。 她父亲江世贤排行第一，她出生后第五年便去世了，宗谱中记载他"布政司经历，加二级"。 她还有两个哥哥：江泽岷、江泽新。 江冬秀与母亲相依为命，有时也常到叔父江世才，即江世贤的胞弟家里生活一些日子。 江世才有一子三女，他们先后为淑秀、泽涵、静秀、毓秀。 其中出类拔萃的，著名数学家江泽涵是江冬秀的嫡堂弟。

1948 年，江泽涵在瑞士

江泽涵小江冬秀 12 岁(1902 年 10 月 6 日出生)，因为冬秀常住叔家，他从小就得到这位堂姐的爱护。 江冬秀作为上庄胡家未过房的儿媳，每年总要去一次侍奉婆婆冯氏，江泽涵有时也跟着去，所以泽涵自幼与胡适家特别亲近。 1919 年初，他在家乡旌德三溪小学毕业后，就由返乡料理母丧完毕后的堂姐夫胡适带去北京。 此行中还有胡思聪。 到了北京，住入胡适南池子北端的缎库胡同 8 号那个小小的四合院家里，与思聪同一房间。 春夏两季，胡适请北大英语系的一位学生给他补习英语。

这年秋季，江泽涵考入京津名牌中学天津南开中学(另一家是北京四中)。 因为胡适已给他补习国文、数学、英语，因此考了个好成绩，被录取到二年级。 南开中学毕业后，考入南开大学数学系，师从著名数学家姜立夫教授。 1926 年初，提前毕业，回到北京，在北大二院旁听数学系主任冯祖荀教授的数学分析。 1927 年考取清华留美官费，入哈佛大学数学系，攻读研究生。 1930 年获数学哲学博士学位，然后在普林斯顿大学数学系任助教一年，专攻拓扑学——这是一门高深的抽象的几何学。 1931 年暑假，应北大理学院院长刘树杞之邀，返国，任北大数学系教授，协力重振北大。 1934 年升任系主任。 1935 年任中国数学会首任副理事长(1983 年任名誉理事长)。 其后，江泽涵历任北大理学院代院长、几何代数教研室主任、北京市数学学会理事长等职。 抗战期间，任西南联大数学系主任。

　　1947 年，江泽涵被公派去瑞士苏黎世国立高工数学研究所，继续研究拓扑学，不问国内政治动向，潜学钻研业务。 1949 年 5 月，研究工作结束，这时北京早在 1 月已和平解放，于是"我不得不认真考虑暑假中将去上海(当时还未解放)呢，还是返北京。 考虑的结果，认为中共必将统一全中国，将来是美好的，决心返北京，回到北京大学"(引自江泽涵:《回忆胡适的几件事》，下引文均出自该文)。 于是他决定取伦敦转香港，再转天津返北平，并将这计划写信给驻美使馆，转告胡适。 5 月 3 日，江泽涵到伦敦，驻伦敦公使来找他，交给他胡适发来的电报:"到台湾去。"该公使要求他复电，帮助代转。 "我知道冬秀已往台北，故我复电说'将访问台湾'，意思是说不留在台北，只去看望冬秀和师友。"于是他上了船，航行一个月，到了香港。 这时国民党已封锁渤海湾。 胡祖望时在香港，为他在中国旅行社购了一张往返台北香港的飞机票，限期五天。 "我只带了一只手提箱，飞去了台北，住在冬秀家。遇见那里师友时，我都老实告诉他们，我决心返北京，回北大。 冬秀和我的老师姜立夫都支持我，老同事毛子水、钱思亮，虽然反共，也赞同我……我去台北的时候，胡适得着我的复电后，也没有来信再提我返北京的事。 这说明

/江泽涵(右)、蒋守芳(左)夫妇

他只是表明他对我的希望，并不勉强我违背自己的意愿。 我就如期离开台北。 在离开冬秀家时，她送我到家门口，我记得她同我握别时，已泣不成声，预感到那是最后一次见面了。"江泽涵到香港后，在中共驻港工作人员帮助下，买到去朝鲜仁川的船票；再在仁川冒黑夜去天津，1949 年 8 月 8 日回到北平，与家人团聚。 他仍任北大数学系主任，迎接中华人民共和国的成立。

江泽澍

江泽涵教授是把拓扑学引进中国的第一人，建树最著、国际影响最大的是不动点理论研究，是中国科学院学部委员、院士，堪称大师级数学家。 他的著译甚丰。他的夫人蒋守芳也是数学教授。 他们的儿子江丕植、江丕权、江丕栋均是教授，卓有成就。

江冬秀同宗隔房(同一曾祖父)堂弟江泽澍(1895—1923)也是位出众人物，海军学校毕业后，任广东革命大本营"肇和"军舰少校副舰长兼参谋长。 1923 年，粤海军兵变，殉难。 江氏族人江慕询撰书一挽联赞云："是中国真男子，是吾家好儿郎，三呼过河，破浪乘风此宗悫。" "殉朋友为道义，殉职务为尽忠，一腔热血，执戈死事继汪踦。"

胡适姻亲——旌德庙首的江冬秀的外祖吕家，是地道的书香门第，代有名人。外公的族兄弟吕凤歧，光绪朝进士出身，曾任山西学政使、翰林院编修。 他膝下无子，仅四朵金花，均才貌出众，其中老三吕碧城真可谓倾国倾城。

吕碧城曾在美国哥伦比亚大学修美术，兼学史学、文学，履痕遍及罗马、巴黎、威尼斯、伦敦、维也纳等欧洲历史文化名城，在日内瓦居住数年。 通晓英、法、德语。 她才盖一世，首先是位爱国者、女权运动者，与鉴湖女侠秋瑾有交游。 她又是位诗人、文艺学家，登万里长城，斥军阀卖国、开门揖盗，诗云:"只今重驿尽交通, 抉尽藩篱一纸中。 金汤枉说天然险, 地下千年哭祖龙!"她游颐和园排云殿, 观慈禧像, 赋词《大江东去》, 骂道:"屏蔽边疆, 京垓金币, 纤手轻输去。 游魂地下, 羞逢汉雉唐鹅!"她 23 岁时在天津创办北洋女子中学, 任总教习; 后改设北洋女师, 任校长。 1929 年 5 月 9 日, 她参加在维也纳举行的万国保护动物大会, 她登台发表长篇废屠演说, 振动奥京内外论坛。 该大会有 25 国公使和 5000 多公众参加。她穿戴国产金孔雀晚礼服, 传统汉式装饰, 体现东方富丽华贵, 也轰动一时。她在上海滩股票场里, 是一位投机获胜者, 一度在冒险家乐园, 置别墅、雇"红头阿三", 奢华风光, 叫洋富翁也退避三

／民国才女吕碧城

舍。 她热心慈善事业, 经常捐赠慈善机构和穷苦百姓, 后来她远行欧美, 就将"十万巨金捐赠红十字会"。

　　她是位独身主义者, 一生未结婚, 无后嗣。 大概聪明绝顶, 感悟到哲学另一顶端, 她在瑞士皈依佛教。 她的佛学方面著译也颇多, 如《观音圣感录》、《法严经普贤愿品》、《法华经普门品》、《阿弥陀经》、《护生杂记》等。 她实践"废屠主义", 并倡导护生戒杀。

　　她晚年定居香港。 1942 年曾返父母之地庙首村住一暑, 留下一批书籍、画轴, 留下对待乡亲众邻客气平和的口碑。 1943 年她终老香港"东莲觉苑", 享年 60 岁。

　　胡适对吕家是尊重的, 他在晚年曾说过, "我太太的舅舅是姓吕的, 30年前(按: 应是 1930 年)我到吕家去, 看吕家的一位 17 岁的舅舅正在背《尔雅》。 那时吕家还是这样严格训练的。 大概这班人都是天资很高的人, 天资高, 才能背得熟。 那时我已经 30 多岁了, 我就劝他们不必这样的背诵了。"(《胡适之先生晚年谈话录》, 1960 年 1 月 27 日, 星期三)

第十三章 "我的朋友胡适之"

　　20世纪上半叶，"我的朋友胡适之"几乎成了众口一词的社会通用词语。 一方面说明胡适交往之广——上至总统、主席、部长、议员，下到饭馆子老板、司厨乃至引车卖浆之徒，凡所交游，都可成为"我的朋友"；同时也说明，他是一位公众可以接受的好先生。 罗斯福总统会忘掉时间和他谈天，而不顾秘书两次推门进来暗示"送客"。他"到他所喜好的馆子用餐，时常看到那遍手油腻的厨司，上菜以后，就匆匆地从厨房跑出，两手在围裙上大擦一阵，来和'大使'握手，而适之先生和他谈笑风生，宛如留学生和一同打工的老朋友一般"(蒋彦士语)。

　　胡适与当权者谈世界大势、民生出路；与同道文士谈整理国故、玄学禅机；与大师傅内行地谈调酒技术，与剃头的、擦皮鞋的照样谈得纯真、坦率，绝无做作之态。 胡适很自然地得来一个美誉："我的朋友胡适之"。

　　为什么胡适之可以作"我的朋友"？ 除胡适本人的学识、人格魅力外，有一个过去人们忽视了的也许不太愿意提及的因素，就是唐德刚在《胡适杂记》中也只写了一句的，胡适是近代中国唯一（按：笔者认为是极少数之一）没有枪杆子做后盾的思想家，他一辈子没有卷入过"害人"和"防人"的环境。

任北大教授、文学院院长的胡适

胡适之做礼拜

沐浴"市长接待日"、"局长接待日"、"院长接待日"、"主任接待日"

/林语堂

……春风春光的当代公众很难想象,在半个多世纪前那半殖民地半封建的苦难岁月里,一个既不是长官又不是主任,但颇知统治阶层三昧的社会贤达胡适博士,到了礼拜天(星期日),竟然敞开他在京华米粮库胡同住宅的大门,不查"身份证",不用介绍信,更不必投名片,也不需登记,只要你自信,跨进大门经过设有一对白色珍禽石雕的台阶,毫无阻拦地进入胡博士的客厅,胡适先生便一团蔼然可亲之气与你促膝而谈。"无论是谁,学生、共产青年、安福余孽、同乡客商、强盗乞丐都进得去,也都可满意归

来。穷窘者,他肯解囊相助;狂狷者,他肯当面教训;求差者,他肯修书介绍;问学问者,他肯指导门径;无聊不自量者,他也能随口谈几句俗语。"(林语堂语)这天,胡适倒对他的老朋友(如顾颉刚、钱穆等)预先打招呼,"君务必他日来畅谈",因为"今日胡适之做礼拜"——夫人江冬秀调侃道,也确实是,这是胡适热诚接待公众的日子。

1935年的一个礼拜天的上午,北大经济系出名的左派学生千家驹("非常学生会"主席)走进米粮库胡同胡宅大门,他与同学们曾骂过胡适"你说我们是牛,你是狗,国民党的走狗"(胡适曾经

/老年千家驹

说过劝学生们复课是"对牛弹琴")。 胡适毫不计较,和颜悦色和他大谈起"徽州朝奉"来。 胡适说,徽州商人走遍全国,背着一个口袋,里面装的是炒米(或炒面粉),到一个地方,只要向"老板,要点水喝",水是不要钱的。 有水和炒米,便能充饥了。 出门连伙食费也不用一文。 胡适很赞赏这种精神。他说"徽州朝奉"是老板,在商界颇有地位。 徽商势力是很大的,特别在南方,故有"无徽不成镇"之说。 他又说到丁文江先生的逝世。 丁先生自己说过他祖辈都没有活过50岁以上的,而1935年他50岁了,怕过不了这个关,所以就把遗嘱写好,寄存在一位友人处。 果然,这一年,丁先生视察湘桂铁路,在衡阳因煤气中毒,不幸去世……胡适又说,吴晗报考北大预科,未被录取,因为数学考了0分,但他考清华本科却被录取了,(文科)本科不考数学。"北大考试制度太不合理了,像吴晗这样好的学生,北大不收是北大的一大损失!"

"我们像朋友一样,随便聊天。"胡适胸怀坦荡,并不去计较自己面对的是"左派"、"共产党积极分子"。

"对学潮应有一个历史的看法。"千家驹后来回忆胡适1947年"说学潮"的一段话,胡适说:"古今中外,任何国家,政治不能满意时,同时没有合法、有力的机关可以使不满意得到有效的改革,这个事情总落到受教育的青年身上,也就是学生身上。 汉、宋的太学生的谈政治,与瀛台最有关系的'戊戌政变',也与学生有关。 当时学人上书引起革新运动。 在国外,有巴黎大学。 千余年来,凡有革新运动,总是有青年。 1848年全欧(包括英国)的政治

千家驹结婚照

运动，亚洲方面有印度、朝鲜的独立运动，仍然有学生。 现在学生对政治不满意，感觉生活压迫，推敲理论，见仁见智，至少承认有烦闷的理由，有不满的理由，没有客观环境，不能说几个几十个人，能号召几千个人的学校罢课游行，因为牵牛到水边容易，叫牛喝水就困难了。"对"牵牛、喝水"这个有名的比喻，那位"左派"学生解释说，学潮如没有客观原因，靠少数人是鼓动不起来的。 胡适先生的政治立场是完全站在国民党一边的，但他说了一句公道话，而且对学潮始终采取宽容态度。

北大史学系毕业，后任兰州大学、河南大学、台湾大学教授的吴相湘，回忆 1947 年 12 月 4 日前去北平东厂胡同 1 号，拜谒北大校长胡适。 吴在抗战时从军，在长沙第九战区长官司令部工作，曾在每一次会战结束后，根据各军战斗详报及缴获敌方文件等资料，编纂成史。 由这一话题，胡适也畅谈他使美往事。 案头日历正翻在 12 月 4 日，胡适立刻联想起 10 年前的今日正是他发表《中国对日抗战与北美独立战争》那篇(著名的)演讲的日子，他就从书桌抽屉里取出一颗牙章，将章上"苦撑待变"四字钤于信纸上，当即写下一行："这一牙章是范旭东(按: 著名爱国实业家，永利制碱业开创人)先生自重庆请人刊刻后寄赠的，因为《说文》中没有'撑'这个字，故刻工用'掌'字代替了。 我那篇英文演讲词经李惟果(按: 蒋介石侍从室官员)翻译成中文，刊布国内各报刊。"这次登门造访，胡适赠吴相湘抗日战争期间美国记者发自中国内地的新闻报道文辑一册，又书刘禹锡诗条幅一张相赠，还留他吃晚饭。 吴相湘说："我见饭厅即是胡先生书房与卧室之间一小间，胡师母自卧房走出时，钢丝床一目了然。 晚餐只一小砂锅汤菜，米饭一小碗，两个馒头。"

1958 年 4 月，胡适到台北南港定居后，照样实行礼拜天下午接待日成例，敞开大门接受社会公众来访，真心诚意。

1959 年 10 月 23 日，胡适收到一位叫袁飚的卖芝麻饼的小贩来信，要求向他请教英美政治制度问题，说是"积在心中多年的话，一直没有向旁人提起过"。 袁飚是江苏人，在上海时曾读过高中，没有毕业。 胡适读了信，随即复信，其中有云："一个卖饼的，每天背着铅皮桶在街上卖芝麻饼，风雨无阻，烈日更不放在心上，但他还肯忙里偷闲，关心国家大计，关心英美的政治制度"，"单只这一件奇事已够使我乐观，使我高兴了"。 经胡适邀请，袁飚来到南港"中研院"胡适寓所。 一见面，袁飚敬胡适十只芝麻饼。 胡适当即吃了一只，不住地点头赞赏。 接着开谈，谈得颇入巷，不觉谈到了杜威的实验主义哲学。

"我告诉你一件事体。"这位年近古稀的大学者轻声细语地说，"我小时候，最爱和村里的小朋友一起做游戏，是很快乐的。后来，到了美国，进康奈尔大学，我喜欢游泳，可是那时鼻孔里长了个小瘤子，在水里呼吸很不方便。"

"啊，那可正不约而同！"烧饼袁郎立即说："我鼻孔里也有一个瘤，恐怕割不掉，担心是鼻癌，如今台大医院新进一批钴60，可是太贵，我治不起……"

"不要紧的，能治好的，我来给您想办法。"胡适当即展纸持笔，致信台大医院院长高天成云："这是我的好朋友，一切治疗费用由我负担。"

以后，胡适就同袁飚做了朋友，多次给他写信，帮助他对世界各国政治制度的研究，还多次接待他登门，赠送他书籍。

胡适待客之诚恳，还体现在与客谈天不使冷场。有些客人告辞出门后对秘书胡颂平说："我早想告辞了，但先生的谈锋很健，我们竟没有机会脱身，实在耽误先生的时间了。"胡适知道后对秘书说："这是我受了社会训练，总不叫客人坐着有间歇的时间。或说完了，不再说下去，等于叫客人走路，所以我总要想出话来。"有一次，一个下午先后来了几位客人，谈了一个多钟头。他们去后，胡颂平发现胡适书桌上留有一张小小的便纸条，用绿色圆珠笔写着两行字"大腹能容，容天下难容之事；此公常笑，笑世间可笑之人"。这是前人对弥勒菩萨的写真。不知道是胡适写给哪位客人看的。

胡适对年轻人，特别对公众新闻的传播者，有老师兼父亲的严格与关爱。1960年12月26日，《公众报》女记者宣中文到南港胡宅。胡适取出这天的《公众报》，指着她采写梅贻琦重获健康的一条消息《细数浮生，久病初愈》，题目下内文写道："……这逃避无踪的病中岁月，对梅部长，真是燕莺过后雁飞去，细算浮生千万绪……"(按：梅贻琦1958年至1961年间任台"教育部"部长)胡适用红笔在这行划了一条杠，说："你为什么不开门见山地写？为什么要用这些套语？而你引的晏同叔词《玉楼春》，原词应是这样的——

> 燕鸿过后莺归去。细算浮生千万绪，长于春梦几多时？散似秋云无觅处……

'燕鸿过后莺归去'这一句是句断的。'细算浮生千万绪'句是逗号，接着下面'长于春梦几多时？散似秋云无觅处。'你怎么可以把'细算'这一句点断呢？"

　　胡适严肃中带着笑意说："怎么样，该打？ 该打手心。"宣小姐把手翻转，递过去："我认打。"胡适真的在她手心上轻轻拍了几下，听到宣中文说"我今天得到先生指点，以后决不随便引用套语"，笑了。

　　没有上门，若对胡适提出正当要求，也能获得满足。 1961年春，台湾"中研院"历史语言研究所陈仲玉(后成为考古学家)回到屏东老家结婚。 按例"中研院"同仁成婚，都能得到胡适的一份贺礼：四百元的礼金，或有胡适署名的真丝喜幛一幅。 王志维问陈仲玉选择哪一种。 陈回答，前两样都可以免，唯求"胡院长的亲笔墨宝"。 王面有难色，说胡院长一向慷慨，只是向他索字的人无以数计，他难以应付了。 没几天，王秘书来了，送来一幅丝织喜幛，交还原来那个大信封和一张求墨宝的4开宣纸。 陈有些失望。 王秘书说："你不要急，你要的东西在信封里哩。"陈从信封里掏出一张16开宣纸，上面就是他所求的胡适墨宝——

　　　　侯我于堂乎而？充耳以黄乎而？尚之以琼英乎而？
　　　　三千年前的情歌，给仲玉先生的新房补壁。

　　　　　　　　　　　　　　　　　　　　　　　胡适

受泽者陈仲玉说，"新婚之日，不但厅堂正中有胡先生所赐的喜幛，更在新房上有三千年前的情歌(按：句系出自《诗经·齐风·著》)以添喜气。 处处可见胡院长对小部属的关怀与厚爱。 这就是一代大学者的风范。 所以这一幅墨宝珍藏至今，也将成为传家之宝。"

陈仲玉

胡适题贺陈仲玉婚礼

胡适之的县邑乡里

绩溪"县小士多"闻名于世，不仅绩溪这块饱蕴历史文化乳汁的土地孕育了胡适，而且众多的绩溪当世士人不期然地周伴着胡适，或助学，或资家，或互勉，或出版他的著作，或在他扶持下出名成家……这在中国现代文化史上堪称奇观：尚有哪一位融入世界名流的人物能像胡适那样始终不弃县乡那个小圈子，时时叨念"徽州朝奉"、"徽骆驼"、"绩溪牛"乡土精神的？ 1953 年，胡适还为台湾绩溪同乡会馆题写"努力做徽骆驼"条幅。

绩溪乡亲对造成胡适人格与业绩，对胡适走入世界，确实帮助不小，这里列举三位胡适的"感恩乡亲"，他们对胡适跳出萎靡泥淖，振作精神，走出国门，不仅推波助澜，而且在关键时刻给予经济援助，终于使他渡洋留美成行。

徽商胡节甫(1842—1918)，与胡适同村同族，长胡适两辈。 此公在汉口有"竹月楼"徽帮菜馆，在上海有"瑞生和"茶叶庄，且在苏北、皖南有多家分号。 他精明坚韧，贾而好儒，爱惜乡土人才。 他长期住在上海，发现胡适才华丰茂，乐于和这位后辈往来。 1907 年(丁未年)5 月，就读中国公学的胡适第二次患脚气病，告假回家乡养病，正好与这位族公同行，"丁未年吾与节公归里，吾坐轿而节公步行"。 16 岁的胡适因为脚肿，艰于行走，只好以轿代步，而 65 岁的胡节甫精神矍铄，伴行这位青年学子，且走且谈，不亦乐乎，日行竟 60 里。 1910 年 1 月底，时逢农历乙酉年岁末，胡适脱离中国新公学，任教租界华童公学，一度混沌度日，举债吃喝玩乐，难过年关，他只好去向胡节甫借贷。 《藏晖室札记》中留有"作书与节甫。 夜访节甫未遇"、"夜七时访节甫，约明日取款"、"夜访节甫，取款二百五十元以归"这样的痕迹。终究是这位族公，在胡适极度困难时拉了他一把。 半年后，胡适终于摆脱精神危机，迎考清华庚款公费留美，并且考上了。 胡节甫与另两位绩溪乡亲许怡荪、程乐亭乐闻喜讯，立刻在经济上给予帮助。 看了榜，胡适从北京南下，"到了上海，节甫叔祖许我每年遇到必要时，可以垫钱寄给我的母亲供家用。 怡荪也答应帮助。 没有这些好人的帮忙，我是不能北去(按：节甫公借胡适 300 元北上应考)，也不能放心出国的"(胡适：《四十自述·(五)我怎样到外国去》)。 胡适渡洋留美后，但凡官费有所积余，以及演说、文稿取得酬金，寄母资家用都是通过上海胡节甫的"瑞生和"商号汇兑成中国银元转去，乃至他发表在上海报纸文章的多笔稿费，也由"瑞生和"代收转家。 胡节甫没有食言，1915年末、1916年初，胡家接连举丧(胡适的大姊、大哥和岳母去世)，逢到极度困难境遇，他两次寄去上庄冯氏各50银元帮助，可谓雪中送炭。 胡适越洋家信中两次提及"节公对儿情意之厚，真可感激"，"节公厚意可感也"。 1917年胡适学成归国，7月10日船到上海，"二哥、节公、聪侄、汪孟邹、章洛声，皆在码头相待"。 令胡适感伤的，"节公也老态苍然，行步艰难，非十年前日行60里之节公矣"！ 这"日行60里"，指的就是10年前一少一老，一乘轿一徒步绩溪上庄行的往事。 1918年3月，胡节甫长逝上海，终年76岁。 徽商胡节甫因为扶掖了本乡本族前途无量的青年才俊胡适，使这位"徽州朝奉"冠服上增添了一分色彩，使"邑小士多"的绩溪加重一个砝码。

胡适对节公家族的回报也是厚重的。 节公逝世后，胡适支款，悄悄地为胡节甫原配夫人节娘开了一个折子，每月取息，以作她养老之用。 此事只有胡母冯氏和节娘知道。 胡适又负担了胡节甫孙子胡继光在吴淞中学求学的全部费用数年。

若说胡节甫与胡适是忘年交，那么许怡荪与胡适则是同时代同学之交了。胡适眼中"许怡荪的一生，处处可以使人恭敬，都可以给我们做一个模范"。(胡适：《许怡荪传》)

许怡荪为人有哪些值得胡适恭敬的呢？ 许怡荪是绩溪十五都勘头人，出身徽商之家。 在上海求学时，与胡适在中国公学同学，后转学吴淞复旦公学，不久因父亡，辍学往来上海与浙江孝丰间，主持店业。 不过他在上海一直与胡适同住一屋(包括爱尔近路《竞业旬报》社址)。 胡适著文章、编《旬报》，为新公学而奋争，许怡荪都看在眼里。 同学意气，风华正茂，许怡荪从心里钦佩胡适，也更加爱护他。 胡适也说："怡荪爱我最厚，护我最笃。"就在胡适1910年初沉沦的几个月里，"真是在昏天黑地里胡混，有时候整天的打牌，有时候连日的大醉"，时在复旦公学上课的"怡荪见我随着一班朋友发牢骚，学堕落，他常常规劝我"；后来，胡适自觉突出精神困境，决定参加庚款留美官费考试，怡荪知道了，"来看我，也力劝我摆脱一切，去考留美官费。 我所虑的有几点：一是要筹养母之费，二是要还一点小债务，三是筹两个月的费用和北上旅费。 怡荪答应替我去设法"(胡适《四十自述·(五)我怎样到外国去》。 浪子回头，闭门苦读，复习功课迎(官费生)考期间，许怡荪关心他，常去探望。 这在胡适不完整的《藏晖室札记》中留下了点滴文字："晨起，习代数……夜饭后，与怡荪、意君夜话，为言余十五六岁时事"(1910年五月朔日)。 "晨起习代数……下午，习代数……夜与怡荪同出。 怡荪往访汪孟邹，余则往视弼臣疾。 小坐，即往觅怡荪，与孟邹谈甚久"(五月初二日)。 "习代数，雨竟日。 未出门。 是夜，与怡荪、意君、铁如打牌，通夕不寐"(五月初九日)。 "读史希腊史。 是日天酷热，几不能读书。 下午与怡荪同出购物……夜与怡荪同出浴"(五月十四日)。 "读史，希腊史毕……夜访节甫，晤怀之，谈甚久……与怡荪夜话，通夕不寐"(五月十五日)。 许怡荪要返浙江孝丰店里去，胡适也即北上去应考了——这临别一夜，他们畅谈通宵，直到第二天"晨四时小睡。 送怡荪登舟"(五月十六日)。 从此便一别七年。

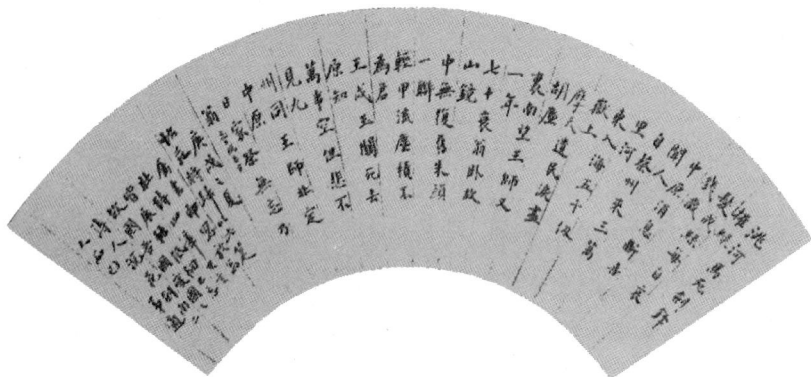

胡适书赠许怡荪扇面

此后许怡荪一度就读浙江法官养成所，1913年东渡日本，留学明治大学法学科。 一东一西，他们两人越洋书信往来频繁，特别是许怡荪，以"老大哥"资格针砭胡适："足下此行，问学之外，必须拔除旧染，砥砺廉隅，致力察文之功，修养之用。" "足下来书谓一身常籍数事，奔走外务。 不知近日读书否？ 想足下亦留学不过两年，宜多读书，且学位亦留意图之。"封封信都诚恳沥胆，都是一字不苟的楷书，有的信洋洋洒洒近万言。 胡适看到的"(1917年)这时的怡荪，已变成社会革新家的怡荪了。 怡荪是一个最富有血性的人，待我之诚恳，存心的忠厚，做事的认真，朋友中真不容易寻出第二个，他同我做了十年的朋友"了。 他留给胡适最重要的一句话是："适之，大处着眼，小处着手。"就是他们那次各奔东西前上海长夜谈的临别赠言，成了胡适一生的座右铭。

除书信交流心得外，许怡荪还在日本为在美国的胡适做了一件实事。 胡适 1916 年研读中国哲学诸子百家学说，急需读《墨子》及俞樾的《读公孙龙子》，后者收录在《傅楼杂纂》一书中。 胡适写信给东京的许怡荪。 许怡荪买不到俞樾此书的单行本，就去上野图书馆，将《读公孙龙子》全书手抄了下来，寄给了胡适。 胡适在日记中说："昨日怡荪寄赠的手抄之俞樾《读公孙龙子》一册，读之甚快……"(1916 年 4 月 1 日)

许怡荪于 1916 年——比胡适早一年回国，但一年来找不到工作，还是胡适返国后，把他介绍给了自己的留美同学、南京河海工程学校校长许肇南，任国文教授。 胡适无疑成就了一桩美事：这"两个许少南"(许怡荪名为"绍南")合作得很好。 但仅一年，1919 年 3 月，许怡荪因肺病告别了人世。 逝世前十几天，他从报上看到"胡适、陈独秀等四人被政府干涉，驱逐出北大"的消息，就接连写了两封快信去劝慰，"切不必因此灰心，也不必因此愤慨"，"无论如何，总望不必愤慨，仍以冷静的态度处之"。 当然，被逐事"乃是全无根据的谣言"(胡适等四人致函《北京大学日刊》声明，1919 年 3 月 10 日)。 此际正是胡适领导五四新文化运动多事之秋，还为恩师杜威来华讲学南下北上，乡亲知友病殁，他无法奔丧，就专门写了篇《许怡荪传》，刊于同年 8 月 15 日的《新中国》，称"怡荪是一个诚心爱国，一个最诚恳最忠厚的人"，"他的精神，他的影响，永远留在他的许多朋友的人格里、精神里"。

翌年，1920 年 7 月 5 日，胡适过南京秦淮河，立刻联想起："怡荪！ /我想象你此时还在此！ /你跑出门来接我，我知您心里欢喜。 /……车子忽然转弯，/打断了我的梦想。 /怡荪！ /你的朋友还同你在时一样！"在诗的小序里，胡适说："人生能得几个好朋友？ 况怡荪益我最厚，爱我最深，期望我最笃！"胡适这首名为《许怡荪》的白话诗，收录在中国新诗开山之作《尝试集》第三编的卷首。

胡适之能走出国门，还得助于另一位在上海求学的乡友程乐亭。 当胡适决定"关起门来预备去应试"时，"所虑的有几点"，"怡荪答应替我去设法。 后来除他自己之外，帮助我的有程乐亭的父亲松堂先生，和我的族叔祖节甫先生"。 胡适念念不忘滴水之恩，1911 年已在美国康奈尔大学就读，在日记中还提及程乐亭的资助："余去北上(按：赴北京清华应考)，即蒙以百金相假，始克成行。"(6月8日)当时，100枚银元可购大米70石(700斗)，是笔不小的款额，而程乐亭与胡适订交才一年，来往也不甚密，可见其侠义气概。程乐亭，绩溪县瀛洲乡仁里村人，与胡适同年，出身甲于一邑的富商之家。1908年他就读上海复旦公学，英文学得很好，尤专长音乐。凡有同学向他请教他都乐于倾心讲解，不厌其烦。因许怡荪关系(许家与程家是亲戚)，与胡适相识，留给胡适的印象是："我认识乐亭时其母已丧亡，形象憔悴，寡言笑。我与他数数相见，其所与我言七八十语耳"。程乐亭是一个孝子，"沉毅，足以有为"的青年，可天不假其年，1911年3月26日夭亡了，仅20岁！许怡荪哭道："齐心同志愿，剖腹见性真。感念时多难，慷慨气益振……掷笔一长叹，泪下如流泉！"怡荪这首《哭程君乐亭》的长诗胡适抄录在他的留学日记中(1911年6月9日)。胡适在7月11日也写了一首《哭乐亭诗》，追忆其恩泽："去年之今日，我方苦忧患：酒家真索逋，盛夏贫无幔，君独相怜惜，行装助我办，资我去京国，遂我游汗漫。一别不可见，生死隔天半。"胡适痛惜，"思君未易才，尚如彩云散"；更悲痛如花华年，"吾生二十年，哭友已无算。今年覆三豪，令我肝肠断"！胡适还作《程乐亭小传》，记其生命短促而情感绵长的一生，云："其卒也，同学皆哭之如手足云。"

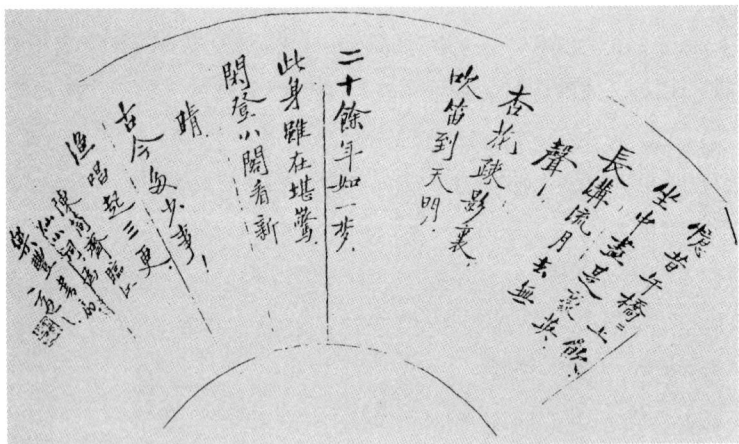

胡适书赠程乐亭扇面

程乐亭父程松堂更是位急公好义、乐善好施的长辈，为公益事业慷慨解囊，不遗余力，如在绩溪开办现代规模的思诚学堂，就捐银一千多元。松堂公过世后，胡适不忘老先生有恩于自己，送奠仪400元，并撰书挽联一副："泛爱于人，无私于己，说什么破产倾家浑身是债；蔼然如春，温其如玉，看今日感恩颂德有口皆碑。"

　　胡适经世情谊的徽州乡亲中，交游岁月较长的要数"总角之交"胡近仁和出版商汪孟邹二人了。

　　胡近仁(1886—1935)，绩溪上庄人。虽然辈分上比胡适长了一辈，但仅大了五岁而已，因为自幼在一起游玩、读书切磋学识，被称"总角交"。又因为自胡适离开家乡后，冯氏给儿子的信都由胡近仁代笔，所以胡家事无巨细，都在他心里，被称为胡母的代言人。胡近仁能在胡适圈子中占有这样重要的地位，还因为他本是一位国学根底深厚的乡贤硕儒，可惜的是没有走出皖南的大山。

　　胡近仁(行名祥木，字董人，号樨禅)，17岁中秀才，19岁补廪。赴南京乡试时，自恃才高，把已写就的考文卖给别人，那人中了举，自己却因为时间仓促，未能成文而名落孙山，成了一位一世留在

胡适总角之交胡近仁

绩溪的乡学究、老童生。而这时胡适正走出黄山、天目山，越渡太平洋，成了一位春风风人的"洋翰林"、名教授。道途何其大相径庭！然而他俩的起点都在为程朱理学、封建伦理重重烟笼所覆罩的上庄乡里。

　　胡适一生中接受胡近仁较大影响的事有两件：一是幼年读"小说"(泛指弹词、传奇、笔记小说及《红楼梦》等文艺作品)，互相借读、促进。"他天才很高，也肯用功，读书比我多，家中也颇有藏书。他看过的小说，常借给我看。我借到的小说，也常借给他看。我们两人各有一个小手折，把看过的小说都记在上面，时时交换比较，看谁看的书多。"胡适离开家乡时，已读了30多部小说了。读小说，一方面使胡适"在不知不觉之中得了不少的白话散文的训练"，"帮助我把文字弄通顺了"；另一方面，为了应付对侄女们讲《聊斋》故事，"逼我把古文的故事翻译成绩溪土话，使我更理解古文的文理"。

（《四十自述》）胡适到上海后，能在古文根基上办白话文《竞业旬报》，适应时势需要，用白话文写文章，参与时政评论，报道西洋新人新事，抨击封建伦理，呼吁解放妇女……这是20世纪大幕刚刚拉起时，在古老中国最先端的上海滩上的"文明大戏"。胡适从宋明程朱理学堡垒徽州闯出来，何能有如此能耐？自身天才不用说，胡近仁无意识地引导他广读文艺小说不可不谓是一大因素。因此，绩溪胡适学者颜振吾先生说："胡董人是把混沌初开后的小胡适从程朱理学的死冷胡同引向新鲜天地的导游。"正是如此。

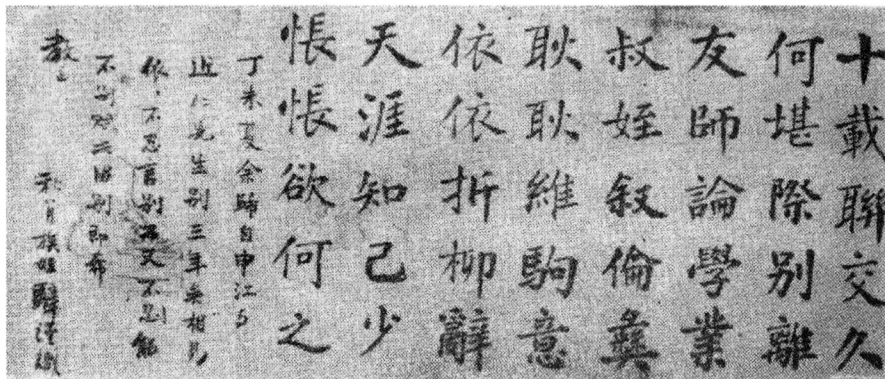

胡适书赠族叔胡近仁

二是胡近仁鼓励胡适写诗(旧体诗词)"丁未(1907年)五月，我因脚气病又发了，遂回家乡养病"，"那一次在家，和近仁最相聚甚久，他很鼓励我作诗。在家中和路上我都有诗"。与近仁阔别三年，此番回来，他在上庄住了两个多月，"昕夕过从，其乐何极"，互相赠诗、和诗，大大激发诗兴，且得到近仁的指教。胡适天资聪颖，回到中国公学后，用"赫字韵做了一首五言律诗，找来老师和同学的十几首和作"，因此得了个"少年诗人"的名声。胡适在美留学最后几年里，他探索中国新文化的新天地，是从"诗国革命"微澜中掀起"文学革命"大波的，也就是说他从格律严谨的中国传统诗词桎梏中突出，破天荒地提倡写白话诗，从美东三个中国留学生的笔战中，挥旗杀向沉沉封建文化的北京城头，拉开五四新文化运动的序幕。没有对旧体诗词的实践和体味，哪来白话诗的诞生？在这个意义上，胡近仁又一次无意识地做了胡适的"文学革命"的"导游"。

是也，胡适在异国闹"诗国革命"时不忘祖国家乡深山中的胡近仁，从哥伦比亚大学去信说："适近已不作文言之诗词。偶欲做诗，每以白话为止。"

并随信寄去了两首白话诗，一首是《孔丘》；另一首是《朋友》，即有名的"两个黄蝴蝶，双双飞上天"的那首白话诗。（后均收入 1920 年出版的《尝试集》）并启问——

老叔以革命诗读之，可也？一笑！（1916.9.4）

胡近仁之于胡家非同寻常，是因为他是胡适母子的通信桥梁。胡适离家后，家书来往，全赖胡近仁念读、代写。不仅母子间如此，就连江冬秀写给胡适的文绉绉的"情书"也是"近仁老叔"代笔的——

适之郎君爱照：

项于婆婆处得接十二月十三日赐函，捧读欣然。秀小影已达左右。而郎君玉照亦久在秀之妆台。吾两人虽万里阻隔，然又书函，以抒情悃，有影片以当晤对，心心相印，乐也何如……今君负笈远游，秀私喜不暇，宁以儿女柔情绊云霄壮志耶？此后荣归不远，请君毋再作此言，令秀增忸怩也……

待字妇江冬秀三肃

此信写于 1915 年初，待字村姑缠绵悱恻的情书，与以后小脚夫人泼辣、布满白字的家书，风格迥异，同是一个人，但握笔的手不同了。

事实上，胡适与江冬秀的婚姻，胡近仁是最彻底的见证人、知情人。胡适心底的波澜，这位总角之交是了解也是最理解的，所以胡适敢于结婚后不久，向他倾诉衷肠，而近仁一直为之保守秘密，直至他故去。这封信直至胡适故世后20 年，才被石原皋在他有名的《闲话胡适》一文中公之于世——

吾之就此婚事，全为吾母起见，故从不曾挑剔为难。（若不为此，吾决不就此婚，此意但可为足下道，不足为外人言也。）今既婚矣，吾力求迁就，以搏吾母欢心。吾之所以极力表示闺房之爱者，也正欲令吾母欢喜耳。

此信可谓胡适婚姻及情感生活的"核心机密"，否则哪来"胡适大名垂宇宙，小脚夫人也随之"，哪来"烟霞洞的神仙生活"，哪来"素斐，不要叫我忘了……"由此可以看出他叔侄俩的贴近、知己程度了。

胡近仁国学根底远胜于胡适，特别在谱牒方志学方面堪称专家，他主持了绩溪县志的编纂工作。但他一生最大的工作，不过主修了本县胡氏、汪氏、叶氏、柯氏、曾氏等近十部家族宗谱和一部县志，始终跑不出绩溪这个小范围，是无法与他的"总角之交"胡适相比的。他自知是落伍了。他不是没有努力赶过时代潮流，但因为染上了致命的鸦片毒瘾，无法自拔。对此，胡适是十分关心他的，作为"三十多年的老朋友，什么话不可以说"，向他痛切陈说利害："鸦片之害可以破家灭族，此时不待远求例证，即看本族大分、二分(按：上庄胡氏宗祠对属下支族的俗称)的许多人家，便可明白。即如尊府，如我家，都是明例。你是一族之才士，一乡之领袖，岂可终于暴弃自己，沉迷不悟？"甚至如此下去，"上无以对先人，中无以对自己的天才，下无以对子女！"不过得悉"你昨天说起要进广慈医院去戒烟，我听了十分高兴。希望此事能成功"。接着胡适热情真诚地表示，"若无人同去，可移来吾家，我请医生来给你戒烟，冬秀一定能服侍你"(1928年7月24日，致胡近仁函)。此时胡适已任上海中国公学校长，去年6月已举家迁上海极司斐尔路。但是，胡近仁终究没有戒成，刚跨进"知天命"门槛，就病故于上庄村。鸦片的恶魔又吞噬了胡氏宗族一位天才。

胡适前进了，成为中国新文化的一面旗帜，蜚声中外的大学者，胡近仁从心底欢欣、折服，在他去世前五年撰写了三副对联，祝贺他的总角之交40岁诞辰，其中一副情真意切，工整对仗——

凭窗读小说，限香做小诗，念幼年情事犹在目前，不料也到了四十岁；

行世有文章，革命倡文学，想此后生涯仍需笔底，希望再添著百万言。

"县邑乡里"把胡适之推出"山"，推出"洋"的，在上面已列举了不少；这里还要举一位把胡适推出名、事业做大的绩溪小同乡，上海亚东图书馆(出版机构)老板汪孟邹(1877—1953)。

汪孟邹是绩溪县城关人，清末秀才，因为其胞兄(希颜，秀才)的关系，结识当时新思潮名人陈独秀(仲甫)、章士钊(行严)等。1903 年，在他思诚学堂老师胡子承、同乡周栋臣集股支持下，到安徽风气最领先的芜湖开设"科学图书社"，经营书籍文具事业。翌年，陈独秀将他创办的《安徽俗话报》由安庆移到芜湖，在汪孟邹的科学图书社里设立发行所。进而陈氏的革命组织"岳王会"也移地于科学图书社。无疑，汪孟邹早在 20 世纪伊始，清王朝摇摇欲坠时期，已接受民主革命思想的熏陶。辛亥革命后，他的朋友柏文蔚做安徽省都督，挚友陈独秀做省军政府秘书长，他原想要个税局局长当

"亚东"老板汪孟邹

当，柏、陈却要他继续从业文化，集了股金，鼓励他到上海开办了在中国新文化运动和出版史上占有一席之地的"亚东图书馆"。从此，汪氏开始了中国现代出版业道途。

胡适著书，汪孟邹给他出书。前者出名，后者赚钱(当然胡适版税收入也不菲)，名利相得益彰。因为是小同乡，彼此信赖程度更高些，胡适在新文化运动中熠熠生辉的几部著作无不由"亚东"出版，胡适自谓"暴得大名"由此而生。"亚东"出版的胡适扛鼎著作有：《短篇小说》第一集(1919)，《尝试集》(1920)，《胡适文存》初集(1921 年至 1922 年 3 版，出书 1.2 万部)，《胡适文存》第二集(1924)，《胡适文存》第三集(1930)。"文存"第三集中收录有胡适 1924 至 1932 年间的重要散著，如《戴东原哲学》、《词选》、《白话文学史》等，这些著作先前已由商务印书馆出版过。此外还有：《先秦名学史》(即胡适 1917 年的毕业论文《中国古代哲学方法之进化论》)(1922)英文版。此书1927 年胡适带 100 册去母校哥伦比亚大学补办博士学位手续。《神会和尚遗集》(1931)是胡适对中国禅宗史研究的一项具有里程碑式的成果，是他用新观念、新方法尝试"整理国故"的实验。他从巴黎、伦敦的图书馆、博物院中上百唐代敦煌卷子原材料中发现并考定了南派禅宗开山祖师神会和尚其人及其著。《胡适文选》(1931)，是胡适自己从三集"文集"中选出的面向中学生的精品，其中《自序·介绍我自己的思想》堪称胡适式自由主义世界观的"诗眼"。《藏晖室札记》是胡适留学美国时期的日记和杂记，"亚东"1935 年排版后纸型被烧，重排，1939 年出版。《胡适文存》第四集因"亚东"拖延，

胡适交"商务"出版。

"亚东"因出版陈独秀、胡适、陶行知等时代名家的著作，打出了金品牌，立足 20 世纪二三十年代的出版界。 然而汪孟邹与胡适的关系远不止于此。

早在 1910 年 1 月，汪孟邹曾间接致信于胡适，告诉他家乡将推举他做东山学堂堂长，"言吾邑教育会将举余为东山(学堂)堂长，以资整顿"(胡适日记，己酉十二月十五日)。 绩溪东山学堂自 1905 年革新后，旧派、新派斗争不息，陷于瘫痪，亟须新生力量去整顿、主持，且有一笔可观的资金。 胡适在上海读书、办报，少年才学已为乡里所知。 而此时正是胡适刚摆脱精神危机，辞去华童公学教职，处在生活困境的时刻，汪孟邹给了胡适这个好机会。但胡适志在千里，没有返乡见江东父老。

章士钊

1915 年 9 月，陈独秀在上海创办期刊《青年》(第二卷第一期起改名为《新青年》)，像在芜湖时一样，交由"亚东"出版发行。 此前，章士钊在日本创办的期刊《甲寅》，从第五期起，也交由"亚东"出版发行。 汪孟邹将这两本有名的杂志，均及时寄赠给在哥伦比亚大学读书的胡适，帮助章氏、陈氏向他约稿。 胡适果然投去稿子。 寄《甲寅》有翻译小说《柏林之围》、时评《非留学篇》；寄《青年》是翻译小说《决斗》——刊出时，已是第二卷第一期的《新青年》了。汪孟邹代表陈独秀，"拟请吾兄于校课之暇，担任《青年》撰述，或论文，或小说戏曲，均所欢迎"，"务希拨冗为之"。 胡适成名作《文学改良刍议》在《留美学生季报》发表后并无引起波澜，1917 年 1 月在《新青年》第二卷第五期发表，加上陈氏跋语："今得胡君论，窃喜所见不孤。 白话文学，将为中国文学之正宗……"终使胡适在美国的白话文学笔战摆脱困境，"文学革命"的大旗扯起来了。

人们熟知陈独秀引进胡适任北大教授的那封信，"弟荐足下以代(按: 北大文科学长)，此时无人，弟暂充之。 孑民先生盼足下早日回国，即不愿任学长，校中哲学、文学教授俱乏上选，足下来此也可担任。"殊不知，原先是胡适托汪孟邹转陈独秀代谋求的。 汪氏1917年1月13日致胡适信有云："兄事已转达，仲甫(按:陈独秀)已代为谋就，子民先生望兄回国甚急，嘱仲甫代达……"胡适权衡博士学位与北大教授头衔轻重，决定选择后者，果断结束留学生活，回国。 1917年7月10日船到上海，在码头迎接人群中，汪孟邹赫然在矣。 胡适大故事的进程中，还有汪孟邹这一座必不可少的"小桥"，其之所以鲜为人知，也许是胡适不愿提及之故吧。

所以，"亚东"1935年遭逢经济危机时，江冬秀火上添油逼索版税(无非报曹诚英的"一箭之仇")，而胡适态度暧昧。 所以，1934年岁末胡适自北平南下香港大学过沪时，发现"亚东"难捱年关，就通过好友浙江兴业银行总经理徐新六，向全国经济委员会委员陈光甫疏通，把"亚东"在上海银行的3000元透支款再转一期。 所以，又委托上海徐新六在"亚东"过大年夜时，派人送去500元大洋……知恩报恩，是胡适一贯的风格。 有研究胡适的学者说，汪孟邹与胡适最后一次会晤是1949年2月16日，前者为后者饯行。 胡适流亡寓美后，1949年12月，曾从纽约寄了一张明信片(署名他人名)，汇一笔款子给汪孟邹，托购《水经注》有关书籍。 汪孟邹按要求照办了。

汪孟邹经营"亚东"，除出版胡适及其他风云作家综合性著作(比如郭沫若、田寿昌、宗白华的《三叶集》等)外，还经销、发行《新潮》、《少年中国》等"左派"杂志，在1927年大革命前夕，还敢销售《政治周报》(国民党机关刊物)、《响导》、《中国青年》(共产党机关刊物)等政治杂志。 汪氏敢冒着极大的风险，出版普罗文学作品，如蒋光慈的《少年漂泊者》、《鸭绿江上》。 他的政治胆识令人赞赏，同时也引来人们对这位书商的政治背景的疑问。

汪孟邹晚年患癌症，1953年10月16日病故于上海。 因为他与陈独秀的关系，有研究胡适的学者根据某位个人证言说他是中共特别党员。 这里涉及一个复杂又曲折的历史问题，姑作悬案搁之。 但他是一位对中国新文化运动有很大推动作用的出版家，诚如芜湖科学图书社二十周年庆时胡适的赠题"给新文化做了二十年的媒婆"，陶行知的赠题"赈济了二十年的学术饥荒"——是恰如其分的。

"亚东"对中国新文化事业的另一大贡献，就是首先推行现代标点符号，其第一实践人是汪孟邹的侄子、"亚东"的股东汪原放(1897—1980)。 现在人们写文章、读文章(包括文言文),借助标准的标点符号,表达意思,理解意思,有如虎添翼的感觉;如若拿到一篇无标点、不分段的古典作品,即使文言文有根底的,读起来也非常吃力,甚至可能多处产生衍义。 对于标点符号,胡适在大洋彼岸异国他乡提倡白话文时,亦同时顾及了。 他在他的《藏晖室札记》里构思设想,先后写了一些篇幅:

——《论句读及文字符号》(1915 年 8 月 2 日);

——《文字符号杂记二则》(1915 年 10 月 15 日);

——《西人对句读之重视》(1916 年 1 月 4 日);

——《论文字符号杂记四则》(1916 年 4 月 23 日夜);

——《白话文言之优劣比较》(1916 年 7 月 6 日追记)。

胡适所说的"文字符号",即现在所称的标点符号。 他曾用了三昼夜的工夫,为留学生刊物《科学》写了一篇《论句读及文字符号》的万字论文,提出了"文学符号概论"、"句读论"、"文字符号"等令人耳目一新的概念,可以说是篇新式标点符号的专论了。 且看他的文字(标点)符号是怎样设计的——

(一)住。或·

(二)豆,或、

(三)分;或◎后用

(四)冒:或、、

(五)问?

甲发问 牛何之?

乙反问 吾岂若是小丈夫然哉?

丙示疑 其然,岂其然乎?

(六)诧!(按:凡"赞叹"、"感叹"、"哀叹"、"惊异"、"愿望"、"急遽"、"怒骂"、"厌恶"、"招呼"等九种情绪均可使用"!"符号)

(七)括( )

(八)引" "

(九)不尽……

(十)线——本名之符号也。

胡适《藏晖室札记》里这些文章，曾由许怡荪抄录，打算交《新青年》发表，却先让汪原放看到了。 汪喜不自禁，拍案叫绝，当即"还录了一些放在手头"，接着就动了一个大胆的念头，要将"亚东"出版计划中的《水浒传》、《红楼梦》、《儒林外史》、《西游记》等中国古典小说加以新式标点符号并在章回内文中给予分段的形式出版。 首先是《水浒传》，这是 1920 年开始的事，这也是胡适"整理国故"宏大计划中的一部分。 胡适答应"亚东"，"我一定送原放一篇三万字的《〈水浒传〉考证》"。

汪原放是汪孟邹在店中最得力的助手，原来汪孟邹无子嗣，其胞兄汪希颜过早去世,遗下的二男三女均跟随他生活。 两个侄女慎如、淑如已出嫁，只剩下协如；两个侄子中，老大乃刚不常在店中。 原放虽然只初小毕业，但他刻苦自学，聪慧悟性高，既通晓英语、日语、德语、法语，又有国学根底，并且会中文打字(推销日本三井洋行打字机学会的)。 高个儿的汪原放，看准新文化运动的走势——用现代话来说，抓住标点符号的时代机遇，立刻付诸行动。1920 年，在上海的汪原放夜以继日将《水浒传》给予新式标点、分段，历时半年完成，终于可以排版了。 在北京，胡适于 7 月 27 日晨 2 时，"整理国故"的一篇五万字的重要文章《〈水浒传〉考证》脱稿，结语中写道："种种不同的时代发生种种不同的文学见解，也发生种种不同的文学作物——这便是我要贡献给大家的一个根本的文学观念，《水浒传》上下七八百年的历史便是这个观念的具体例证。 不懂南宋的时代，便不懂宋江等 36 个人的故事何以发生……不懂得明朝中叶文学进化的程度，便不懂得七十回本《水浒传》的价值。"要普及这种现代观念的文学价值论，若没有现代读书手段——标点、分段的现代出版形式，如何铺开古典白话小说的"文学革命"局面？ 如何替将来的"水浒传专家开辟一个新方向；打开一条新道路"？ (胡适语)在这点上，汪原放的标点工作是胡适新文化运动的一支方面军。 这年盛夏，胡适到南京高师暑假学校讲学，便专程赴上海，察看"亚东"排印《水浒》的情况。 看了标点与内文分段的小样，他十分满意原放的工作，(请客吃饭时)兴奋地说："原放，来，我敬你一杯！ 你做的工作很好，很有意思！"

"不敢当。"猿臂长腿的汪原放忙不迭站起来，咧开了满是络腮胡子的大嘴，"适之哥，我初以为标点、分段不很难，现在才知道很不容易做。 今回是尝试尝试，以后还要请你多教教我。"

胡适随手取过一本已经印刷完工的《水浒传》毛样本，翻到版权页，掠了一眼,指指说:"'句读者'一栏,你排了'亚东图书馆'字样。不对,应该老老实实揿'汪原放'三个铅字,排上。打上个人名义,一人做事一人当,不是责任更重吗?"

汪原放扔掉不离手指的香烟,接过毛样本,敞开着不太干净的西服,转身进排字间前又问:"适之哥,还有什么吩咐?"胡适略加思考,回答他:"我已经写了四五万字的《〈水浒传〉考证》;你还得认真写《校读后记》、《句读符号例》两篇,写得越详尽越好,可以举一些例子。把我们的三篇也排进去。总之是介绍新式标点符号嘛!"

"适之哥,我想出书时间肯定赶得上,我把书拿南京你上课的地方去卖?"

"可以的。我住在梅庵,你来找我便是了。"

手脚快捷的汪原放果然在8月中旬印出并装订好了第一批样书,将400本打成四个包,随身带去南京。找到胡适,都商谈好了。第二天在南京高师门口设起书摊来。这期间,胡适正在开讲"研究国故的方法",讲到古代白话小说需要在形式上加以分段、标点,内容上研究其书的历史价值,文字上加添新注。还要撰写新序、新跋。他以《水浒》作例,具体一一讲解。说曹操,曹操到。汪原放带着400本"亚东版"《水浒传》来了。望眼欲穿的暑校的学生们,一下把书抢购罄尽。

汪原放摆摊销《水浒传》,从标点符号中尝到了甜头,返沪后立刻追加印数,初版印了5000册。

不到半年,新式标点的"亚东版"《儒林外史》出版面市了。初版4000册。出版神速,胡适只能匆匆地写了篇《吴敬梓传》作代序,陈独秀、钱玄同也响应,分别写了序言。钱序说:"我的朋友胡适之,因为我平时是主张白话文学的……于是就来叫我做一篇《儒林外史》的新序。"

1921年5月,"亚东版"《红楼梦》冠以胡适名篇《〈红楼梦〉考证》(同年3月27日初稿)为序出版。由此,一轮"新红学旭日"冉冉而升了。

汪原放自此而一气标点出版了十多部古典白话小说,尽管被非议,乃至屡遭盗版,但总体上为出版界所肯定:"谨慎独步的亚东图书馆,仍在胡适之先生的协助下,埋头于中国通俗小说的考证和整理,造成铅粒的'亚东版'。对这'亚东版'的谨慎工作,我们不能抹杀汪原放先生的苦干精神,为一部小说的校点,费一年、半年的时间和十次、八次的校对,是常有的事,这是'亚

亚东同仁合影：前排左起为汪协如、汪乃刚、章希吕、程健行、余昌之；
后排左起为章迈汀、章志金、章焕堂、汪原放、吴嗣恒、问道谋

东版'之所以可贵。"(现代著名出版人张静庐语)

汪原放是位富有传奇色彩的人物。 1925年，他由陈乔年介绍参加中国共
产党，是亚东图书馆的党支部书记。 1926年曾由党中央派出去武汉，任出版
局局长(第二任)，"四一二"事件后，因断了联系人而脱党，仍回亚东图书
馆。 但他与叔父汪孟邹关系相处不好，致使"亚东"经营不振。 汪孟邹一
走，"亚东"走下坡路，到1935年濒临破产，胡适为此来救急。

红花尚需绿叶扶。 20世纪二三十年代胡适收获盛名，确确实实与"亚
东"全力帮衬分不开。 载入《胡适之先生年谱长编初稿》(胡颂平撰)中的胡适
自己一段话足资以证——

> 过去亚东图书馆的印书是不计成本的……他们几个人在各种杂
> 志上随时注意我的文字，随时收录，过了几年，编了一个目录送给我，
> 哪些可以保留，哪些应该删节，有没有遗漏，还应该增加什么？我把目
> 录整理之后，他们就付印了。如果没有他们的热心收录，我的文章都
> 散佚了，哪有这几部文存(按：指四部《胡适文存》)？他们保存我的文
> 章是有大功的。

"他们几个人"中，最主要的一个便是胡适的小同乡(绩溪县城关)章希吕。

章希吕(1892—1961)出生迟胡适一年，逝世早胡适一年，享年69岁。 他在上海南洋中学求学时，与正在中国公学读书的胡适有往来。 胡适出国留学，他回乡教书，期间他俩有书信往来。 胡适学成归来，做北大教授。 章希吕于1921年从安徽到上海，做亚东图书馆的编辑。 从此他与胡适近距离交往了。

那时汪原放全力以赴标点出版中国古典白话小说。 章希吕的主要工作，便是几部《胡适文存》的散稿收集、编辑、校对以及发行等系列出版工作。 编选"文存"不是件轻松的事。 胡适是个大忙人，无暇做这件事，便全权交予章希吕了。 编辑《文存》第一集时，章自我解嘲说："博士常常要摸夜，疲倦了，抽一支香烟，再接下去写，漏字漏句是难免的，就要查原文、查参考书，既不能给适兄脸上抹黑、'跌股'，也要给亚东创一流水平，而自己吃苦、辛苦也就不在话下了。"待到编选"文存"第四集时，已是1933年冬，章到了北京胡适家中，胡适将未入编前三集的文稿全部交给了章希吕，要他代为选定。 书稿初定后，送胡适过目。 胡适却对自己其中一些文章入编不满意，要章重新选编，再选审目录。 胡适极爱惜羽毛，对新选编的目录仍挑剔不已，无法定稿，一直拖到1935年，还是定不下来，于是易名《胡适论学近著》——这时"亚东"危机重重，出书速度已非昔时，只好交"商务"出版了。 紧接着第二件"重生活"来了。 编辑20年前的胡适留学日记《藏晖室札记》，一部笔迹潦草、中英文夹杂、内容广泛庞杂的有40多万字的手抄原稿，"带整理、带标点、带拟题、带誊抄，足足弄了半年以上的工夫"。 难点是校对，关系到胡适的形象与"亚东"的声誉，那是马虎不得的，"我们校书时，往往在初稿时提出的问题，到二校时还不能解决，一直到三校，甚至末校，才能改定。 总要查考了下来，肯定是错了的，才改定；同时立刻发快信到北京和适之兄商定妥当与否"(汪原放语)。 如此这般，章希吕主编、主校了胡适的《胡适文存》(一至四集)、《胡适文选》、《尝试集》、《四十自述》、《神会和尚遗集》、《藏晖室札记》等书稿及中国古典白话小说的考证、序跋。 胡适这些著作的出版，为自己塑造了一代文化名人的形象，虽跨越世纪而不消褪。 然而有谁知道，在这一煌煌形象背后，有一个小他一岁的绩溪人章希吕，默默无闻地逐篇、逐节、逐句、逐字地在组合、修改、补缀这个形象？ 绩溪研究胡适的学者胡成业先生称之为"字里行间'造'胡适"，是恰如其分的。

而且，章希吕对自己为胡适服务，心理上是十分满足的。 这一点从章希吕在北平胡府先后间断三次凡三年(1933—1937)的"秘书"生活感受是明证。

章希吕到北平米粮库 4 号胡府住了下来，原因出于 1933 年 11 月被"亚东"派出去催书稿。 辞去上海中国公学校长一职，返北平做北大文学院院长的胡适，见"亚东"不景气，有心拉章希吕一把，帮助他增加经济收入，就恳切地挽留他住下来。 江冬秀对此举也十分支持。 章希吕在胡家的主要工作是：编校《胡适文存》第四集、《藏晖室札记》(40 万字)；杂志《独立评论》(胡适任总编辑的北大、清华教授中欧美同学会的同人刊物)的末校及总编助理编务工作；除此之外，胡适文案的秘书工作，乃至胡府财务管家、迎送等杂物。章希吕乐于做胡适身边的这些工作。 他在日记中写道：

> 原放要我往北平，住适之兄家中催他做书(按：即《胡适文存》第四集)，适兄亦叫我去，但适兄事忙，恐非一两个月就能背部书回来，起码要等半年。北平为昔年帝都，人生能去玩一趟，应是我所希望。(1933年 10 月 10 日)

他的月薪原 80 元(在"亚东"时 30 元)，"适兄送钱来，我因在此帮他做的事不多，适兄又不是个有钱的人，现在还负债，故只每月收他 40 元。 适兄意思很好，以吾负担太重，40 元决不够用，彼此何必客气。 结果收他 50 元。适兄待人太厚，但我总心里不安"(1935 年 5 月 24 日)。 不仅有优厚的月薪，而且常有赠馈。 第一次做了 19 个月后，1934 年 9 月返家乡，胡适设宴饯行，胡适送 100 元盘缠，江冬秀送阿胶一斤、酒四瓶，江泽涵夫妇也来送行，送阿胶二斤。 胡适嘱道，"亚东是不可居，叫我回家后耽搁些时间就到他家里做事，每月送我酬劳 80 元"(1934 年 8 月 29 日日记)。 章父做六十岁大寿，"前几天我问适之兄嫂皮货店何家为最货真价实，拟为吾父办皮筒事告之。 乃今天适兄嫂以 45 元去买了一件来送赠，推辞再三，而适兄嫂之意甚坚，只得收下。 想我来平数月，适兄嫂相待之厚已感不安……"(1934 年 3 月 5 日)

章希吕给胡适干活，也是尽心竭力的，在他不完整的日记中，多处有载：

《藏晖室札记》卷一因为袖珍本，字太小，为之另抄一份。全日为适兄抄《札记》，里面有些西文，译起来有点吃力。（1933 年 12 月 22 日）

《藏晖室札记》17 卷今天抄毕。此书约 40 万字。足足弄了半年以上工夫。把这个艰难工作做好，心稍放宽。（1934 年 7 月 4 日）

章希吕第二次来胡家工作(1935 年 4 月—1937 年 1 月)，一开始就是忙《独立评论》杂志的编务——

今天帮助适兄整理本期（按：151 期特大号）的稿子较忙，算字数、划格式，统计三年来的《独立评论》各人所作的篇数，共计 800 篇之谱……800 篇中，适兄要占去 83 篇，已占十分之一以上。社员共 11 人，约津贴出 3000 余元。现在销路骤增，大约社员可以不贴钱了。（1935 年 5 月 12 日）

今日为适兄寻《宫礼今辨》的稿本，寻了五天都未寻得。今天又把放在汽车间里几十只书箱打开，费了一天工夫，幸而寻得。（1935 年 6 月 24 日）

适兄今夜做一篇《敬告日本国民》，赶明早寄出。他一面做，我一面誊录，至夜深二时始睡。（1935 年 10 月 3 日）

为适兄历年信札有存稿的编成一个目录，得十万字。（1936 年 6 月 27 日）

章希吕既在故都胡适的圈内，见证了 1936 年 12 月至 1937 年 4 月间，因张奚若教授一篇稿子《冀察不应特殊自居》引发的副刊停刊事件始末。其间胡适正离平赴沪转赴美国参加太平洋国际学会大会。他记下了此事件中江冬秀的态度："我由外回，看见适嫂很高兴，我有点奇怪。后来问杨妈，始知适嫂不愿意适兄办此报，能封门最好。"（1936 年 12 月 3 日）

当然，章希吕还见证江冬秀为版税与"亚东"起冲突的全过程，而做居中人的他颇为难堪。

胡适的社交圈都是学者名流，胡适把章希吕平等地介绍给他们，使他不存有自惭形秽心态，开阔了视野。 "今天为适兄 43 岁生日。 男女来客不少，如蒋梦麟夫妇、丁文江夫妇、任叔永夫妇、陶孟和夫妇、江绍原、江泽涵、傅斯年、汪敬熙、梅贻琦、周寄梅等，中饭吃面，夜有酒四席。 今天非常热闹，玩牌的有五桌。"(1933 年 12 月 17 日日记)

玩牌时，胡适总是动员他去参加。 1934 年 1 月 2 日，胡适用新买来的私家车，邀章希吕出游西山：游证果寺的"秘魔崖"；游香山，过碧云寺；过万安公墓，"规模很大，是三四年前几个开通人士新创，已葬下去的有百余棺，李大钊夫妇亦葬在里面"；游玉泉山，"泉水，水清洁的可爱，大冻不结冰，旁有'天下第一泉'大牌一块"，"夜适嫂又替我们买了开明戏院的票请看戏"。 章希吕眼中的钱玄同是："适兄(玩土地庙买古书时)遇着熟人很多，中有一人所谓全国闻名，即疑古玄同先生是也。 此人行动大异常人，大怪物一个是也。"(1934 年 2 月 18 日，农历大年初五)"夜，适兄请独立社(按：即独立评论杂志社)新社员，到张奚若、张忠绂、周炳琳、陈之迈、陈岱孙、顾一樵、陈受颐，适兄为我一一介绍。"(1936 年 3 月 27 日日记)

章希吕第一次服务胡府时，正逢胡适的中国公学学生广西人罗尔纲(日后成为著名的太平天国历史学家)应聘来胡适家工作，"罗尔纲先生由广东来，住适兄家中。 罗先生前几年曾帮适兄抄抄稿，随适兄问问学。 前年他家乡有个中学聘他去当教员，今年他辞去教员仍来从适兄，可见罗先生之好学。 人甚诚恳可亲"(1934 年 3 月 25 日)。

1937 年"七七事变"后，中国全面抗日战争开始。 7 月 8 日下午胡适离开北平南下南京，9 月飞美欧开展"国民外交"活动。 7 月 11 日，江冬秀携幼子小三随胡适北大同事离开北平赴天津。 章希吕还留守米粮库 4 号胡府，"为适兄理出最要紧的文稿，装成一箱，存浙江兴业银行保险库"(1937 年 7 月 18 日日记)。

从此一别九年，直到胡适 1946 年 6 月由美返国，9 月任北京大学校长后，14 日才给章希吕(早已返居绩溪老家)寄去一信，说："在上海时，有人说你近年身体不太好，脚腿有点不便。 不知近来见好了吗？""我和冬秀都常常想着你。"

从上面七位绩溪人士与胡适关系的叙述中，我们可以看到，胡适实实在在沐浴于家乡亲众的培植之恩；而与之同时，他也至诚至义地以扶掖桑梓有为青年为己任，现代爱情诗人汪静之便是一个显例。

中年汪静之

汪静之(1902—1996)，绩溪上庄余村人，1920年赴杭州就读于浙江一师，1923年因父经商失败中断学业，踏上社会。他并没有读北大或中国公学，没有听过胡适的课，甚至没有听过胡适的公众演讲，但一生中一直口口声声称胡适为"适之师"、"恩师"，何也？ 有四重因素，使他对胡适感恩怀德终身。

其一，胡适提倡的文学革命，是形成他文学观念的背景。 汪静之的思想依托是五四新文化方向，他说过，"1919年的五四运动开始，我才读到五四运动第一司令台的《新青年》杂志和第二司令台的《新潮》杂志，从两个杂志上读到最早的白话新诗"，"感到很新鲜，马上就学了写新诗，并且烧去过去写的旧体诗"。 1920年春，汪静之把写下的新诗寄给胡适，并请教他怎么写新诗。"适之先生回信说，他提倡白话诗文，北京大学有二三位教授，二三位大学生响应写白话诗，现在第一次发现中学生也写白话诗，他很高兴。"但是"当时没有新诗写作指导的书，适之先生说的写新诗就像说话一样，话怎么说就怎么写，也就是当时全中国新诗坛上唯一的新诗写作的指导。 我的第一本诗集《蕙的风》就是遵照这一指导写成的"。

1921年9月1日，胡适任(唯一)顾问的北大学生刊物《新潮》刊登了汪静之的处女诗作《海滨》。 嗣后，他的白话诗《星》、《悲哀的青年》、《一片竹叶儿》等，在胡适的关照下，先后分别发表于五四新文化运动的"第一司令台"《新青年》、"第二司令台"《新潮》。 一个才19岁的中学生，诗名与胡适、俞平伯、朱自清等前辈名字并列，立刻在浙江一师"引起全校同学注意，有十几位全校爱写作的同学来和我认识，做朋友"，他们中有潘漠华、冯雪峰、赵平复（按：笔名柔石），以及上海的应修人、魏金枝，逐渐形成新诗结社。 1922年3月，中国现代文学第一个新诗社团"湖畔诗社"就是在这一背景下，由汪静之发起而诞生的。

其二，《蕙的风》是汪静之的成名作，也是中国现代文学第一部爱情诗集，在胡适直接推介、促成下，终于在1922年由亚东图书馆出版。这之前，汪静之已将该诗集原稿寄给"亚东"，但"被搁置拖延，不敢决定出版一个中学生的诗集"。1922年1月，汪静之将书稿寄给北京胡适，要求给予审阅，要求作序，要求将诗稿转给"亚东"汪原放，并将自己介绍给他……最后终于成功了："我函请适之师推荐，'亚东'才决定出版。如果没有适之推荐，五四新诗坛就没有《蕙的风》。"（汪静之：《我和胡适之先生的师生情谊》）诗集的出版，犹如"向旧社会道德投了一颗猛烈无比的炸弹"（朱自清语），形成热风，一版再版，至1931年已6版。汪静之还说，"《蕙的风》出版，封建礼教的顽固派诽谤《蕙的风》中的爱情诗不道德，鲁迅师和周作人写反驳文章保护我"（同上）。胡适为《蕙的风》写了很有分量也很有分寸的序言，指出作者是"少年诗人之中最有希望的一个"。所以汪静之说："我写新诗，得到五四新文坛最受尊敬的三大名家的指教、修改、鼓励、保护，三大名家都是我的大恩人！"

周作人

抗日战争全面爆发前夜，鉴于爱国救亡，汪静之从浩如烟海的古籍中选编爱国诗文，并加注释，拟以出版成书，为抗日效力。1936年胡适到上海，汪静之去拜访，恰巧商务印书馆的王云五也在座。汪静之要求胡适将他在编注中的《爱国诗选》（四册）、《爱国文选》（四册），推荐给商务印书馆。胡适说："中国自古没有爱国诗文选本，你第一个做了自古无人想到的好事。《爱国诗选》、《爱国文选》非常重要，教育青年爱国很有用，是必不可少的爱国教材。"当即要王云五出版这两套书，并说这是爱国教育重要的著作，应付特别高的稿费。汪静之趁势说，我现在教书，做注解很花时间，想辞掉工作，专心编书。胡适就要求王预支一笔稿费，让他快点注解。王云五很高兴，满口应承。后来，《诗选》于1938年、《文选》于1940年先后在长沙顺利出版。汪静之晚年回忆说："全靠适之师要王云五预支稿费1000元，否则我用教书的业余时间注解，恐怕要抗战胜利时才能出版。"

其三，鼓励他自由、自主婚姻。汪静之幼时，被他母亲指腹为媒，定了婚事(未婚妻就是曹诚英大嫂的女儿)。后来这位未婚妻在 12 岁时死去，接着又被"父母之命"定了第二任未婚妻。这时情窦初开的他竟恋爱起曹诚英来，写去了情诗，挨了斥："你发疯啦！我是你的长辈呢，是你的姑姑。这样的诗我不要，还给你！"不过他们继续保持青梅竹马的纯洁感情。到了杭州读书后，暑假里，已经结婚了的曹诚英把女师的同学带去，与一师的汪静之、胡冠英(曹诚英丈夫)等一起游西湖，意欲做红娘、架鹊桥，一口气介绍了八个女同学给汪静之。到了第八个，还是不成，曹诚英叹了口气说："只怪你长得太矮了，人家看不上眼。学校里八个女同学都看不中你，怎么办哩？"汪静之对曹诚英说，我只喜欢前面那三个，要求再试一次。曹诚英终于又把她们带到西湖边，结果不知是汪静之怯场，还是"太矮"，还是其他原因，对方都是冷冷的，不理睬这位来自山乡的爱情诗人。汪静之无计可施，终于想到自己的"一招鲜"，何不用诗来表白自己的钟爱之情？"第一个我不敢写，因为她太冷了，根本没有希望的。第二个虽冷，但还不至于冰，所以我写给她(按：符竹因，后来的汪妻)。后来谈好了，但别的同学闲话了，因为我的第一个未婚妻死后家里又给我订了一个……"(颜非：《一篇褪了色的访问记草稿》)为此给汪静之带来无限苦恼，他于 1920 年 4、5 月间寄诗给胡适时，附带请教这个问题："父母代订的婚姻，自己不认识，不愿意，如何是好？"胡适及时回信，态度十分鲜明，掷地有声地说："父母代订的婚姻，不可遵命服从，必须自己选择，自由恋爱。宁可牺牲老辈，不可牺牲少年！"汪静之"因为听了适之师的教训，没有和第二个未婚妻结婚"，鼓足勇气，"经过三年的恋爱阶段"，和符竹因自由恋爱而结果，并产生了爱情诗集《蕙的风》。这位爱情诗人 90 岁那年，还在叨念"宁可牺牲老辈，不可牺牲少年"那句闪烁五四光芒的名言。

其四，逢到囊中羞涩时，便开口向适之师借钱，而且有求必应。据一位胡适研究者统计，仅是他出版《蕙的风》的 1922 年，他就曾先后五次写信给胡适，共借钱 140 元，胡适都满足了他。后来他失业了，又写信给胡适："我望你替我赶快找一件工作……就请寄点车费来……先生啊！现在只有你能救我，求你从速为我设法！"后来，汪静之才知道，当时"军阀割据的北京，大学教授只能得到薪水的半数，生活困难，直到 1927 年打倒军阀后，国民政府统治时期，北京的大学教授才有全薪。适之师在生活困难时期援助我，真是

恩上加恩！"（《我和胡适之先生的师生情谊》）

虽然胡适于汪静之是"恩上加恩"，但后者与前者的政治道途分野是明白的。 1946 年，汪静之由重庆回杭州，路过南京，适逢胡适由美国回国，也在南京。 两人见面时，推心置腹，最后汪静之对胡适说："从目前形势看，国民党必败，共产党必胜，希望你以后专做一个学者，不谈政治，不问天下事。不谈国民党，不谈共产党，置身事外，保持中立。"胡适说："你是一个爱国诗人，只要谈谈恋爱，写写恋爱诗就够了，不用管别的事。"又说："你是一个小孩子，天下事你不懂。"

经历过大革命风浪和抗战八年艰辛岁月的 44 岁的汪静之，在胡适心目中还是个小不点儿，颇使他伤心。 1949 年 4 月，胡适将离开祖国大陆，远走美国，在上海与诸友辞行时，时在复旦大学教书的汪静之动员他的同事曹诚英去送别，说："我曾劝过他，劝不了他回头。 再劝也无用。 你一人去送行吧，这是一次生离，等于是死别……"

从此，汪静之就和他的适之师天各一方，至死也无聚首之日。 但他一直想念这位恩师，所以当 1982 年，在西子湖畔重整"湖畔诗社"时，这位天真的老诗人在二楼纪念馆里，挂起了"湖畔诗社创办时两位导师鲁迅师和胡适之师"的相片。

胡适之营救共产党人

20 世纪 20 年代中，胡适在北京的钟鼓寺 14 号、陟山门街 16 号宅门里，似众星捧月般地经常聚居一批他家乡的青年学子，有他的侄子胡思聪、胡思永、胡思猷，有绩溪大谷人程仰之，还有绩溪旺川人石原皋。 后二人与胡适沾亲带故。 程仰之是胡冠英的姐夫，而胡冠英是胡宝铎的曾孙、曹佩英的原配丈夫，胡宝铎则是胡适父亲胡铁花的族兄、恩人。 石原皋是胡适族叔、塾师胡宣铎的外孙，胡近仁的姐夫。 族亲关系仅是一个方面，胡适看重的是他们是有为的青年，对他们学业上的支持，甚至到了非常情势下，撇开政见予以救援的程度。

程仰之(1902—1952)在浙江一师时，也是出色的"胡适之体"新诗人，报考北大时，因为数学、英语不及格，没有成功，因此住在胡适家里，与胡思永相处得极好，亲如手足。 1925 年清华学校开设国学研究院，院长王国维是胡适推荐的。 程仰之考入清华，师从王氏，后来成为甲骨文专家，执教厦门大学、暨南大学、中国公学(为胡适延聘，教历史、哲学)、中央大学，任教授，又任安徽大学教务长兼文学院院长，西南联合大学文学系主任、教授。《胡思永的遗诗》就是由他收集、整理、编辑出版的(亚东图书馆，1924年)。

以写《闲话胡适》而闻名文史界的石原皋(1905—1987)，其实是位知名生物学家、新四军地下工作者。 他出身徽商中药世家，爱读书，记忆力特强。在读芜湖教会萃文中学、安徽省立五中时就是参加五四运动的积极分子。1924年考入北京大学预科，两年后入本科生物系。 这时他仍是一名活跃分子，与同乡同学吴铸人(芜湖省立五中同学)加入国民党左派组织"实践社"(其领导人邓文辉1927年与李大钊一起遇难)。 1931年北大生物系毕业后，任职于国立北平生物研究院。 1935年公派留学德国，入柏林大学。 读北大时，石原皋也是胡适家的常客，被视作亲属晚辈。 江冬秀很喜欢他倔强、执拗的性格，送他一个雅号"石头"。 "石头"这一名字在胡家圈子里被叫开了。1926年春节，他与胡适、在京逗留的绩溪工程师程士范一起逛前门外关帝庙，观妓女烧香。 他进入生物研究院时，江冬秀还特地设宴庆贺。

国内抗日战争全面爆发后，石原皋在德国中断学业，1938年与乔冠华等结伴回国，欲投奔杨虎城将军，参加抗战。 但到香港，闻杨将军已被蒋介石拘禁。 报国无门，遂乔装打扮后奔往武汉。 后来石原皋去了上海，在上海愚园路创办天鹤草素药厂。 1942年珍珠港事件后，日军占领上海租界，石原皋、程士范帮助江冬秀转移到绩溪乡下避难。 1944年，他带本厂制造的大批止血药到新四军七师皖江根据地，半卖半赠，见到了师政委曾希圣，参加了新四军。 此后他在上海又创办安源公司，为新四军七师筹款、输送军用物资和技术人才。 抗战胜利后，新四军北撤，石原皋曾在新四军军部面见政委饶漱石，被聘为参议员。 1946年他在枣庄与军长陈毅晤谈，陈军长给他2000担食盐，做地下工作活动费用。 1945年在解放区安东卫参加中国共产党。 因为石原皋是高级知识分子、社会知名人士，入党是由原七师政委曾希圣报经华东局书记饶漱石批准而完成入党手续的。

石原皋两次遭捕入狱。 第一次在1945年7月，被上海日本宪兵队拘禁，经友人用70两黄金赎出。 第二次，因两个叛徒告密，1948年1月被国民党上海宪兵三营拘捕，狱中遭严刑拷打，他一口咬定只说曾到新四军地盘做生意，其他什么也没说。 之后，被押往南京陆军监狱。 中共上海地下党展开营救活动。 程士范为之写信给时任北京大学校长的胡适。 江冬秀急说，"石头"出事了，催胡适想办法去营救。 胡适派程仰之和吴铸人(时任国民党北平市党部主任委员)到南京探监。 吴铸人愿保释这位昔日同学、好友，但条件是出来后到陈立夫主持的"药物特殊研究所"做研究员。 "石头"断然拒绝。 这时国共关系局面已经骤变，辽沈战役以国民党军队大败而结束，解放军东北野战军开始向平津进军，江冬秀天天紧逼胡适想办法："现在时局一天紧过一天，难保国民党不下毒手！ '石头'的生命有危险呀！ '石头'的事你到底管不管？"奔走于南北，热衷于参加"国大"会议、"总统选举"的胡适终于写信给他的学生、国民党青年部长陈雪屏，将石原皋疏通到特种刑庭看守所；又延聘戴修赞大律师为之法庭辩护，以 1947 年"戡乱法"发布前和共产党做生意合法为由，并"查无实据"，石原皋获得取保释放。

江冬秀逼胡适营救石原皋事情，在绩溪乡众间传播颇广。 其实江冬秀本人也曾于 1945 年春，在上庄帮助过陷于困境中的新四军游击队，并保护了一位走投无路的游击队长的母亲。 此事是石原皋的《闲话胡适》中披露的。

石原皋获释后，参加中共"芜湖三人小组"，策反芜湖县长谢汝昌起义，以及国民党正规军一一〇师师长廖运升、安徽省保安旅旅长王汉昭等部起义，配合了解放大军渡长江。

1957 年，石原皋被错划成右派，1962 年平反。 他一生中最高职位是安徽省科协副主席(主席是程士范)。 晚年，他为了撰写《陈独秀》和《闲话胡适》。 跑遍皖南皖北、江苏、上海，访问汪原放等有关亲历人士，十分认真。 后者 1985 年由安徽人民出版社出版，因为取材有新意，引起海内外读者的广泛关注。

近年来，有文史学者还发掘了胡适 1931 年营救共产党员、"左联五烈士"之一胡也频的史实。 因为历史原因，这件事几被湮没，但事实赫然摆在胡适的日记里面。

《上海英烈传》第二卷《胡也频》有

/胡也频

云:"1931年1月17日下午,胡也频前往汉口路东方旅社31号房间,参加一个秘密集会,讨论抵制在不久前召开的党的六届四中全会上被共产国际代表米夫扶植上台的王明和他的《为中国更加布尔什维克化而斗争》一文的观点。不料会场被租界巡捕包围,他和柔石等与会同志均遭逮捕。"

胡也频被捕后,丁玲奔走(南)京沪,面见邵力子求助营救。叶圣陶、夏丐尊、陈望道、郑振铎等文化人也相继致信国民党中央宣传部长邵力子,请求营救。胡也频的好友沈从文更直接参与营救活动,曾到南京求见过邵力子、陈立夫等,无果。一天,大概是胡也频被捕后的第三天,沈奔走一天,回到住处已是深夜,突然走来一名穿得破烂的老头,说是管监的,受胡也频之托送信,递过一张粗黄纸条,便匆匆去了。沈从文展开纸条,见铅笔写了一行字:"我因事到××饭店,被误会,请赶快与胡先生商量,保我出来。"第二天,沈从文给丁玲看了这张纸条,丁玲一眼就认出是胡也频的笔迹,说:"我要设法营救他……我的孩子也不能没有爸爸。"胡也频当时还关在老闸捕房。

胡字条中的"胡先生"便是胡适。其时,胡适已于1930年5月辞去上海中国公学校长职(马君武继任),11月搬家北平,重返北大,与蒋梦麟等复兴北大而协力共济。但1931年1月9日他又到上海,出席中华教育文化基金会董事会第五次会议。会间,蒋梦麟被任北大校长,胡适被任北大文学院院长兼中国文学系主任。会后,胡适尚要在上海逗留些时日,处理中国公学一些事务,交涉《新月》杂志被取缔诸事。正在这时,1月20日,沈从文按胡也频狱中传出来的纸条要求,上门来见胡适了。这天的胡适日记中有记载——

> 沈从文来谈甚久。星期六与星期日,上海公安局会同公共租界捕房破获共产党住所几处。拿了廿七人,昨日开讯,只有两女子保释了,余廿五人引渡,其中一人为文学家胡也频。从文很着急,为他奔走设法营救,但我无法援助。

沈从文何能直接找胡适,胡也频何以向胡适托死生?1923年沈从文孤身从湘西来北京,默默无闻,凭他的文学才华,在《现代评论》、《京报副刊》发表创作,开始受知于胡适。当年见证人石原皋有言:1924年,"沈从文和丁玲、胡也频住在北大理工学院马神庙附近公寓的时候,沈从文是经常到胡适家中去的。沈与丁玲是湖南同乡,又是好朋友,可能丁玲也去过。有一次,胡适对我谈丁玲，确是赞不绝口，特别赞许她是一个叛逆的女性。后来他在海外，尚在文章中提及她。总之，胡适对于青年是爱惜的。"沈从文这位文学才子得胡适的爱惜是很自然的。1929年，胡适接任中国公学校长兼文理学院院长的第二年，就破格延聘了只有高小学历的沈从文为讲师，以后还促成沈从文、张兆和师生恋良缘成眷属。20年代末，丁玲、胡也频也相继来到上海，与沈从文联袂编辑《中央日报》副刊"红与黑"和《红黑》、《人间》杂志。沈既是胡适的属下，胡适不可能不知道胡也频、丁玲亦在上海，或许有过往来。

沈从文

胡适得悉上海公安局已拘捕了27名共产党人，深知这是一个非同寻常的案件，十分棘手，在沈从文来找他的同天前几个小时，他的老乡汪孟邹及汪原放、汪乃刚兄弟也来找他，就绩溪人程庸熙共产党案，被汉口行营拘捕，请求营救，十分为难。所以胡适对沈从文说了句"我无法营救"。胡适是个大忙人，又是社会各界的"我的朋友"，仅赴沪二旬略多点的那些时日里，几乎"日理万机"，包括协助"亚东"透支徐新六浙江兴业银行借款，渡年关。但他是有心营救胡也频的，在1月24日坐轮船离上海北返前，写信给国民党元老蔡元培(胡适不是国民党员)，请他出面营救胡也频。沈从文立即携胡适信，到南京面交蔡氏求援。

蔡元培果然应胡适要求，曾两次致信上海市长张群(岳军)。蔡氏于2月20日将此事及其他事写信告诉了已经回到北平的胡适。此信剪贴在胡适2月24日的日记中——

适之先生大鉴：

自京回沪，大驾已北上，不克恭送，甚歉。沈从文君到京，携有尊函，嘱营救胡也频君。弟曾作两函，托张岳军设法，然至今尚未开释也。……

然而晚也,国民党已下毒手! 左联五作家柔石、殷夫、冯铿、胡也频、李求实(伟森)已于 2 月 7 日被上海警备司令部在龙华秘密枪杀。 蔡元培尚蒙在鼓里。 胡适已经获悉,所以翌日,即 25 日给蔡元培复信,云:"胡也频事,承营救,他的朋友都很感谢。 但他已枪毙了。"(高平叔:《蔡元培年谱》)

要说明一点的是,军统坏事干尽,捕人、关人、杀人,无恶不作。 但抓、捕、杀害左联五作家的不是军统。 军统雏形力行社(即复兴社)成立于 1932 年 1 月,军统前身特务处于 1932 年 4 月 1 日才在南京四条巷成立。

胡适营救自己的侄子胡思猷倒是成功的,不过背景浅显多了。

面对共产党早期领袖陈独秀迭次入狱,胡适不问政治分歧,以友谊为重,依然不畏艰险,努力去营救。

陈独秀

陈独秀在五四运动发生的第二个月,曾写过一则《随感录》,云:"世界文明发源地有二:一是科学研究室,一是监狱。 我们青年要立志出了研究室就入监狱,出了监狱就入研究室,这才是人生最高尚优美的生活。"他结婚时胡适送喜联也云:"未团圆先离别,出监狱入洞房。"岂料,他本人就如是实践这"最高尚的优美生活"。 陈独秀一生入狱凡六次,其中有四次蒙受胡适营救之恩。

其一,1919 年 6 月,陈独秀撰写《北京市民宣言》共五条,英文由胡适书译,由他与高一涵印刷成传单。 12 日下午,"在北京城南一个叫做'新世界'的娱乐场所,那时,陈独秀、高一涵和我三位安徽同乡正在该处吃茶聊天。 陈氏从他口袋中取出一些传单向其他桌子上散发……我们三个人原在一起吃茶,未几一涵和我便先回来了(那时高君和我同住在一起)。 独秀一人留下,他仍在继续散发他的传单。 不久警察便来了,把独秀拘捕起来送入警察的监牢"(胡适:《口述自传》)。 陈独秀被捕,在全国引起反响。 胡适致信上海《时事新报》主编张东荪,呼吁释放陈独秀。 还就陈独秀被捕事,在《每周评论》发表随感录两篇《研究室与监狱》、《爱情与痛苦》，抨击北京军阀政府。 他联络在京的安徽人，向警察厅长安徽人吴丙湘打通关节。 在乡友的营救下，在社会舆论压力下，陈独秀被关了83天后，于是年9月出狱。 诚如石原皋所说的，"逮捕陈独秀的是安徽同乡，出力营救他的，主要也是安徽同乡"。

陈独秀虽然被保释出狱，实际上却在警察的监视中生活。 1920年初刚从武汉讲学回到北京，警察就上了门。 因此他避居胡适家，又转避李大钊家。 由李大钊护送逃离北京，转道李氏家乡乐亭，南下上海。

其二，1921年10月，时为中共中央局书记的陈独秀在上海法租界，被跟踪他的巡捕密探拘捕。 1920年9月，《新青年》杂志社已迁往上海，成为共产主义小组的机关刊物。 1921年10月法租界取缔该刊物，追捕陈独秀。 前不久，胡适还在上海考察商务印书馆，甫返京，10月6日"夜间得顾名君电话，说独秀昨夜在上海被捕。 打电话与蔡子民先生，请他向法使馆方面设法"(胡适日记，1921年10月6日)。 随后，联络社会知名人士，由胡适与蔡元培领衔签名，呼吁释放陈独秀。 在上海的画家刘海粟也参加了这次营救活动，他找到了上海滩头面人物李征五。 李征五很讲义气。 一口答应下来，然后去法捕房，保释了陈独秀。 "法国人真不要脸"，要去了100大洋的保释金，并销毁掉查抄去的书籍。

其三，1922年8月9日，陈独秀又在上海法租界被巡捕房拘捕。 陈独秀这次被捕，以及胡适参与营救经过，在《胡适日记》中有较完整的记载。 兹照录并加简按，可见其过程的概略——

8月12日：前晚(按：即10日)始知独秀(按：陈独秀时为中共中央局书记)在上海被法捕房拘捕。 守常(按：即李大钊)有电去问(按：胡适与李大钊共商营救)，至今还不知详情。

8月13日：汪孟邹有快信来，说独秀案十一日开庭，法捕房呈出许多证据，公堂不准交保。

8月15日：孟邹来信报告独秀案内的重要证据是什么。 (按：不知内容，8月中共中央在杭州西湖举行特别会议，马林传达了共产国际要中共党员以个人身份加入国民党，以进一步建立民主联合战线的提议。)

8 月 16 日：写一长信给顾少川（按：即顾维钧，时任职于北京政府外交部），详说独秀案内证据（按：胡适是知情陈独秀案的），并说法国人近年作的事实在大伤中国青年的感情——指昨日十个革命团体敬告国人书为证——请他以此意劝告法公使，请他们不要如此倒行逆施，惹出思想界"排法"的感情。末说，我并不为独秀一个人的事乞援：他曾三次入狱，不是怕坐监的人；不过一来为言论自由计，二来为中法两国国民间的感情计，不得不请他出点力。此信甚恳切，当可有点效果。

胡适通过胡适方式，很有策略、讲究技巧地托这位在"巴黎和会"为中国挽回面子(拒绝签字)的青年外交官，通过外交途径营救陈独秀。顾维钧卖力，果然奏效了。

8 月 19 日：今天顾少川的秘书刘打电话来，说顾君得到我信后，即派他（刘）到法使馆，把我的意思告诉他们。法公使即发电去上海，今天得回电，说独秀罚洋四百元了案了，也没有逐出租界的事。我写信去谢谢少川。

这次陈独秀入狱后，因为胡适通过外交途径营救，前后仅 10 天时间就释放了。

其四，1932 年 10 月 15 日，陈独秀在上海公共租界被工部局逮捕，后移交给蒋介石政权。陈独秀在 1927 年中共"八七"会议后，被解除总书记职务。1929 年 11 月 15 日，被开除出共产党。但他一直坚持反对国民党政府的立场。陈独秀被押解到南京后，候军法审判，国民党官方大造舆论，要求"迅予处决"。胡适不顾压力，联络他的好友翁文灏、丁文江、傅斯年、任鸿隽等学者贤达，联名致电国民党当局，认为陈氏既已是共产党的"异端"，应将他由军事法庭移交民政司法审判。10 月 22 日，蒋介石特别电告胡适，"陈案"已移交法院公开审判。此时，胡适还请时任外交部长罗文干(私交颇深)疏通当局，又请蔡元培、殷雪朋(国民党中央执委、胡适学生)等国民党人士，邀请大律师，准备为陈氏受审出庭辩护。

面对舆论非议陈独秀的情势，10 月 30 日，胡适在北大国文系开讲"陈独秀与文学革命"系列讲座,宣传陈独秀"对文学革命有三大贡献,使得文学革命有很大收获"。12月1日,胡适接陈独秀来信,告"审判在本月底",并言"需要书看,以消磨囚中光阴",要求胡适代找英文本《原富》等书,希望将他存在胡适处的拼音文字手稿,早日出版,以"引起国人批评和注意"。这封信的最后,陈独秀表达了几乎与小脚夫人江冬秀近似的希望:"先生著述之才远优于从政,'王杨卢骆当时体,不废江河万古流'(按:王杨卢骆即唐诗中初唐四杰王勃、杨炯、卢照邻、骆宾王)。近闻有一种传言,故为先生诵之,以报故人垂念之谊。"

1925 年 12 月,上海,胡适(右)与陈独秀(左)

　　胡适营救陈独秀的 1932 年过去了。这些年里,胡适的确热衷政治时政。1933 年他赴加拿大参加太平洋国际学会年会回来,转道京沪返北平,11 月 2 日,写信给南京狱中的陈独秀,告这次从国外回来,路过南京未能去看他,很是抱歉,两个月后还要南下,到时"当来奉看"。陈独秀反感胡适此举,后致信汪原放,说胡适过南京时,"和一班达官贵人拜会吃酒",而无暇看望一个老朋友,"不以友谊态度对待我",称要和胡适绝交。然而陈独秀还是十分关心胡适动态的。1935 年初,胡适南行香港、两广,演讲中说偏了,遭到广东守旧派的口诛笔伐,中止讲学。南京狱中的陈独秀有所闻,2 月 24 日去信说:"兄南游中,此间颇有谣言,兄应有纪行一文公表,平心静气描写经过,实有必要。弟私心揣测,兄演词中或有不妥处,然圣人之徒(按:指广东方面封建守旧势力)不过借口于此,武人不足责,可叹者诸先知先觉耳!"不愧坚硬政治家的眼光。胡适后来写了《南游杂记》系列。

　　1937 年"卢沟桥事变"后,国难当头,7 月中下旬,胡适先后参加蒋介石、汪精卫(时任行政院长)的"庐山谈话会"后,接受蒋介石的使命,出国开

蒋介石与汪精卫

展"国民外交"活动。行前 8 月 19 日，接到他订交于 1923 年海宁观潮时的朋友汪精卫的来信，有云："手书奉悉，已商蒋先生转司法院开释陈独秀先生矣。"此前，陈独秀经江苏省高等法院判处有期徒刑 13 年。陈独秀提起上诉，最高法院改判陈独秀、彭述之有期八年，并依"优待政治犯办法"，执行刑期三分之一。汪精卫此信后仅一周，陈独秀便开释了。

1939 年以后，陈独秀携妻潘兰珍索居四川江津石墙院，渡过了他人生中最后的四年(1942 年 5 月 27 日逝世)。他晚年贫病交加，但拒绝国共双方要他"出山"。出使美国的胡适，不忘这位早年提携他的老友、老乡，曾安排他去美疗养，但也被陈独秀辞谢了。

从五四新文化运动一起走出来的陈独秀和胡适，一个成了马克思主义者，一个依然是杜威门徒，政治道途有异，私谊仍旧，胡适恪守这一道德准则。而陈独秀呢？他也说："我们两个老朋友，政治主张上尽管不同，事业上尽管不同，所以仍不失其为老朋友者，正因为你我脑子背后多少还有一点容忍异己的态度。"陈氏给胡适的信中一语道中真谛。

陈独秀与第三任夫人潘兰珍

鲁迅评说陈独秀和胡适：假如将韬略比作一间仓库罢，独秀先生的外面竖起一面大旗，大书道："内皆武器，来者小心！"但那门是开着的，里面有几支枪，几把刀，一目了然，用不着提防。适之先生的是紧紧关着的门，门上粘一条小纸条道："内无武器，请勿疑虑。"

胡适之被郭沫若吻了一下

1923 年 10 月 13 日，星期六，上海"美丽川"酒家，郭沫若邀胡适吃晚饭时，仅小胡适一岁的沫若拥抱了胡适，并吻了一下。这件趣事被记载下来，成了后人评说的一宗文坛掌故。

先看看历史记载，《胡适日记》——

1923 年 10 月 13 日（Sat.）：沫若来谈。前夜我作的诗，有两句，我觉得不好，志摩也觉得不好，今天沫若也觉得不好。此可见我门（们）三个人对于诗的主张虽不同，然自有同处……沫若邀吃晚饭，有

郭沫若（后中）、郁达夫（前坐者）、成仿吾（后右一）、王独清（后左一）创造社四同仁

田汉、成仿吾、何公敢、志摩、楼石庵，共七人。沫若劝酒甚殷，我因为他们和我和解之后这是第一次杯酒相见，故勉强破戒，渴（喝）酒不少，几乎醉了。是夜沫若、志摩、田汉都醉了。我说起我从前要评《女神》，曾取《女神》读了五日。沫若大喜，竟抱住了我，和我接吻。

"美丽川"郭沫若抱吻胡适事，当事人之一徐志摩在 10 月 13 日的日记中也有记载：

前日，沫若宴请在美丽川，楼石庵适自南京来，胡亦列席。饮者皆

醉,适之说话诚恳,沫若遽抱而吻之。

再考考历史背景。 尚在 1922 年 8 月,刚结束十年日本留学生活的 27 岁的郁达夫在《创造季刊》发表《夕阳楼日记》,文中指责"少年中国学会"余家菊在翻译德国哲学家威铿著作《人生之意义与价值》中有多处错误,并借此发挥,指责道:"我们中国新闻杂志界的人物都同清水粪坑里的蛆虫一样,身体虽然肥胖得很,胸中都一点学问也没有。""有几个人,跟了外国的新人物老来跑去几次,把他们几个外国人的粗浅的演说糊糊涂涂的翻译,便算新思想家了。"胡适陪伴杜威在中国讲学,做翻译,风靡一时,谁人不知,并引起多少人倾倒,如今被讽刺为"粗浅的演说"、"糊糊涂涂的翻译",还被丑化成"清水粪坑里的蛆虫"……胡适当然不能无端容忍。 他正忙于领衔就十六教授"好政府"主张,在创刊不久的《努力》周刊撰写每周主题时评;又忙于紧催顾维钧(向法国使馆)疏通陈独秀案;结稿写了近一年的论著《五十年来之世界哲学》……正忙得不可开交时,突然挨了"夕阳楼"射来的一箭,于是他抄手在他的《努力》周报"编余丛谈"栏目里以一则短文"回敬":《骂人》。他说,"译书是一件难事,骂人是一件大事","拿错误的译书来出版,和拿浅薄无聊的创作来出版同是一种不自觉的误人子弟,又何必拿'清水粪坑里的蛆虫'来比喻呢?"胡适当时已有"今圣人"之称,平时是难得"骂人"的,这一来郁达夫吃不消了。 郭沫若后来说,"达夫挨了骂,他便异常的悲愤,写来的信上说他要跳黄浦江而死"……于是郭沫若应战。 接着,张东荪、成仿吾、吴稚晖、陈西滢、徐志摩均卷入"夕阳楼"笔战。

然而胡适究竟是胡适,他宽容大度,主动化解矛盾。 他乘 1923 年阳春南下休养,到上海(4 月 23 日)就诊肛肠科黄钟医师之便,5 月 15 日,他致信郭沫若、郁达夫两人云:"盼望那一点小小的笔墨官司不至于完全损害我们旧有的或新得的友谊"。 大概是郭沫若、郁达夫两人接受了,于是有了 5 月 25 日胡适登访和 5 月 27 日郭沫若等回访之事。《胡适日记》简略地记下了这两件事——

5 月 25 日(F.):出门,访郭沫若、郁达夫、成仿吾。
5 月 27 日(S.):下午,郭沫若、郁达夫、成仿吾来。

大概坚冰未化开，可以想象，彼次晤会时很是尴尬，气氛与五月的阳光是不协调的。

待到 10 月 3 日，胡适结束三个月的杭州西湖"洞中神仙生活"，金秋之季回到上海，身体、心情大佳时，再与徐志摩造访郭沫若——

> 10 月 11 日(Th.)饭后，与志摩、(朱)经农到我旅社中小谈。又同去民厚里 629 号访郭沫若。沫若的生活似甚苦。（胡适日记）

> 10 月 11 日：与适之、经农步行去民厚里 629 号访郭沫若，中有田汉，坐定寒暄已，仿吾也下楼。适之虽勉寻话端以济枯窘，而主客间似有冰结，移时不涣。沫若时含笑睨视，不识何意……（徐志摩日记）

"冰结"随着几盅热酒，立即融化。酒是绝佳的和解液，更因为胡适以"大哥"姿态化解积怨，但当酒酣耳热时，郭沫若一听到胡适原来如此重视自己的《女神》，诗人的激情被激活，就趋上去，拥抱，热吻了。一切都那么自然。

抱吻的原始本事就是这样。不知怎的，后来衍生出两个"版本"。

其一，唐德刚《胡适杂记》版本。20 世纪 50 年代胡适流寓在美国，物资生活清苦，精神生活寂寞。他对美东一些中国海外文人、留学生的小型业余文艺结社"天风社"、"白马社"也颇感兴趣，引发他对往事的回忆，因而"胡先生也常向我说：'郭沫若早期的新诗很不错！'他并且告诉我一个故事：有一次在一个宴会上他称赞了郭沫若几句。郭氏在另外一桌上听到了，特地走过来在胡适脸上吻了一下，以表谢意"。这个"版本"与 1923 年"日记版"基本一样，因为记忆关系，细节上略有出入。看来，胡适对于郭沫若在 1932 年的《创造十年》中痛骂胡适"你是中国的封建势力和外国的资本主义的私生子"，并不那么耿耿于怀。

其二，胡颂平《胡适之先生晚年谈话录》之"1960 年 6 月 2 日(星期四)"条："今天先生说起郭沫若这个人反复善变，我是一向不佩服的。大概在十八九年之间(按：即公元 1929 年、1930 年间)，我从北平回到上海，徐志摩请我吃饭，还请郭沫若作陪。吃饭的中间，徐志摩说：'沫若，你的那篇文章(是谈古代思想问题。题目忘了)，胡先生很赏识。'郭沫若听到我赏识他的一篇文章，他跑到上座来，抱住我，在我的脸上吻了一下。我恭维了他一句，他就跳起来了。"这一次郭沫若抱吻胡适,显然与前两个"版本"的时间、地点不一样(地点不明确),细节也不尽相同,许是胡适记忆有误? 或是确另有一次? 而且,胡适口述带有明显的感情色彩。 胡适离走祖国后,是十分关注大陆"批判胡适"的大运动的,而批判胡适的总指挥恰是政务院副总理兼文化教育委员会主任、中国科学院院长兼哲学社会科学部主任、中国文联主席郭沫若。 郭氏 1954 年 11 月 8 日对《光明日报》记者说:"我们在政治上已经宣布胡适为战犯。"12 月 9 日又在《人民日报》著文说,胡适是"买办资产阶级第一号代言人"、"头等战争罪犯"。 这些官方媒体上的言论,胡适不会不知道。1960 年胡适谈郭沫若的背景,当然与此有关。 不过他没有回骂。

胡适之《追悼志摩》

徐志摩

1931 年 11 月 19 日,诗人徐志摩自南返北途中"云游"走了——飞机由南京飞北平,在济南党家庄开山撞山失事身亡了。 胡适通过中航公司转山东省教育厅长何思源,证实徐志摩遇难。 一直被徐志摩昵称为"老阿哥"、"我们唯一的恩人哥哥"的胡适悲恸哀情,难以言容,乃至见到志摩留在他家中的爱猫"狮子"伏在自己身后,软绵绵地总不肯走时,又一次"忽然想到死去的朋友"而"泪湿了衣袖"。 那些日子,徐志摩的"最后"形象,在胡适心中是挥之不去的:

——1931 年,胡适与徐志摩的最后一次共事。 为了帮助徐志摩摆脱与陆小曼婚后空虚、浮华而不能自拔的困境,胡适说服北大校长蒋梦麟,聘任徐志摩为外文系教授。 他俩为振兴北大,合作得很好,但仅有九个月,是最后一次了。

朝夕相处,竟成最后一回。 徐志摩在北大教书,但为维持上海家室(陆小曼已染上鸦片瘾)需南下北上"奔波"。 因此在北平寄宿在钟鼓寺胡家,"胡老爷(按: 胡适)、胡太太(按: 江冬秀)固然待小可(按: 徐志摩的小名)恩至义尽，还有杨妈妈(按: 女佣)、大爷小爷(胡祖望、胡思杜)，也把小可当小孩一般小心看待，真是舒服得比在自己家里还好得多多"。 徐志摩在给他浙江硖石母亲的信中如此描摹。 但如此与胡家亲近接触，也是最后了！

——最后一次合作古典文学研究。 胡适深知徐志摩是绝顶聪明的人，所以 1931 年邀他做《醒世姻缘》的研究工作。 胡适写了《〈醒世姻缘〉传考证》，徐志摩则写序言。 胡适说： "关于《醒世姻缘》的文学价值，徐志摩先生在他的长序里已有很热心并且很公平的评判了。 志摩这篇序，长九千字，是他生平最长的、最谨严的议论文字。 今年七月初(按: 1931 年)，我把他关在我家中，关了四天，他就写成了这篇长序。 可惜这样生动的文字，活泼的风趣，聪明的见解，深厚的同情，我们从此不能再得了！" "这一次翻印《醒世姻缘》，他志摩做文字的批评，我做历史的考据，可算是第二次的合作，不幸竟成了最后一次合作了。"

——最后一次合作外国文学翻译。 1930 年秋，胡适任中华教育文化基金会编辑委员会主任委员，与梁实秋、闻一多拟定翻译莎士比亚全集计划。1931 年计划启动，分配给徐志摩这位才子诗人的，便是悲剧《罗密欧与朱丽叶》。 志摩迅速动笔，富有创见地用韵文来翻译，译了第二幕第二场，可惜永远是未竟稿了。

胡适书墓碑"诗人徐志摩之墓"

张宗祥书墓碑"诗人徐志摩之墓"

——最后一次与胡适出游。 1931 年 10 月，胡适与徐志摩等同游北平西山，胡适在当夜写诗《十月九夜在西山》，"40日后，志摩死了"。

——11月11日，徐志摩南下上海前，曾在胡家吃饭，竟成"最后一餐"、"生死离别之餐"……

胡适实在不堪回首，终于在徐志摩遇难后半个月，于12月3日，写了各位朋友悼念文章中的扛鼎之作《追悼志摩》，深沉哀婉地唱道——

> "悄悄的我走了，/正如我悄悄的来；/我挥一挥衣袖，/不带走一片云彩。"（《再别康桥》）志摩这一回真走了！

惊骇志摩走得那么惨烈：

> 我们不相信志摩会"悄悄的走了"，也不忍想志摩会死一个"不平凡的死"，现在天空之中——大雨淋着，大雾笼罩着，大火焚烧着，那不倒的山头在旁冷眼瞧着，我们新时代的新诗人，就是要自己挑一种死法，也挑不出更合适，更悲壮的了。志摩走了，我们这个世界里被他带走了不少的云彩。他在我们这些朋友中，真是一片最可爱的云彩，永远是温暖的颜色，永远是美的花样，永远是可爱。

徐志摩与陆小曼

"老阿哥"最能领悟志摩的人生哲学：

> 他的一生是爱的象征。爱是他的宗教，他的上帝。
>
> 他的人生观真是一种"单纯的信仰"，这里只有三个大字：一个是爱，一个是自由，一个是美。他梦想这三个字理想的条件能够会合在一个人生里，这是他的"单纯信仰"。

他的一生的历史，只是他追求这个单纯信仰的现实的历史。 那么他的追求呢？

> 他的离婚和他的第二次结婚，是他一生最受社会严厉批评的两件
> 事……民国十一年三月，他正式向他的夫人提议离婚，他告诉她，他们
> 不应该再继续他们没有爱情没有自由的结婚生活了……后来他回国
> 了，婚是离了，而家庭和社会都不能谅解他。最奇怪的是他和他已离
> 了婚的夫人通信更勤，感情更好。

徐志摩是大儒梁启超最爱护的学生。 梁启超劝他"万不容以他人之痛
苦，易自己之快乐"，"恋爱神圣"，"兹事盖可遇而不可求"——"天下岂有
圆满之宇宙"！ 但是——

> 单纯的理想主义者徐志摩，他深信理想的人生必须有爱，必须有
> 自由，必须有美。他深信这三位一体的人生是可以追求的，至少是可
> 以用纯洁的心血培养出来的。
> 志摩最近几年的生活，他承认是失败。
> 他的失败是一个单纯的理想主义者的失败……而这个现实世界
> 太复杂了，他的单纯的信仰经不起这个世界的摧毁，正如易卜生的诗
> 剧 *Brand* 的那个理想主义者，抱着他的理想，在人间处处碰钉子，碰得
> 焦头烂额，失败而死。

理想主义者徐志摩的失败是怎样的姿态？

> 他仍旧昂起头来做人；他仍旧是他那一团的同情心，一团的
> 爱……几年的挫折、失败、苦痛，似乎使他更成熟了，更可爱了。

正当我们都替他高兴时——

> 谁也想不到在这个最有希望的复活时代，他竟丢了我们走了！
> 志摩这样一个可爱的人，真是一片春光，一团火焰，一腔热情。现

在难道都完了？

胡适洒一把热泪，回声天穹的尽头长吁——

　　朋友们，志摩是走了，但他投的影子永远留在我们心里。他放的
光亮也会永远留在人间，他不曾白来了一世。我们忘不了他和我们在
那交会时互放的光芒！

胡适之为齐白石编撰年谱

　　胡适在 1949 年 4 月 6 日离开上海去美国前夕，2 月 9 日，写了《〈齐白石
年谱〉序》后，将这本三万多字的他与黎锦熙、邓广铭合编的《齐白石年谱》交
由商务印书馆，于 3 月出版。这是胡适在祖国大陆出版的最后一本著作。

　　胡适这位闻人怎么会和当时并不怎么知名的齐白石做起朋友，十分认真
地考证大量资料，为他编撰年谱，又请两位著名学者、他的朋友(黎锦熙，语言
学家；邓广铭，历史学家)合作？甚至直到晚年居住台北时，还几次谈起这
件事？

　　没有什么奇怪的，缘于"我的朋友胡适之"。

齐白石(1864—1957)

　　1946 年 8 月，胡适由纽约转道上海、
南京，回到北平，与蒋梦麟交接北京大学
校长职务不久，秋天的某一日，事先已有
过请求的齐白石老先生(时年 83 岁)带了一
大包文字材料，登东厂胡同 1 号胡府，交
给胡适，要求这位载誉国际学坛的大博士
为他编撰年谱。从胡适存有的史料里，似
乎没有他们往来的记录。但是胡适"很感
谢他老人家一番托付的意思，当时就答应
了写传记的事"(《齐白石年谱·序》)。当
时胡适为"沈崇案"以及南京"国大"等事
忙成一团，没有时间动手。这年末，白石
老人又去胡府一次，送去一颗"适"字篆

刻阴文石章。 据《胡适之先生晚年谈话录》记载，白石老人曾用他的两幅新画，从一位收藏家手里赎回一幅他 50 岁时作的旧画，并将此画送给胡适。 他赎回的方式也很古拙，就在那位收藏家送来请他补题字时施展。

胡适于第二年，1947 年暑假时开始动手编撰。 他打开齐氏送来的材料，咻！ 竟有"白石自状略"(三套本子)、"借山吟馆诗草"、"白石诗草自叙"、"齐璜母亲周太君身世"、"齐白石传"……共十大件。 做学问的人不会厌烦原始材料太多的，胡适将这批材料的每一页都仔细研读了，不仅发现了特色，而且寻找出了疑点。

——"都是很朴素真实的传记文字，朴实的真美最有力量，最能感动人"，"白石的传记文字里"，"大胆的真实描写最多"，"独有风趣，很有诗意，很有画境"。 胡适认为，由于白石"没有受过中国文人学做文章的训练，他没有做过八股文，也没有做过古文骈文，所以他的散文记事，用的字，造的句，往往是旧式古文骈文作者不敢或不能做的"(《序》)。 齐白石质朴、真美的文字受到胡适的赞扬。 胡适的眼光多么地平等、公正。 胡适举例道——

太君年三十后,翁弃世……从此家境奇穷。(太君)恨不见纯芝兄
弟(按:齐白石原名)一日成长,身长七尺,立能反哺……

吾居新塘老屋,灶内生蛙,始事于画。

——白石老人变的戏法能够"瞒天"，终究瞒不过历史考证的方法。 原来胡适在为白石编年时，从齐氏 80 岁时撰的《自状略》和其他记载中，发现有两岁之差：齐白石生于清咸丰十一年辛酉(1861)，还是生于同治二年癸亥(1863年)? 胡适再从齐母身世、原配陈夫人结婚年岁等事实考证，明明自诉状多报了两岁。 其原因何在? 胡适不好意思直问，于是通过他的合作者黎锦熙打听。 黎氏是齐白石湘潭同乡，两家有六七十年的亲切交谊。 黎氏调查的结果，原来是白石老人听信了长沙占星士沙贴上人的算命，说他"七十五岁有大灾难"，于是白石用"瞒天过海法"把 75 岁改为 77 岁。 弄清楚了，齐白石应该是 1863 年出生的。 于是胡适将《白石年谱》的纪年依次全部改正。 胡适的眼光多么犀利，述史秉笔严格而科学。

这部《年谱》1948 年初稿完成，胡适经增补，将一份清抄本交齐白石自己审阅，同时又留待黎锦熙(邵西)订正、补充。 他很重视"艺术匠"时代一节，

黎锦熙增补了"湘潭一带的艺术文化背景，使我们知道天才的齐白石也受到那个历史背景的许多帮助"，"特别是在学习刻印的经过，邵西的增补最后可以补充我原稿的贫乏"（《序》）。不过黎氏订补的《齐白石年谱》交给胡适时，已是同年 11 月了，胡适快要离走北平了。

接着是做过陈龙川、辛稼轩传记的史学家邓广铭(恭三)来进一步校订黎氏增补本"年谱"。邓氏的夫人、女儿都出动了。邓氏运用了没有被胡适发现的八卷本《白石诗草》中的传记资料，以及有关人士的遗集，加以增补，最后抄定《白石年谱》定稿本，寄给时已离平在沪的胡适。胡适在《序》中十分感人地说："这本《白石年谱》大概不过三万字，是黎邵西、邓恭三和我三人合作的成果。我们三个人都是爱敬白石老人的，我们很热诚的把这本小书献给他老人家。"胡适同时还"很感谢汪亚尘夫人和顾一樵(毓秀)先生从他们收藏的白石作品里挑出一些最可爱的精品来给这书作附录"。

邓广铭(1907—1998)

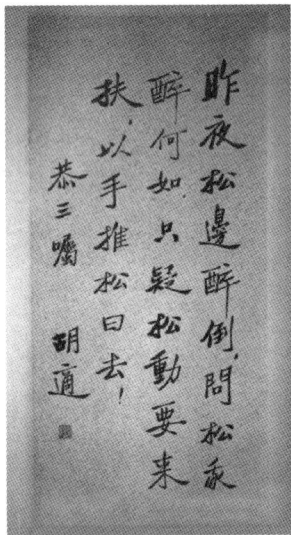

胡适赠邓广铭书法

胡适治史非常认真，直到晚年还在给"这本小书"作订正：

——初编时，他最欣赏那句"吾居星塘老屋，灶内生蛙，始事于画"，后来发现白石写的有误。胡适对他秘书胡颂平说，"这句话在《战国策·赵策》里是'臼内生蛙'，《国语·晋语》是'沈灶产蛙'。你们教国文的真要特别注意，一个不留神，就会闹笑话的。所以我把这几句都抹去了"（《胡适之先生晚年谈话录》，1958 年 12 月 5 日)。

——增补了齐白石女儿齐良怜的生年。 胡适将《齐白石年谱》借给了齐良怜看，她于 1959 年 3 月 5 日寄还，信中说，没有记载她的出生。 良怜是在齐白石 65 岁时生下来的。 胡适把这一遗漏补入《年谱》，同时对他的秘书胡颂平说："齐白石要我编年谱时已是 80 岁，他只把一捆一捆的材料交给我，大概是年老了，没有想到良怜的出生，决非有意的。"接着放低声音说，"这位齐老先生 78 岁还生儿子；良怜之后，还有好几个子女呢！"

胡适之推荐王国维

胡适受恩于清华学校，他回报清华大学。 1910 年，他考取清华学校第二期 "庚款" 留美官费生(考不取，可以留清华读预科)，从此改变了一生道途。 1924 年，他的留美同学、清华学校校长曹云祥要把清华改制成大学，就求助于胡适。 胡适帮助他设计了国学研究院。 至于导师，曹氏当然聘任这位出版《中国哲学史大纲》而风靡全国的北大教务长的老同学了，但胡适实事求是地回答他，我实在不敢当，非一流的学者，是不配当国学研究院导师的！ 当下，他就把大他 14 岁的国学大师、清王室的遗老王国维(静安)推荐给清华。

海宁王国维 (1877—1927)是中国最早用西方文学和美学理论来研究中国文学的拓荒者，具有开山意义。 他从文学角度研究《红楼梦》，借助叔本华的美学观发掘这部经典小说的悲剧价值，在 "红学" 中亦具有开山意义。 他在辛亥革命以后流亡日本期间写下一部《宋元戏曲史》，更为胡适看重。 胡、王二人实际交往不多，但他们因为对考据的重视与爱好而互相尊重，尽管他俩在思想见地上是格格不入的。 1922 年，胡适在他的《努力》周报举办推选 "谁是中国今日的十二个大人物" 活动时，就把章

王国维

太炎、罗振玉、王国维推选在"学者"栏内。 所以胡适对王维国是敬重的。

由于胡适的推荐,曹云祥当然接受了。 但事出有因,据顾颉刚说,胡适曾收到王国维的一封信,因为冯玉祥"北京政变",逊帝溥仪被逐出故宫,王氏的"南书房行走"职位丢掉了,生计发生困难而求助胡适。 但当曹氏登门(地安门织染局 10 号)聘请他时,这位"遗老"却言自己做不了主,须去日使馆请示过"皇上"才能决定。 于是曹氏再找胡适。 胡适偕溥仪的师傅庄士敦,于 1924 年 5 月面见了溥仪(也是胡适第二次见溥仪),为王国维受聘清华大学国学研究院院长事疏通了关系。 1925 年 2 月,溥仪召见王国维,"面谕"他可以接受"国立清华大学"国学研究院院长之聘。 胡适在同月 13 日致信王氏——

> 手书敬悉。顷已打电话给曹君,转达尊意了。……曹君说,先生到校后,一切行动均极自由,先生所虑不能时常来往清室一层,殊为过虑。鄙意以为先生为学术计,不宜拘泥小节,甚盼先生早日决定,以慰一班学子的期望。

但到了清华国学研究院(此时清华大学已冕"国立"名号了),王氏不愿任主任(院长)职,只同意做导师,他所授课时,每星期仅十个钟点;月薪金银币 400 圆,聘期为三年,期满可续聘。

但三年聘期没有到,王国维却于 1927 年 6 月 2 日在颐和园投昆明湖自尽了! 此际,冯玉祥响应国民革命北伐,带了他的国民军再次攻入北京,赶走了奉系军阀张作霖。 而这时,胡适正由美国在哥伦比亚大学补办博士学位手续后返回途中,在东京观望国内蒋介石制造"四一二事件"之后风云突变的局势。 胡适在晚年谈到了王国维自杀,表示深为惋惜,说是他害怕(革命)的心境造成这一悲剧的,他看到梁启超惊惶才自尽的。 梁氏门生故旧多,可以不用怕,可以逃避。 王氏没有那么多的门生故旧,他能"逃到哪儿去呢? 所以自杀了"。 实际上王国维是为被黜废了的清皇朝殉命的。 周明之先生(美国西雅图华盛顿大学东亚图书馆馆长)评道,尚在 1924 年冯玉祥逐溥仪出故宫时,"王维国以臣下的身份,随车驾出宫,白刃炸弹,夹车而行","一个月中,'日在忧患中,常欲自杀,为家人监视得免'。 1927 年初夏,冯玉祥带领北伐军,再入北京,王氏为免二度受辱,乃于 6 月 2 日自沉于颐和园之鱼藻轩,得年五十"。

胡适私下里说："静安先生的样子真难看，不修边幅。再有小辫子，又不大会说话，所以很少出门，但他真用功。罗振玉就不同，身材高大，人又漂亮，又会说话。说起话来又有丰采。真漂亮！"当年王国维的家距胡适钟鼓寺的家不远，王国维去过胡家几次。（《胡适之先生晚年谈话录》，1960 年 11 月 21 日）

王云五，与胡适之亦师亦友

1962 年 3 月 2 日，胡适治丧委员会在给已故的胡适举行大殓时，有一白发长者大哭于灵前，悼诗有曰："顾君终不留，辞我控鹤驭。论年我长君，未应君先去！"此人是谁？此人便是胡适在上海中国公学求学时一位比他大三岁的英文老师，以后为商务印书馆出版事业立下大功的王云五(1888—1979)。胡适与王云五，可谓亦师亦友，"同学同工亦同志"，甚至"感情逾师友"而"毕生至好"。他俩互处互助的一生，恰似如歌行板，值得长吟。

中国公学时期，18 岁的王云五对胡适一生的英文基础具有至关重要的作用，诚如胡适在他的《四十自述》中有所肯定的，"我在中国公学两年，受姚康侯、王云五两先生的影响很大，他们都最注重文法上的分析，所以我那时虽不大能说英国话，却喜欢分析文法的结构，尤其喜欢拿中国文法来比较"。中国公学学潮停息后，新老两公学复合，但当年学潮积极分子的胡适不愿再返校，孤苦无依地流落上海，再加上绩溪上庄村老家兄弟析产，慈母焦虑得生病，他感到学业未成，无颜去见江东父老。就在这"山重水复疑无路"之时，王云五作为他的先生，及时拉了他一把：推荐他到租界工部局主办的华童公学任教，同时还启示他课余多翻译小说，既能得到五六十元的稿费，又可增进学识。1910 年春夏之交，胡适挣扎出荒唐生活的黑洞，摆脱精

王云五

神危机，决心报名参加清华二期"庚款"留美官费生考试，王云五得知后很高兴，着力辅导他，补习了三个月的大代数和解析几何。这也是关键一助。

王云五幼时家贫，无法接受正规教育，但他发愤自学，艰苦磨炼，饱读群书，用三年时间把 35 部的《大英百科全书》读完，又通读了"廿四史"和外国历史。平时，他坚持每天读英文书籍 100 页左右。所以胡适称"他是一个完全自修成功的人才，读书最多、最博，家中藏西文书一万二千本，中文书也不少"。而且王云五的人格、道德也很高尚，"曾有一次他可得一百万元的巨款，并且可以无人知道。但他不要这种钱，他完全交给政府，只收了政府给他的百分之五的酬奖。此人的学问道德在今日可谓无双之选"（《胡适日记》，1921 年 7 月 23 日）。正因为如此，胡适回国后虽然名气很大，仍对这位少年时代的老师十分敬重，始终执弟子礼。

1921 年 7 月 21 日，胡适送别来中国讲学达两年又两个月的恩师杜威教授后，暑假里，接受商务印书馆老板高梦旦的邀请，南下上海，考察该馆的核心机构编译所，认真研究，提出"改良计划"。高氏邀请胡适来"商务"的原意是要他主持编译所，借以大大发展出版业务，并报以一月 1000 元大洋的丰厚报酬。此等工资高于北大教授的数倍。但胡适经过一番调查研究后，向张菊生、高梦旦说明自己"是 30 多岁的人，不应该放弃自己的事，去办那完全为人的事"，婉辞了高薪所长之聘职，决定推荐当时在一家小规模的公民书局任职，主编"公民丛书"的王云五去担任编译所长这一职务，说他的学问道德和办事能力都高出自己，是承担此重任最理想的人物。8 月 19 日，应"商务"总务处长王仙华之邀，胡适偕王云五赴"一品香"饭局，正式推荐王云五。胡适称"今天的宴请带有'相亲'性质"，故谐谑为"丈母娘看女婿"。在 9 月 7 日胡适离上海前，商务印书馆终于决定聘王云五做该馆编译所副所长。胡适的推荐成功了。他在日记中由衷地写道——

　　王云五来谈。我推荐他到商务以自代，商务昨日已由菊生与仙华去请他，条件都已提出，云五允于中秋前回话。此事使我甚满意。云五学问道德都比我好，他的办事能力更是我全没有的。我举他代我，很可以对商务诸君的好意了。（1921 年 9 月 1 日）

从此，王云五在商务印书馆大显身手，至 1930 年升任为总经理。"日出一书"，造就他一生的主要业绩，"商务"也因此在当时中国出版界独占鳌头。

王云五对胡适有回报。胡适 1924 年创办《努力》周刊，陷于资金周转不济困境，而这位教授又不甘寂寞，热衷言论，不愿放弃这本期刊。王云五知悉，就向他建议，将《努力》由周刊改为月刊，由"商务"承担出版、发行重任。深谙办刊三昧的胡适知道这是项风险很大的事，欣然接受的同时，赞叹"友谊的帮助"。至于出版书稿方面，凡是胡适推荐，王云五自然应承。如高一涵的《政治思想史》、刘文典的《淮南鸿烈集解》等等。值得一提的是 1924 年，由陈独秀推荐，瞿秋白的实录苏俄无产阶级革命、宣传共产主义的纪实文学《赤都心史》，因为胡适的疏通，得以在商务印书馆出版。

胡适依旧一如既往支持王云五的研究事业，最突出的是为"四角号码"《王云五大字典》撰写《序言》、《后记》。"四角号码"检字法是王氏 1925 年发明的，这一新式查字典的方法，确实给中小学文化程度的人们(弄不清汉字结构偏旁)带来了极大的方便。胡适于 1926 年撰《四角号码检字法序》称，这是"最容易、最方便、应用最广的法子"，王云五所做的，"完全是'为人'的工作，是一番大慈大悲救国救难的工作"。胡适为推广"四角号码"，还别出心裁地编制了一首便于熟记九种笔画号码的歌诀。1930 年，王云五对他的"四角号码"作了修订，字典再版时，胡适为之再撰《后记》，又编了一首歌诀。由于胡适的名声与地位，《王云五大字典》迅速风靡全国。"四角号码检字法"在汉语拼音字母音序检字法普及前，不失为汉语字典检字的一种简捷、科学的方法。

至于学问研究，王、胡早就"师徒易位"(王云五语)。王云五读书博而广，经史子集，无不涉猎，然而就是少成果。后来他诚心接受胡适指津，"提出一个中心问题来做专门的研究(最好是历史的研究)，自然会有一个系统出来"(胡适语)。可惜王云五离开"商务"后从政了，先后任国民政府的经济部长、行政院副院长(正院长张群)、财政部长，为蒋介石统治集团效力，无法从宦海摆渡到学海。去了台湾后，又任"行政院"副院长五年(1958—1963)。75 岁后才重操旧业，做台湾政治大学教授，被称"博士之父"，留下《先秦教育思想》、《汉唐教育思想》、《宋元教育思想》、《明清教育思想》等教育历史等著作，是他接受胡适治学指导的结果。王氏恳切承认，"冰已寒于水，青草胜于蓝"。

1949 年 4 月以后，胡适孤悬海外，而台湾岛内因"雷震·《自由中国杂志》"事件，掀起"反胡"浪头还不小。作为胡适密友的王云五，既关心他的境遇，也有心帮助他抉择去留问题。胡适 1958 年终于回到台湾，王云五还起过不可缺少的微妙的作用。1957 年王云五以台"行政院"副院长身份赴美"公干"，11 月 19 日到纽约看望胡适，与之长谈。"余略有建议，均承接受"(王语)。当时正是蒋介石任命胡适为"中央研究院"院长，电促返台就任，胡适返电请辞之际。经王云五长谈后，胡适去电同意并建议，先以"中研院"史语研究所所长李济代理，杨树人为总干事(12 月 6 日)；蒋复电"已照尊意派李所长济暂代，仍希加意珍摄，早日康复，返国就任"(12 月 12 日)。

王云五运用他台当局高官的身份劝说胡适返台，并加以保护。这也是王氏的一种回报方式。胡适返台后，"其言论行动辄与我商量，也多受我的影响。即其回国就任'中央研究院'院长职务，也由于我的力劝"(王云五语)。这是胡适结束流寓生活的一宗密档。

1962 年 2 月 24 日，胡适在"中研院"第五次院士会上与世长辞。王云五闻此凶讯，立刻叫车从台北急奔南港，一见老友遗体，百感交集，老泪纵横，乃至失声痛哭。王云五在悲怆情绪中写了一首长诗以悼，"追溯半世纪，与君为同学"之情长，"多年从游谊，两心丝丝扣。我固期君殷，君也报我厚"的谊深，哀"论年我长君，未应君先去"，"呜呼今已矣，不可死竟死！后死白发人，吊君仅一纸！"

王云五任胡适治丧委员会副主任，倾力主持胡适后事。他亲自执绋送殡。丧事后，他参与南港胡适墓园、塑像及胡适纪念碑筹建工作。又筹措经费，出版胡适晚年力作《〈水经注〉考证》。

胡适逝世后 17 年，1979 年，王云五以 92 岁高龄终生。

第一要拜访我的朋友胡适之

"我的朋友胡适之"同样也风靡美国。罗斯福总统、赫尔国务卿、摩根韬财长等高端人士不用说了。唐德刚教授在他的名著《胡适杂记》中，还记载了一个叫史密斯(Thomas Vernor Smith)的众议员"有眼不识泰山"的故事。

1941 年"珍珠港事件"发生前，胡适在华盛顿他的使馆里举行晚宴，大概由于史密斯是芝加哥大学的教授，胡适与他有一面之缘，所以发去了请柬。

史密斯欣然赴宴。史密斯不知道主人公——中国大使是谁，在坐计程车时，史密斯问司机中国大使是谁，司机也不知道。到了中国大使馆后，他就与众多宾客以及黄皮肤的中国官员交谈、碰杯，主人公是谁显得并不太重要，没有妨碍彼此间交际。宴会结束了，宾客们纷纷离去，胡适大使尽礼节，谦恭地站在大门口送客，并习惯地说几句"战争结束后，竭诚欢迎到敝国去旅游"之类的客气话。史密斯听了，颇受感动，随即应了句："中国，我是一定要去观光的。"他还对这位中国大使顶真地补充了一句："我到贵国后，第一个要拜访的便是我的朋友胡适之，胡适博士先生！"

"……"胡适既吃惊又感动，张大了嘴，一时说不出什么。

"大使先生，您可以告诉我吗，胡适博士现在在中国的哪个城市？"

胡适听罢，笑颜大开："史密斯先生，胡适博士现在不就是您对面的那个人吗？"

这两个异国教授大笑而拥抱，气氛感染了周围的中美朋友——"胡适之，我的朋友"，大家都这么呼叫着。

Buck 先生——美国女作家、中国的朋友赛珍珠的第二任丈夫——与"我的朋友胡适之"保持着经久不断的友谊。胡适逝世前一年，1961 年元旦还收到他寄自美国的贺年卡。对此，胡适还感慨地谈他们的故事。这位 Buck 先生和赛珍珠女士结婚，赛珍珠怀孕后，不知是因为摔了跤，还是别的原因，胎儿脑部受了伤，生下来是个女儿，但是长到 20 多岁，智力还停留在六岁儿童的水平。后来他们离婚了。Buck 娶了一个中国小姐，他们生育了一对活泼可爱的儿女。Buck 是康奈尔大学旅馆系主任。胡适说："这位系主任主张旅馆的任何房间里都应该有一个洗澡的设备，这对于旅馆是革命。后来各地都接受了'革命'的影响，全部革新了。"

胡适还有个"间接"的美国友人，叫威廉·莫瑞森 (Dr. Maurices Williams，1885—1955)。孙中山先生在他的著作

赛珍珠 (1892—1973)

351

《三民主义》中，曾引用这位莫氏的话。一般读者因为不知莫瑞森是何许人物而忽略过去了。胡适读得很认真，记忆力超强。50年代时他流寓美国，一次在普林斯顿葛思德东方图书馆翻阅一本书或杂志时，"莫瑞森"一行跃入他的眼帘，再看下去，证实这个莫瑞森是在加州行医的并不太有名气的牙科医师，就是孙中山引用的那个莫瑞森。胡适将这一收获告诉了他的一位美国朋友，此君立刻转告莫氏。莫氏很兴奋，也很感谢孙逸仙博士，便专程去纽约，找到那里的中国国民党支部，主动申请加入国民党。顿时，这位老人成了名人，也加入了"我的朋友胡适之"的行列。

胡适在美国对待乞丐，与美国人迥然不同，充分体现东方人的心地。他曾讲起过他的康奈尔大学第一任校长怀特先生在做俄罗斯大使时，与老朋友列·托尔斯泰上街，遇见乞丐，托翁总把预先藏在口袋里的零钱散发给行乞人，怀特先生则不以为然，说："这是鼓励人家去乞讨，我们美国人是不给的。"胡适也行托翁之道，口袋里总准备着零钱。由于"美国是个个人主义的国家，不准乞丐沿途讨饭"(胡适语)，于是那些乞儿变个法，手里拿些劣质的铅笔、苹果什么的，瞄准目标，趋近你身边轻轻说："你能否送给我一杯咖啡的钱？"胡适每逢上这些人，总摸出两毛五分钱给他。其实这一杯咖啡，一

/ 胡 适

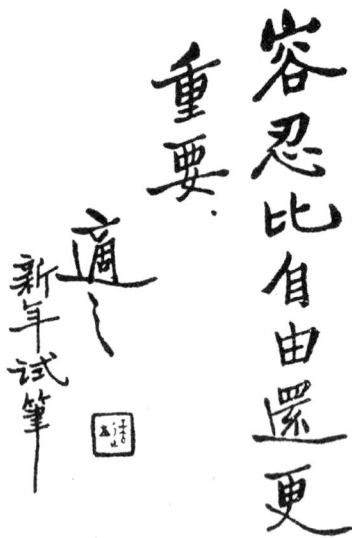

/ 胡适手迹

毛钱足矣，多下一毛五分钱，可以让他买面包充饥。 这就是胡适。 胡适对待街头擦皮鞋的穷汉也如此宽厚。 在美国擦皮鞋只需一毛钱，但胡适总付他两毛五分。 胡适说，"擦皮鞋的有了一点小积蓄，就可以向政府申请荒地去耕种。 只要你有一点小资本，有路费，有本事去垦地，政府就可以给你几十亩的荒地，但不给钱给不做事的人。"当然，这是胡适那个时代的事。

"我的朋友胡适之"得到美国公众的承认，所以 20 世纪 50 年代，美国著名杂志《展望》向读者征集"百位世界最具影响力的伟人"时，胡适赫然入榜。 要问入榜的理由是什么，美国人则称"发明简体话文"。 美国人实在不理解文言文与白话文的概念，他们把这与日文句法的"敬体"、"简体"混为一谈了。 但从这一事例也可以看出美国人眼中"白话文"的地位。 胡适所掀起的"文学革命"、"白话文运动"，波涛滚滚，已撼动了太平洋彼岸。 这难道不是"我的朋友胡适之"的思想基础之一吗？

第十四章 告别京华，寂寞海外

胡适煌煌大业的主要舞台在北京。 他在皇城根下度过了 21 个春秋。 要不是时势将他驱赶到海外，要不是他对自由主义执着，要是他随着傅作义将军留下，继续演绎他的故事，他也许会终老京华。 但是他 1948 年 12 月 15 日出走了。

行色仓皇别古城

第三次国内革命战争时期，胡适不是共产党的统战对象。 尚在 1945 年 4 月，在联合国制宪会议(在美国旧金山召开)期间，胡适与共产党人董必武均是中国代表，他向董必武作过建议，要求共产党放弃武装斗争，从事单纯的政党活动。 及至抗日战争胜利后，8 月至 10 月，国共重庆谈判期间，胡适于 8 月 24 日从美国发电报，由傅斯年代转给毛泽东："润之先生: 顷见报载，傅孟真转达吾兄问候胡适之之语，感念旧好，不胜驰念。"接着重提他的共产党放弃武装论，"努力忘却过去，瞻望未来，痛下决心，放弃武力，准备为中国建立一个不靠武装的第二大政党"，并自己一厢情愿地劝说："若能持之耐心毅力，将来和平发展，前途未可限量。 万万不可以小不忍而自致毁灭！"毛泽东没有回信，中共决策层没有理他。

胡适借奉西方议会制度，主张非武力统治国家，对共产党如此，对国民党也有过类似的主张，早在 20 世纪 30 年代《独立评论》时期，他曾写过未见刊的文章，主张将东北让给中共去做"试验田"，试验共产主义，若试验得好，可以推广。 在他家从学并做家庭教师的罗尔纲见过这篇胡适写了一个通宵的文章，但是最终报刊没有敢用。 而现在时势，已面临国共两党最后一搏，是决定中国前途命运的时候了，胡适书生之谈岂不太悖时了！

胡适跟蒋介石走，尽管他反对老蒋的一党专制、独裁统治。 1948 年，中国两个命运大决战中，石头城上波谲云诡，4 月里一场"行宪国大"闹剧中，胡适被蒋介石的"总统候选人"玩了一通。 11 月，辽沈战役结束，东北全境解放；徐蚌前线大战正酣；人民解放军向平津进军。 22 日，蒋介石派陶希圣来请胡适出山组阁(翁文灏行政院长已辞职)，胡适回答说："这是美国大使馆及三两个教授的主张，那是万万做不得的！"接着又说："在国家最危难的时候，我一定与总统蒋先生站在一起。"陶希圣无奈，回南京。 走时，胡适将其父胡铁花的遗稿及他近几年倾心研究的《水经注》部分书稿交陶希圣带去，转傅斯年代为保存。 胡适已下决心离走古城北平和北大了。

1948 年，胡适婉拒做民国总统候选人，建议多党制

1948 年 12 月初，东北野战军与华北野战军铺开平津大战，对傅作义部国民党军队进行分隔、包围，截断其西窜南逃的通路，北平已处在严密的包围中。 南京国民党已来不及动迁北平高校南下，只好施行"抢救行动"，抢走平津著名校馆所的知名人士，胡适名列其首。 其出走北平的经过以 12 月 14 日、15 日两则胡适到南京后补写的日记为主线，补充前后情况，叙述如下：

——12 月 13 日，胡适的学生、青年部长、教育部政务次长陈雪屏受蒋介石派遣，飞来北平，劝胡适南下。这天胡适，正在写《北京大学五十周年》，还要筹备他的《水经注》版本展览，表示不能"丢开北大不管"，没有随陈雪屏走。陈雪屏飞回南京复命。当夜，胡适还给他的学术老友、北师大校长陈垣(援庵)复信，感谢他提供有关《水经注》史料，并就此进行质疑、研讨，信末尾说："今夜写此短信，中间被电话打断六次之多，将来不知何时才有从容治学的福气了。"

——12 月 14 日，"早晨还没有出门，得陈雪屏忽从南京来电话，力劝我南行,即有飞机来接我南去"
(日记)。此时胡适想走了。

——12月14日上午,"十点到
校,见雪屏电:'顷经兄(按:蒋经国)
又转达,务请师与师母即日登机,万
勿迟疑,当有人来洽机,宜充分利
用。'"(日记)这次南京派机来接的
人有胡适、梅贻琦北大清华两校长,
及著名教授陈寅恪、陈垣(按:陈垣
看穿了南京此行实质,自愿留在北
平)、毛子水、钱思亮等。有传,围城
的解放军电台已广播,只要胡适不
离开北平,解放后仍让他担任北京

任北京大学校长时的胡适

大学校长和北平图书馆馆长。
胡适不为所动,对旁人说,"在
苏联,有面包,没有自由;在美
国,又有面包,又有自由;他们
来了,没有面包,也没有自由。"
他翘首眺望等飞机,"我指着天
说,'看这样青天无片云,从早
上到现在,没有一只飞机的声
音,飞机已不能来了!'"(日记)
他等得多心焦呀。

北京师范大学校长陈垣

20世纪30年代，胡适与陈垣

陈寅恪

——14日下午。"我十二点回家，又得电报（按：陈雪屏电报，要胡适约陈寅恪一起南下）飞机仍无消息。到一点半始得'剿总'（按：指傅作义司令部）电话，要我三点钟到勤政殿聚齐。"（日记）于是胡适夫妇和清华教授陈寅恪夫妇、二女分乘两辆北大汽车出去，但到宣武门就被守军拦住。胡适下车给傅作义挂电话，没有接通。只得再返东厂胡同。胡适怎么找到陈寅恪这位国学教授的呢？因为此时清华园进城道路已不通，陈寅恪已搬进城内避居。胡适去问邓广铭，邓广铭再问他人，得知陈寅恪住在东四礼士胡同他大嫂（陈师曾夫人）家。胡适径去，果然在。问他是否一起南下。陈寅恪答："陈雪屏曾有专机来接我，他是国民党官僚，坐的是国民党飞机，我决不跟他走！现在跟胡先生走，我心安理得。"

——14日晚，等飞机消息。当晚胡适曾说，要是明天再走不成，那就决定不走了。"晚十一点多钟，傅宜生将军（傅作义）自己打来电话，说总统(按:指蒋介石)有电话,要我南飞,飞机今早八点可到。我在电话上告诉他(按:指傅作义)不能同他留守北平的歉意,他很能谅解。"(15 日日记)

胡适与傅作义是颇有交往的。 胡适曾为傅父年谱作过序。 1933 年长城抗战时,胡适应五十九军军长傅作义要求,撰写了一千字的该军抗日阵亡将士纪念碑文。 此回出走前的 11 月,还应傅作义之邀,到华北"剿总"作三次题为《国际形势的观察》的演讲。

——12 月 15 日,"今天上午八点到勤政殿,但总部劝我们等待消息,直到下午两点才起程,三点多到南苑机场,有两机,分载二十五人","儿子思杜留在北平,没有同行"。(日记)

"作逃兵,作难民"(胡适语),放弃了北大、扔下了小儿子小三和已经捆扎、装箱的一百多箱书籍,焦急等机,飞机来了,随身只带了几册他正在校勘研究的《水经注》和最珍爱的 26 回残本《甲戌本脂砚斋重评石头记》,胡适就这样行色仓促地诀别古城北平。

夫妻相依当寓公

胡适 1949 年 4 月 6 日离去祖国大陆,流寓美国前,在京沪做了这么几件事:

1 月 8 日:在蒋介石官邸吃晚饭,蒋介石劝胡适去美国,说:"我不要你做大使,也不要你负什么使命。 例如争取美援,不要你去做。 我只要您出去看看。"

1 月 14 日到上海,21 日送妻江冬秀与傅斯年妻俞大綵同船去台湾。 傅斯年已就任台湾大学校长。 同日,蒋介石宣布"下野",返奉化老家。

先后回绝任"总统府资政"、"外交部长"(1 月 24 日,2 月 24 日)。

1 月 29 日日记,无言,仅附一则剪报——

十二月廿五日宣布战犯名单如左(剪报系竖排):

蒋介石　李宗仁　陈　诚　白崇禧　何应钦　顾祝同　陈果夫　陈立夫　孔祥熙　宋子文　张　群　翁文灏　孙　科　吴铁城　王云五　戴传贤　吴鼎昌　熊式辉　张厉生　朱家骅　王世杰　顾维钧　宋美龄　吴国桢　刘　峙　程　潜　薛　岳　卫立煌　余汉谋　胡宗南　傅作义　阎锡山　周至柔　王叔铭　桂永清　杜聿明　汤恩伯　孙立人　马鸿逵　马步芳　陶希圣　曾　琦　张君劢

1月27日也附一则剪报："(本报收音)陕北二十六日广播，对去年十二月二十五日中共某权威人士所提出的战争罪犯的初步名单，有人感觉名单遗漏了许多重要战犯。"列举了"军事方面的"、"政治方面的"、"党特方面的"、"反动小党派方面的"，"许多学生和教授们认为名单应包含重要的战争鼓吹者胡适、于斌和叶青"(传言1949年1月25日公布的第二批14名战犯名单中胡适名字赫然在列，他前面是陈雪屏，他后面是于斌、叶青)。还有"北京人认为"、"上海人认为"、"广东人认为"、"四川人认为"等等建议提名的战犯。

作《齐白石年谱·序》(2月9日)，《齐白石年谱》由商务印书馆出版(3月)。

亚东图书馆汪孟邹在大新酒楼饯别胡适，曹诚英匆匆来送别，托汪孟邹侄女汪协如转交胡适一枚戒指、一叠美钞(2月16日)。

3月23日至29日，去台湾一行，安置家眷，并在台北中山堂做了一次演讲。返上海，准备去美国。

与长子胡祖望应邀到"胡开文墨庄"老板胡洪开家吃饭。祖望即去台湾，转去曼谷。

4月6日，胡适在王世杰、雷震处吃了早饭，9时就离开他寄宿的上海银行招待所。9时半到公和祥码头。10时登上"克利夫兰总统号"海轮。11时轮船起锚。这是胡适第六次去美国了，从此再也没有回到祖国大陆。

胡适随海轮在檀香山略加停留，应邀在夏威夷州议会上院、下院演讲。4月21日抵旧金山。27日到达纽约，住进他当年大使卸任后租赁的旧居，东81街104号5楼H号"简陋的小公寓"。1950年5月11日，胡适办妥正式侨居手续。

此间江冬秀两次给胡适写信，要去纽约团聚，因为儿子祖望与曾淑昭已于 1949 年 10 月 1 日在曼谷结婚，江冬秀去他们那里住了半个月，感到不自在。胡适电汇给老妻一笔钱。冬秀在朋友帮助下，于 1950 年 5 月乘飞机转道香港、旧金山，6 月 9 日

胡适在美国研究著书

抵达纽约，这对老夫妻得以在异国团聚。胡适开始了长达九年(1949 年 4 月 6 日至 1958 年 4 月 6 日)的美国"寓公"生活。

学者夏志清先生在写到胡适 20 世纪 50 年代流寓美国的生活时说，"1951 年胡适才 60 岁，其实不能算老，但到德刚所见到的胡先生，显然已开始衰老了。他当然在搞他的《水经注》，也写了一部《丁文江的传记》。且不断关注共产国家的所作所为以及自由世界的前途。但比起刚回国的 20 年(1917—1937)来，纽约的那几年，他治学的成绩实在太少了"，乃至有些清闲，清闲到"竟常去哥大图书馆看中文报纸，连美国两岸所发行和赠阅的《侨报》也看，而且把它们的'副刊'看得很仔细。而这些副刊，德刚说得一点也不错，'实在不值得浪费太多的时间的，……胡先生有时间批阅纽约、旧金山出版的《侨报》副刊，比起他太太靠打牌消磨岁月，实在好不了多少"。说起围城战，唐德刚则说，"胡伯母在纽约打起麻将来是夜以继日的。胡先生不但没有阻止她，而且有时也加入作战。原因是：一位中国老太太困居纽约，言语不通，又无人经常代为开车访友，麻将实在是唯一的消遣。再者，纽约中国知识分子牌局间不'抽头'，所以不会四家皆输。加以胡老太太技术高，手气好，几乎每战皆捷，对胡先生来说，也构不成经济负担"(《胡适杂记》)。另外，搓麻将使得胡宅的客人进进出出的不断，虽不人声鼎沸，但呼喝声此起彼伏，因此使强盗、小偷"望而却步"。因为曾有一次，江冬秀在厨房，一毛贼从防火楼梯破窗而入，幸亏她老人家既不尖叫，也不吓得跌坐，而是(下意识地)走去把大门打开，镇定地喝了一声："GO！"悍贼竟真的走了。大概胡适也悟得搓麻

1951 年，胡适（右）与时任哥伦比亚大学校长的艾森豪威尔(中)

将人气旺盛的副收获了。

这样的日子诚如目睹者、亲近者唐德刚所说："胡先生在纽约生活是相当清苦的。 当然清苦的也不只他一个人。 在那成筐成篓的流亡显要中，大凡过去自持比较廉洁的，这时的生活都相当的窘困。 陈立夫先生那时便在纽约郊区开设个小农场，以出售鸡蛋和辣酱为生。""适之先生夫妇，年高、多病，缚鸡无力，自然'坐吃山空'。 所以他不止一次地警戒我：'年轻时要注意多留点积蓄！'语意诚挚动人，声调也不无凄凉叹息之音。"因为胡适除了 1950年至 1952 年在普林斯顿大学一个小小的图书馆任职外(年薪 5200 美元)，并没有一份固定的工作。

胡适依旧是胡适。 一位曾做过美国财长的资本家捐款给匹兹堡大学，为他设立年薪一万多美元的讲座，还有住房供他终身使用。 他谢绝了。 他不愿加入美国国籍。 台湾国民党送给他六万美元的"宣传费"，被他全数退回去了。 于是在他那小小的公寓中，夫妻俩相依为命，过起居家日子

1957 年,流寓纽约的胡适

胡适在做《水经注》考证研究

来。 除每周二有一位老太太来做六七个小时钟点工外,一切外勤全是胡博士
躬亲:上街采购食品杂用、去邮局寄挂号邮包、发电报,到银行取款、付账单
……内勤协助太太、净饭桌、抹桌椅、洗玻璃杯、倒烟灰缸、冰箱除霜……客
人来了,胡太太泡茶,顺手也给先生一杯。 胡适十分礼貌地欠欠身,用两个
手指头叩击桌面,表示"磕头磕头"。 有一次居住在加州的老同学、挚友赵
元任给他寄来了金华火腿,正巧流寓海外的陈受颐、杭立武、刘锴来访,"冬
秀用它做成火腿冬瓜汤,客人都大欢喜,都说'最难得'!"《(胡适给赵元任
的信)》

胡适仓皇出走,把用大半生精力搜寻、购置下来的书都扔在东厂胡同了,
朋友们都知道他嗜书若命,总是尽量帮助他。 华盛顿一位叫玛丽的老太太,
遵照她已故丈夫 Crozier 先生的遗愿,一定要赠 200 美元给胡适,让他去挑选
购买自己喜欢的书。 胡适接受了,因此托人去香港买了《四部丛刊》缩影
本,连运费在内,花了 196 美元。 挚友赵元任赠他《哈佛古典丛书》(即《五
尺丛书》),赵氏还打算送他原版《四部丛刊》,胡适婉辞了,这"二千一百
册,我这里绝对没有地方安放。 冬秀对于书架,绝对不感兴趣"。 这时书架
上还排列着《大英百科全书》、"廿五史",也都是朋友送的。 胡适那房租
152 元的小小公寓,又四壁书架,洋溢书香了。 尽管胡适处境尴尬,"途过纽

约的中国名流、学者、官僚、政客……一定要到胡家登门拜访。 过纽约未看胡适，那就等于游西湖未看'三潭印月'、'雷峰夕照'一样，西湖算是白游了。 胡适之也就是纽约市的'三潭印月'、'雷峰夕照'……是纽约市的八景之一。 加之胡适之生性好热闹，来者不拒，见者必谈。 他又见闻广博，学富五车；任何小题目，都能谈得丝丝入扣"， "片刻坐对，整日春风"(唐德刚语)……此际， "我的朋友胡适之"的名声再次光扬。

　　20世纪50年代的纽约，中国文科、法科留学生中的文艺爱好者有两个结社：林语堂和他的女儿的"天风社"及其《天风月刊》；继之是"白马文艺社"。 新诗老祖宗胡适极爱同年轻人交往，就同"白马"文艺小友——唐德刚、周策纵、吴纳孙、周文中、黄伯飞及三位"新莎菲"式女性何灵琰、心笛、蔡宝瑜——热烈往来起来，参加他们的集会，读新诗、谈新诗。 评价他们的诗作时，认为心笛的诗是"新诗前途的象征， '白马社'中第一流的杰作"，而艾山(闻一多的学生)的诗"不好"， "不好"的原因是它令人"看不懂、也念不出！"…… "这是20年前(按：1970年)纽约的新诗作家们与胡适之先生的一场辩论。 两方各不相下。 胡先生坚持好诗一定要'看得懂'， '念得出。'"(唐德刚语)

1957年，唐德刚协助胡适录制口述自传

1956 年，胡适夫妇在纽约寓所

胡适在桌前读书

　　然而沉静下来，作为一位划时代的文化名人，"晚年在纽约作寓公的胡适简直就可以说没有朋友"（唐德刚语）。因为他的学问朋友"大多学而优则仕了"，而他们与胡适的友谊关系，却是搞政治的本钱。胡适同他们谈的是美国式的民主与自由，他反对台湾国民党一党专制的政体。胡一离开中国大陆，就在太平洋上"克利夫兰"船上撰写他与雷震、杭立武创办《自由中国》

胡适(中右四)与《自由中国》杂志社同仁雷震(后右四)、殷海光(后右二)、夏道平(后左五)、毛子水(后左三)等合影

杂志的发刊词《〈自由中国〉宗旨》，在反共前提下，开宗明义地提出"我们要向全国国民宣传自由与民主的真实价值，并且要督促政府(各级的政府)切实改革政治、经济，努力建立一个自由民主社会"，进而明白地表示，"我们的最后目标是要使整个中华民国成为自由的中国"。这岂不是对台湾蒋氏父子独裁统治釜底抽薪吗？因此他遭到蒋经国少壮派"向毒素思想总攻击"的思想围剿。

图书馆长冷板凳

胡适坐守"围城"，终非长久之计，特别老妻冬秀来团聚，两口子要衣食住行，总得有既能照顾他颜面又符合他实际要求的固定收入——他终于选择了纽约的普林斯顿大学葛思德东方图书馆馆长这一职位。该馆于1950年7月1日起聘，至1952年6月30日终至。这是新闻，曾在当地一家报纸以"胡适博士加盟普林斯顿大学 中国学者出任图书馆馆长"为标题报道过。说起葛思德图书馆(纽约工程师、建筑承包商葛思德捐资创办)与胡适的渊源，尚在胡适驻美大使卸任后滞留纽约的那段岁月，他进行《水经注》研究工作时，曾向国会图书馆、哥大图书馆、哈佛图书馆及葛思德东方图书馆借阅有关《水经注》的资料。1944年，他惊奇地发现葛馆藏书有手抄的《水经》赵一清注本20册。它为胡适的考证起了很大的作用。胡适又在该馆发现《乾隆诗全集》454卷，这也为他的《水经注》考证提供了不少资料。葛思德东方图书馆是美国收藏中国图书的第二大图书馆，藏书多达10万册，胡适称它是一个"古董书库，于我应该有用"(致赵元任信语)。

胡适进葛思德东方图书馆，应该是轻车熟路了。但是月薪到8月15日迟迟未到手。何也？馆方违约欠薪了？非也。

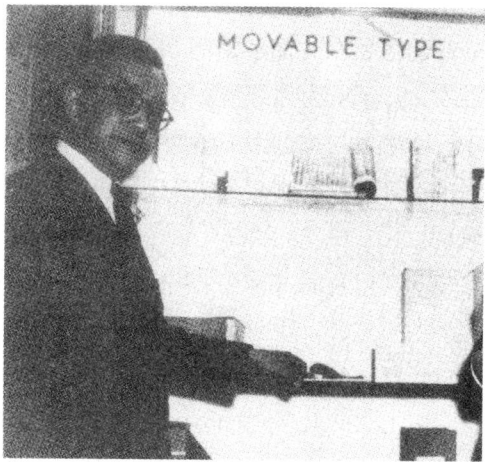

1952年，胡适在普林斯顿大学葛思德图书馆举办中国印刷展"一千一百年的中国印刷"

原来胡适没有及时把普林斯顿大学总图书馆发给他的"教员生平资料"表格填写、交出。这种表格就像我们现在进一个单位，必须填写的"履历表"一样。也许胡适在国内频频受聘，以他的学识和地位，不用履行这套手续；但在美国，不吃这一套了，尽管胡适是前驻美大使、中国"总统资政"、北大校长……但在这里，还得与普通职员一样，"姓名"、"出生"、"籍贯"、"学位"、"经历"、"战时任务"等一栏一栏实实在在地填写、交上。于是总馆馆长秘书在胡适进馆后一个半月时(8 月 15 日)给胡适写了封信，说，"亲爱的胡适博士"，"据我的了解，这些表格必须填好，存入大学档案以后，才能把支票寄给您。要是你能填好这些表格，不要折叠，放入回邮的信封，在下星期一以前让我收到，你的支票就差不多可以立即发出"。这里绝对没有给胡适"下马威"的意味，美国是个讲求民主、平等的国家，对胡适也一样，没有丝毫特殊待遇，何况他的后台已逃到海岛上去"苟安"了。这份表格直到 10 月 11 日才填好，是胡适亲笔填写的。

胡适在馆长的职位上，为这家图书馆做了哪些工作呢？

(一) 发现并培养了他的接班人童世刚，诚如普林斯顿大学馆方所说，"童世刚是一位能干的图书馆员"。胡聘期满后，就聘童世刚为馆长。

(二) 检阅全馆藏书，写了一篇《葛思德东方图书馆》文章(英文稿)，发表在《普林斯顿同学会月报》上，普林斯顿大学馆方称该文"详细说明藏书之价值及功用"。离馆后一年半，胡适又为《普林斯顿大学图书馆年刊》专门写了介绍葛思德东方图书馆的 30 页的长文(英文稿)，后来出版单行本，成为一个标准本，乃至成为训练海军情报官鉴别中国版本的用书。

(三) 胡适与童世刚为该馆建立了一个远胜于原来的新的分类系统。

(四) 督导童世刚对全馆 10 万册图书重新整理和安排，使一般读者都能使用它们。

(五) 利用葛思德东方图书馆的收藏，举办了一次"一千一百年的中国印刷"小型展览，为期两个月(1952 年 2 月 20 日—4 月 20 日)。

(六) 赠送给葛思德东方图书馆图书，先后十数种。其中一部是《清实录》，凡 1220 卷，分装 120 盒，胡适离馆后一年，即 1953 年 5 月赠送。此书是"关外本"(日本出版)。是胡适从一家旧书摊以 700 美元买来的。尚在 1952 年，加拿大哥伦比亚大学的贺炳棣得知，受当地侨领之托，专门赶到纽约，想从胡适手中代加拿大哥伦比亚大学以数倍于原价的钱购下此书，带一点"接济"的意思，但胡适一口回绝，说已决定赠葛思德图书馆了。

胡适坐在葛思德东方图书馆馆长这张冷板凳上，也有所收获。他发现这里收藏了中国医学书籍 500 多种，特别是佛藏《碛砂藏》系列刻本——南宋刻本、元刻本、明《南藏》配本及明《北藏》2000 多本，惊叹道："葛斯德图书馆确有'八百年佛经雕刻史'的资料。"

胡适默默无闻地坐在葛思德东方图书馆馆长这冷板凳上，一天为一位来自日本京都大学的教授发现了，后者大为惊讶。

> 在 Gest Library（葛思德东方书库）时，忽然学校派人带了一位日本学者泉井久之来参观，他是 Professor of Kyoto Univ & Director of 京都大学图书馆（京都大学教授兼京都大学图书馆馆长）。我陪他约略看看 Gest 藏书。后来对他说我认识京都大学的一些人。他问我的名字，大惊讶，说，他少年时代就听说我的姓名了，不意在此相会。他说起他是吉川幸次郎的朋友，曾读吉川译我的著作两种（其一为《四十自述》，其一为选录）。
>
> 学校的人来催他走，他不肯走，一定要和我长谈。我把地址给他，请他到纽约看我，他才走了。（《胡适日记》，1950 年 11 月 17 日）

很快，聘约期限到了，1952 年 6 月 30 日，普大图书馆毫不含糊地辞退了胡适，尽管该馆评价"他对这个图书馆所做的贡献是无法估量的"。但是"为了节省开支"，还是按聘约终止了 5200 美元年薪的胡适的馆长职务，改聘童世刚为馆长，年薪为 3480 美元。校长和总馆长为顾全胡适面子，邀请胡适做葛思德东方图书馆荣誉馆长，那是终身的，但不支薪水。但就"不支薪"这点，代理总馆长却犹豫是否要向胡适说明，他给 Dodds 校长信中说："我们觉得不宜在邀请函中提到此事。我们估计，胡博士，一个对西方学术惯例深有所知的人，了解荣誉职位是不支薪的。然而，我们要 Dodds 校长考虑，到底要不要把'不支薪'这一点加上去。"真是"小人之心度(胡适)君子之腹"！胡适接邀请任荣誉馆长函后，回复 Dodds 校长："我为葛思德图书馆所做微不足道的一些工作——真是太少了——你们却用这样热情的方式来表示感谢，这让我非常感动。""我以诚恳感激的心情接受你的邀请"，"我将继续为葛思德图书馆和普林斯顿大学略尽绵力"。

　　这当然是台面上的客套话，要知这些"感激"、"感动"、"感谢"背后有多少苦涩。就是这年1952年底，他回到台湾，向台湾北大同学会演讲时，倾倒了苦水："我们家乡有句俗话：'留得青山在，不怕没柴烧！'以我几十年的经验，我感到青山就是国家。国家倒霉的时候，等于青山不在。青山不在的时候，就是吃自己的饭，说自己的话，都是不容易的事情。我在国外这几年，正是国家倒霉的时候，我充满了悲痛的观念，更体会到青山真是我们的国家。"他所指的"国家"，就是被人民抛弃的蒋介石政权，那个时期，美国也对它冷淡了，当然胡适这个小小"池鱼"也遭殃及了。

1952年，台大校长钱思亮住宅客厅，北大在台校友会成员与他们的老校长胡适

两次台行鸣自由

　　胡适在寓美期间曾有过较大的活动，就是两次去台湾。第一次是1952年11月19日至翌年1月17日，为时近两个月，巡行全岛，多次发表演讲。第二次是1954年2月18日至4月5日，为时一个半月多，参加并主持台"国民大会"一届二次会议，把蒋介石捧上"总统"座椅，同时发表大量反共演说。

　　在去台之前，他曾到美国西海岸加州参加短期旅行一次(1950年12月上半月)，住在旧金山赵元任家，先后向旧金山公众、加州大学、加利福尼亚人民俱乐部发表中国文化、反共演说三次。 年底得知他的学生、挚友傅斯年卒于脑溢血的噩耗，无限悲痛，坚辞台"行政院院长"陈诚邀任台湾大学校长职务，推荐他的学生、至友钱思亮担任。 钱氏毕业于北大，任北大化学系教授。 抗日战争爆发后，流亡上海，经营药剂业。 其父钱鸿业是上海特别刑事庭庭长，因坚持爱国抗日立场，1938 年春被汪伪"76 号"枪杀于住宅模范村门口。 钱家以大出殡抗议，震动上海滩。

1951 年末胡适 60 岁生日之际，从普林斯顿大学坐火车回家，大雪纷飞途中，他曾发了一个大愿——"生日决议案"，决定谢绝一切长期职务，"在有生之日还清一生中所欠'债务'"："第一笔债是《中国哲学史》(上卷)"，"屈指算来已经 33 年之久，现在我要将未完成的下卷写完，改为《中国思想史》"。 "第二笔是《中国白话文学史》，20 年前已经写了一半，今后必须加紧完成它。 第三笔是《水经注》的考证，这个被我审讯的案子，也应该判决了。 第四，如果国家有事，须要我用嘴、动笔、跑腿，只要力所能及，无论为团结自由力量，为自由中国说话，我总愿意尽我的力量，而不一定担任什么公职。"第一、二笔是文债，作为久已立身的胡适理应兑现，但至辞世始终没有完成；第四笔，他在大陆、台湾两头夹攻中，倒是殚精竭虑去维护蒋氏政权的。 这就是胡适两次去台湾的思想背景。

胡适第一次去台湾期间，发表的重要演讲有: 在台湾大学先后开了三次"治学方法讲座"(12 月 1 日、5 日、6 日)；在台湾省立师范学院讲"杜威哲学"两次(12 月 3 日、8 日)；而 12 月 19 日在台大文学院讲的"《水经注》考"，则可以说是他五年多《水经注》考证研究的一次小结。 《水经注》流传已一千多年，"经"与"注"已混成一体。 清初学者全祖望、赵一清通过校勘，把经与注区分开来；其后徽州学者戴震也通过校勘，把经与注加以区分。后来，不少学者，包括王国维，都说戴氏窃取了全氏、赵氏的成果，否定了他。 胡适花了大量时间与精力，孜孜不倦地考证《水经注》，在于"判决"："戴东原也看出经注混在一起，把它改正过来的。 这个改法，不是全祖望的关系，也不是赵一清的关系，而是学者一步一步找出来的。"这是他"大胆假设，小心求证"的实验主义治学方法的一次成功的实践。

他在台大的"治学方法"第一讲"引论"，也是"大胆的设想，小心求证"的概论；第二讲"方法的自觉"，即是批评，发现自己的错误，纠正错误，"一要审查自己的证据可靠不可靠，二要审查自己的证据与本案有没有相干"，并强调"做学问要能养成'勤、谨、和、缓'的好习惯"。 第三讲"方法与材料"，说从事研究并有成绩的人所通有的经验是：一、拥有直接的研究材料；二、能够随时随地地扩张材料；三、能够扩充研究时所用的工具。 胡适以傅斯年故校长的口号"上穷碧落下黄泉，动手动脚找东西"为总纲，来结束"治学方法"这三讲。

胡适在台师院讲"杜威哲学"时，他的恩师杜威教授已于同年6月1日病逝，享年91岁，而上一年(1951)10月1日，胡适还祝贺了他的九十诞辰。 第一讲，讲杜威哲学产生的历史背景、杜威哲学的基本观念及其在教育领域的应用。 第二讲，讲杜威哲学的基本观念，即经验论。 胡适说，杜威把经验论应用于知识论，"步步是知，步步是行。 知是从行里得来，知就在行的里面；行也是从知里得来，行就是知的本身。 知分不开行，行分不开知。 这就是'知行合一'"。 这一天(12月8日)晚上8时半，胡适在台湾女师大演讲"白话文运动"，叙述了自己30年前提倡白话文运动的经过。

胡适在台北市一女中、台东公共体育场多处发表了关于教育方面的演讲。胡适在台访问言论中，渗透大量反共"复国"谰言，给台湾国民党政权打气，要求蒋介石开放言论、出版自由，使台湾能在"自由世界"有立足之地。

访台时他再次追念他的故友傅斯年。 尚在1950年末，胡适和江冬秀刚在朋友的庆贺下，过完59岁、60岁的生日，就得知傅氏病故的噩耗(1950年12月20日晚上11时)。 那天，他在日记里写道："这是中国最大的一个损失！ 孟真天才最高，能做学问，又能治事，能组织。 他读书最能记忆，又最有判断能力，故他在中国古代文学与文化史上的研究成绩，都有开山的功用。" "他对我始终最忠实、最爱护。 他的中国学问比我高深得多，但他写信给我，总自称'学生斯年'，三十年如一日。"师生之间之所以默契，是在于"我们做学问，功力不同，而见解往往接近"。 在生活哲学上，"孟真有'生老病死'的议论，与我很相

胡适学生、挚友、台湾大学校长傅斯年

同"。 "至于实验主义治学方法，现今治古史的人，很少能比他的'大胆假设'与'小心求证'"！ 第二天，21日，他上午就给傅斯年的遗孀俞大綵发唁电："傅孟真的去世使中国失去了一位最有天才的爱国者，我自己则失去了最好的朋友、诤友与保护人。"台湾给傅斯年出版了《傅孟真先生遗著》，胡适在台大写《序》，说，傅"是人间最稀有的天才"，一身兼有"最难兼有的品性与才能"。 "在这部遗集里还可以深深的感觉到他的才气纵横，感觉到他的心思细密，感觉到他骂人的火气，也感觉到他爱朋友，了解朋友，鼓励朋友的真挚与亲切"。

胡适此次台行作了自北而南、由南折东的全岛性巡游，去了台中、日月潭、南投、彰化、台南、台东，返台北后又去基隆参观。 他特地到台南(1952年12月26日)、台东(12月27日)去寻访幼年时代遗迹。 在台南，他到永福国民学校凭吊幼时故居，在仅存的一间小平房前留影，种了一棵榕树，题写了"维桑与梓，必恭敬上。 六十年前曾随先人寓居此地。 今日重游，蒙诸父老兄弟姐妹欢迎，敬纪谢意"，又为永福国民学校家长会题词"游子归来"。 他在当地新生社各界欢宴上称，今日回到第二故乡台南，愿以台南市民的身份，将来再回来看看自己手植的榕树。 胡适在台南工学院作"工程师的人生观"演讲后，当天飞台东。 令他欣慰的是，台东火车站前的光复路已改名为"铁花路"，日本殖民者遗留的"先烈祠"中的"忠魂碑"，改成"清台东直隶州州官胡铁花先生纪念碑"。 胡适第二天(12月28日)到卑南乡槟榔村阿里摆藩社去凭吊他儿时故居(胡适随父母先住台南，后迁台东)，可惜已成一垅荒丘，不过他见到了58年前父亲的遗物—— 一袭官袍。 胡适在这里出席了台东县文教界的座谈会。

离台前一周，1月11日，胡适偕长子胡祖望出席绩溪旅台同乡的欢迎会，讲话中勉励乡亲发扬"徽骆驼"、"绩溪牛"传统精神，并为绩溪会馆题写了条幅"努力做徽骆驼"。 胡适第二次访台时，在出席绩溪同乡程本海等的欢宴时(1954年3月14日)，重提"徽骆驼精神"，不过罩上了反共谰言滥调，什么"光复大陆，重建乡邦"。

第一次台行，胡适受台当局及旧友热烈欢迎。 抵达时，蒋经国(代表蒋介石)和王世杰、何应钦、朱家骅、张其昀、钱思亮、陈雪屏等前去接机。 在台北松山机场，记者们簇拥着他抢新闻，胡适说："我今天好像做新娘了。"离台前一天(1月16日)晚上8时，蒋介石在官邸饯行。 席间，胡适对蒋介石说：

1953 年，胡适自台返美，途经日本，在"使馆"里谈中国文学革命时的神情

"台湾今日实无言论自由。 第一，无人敢批评彭孟缉(按: 台湾保安司令)。 第二，无一语批评蒋经国。 第三，无一语批评蒋总统。 所谓无言论自由是'尽在不言中'也。" 胡适又向蒋介石建议，"总统必须有诤臣一百人，最好是一千人。 开放言论自由，即是自己树立诤臣千百人也"。 胡适在日记中说，他与蒋"谈了共两点钟，我说了一点逆耳的话，他居然容受了"。 蒋介石立刻把话题拉开，难道真的把书生的话听进去了吗？ 胡适谈了什么"言论自由"，什么"诤臣"之后，蒋介石故

1953 年 1 月，胡适为绩溪旅台同乡会题词"努力做徽骆驼"

作不懂问他"明年召开国民大会有什么事可做"？ "这一届'国大'可以两次选'总统'吗"？ 胡适还没来得及从"自由"的思路里走出来，感到"奇怪"。 当胡适直说"当然是选'总统'与'副总统'"时，老蒋又故作姿态地说:"请你早点回来，我是最怕开会的！"

　　　　这最后一段话颇使我惊异。难道他们真估计可以不要宪法吗？

　　《胡适日记》,1953 年 1 月 16 日

1953 年初，胡适结束台湾之行返回美国，陈诚(右)和友人到机场欢送

原来蒋介石是在利用胡适海内外的声望，为自己连任"总统"作铺垫，所以"容受"胡适逆耳谏言。

一年零一个月之后，胡适又到了台湾。此行是来主持"国大"一届二次会议，为蒋介石当选"总统"而效力的。胡适下机伊始，就向新闻界表示，他完全赞成蒋介石当选"总统"、陈诚当选"副总统"。他还说到蒋介石劝他出来做"总统候选人"，自己以身体不好为辞，"愿为国家作诤臣"，"不愿居官"。在"国大"开幕会上(1954 年 12 月 19 日)，胡适以"临时主席"身份主持这次会议，致开会辞，说"维持宪法的法统"，"举行第二任总统、副总统的选举"。接着，他以"主席团主席"身份，忙于各方各界宴会应酬，忙于参加了 18 次的"主席团"会议，终于选出了"总统"蒋介石(一次选票未过半数，重选)、"副总统"陈诚(一次陈诚、石志泉的选票未获法定票数，重选)。胡适接受记者采访时说，对蒋介石的连任，"表示百分之百的赞成"；"此次陈先生被选为'副总统'，正是'正中下怀'，我以私人朋友和国民的立场，对于陈先生的当选感到兴奋"。最后(3 月 25 日)，他与莫德惠、洪兰友持"总统"当选证书，到蒋介石官邸向蒋介石致送，于是会议闭幕。胡适此行任务完成，4月5日，在台北乘美国西北航空公司飞机离台，转东京，返美国。同年7月，他被台湾聘为"光复大陆设计委员会"副主任委员。

在反共立场上，尽管胡适在岛内外无处不为蒋介石政权喝捧，但这两者的关系却十分微妙。原因是他的美式民主自由净言和政治设计，他强烈批评台湾的"一党专制体制"、"党化舆论"、言论出版政策及至经济制度等等，甚至建议国民党废止"总裁制"、国民党分化成几个独立政党、国民党罪己、蒋介石罪己……这些敏感问题触及蒋氏独裁统治的根本，弄得蒋介石既尴尬又不快。

胡适与台湾矛盾的焦点集中在《自由中国》半月刊(1949年11月创刊)上。该刊主编是毛子水——一位资深台大教授，发行人是胡适，实际主要负责人是老国民党员、浙江长兴人雷震。该刊1951年6月因为一篇社论《政府不可诱民入罪》触及国民党特务统治，引起风波，保安副司令彭孟辑几乎要逮捕雷震。后来在几位政要的调解下，该刊写了道歉文章才了事。胡适在美国知道了，致信雷震，认为《自由中国》"不能有言论自由"，"这是台湾政治的最大耻辱"，因而辞去"发行人"头衔，"一来是表示我一百分赞成《不可诱民入罪》的社论，二来是表示我对这种'军事机关'干涉言论自由的抗议"。雷震将此信刊登在1950年9月《自由中国》这一期上，于是引起了第

台湾大学教授毛子水

二波风波。国民党虽没有对该杂志下手；但暗地在香港大量收购该期(第五卷第五期)，立时销毁。"争取自由"在胡适，已成一种习惯，因此1952年第一次台行时，11月28日，在《自由中国》三周年纪念茶会上发表演讲，说："民主社会中很重要的一件事，就是言论自由，纵使宪法赋予我们这种权利，我们也是不一定会得到的。"及至胡适第二次台行时，1954年3月5日，他出席《自由中国》半月刊茶会，发表了以反对"台湾计划经济"为题旨的《从'到奴役之路'说起》

的演讲，此稿见刊《自由中国》。 胡适一次次给老蒋送"诤言"，触动其"专制政治"的敏感问题，只因"选总统"要他捧场，矛盾暂时掩盖了起来。

回到美国后，1954年9月，胡适在《自由中国》半月刊上发表了一篇

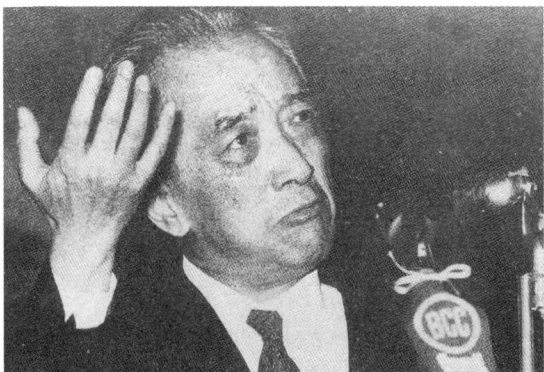
胡适在台湾演讲

读书笔记《宁鸣而死，不默而生——九百年前范仲淹争自由的名言》。 这也是对蒋介石的"诤言"：言论自由可以鼓励人人肯说"忧于未形，恐于未炽"的正论危言，来代替小人们的歌功颂德的滥调。

大陆台岛剿幽灵

新中国成立后，在巩固新政权，实行无产阶级专政的历史时期，矛头对准胡适，是时势的必然。 1954年下半年，大陆由批判《红楼梦》研究中的"胡适派资产阶级唯心论倾向"(俞平伯)转入一场全国性的轰轰烈烈的清算"胡适思想"政治运动。 中国科学院院长郭沫若向《光明日报》发表谈话，启动运动。 中国文联副主席周扬，作长篇报告《我们必须战斗》，为胡适定性：他是"中国马克思主义与社会主义思想的最早的、最坚决的、不可调和的敌人"。于是，从哲学、政治学、史学、文学理论、小说、诗歌、禅宗史、考据学、教育、语言学乃至生物学等学术领域，全方位地对胡适思想进行批判，批倒，批臭，而且顺带批判他的老师杜威的实验主义。 胡适当年的北大同事(如高一涵、钱端升等)、学生(如罗尔纲，陆侃如、冯沅君夫妇)、朋友都被动员出来，或表态，或写批判文章，可以说群起而攻之了。 当然有言不由衷的，也有"剪刀加糨糊"的，也有忏悔自己的。 然而胡适昔日学术争论的对手梁漱溟、章士钊，顶着风浪，反倒保持沉默。 这个批判胡适的运动发展到1955年，转向批判胡风文艺思想，接着演变成肃清"胡风反革命集团"的肃反运动。 从此，大陆似乎再没有人提胡适的名字。 到了"文化大革命"时期，

胡适在做研究

"胡适"为何人何物，已鲜为人知了。当时有部电视剧描写胡适见溥仪，把前者塑造成一个面目苍老的遗老形象。

胡适对大陆批判的反应，毋庸多言，倒是 1955 年他给友人沈诒的信可谓一言中的："俞平伯之被清算，诚如尊函所论，'实际对象'是我——所谓'胡适的幽灵'！"然而"'胡适的幽灵'确不止附在俞平伯一个人身上，也不单留在《红楼梦》的研究或古典文学研究的范围里。这'幽灵'是扫不清的，除不净的。"

这"幽灵"还浮游到台湾。胡适两次访台时，作过不少"民主自由"议论的演说，一位当时听过他演说的石隽先生回忆说：

> 在那种一言即可招致牢狱之灾的年代，他竟敢不绝于口地"斗争"来"解放"去，直听得人人心惊肉跳，热血沸腾。而其声势之夺人，影响面之大，直教自命"青年导师"的蒋经国及核心分子目瞪口呆，惊慌失措。

特别是在台北中华路"实践大厦"那次以社会改革为主题的演讲——

> 偌大一个厅堂，鸦雀无声，但听胡适以他特有的洒脱姿态，风趣的谈吐，娓娓道来。听众的情绪，紧随着挥舞的"魔棒"，如迷如痴；激动时，壮志风发，意气飞扬；悲伤时，忽又坠落谷底深渊，唏嘘不已。演讲中，胡适倡导了美式"扒粪运动"。美国 20 世纪 20 年代工业资本迅速发展，贫富距离拉大，一群见义勇为的青年记者揭露报道社会黑暗、污秽、罪恶，掀起全美性"扒粪运动"，促进工人觉悟，成立工会，带动全面

性政治改革。胡适说："你们看，这就是'扒粪运动'的功劳。不要怕脏，不要嫌臭，大胆地去揭发，去批评，去冲击，社会就会有进步！"

这时候，会场里——

听众的情绪被激动得达到了顶峰，大家在台下一片喧嚷："我们须要胡先生领导，我们……"使那个场面有似一座快要爆发的火山……讲演会主持人朱家骅尚能沉着，他声嘶力竭地请大家镇静，声言当天胡先生甚为劳累，请他休息一下……

1952 年 11 月 31 日，胡适在台北演讲时的热烈场面

1958 年 5 月，雷震在"中日文化经济协会"宴请胡适(右二)、王世杰、梅贻琦(左一)与亚洲基金会的史麟书(Dr.Swisher,右三)等 60 余人。胡适在餐会后演讲"从争取言论自由谈到反对党"

胡适一次次地演说，在小小的台岛掀起一次次"民主、自由"的波浪，使国民党当局伤透脑筋，更有甚者，他的演讲词及文章多为《自由中国》半月刊刊载，更有火上添油之势。 1956 年 10 月 31 日，是蒋介石七十岁的诞辰日。

1960 年，胡适与艾森豪威尔在台北圆山饭店晤谈

惯于政治做作的蒋氏，提出"婉谢祝寿"要求，"均盼海内外同胞直率抒陈所见，俾政府洞悉舆情"。《自由中国》顺水推舟，编发了一期"祝寿专号"(第十五卷第九期)。 "10 月 19 日，我接到胡健中先生的电报，要我赶成一篇短文，依据'蒋总统''婉辞祝寿，提示问题，虚怀纳言'的意思，坦率发表意见。"于是胡适写了一篇《述艾逊豪总统的两个故事给蒋总统祝寿》，刊登于"祝寿专号"。 "两个故事"是：一个述艾逊豪威尔就任哥伦比亚大学校长后，承认自己没有专门的知识，但他能全权信任每个部门的负责人；另一个是，艾氏当选美国总统后，遇到自己一时不能解决的问题，不轻易决断，而请副总统尼克松挑自己应签署两件批件中的一个代签。 胡适借此"奉劝蒋先生要彻底想想'无智无能无为'的六字诀"，"努力做一个无智而能'御众智'、无能无为而能'乘众势'的元首"。 接着，他接受台湾《新生报》"建设台湾为三民主义模范省"专题采访时，大谈彻底言论自由的好处。 胡适的这些言论，加上"祝寿专号"里的那篇专文，以及就台湾的经济方式、"国防"改革、法制、言论等等方面"直率抒陈所见"，锋芒毕露，一时热闹异常，使这期《自由中国》销量猛增，"祝寿专号"重版了九次。 国民党当局慌

了手脚，动员它的喉舌群起而攻之，指责其"思想走私"，"为'共匪'的统战阴谋铺路"。如此，给胡适带来了祸水。

1957年一开始，少壮派蒋经国的"国防部总政治部"用"周国光"名义发布特种指示，发起《向毒素思想总攻击》(小册子名称)。总攻击的对象，被点名的《自由中国》半月刊不用说了，而尚在美国的胡适则是第一号目标，虽然没有直接点他的名，但"特种指示"却写得明明白白："长居国外的所谓知名学者"，"已离开了学术本位，而作政治性的煽动"。不是胡适还有谁？总攻击的"毒素思想"有四项，胡适则兼有三项："言论自由"、"自由教育"、"批评'总裁'个人"。总攻击的势头不小，要求(国民)党、(三青)团员、台湾官兵"站在三民主义立场上"，"从思想战场上明确地确定他是我们思想上的敌人"，"党要求各级组织有计划地策动思想正确、信仰坚定、有见解、有口才、有写作绘画能力的同志，口诛笔伐"地进行围剿。

/ 蒋经国

已成为被围剿目标的胡适是否知道？当然知道。这年7月26日他复信给旧金山的赵元任，明白地说，你"大概不知道，或者不很知道，这大半年来所谓'围剿'《自由中国》半月刊的事件。其中受'围剿'的一个人，就是我"。

当然，海峡两岸对胡适的围剿(包括处理)有着本质上的区别，也有形式、规模上的差异。胡适与蒋介石反共、反苏的目标一致，而且私交甚笃，不然，台湾当局怎么会派他出席联合国第12届大会，胡适在会上发表题为《中国大陆反共抗暴运动》的演讲(1957年9月26日)？

所以胡适能够回台湾定居就不难理解了。

第十五章 像将军一样倒在沙场

1944 年初冬，法国画家绘胡适像

1948 年 6 月，印度画家绘胡适像

台湾《自由中国·祝寿号》风波未已，1956 年 12 月 17 日，胡适则在纽约悄悄过他的 66 岁生日。那天来了 20 多位客人，当时江冬秀说："做你们胡家媳妇可真要命。"胡适打趣说："你祖父当年发誓不把子女嫁给我们绩溪人，可是你还是嫁给了我，真是活该，活该！"筵席气氛颇佳。胡适想念故土，但回不去，只能去台湾，特别在他得了一场大病后，深感客居他国终非长久之计。

遗嘱·南港·一个中国

1957 年 2 月初，胡适自台湾返美寓所后，总感到"不舒服"、"烦躁不安"；后来有一种"饿"的感觉，总在饭后三小时出现。起初以为是感冒，吃阿司匹林药，结果引发吐血，2 月 17 日，被送进医院抢救。赵宽医师一检查，诊断是胃溃疡，施行手术，切除了十分之六的胃，"心脏幸尚能撑持，血压脉搏日渐平复"(致朱家骅信)。到 3 月 10 日出院。 5 月，他写信给正在治疗胆石症的赵元任说："二月胡适破肚，五月你割胆石。"一场重病使他悟到身后事，这位无神论者在 6 月 4 日从容地用英文立下了一份遗嘱，并请他的四位朋友做见证人，他们是游建文("驻纽约总领事")、刘锴("驻加拿大公使")、叶良才("中华教育文化基金会董事会"秘书)和美国人瑞额哥曼(胡适的同学)。遗嘱的主要内容为：

身后火葬，骨灰则由治丧的友人处理；

离开北平时，有一百零二箱书留在北京大学，希望"光复"大陆后，北大又恢复"自由"大学的生命时，把那些书全部捐给北大；

我的画像(一位美国人画的)送给"中央研究院"；

家中一切文稿、论文和存书，全部捐赠给台湾大学。尚未出版的文稿请由毛子水先生和在哈佛大学教书的杨联升先生整理、编辑或作出版上的安排；

个人如有遗产，如果我过世时，江冬秀女士尚健在，则全部给江冬秀；如果我过世时，江冬秀已先我而去，则归祖望兄弟二人；如果祖望兄弟二人中有一人先我而亡，则给孙子们平分。

遗产处理由四位证人代为见证处理。

遗嘱中提到的"我的画像"，系一位美国人所作的胡适的油画像，胡适"以父兄家长的身份送给哥大中文图书馆"，但母校并不重视这件艺术品，搁在地下室里。 1962 年该馆搬入一座八层楼的大厦，地方宽绰了，胡适的小同乡、服务于哥大东区图书馆的唐德刚坚持将胡适画像挂在阅览室墙上，"这可能是今日海外唯一的一张挂出来的胡适的油画像了"。

胡适在保密情况下立下的这份遗嘱，将它藏在一个小皮箱内"平时不大看得出来"的暗处。 以后搬家到台北南港定居，他又将这小皮箱放入一只铁箱里。 逝世前八个月的一天(1961 年 6 月 10 日)，胡适曾向他的秘书王志维讲起存放遗嘱的这一处所，并说："我身后的事都有交代，分交三人负责。 你现在不能去看它。"王志维听了感到非常惊骇。

"先生的老师杜威博士不是早就立好遗嘱了吗？ 但他活到 93 岁。 我希望先生也和先生的老师一样的长寿！"王志维好心安慰说。

"希望如此。"胡适淡淡说了一句。

胡适在立遗嘱之前,已开始作归台计了。他在 1956 年 11 月 18 日给他的知己好友赵元任的信中提到了此事,说得很实际:"我有一点小积蓄,在美国只够坐吃两三年,在台北或台中够我坐吃十年而有余。"他又说,台湾更吸引他的是由大陆搬迁过去的"史语所(历史语言研究所)的书籍(1948 年我两次在南京用过)于我最适用,比国外任何地方的书籍更适用","又有许多朋友可以帮助我",使胡适能完成"生日决议案"中两三部大书(按:结果还是没有完成);同时"印成先父的年谱和日记的全部"。

然而胡适的处境并不佳,但当他知得台湾在"'围剿'的一个人就是我"时,却"决定要回去,实在是为此(至少这是我不能不回去的一个理由了)"(复赵元任信,1957 年 7 月 26 日)。他对自己的信念很坚定,打算定居下来,在台北郊区,自己建造住宅,长期住下来。

蒋介石知道这件事后,十分积极,曾表示愿从他自己的著作《苏俄在中国》的版税中拨款建屋一座,赠予胡适。王云五更加热情,1957 年 11 月赶往纽约,介胡、蒋中间协调,基本定局。接着,蒋介石电任胡适为"中央研究院院长"(11 月 4 日)。胡适则电钱复、朱家骅,请辞(11 月 4 日)。胡适再电蒋介石,借口因病手术住院,尚须专家检验而定,"近期中恐不能回台","不敢接受重任"(11 月 6 日)。蒋介石再电挽留(11 月 9 日)。胡适再发长电向蒋介石"诚恳电陈",先请史语所所长李济"暂代'院长',负责处理院务,使适可以遵'总统'电嘱,安心调养,早日就职"(12 月 6 日)。事实上已经答应了,于是蒋介石复电云"中央研究院院务,已照尊意派李济暂代。仍希加意珍摄,早日康复,返台就任,至所企盼"(12 月 12 日)。如此这般那般,完成官场这套程序后,胡适铁了心返中国台湾省定居了。

于是原计划南港"中研院"区域里的那座房子,由"中研院"与"行政院"商洽后,再由"中研院"追加预算 20 万元台币,建成一座平房式的小洋房。里面结构简约:台阶进门后,左边是卫生间,右边是连接书房的"玄关"(胡适送客到此)。里面一头并列两间卧房,分别为胡适与江冬秀所用;中间则是客厅、餐厅(相连)各一间;再一间书房,一间客房。此屋 1958 年 2 月动工建造,预计 90 个工作日完工。其间,胡适给李济写信,表示要的是"一个学人的私人住房,不是'中研院'院长的住宅",并寄去 2500 美元作建造本宅的费用。

1958 年 4 月 2 日，67 岁的胡适自纽约启程，转途东京，返台北，就任"中研院"院长。 不过这是一次短程返台，除主持第三次院士会议——新选杨振宁、李政道、吴健雄等 14 位新院士，与长子胡祖望一家祖孙团聚外，还去台中雾峰故宫博物院参观文物，去新竹清华大学原子能基地破土奠基典礼发表演说。到 6 月 16 日，他又赴美，回到纽约寓所，处理搬家事宜。

同年 10 月 30 日，他搭乘美国西北航空公司飞机，正式回台北南港定居，结束长达九年多的流寓生活。 江冬秀没有同行，留在 104 号 5 楼 H 公寓里，继续和她的牌友们"战方城"，直到 1961 年 10 月 18 日才返台南港，和胡适团聚。

胡适终于要走了，唐德刚一伙"小朋友们"可帮忙上阵了——

因为我们人高马大，必要时也可呼啸成群，不仅能使胡公馆添加些备盗防贼的气氛，我们还有打工用的旧汽车可以载他二老在纽约市上横冲直撞。这些都是资本主义社会里，雇不起佣人的老年人生活之必需。胡先生 1958 年春返台前夕，他那几千本书籍便是我和台湾新来的杨日旭两人替他昼夜装箱的。三年后，胡伯母返台时，她老人家坚持要把她那张又笨又重、破烂不堪的旧床运回台湾，因为床虽破而老人已睡成习惯，调换不易。那项搬运工作，也是由王纪五和我两人执行的。纪五租了部大卡车，他做司机，我

胡适晚年在台北南港

南港胡适旧居

作搬夫,才浩浩荡荡地把那张破床从纽约市运到新泽西州码头上船的。(《胡适杂记》)

11 月 5 日清晨零时 5 分,美国西北航空公司飞机抵达台北,张道藩、梅贻琦、陈雪屏、李济、朱家骅、钱思亮等人接机。中午 11 时 20 分,胡适住进南港新居。此地是胡适生活旅程的最后一站,是他暮年读书、研究、办公、谈天、会客的主要场所。40 年后,胡适的侄外孙程法德从杭州来到这里,瞻仰外公的故居遗址,回来说"胡适旧居"(现两岸通称)并不宽大,比不上近年来我们大陆新居室气派,而且阴暗潮湿,关了门,冷风似丝丝穿透进来。家具、设备也十分简陋……但胡适生前,从没有讲过一句抱怨、不满的话。在他的贴身秘书胡颂平的笔下(见《胡适之先生晚年谈话录》一书),我们不期然地看到了一位嗜书若命、知识渊博、待人宽厚、受人敬仰的长者形象,与常人一样的饮食起居、亲朋交游。有时在平和的闲谈中,突然"井喷"出一些惊人之语:

唐宋以来,一般的文集,只可当史料看……真正好的书、好的诗,实在不多。《宋文鉴》《唐文粹》这两部书,如果当做文章看是不够的,好的文章真不多,也只能做史料看。(1959 年 10 月 27 日)

我们唐宋时代的"昆仑奴",就是阿拉伯人和波斯人把黑人卖到中国做奴隶的。黑人被买卖的历史是很久的。(1959 年 10 月 27 日)

胡适有本刘铨福家藏脂砚斋评《石头记》抄本,(此本可考证出曹雪芹卒年、月、日),上钤有一个"阿痧痧"三字阳文长方形印。胡适说:"唐寅有首打油诗:'但见白日升天去,不见白日落下了来。倘若一天天破了,大家只有阿痧痧'。'阿痧痧'是惊奇欢呼的声音。唐伯虎是个有名的人,所以他的打油诗也传了下来。"(1959 年 6 月 8 日)

所谓"殿版",是乾隆武英殿的版本,只有"二十四史"。《三字经》上称"十七史",是因为《三字经》是宋朝区适子编的,那时只有《史记》、《汉书》、《后汉书》、《三国志》、《晋书》、《宋书》、《齐书》、《梁书》、《陈书》、《魏书》、《北周书》、《北齐书》、《隋书》、《南史》、《北史》、《唐书》、《五代史》，所以《三字经》上称"十七史"。到了明朝，加上《宋史》和辽、金、元三史，称作"廿一史"。清朝又把《明史》、《旧唐书》、《旧五代史》加进去，才叫"廿四史"。（抗日）战前开明书局把《新元史》加进为"廿五史"。现在启明（按：台湾启明书局）又把《清史稿》加进，为"廿六史"了。（1962 年 1 月 3 日）

中午的饭桌上有一盆"狮子头"的菜。先生（按：胡适）因说："'食不厌精，脍不厌细'这两句是圣人（按：指孔子）最近人情的话，全世界二千多年的哲人中，没有第二个人说过这些话。"（1960 年 2 月 23 日）

（古代打仗）所谓"执干戈以卫社稷"，乃是贵族荣誉的责任。"士"的原意，上面的"十"字是干戈，下面的"一"是土地。到了"士"的身份，才能执戈以卫社稷。他们不但要装备战士的本身，还要装备车马。这些装备是需要钱的，不是贵族不易办到，可见古时打仗都是贵族打的，所以保护贵族的身体也特别周密。

今天先生谈起《汉书·地理志》高奴县注里的"有洧水肥可𤋏"，就是我们在汉朝已经发现的石油。（1960 年 6 月 15 日）

我看《法苑珠林》这一部唐人的书，说泰山就是地狱。我初时还不敢相信。再翻《大藏经》里的《六度集经》，说到泰山地狱的有好多处。《六度集经》是三国时代译的，那时民间已有死上泰山的迷信，所以译者就利用这点译泰山地狱，地狱泰山了。这个发现，我可以把"十殿阎王"里的泰山王和泰山府君都连起来了。（1961 年 9 月 14 日）

西方人士对"颠倒年"（Upside down year）是非常重视的。今年是公元 1961 年，顺看是 1961，倒看也是 1961，西方叫颠倒年。上次的颠倒年 1881 年，离今年不过 80 年；可是下次却要再等四千零四十八年，至 6009 年，方可重逢。（1961 年 1 月 1 日）

中国的十二生肖，是古代整个亚洲都有的，如印度，如波斯，都有；

西洋也有。西洋的十二生肖有羊(绵羊与山羊两种)、牛、双人、射箭的人、蛤、鱼等等,差不多跟中国的十二生肖一样。(1961年8月26日)

(1961年)5月29日,是肯尼迪的44岁生日,恰好是朱家骅的生日(阴历四月十五)。他们两人是同一天生的。阳历是照太阳来算,阴历照月亮算,但只能算太阳的一部分。在天文学史上,都以19为一章,所以阴历的生日过了19年,会跟阳历的生日同一天。这是天文学上的定律。19年一次,38年又一次。一个人的一生过不到几次阴历阳历同一天的生日。(1961年5月28日)

凡是有大成功的人,都是有绝顶聪明而肯作笨功夫的人,才有大成就。不但中国如此,西方也如此。像孔子,他说:"吾尝终日不食,终夜不寝,以思,无益,不如学也。"这是孔子做学问的功夫。……宋朝的朱夫子(朱熹)是个绝顶聪明的人。他说的"宁详毋略,宁近毋远,宁拙毋巧"十六个字,我时常写给人家的。……如陆象山、王阳明,也是第一聪明的人。像顾亭林,少年时才气磅礴,中年时才做实学,做笨功夫。你看他的成就!像王念孙、王引之、戴东原、钱大昕,都是绝顶聪明作笨工夫,才能成功的。(1961年1月26日)

历代帝王的年号,我可以记得百分之九十五六。这一个年号在哪一个世纪也要记住。汉武帝、武则天,都有许多年号,从前都是硬记的。我花了多少的时间!如世界年表、人名大辞典、地名大辞典,各种有关的类书,都先要买起来。(1961年9月6日)

我每天临睡时,要看自己有无睡意,才背杜甫的《秋兴》八首,或背《咏怀古迹》五首……每次背完,人也睡着了。

胡颂平问:"先生也是过目成诵吗?"先生(胡适)说:"不,我只有'视觉的意象'(按:指记住看了的书,在左边一页上,还是右边一页上),不能成诵的。利马窦(读了一遍后)能倒诵,真是了不得!"先生又说:"像(赵)元任,有时也能倒背诗章。我是不懂语音学的,不晓得他们是背得好玩,还是有什么意义?"(1961年9月26日)

胡适与胡颂平在工作中

胡适与他的秘书胡颂平

胡适在南港定居后，出国仅两次：一次是 1959 年 7 月至 10 月，去美国檀香山参加夏威夷大学主办的"东西方哲学讨论会"，并接受夏威夷大学授予的人文学名誉博士学位，然后赴美国大陆，参加"中华教育文化基金"董事会第 30 次年会；另一次是 1960 年 7 月至 10 月，去美国西雅图，参加华盛顿大学举行的"中美学术合作会议"，然后到华盛顿参加"中华教育文化基金"董事会

49 年度(1960)会议。

在 1959 年 7 月 "东西方哲学讨论会" 上，胡适据实据理斥责了别有用心之人的 "台独" 言论。 当时有人挑拨说："台湾仍然不是台湾人治理"，言下之意是台湾仍为外省人控制，毫无 "独立自主" 可言。 胡适立即予以驳斥，说："台湾人根本就是中国人，没有中国人以外的台湾人。 目前的'立法行政'机关，都有台湾人所应有的名额与地位。 不了解真相的最好不要说话！"

在这年 11 月份胡适又遇上了 "台独" 怪论，同样义正词严驳斥之。 7 日，美国 "大使馆" 的耶格在台北阳明山设宴，为美俄勒冈州民主党众议员普特访台饯别，胡适、辜振甫等应邀出席作陪，美驻台安全分署署长郝乐逊、美军顾问团团长杜安等也在座。 席间，普特又提出 "'两个中国'之意见"，在座者均对此表示异议，"胡适博士对普特观点之驳正，辞义尤严"。 11 月 9 日的台湾《自立晚报》以《胡适义正词严》作标题，编发了这条新闻消息，遗憾的是没有报道具体内容。 但是 "辞义尤严"、"义正词严"，胡适驳斥 "台独" 言论是掷地有声的。

任台湾 "中央研究院" 院长的胡适

胡适的一个中国言论贯穿于他晚年的全部谈话中，他热衷中国文化，无时无刻不在颂扬中国文化。 在美国，他也不失时机地介绍台湾是中国领土的历史事实。 1955 年 3 月，胡适出席美国弗吉尼亚州史威特布雷尔学院及查洛士城 "国际问题研究会"，在作题为《自由中国之重要性》的演讲中，对台湾历史人文作了简明扼要的介绍，他说："台湾的面积与人口，与荷兰相似，居民百分之九十以上是汉人，主要是早期闽南和

晚年胡适在台湾

粤东两地移民的后裔。因此语言也是这两地的方言。但是近几年来教育方面的国语运动，实际已达到奇迹似的成果，北京话已普遍能听能说，尤其是这十年中在校读书的学生。我提到这一点，觉得是台湾同胞民族意识的一个最好的证明。"

在他逝世前的几个月里，胡适对雷震等人欲组建反对党一事，语重心长地叮嘱："切不可使你们的党变成台湾人的党！"

"雷震案"·住院·祝寿

胡适第二次出国，参加西雅图"中美学术合作会议"(1960 年 7 月)后，转道华盛顿到纽约他的旧寓所(9 月 2 日)。越二日(9 月 4 日)，"副总统"兼"行政院长"陈诚发来电报，告："《自由中国》杂志最近言论公然否认政府，煽动变乱，经'警备总司令部'依据惩治叛乱条例将雷震等予以传讯，自当遵循法律途径，妥慎处理。知注特闻，余俟函详。"

1960 年 9 月 4 日，台湾"自由主义"路线和筹划反对党的台面人物雷震及《自由中国》半月刊另三人被逮捕羁押，而他们那本掀起政治风浪的杂志也因此而停刊。国民党选择胡适不在台湾的这个时候，

胡适为连任"总统"的蒋介石致送当选证书

当然是有其深谋远虑的，不说胡适是《自由中国》的精神后台，就据他离台前几则表现，颇使蒋介石头痛。

——1960 年 2 月，国民党将召开一届"国大"三次会议，进行"总统"换届选举。蒋氏中枢当然"谋求"蒋介石当第三任"总统"。但是胡适公开表示，希望老蒋"尊重宪法，不做第三任'总统'"，而置陈诚、王世杰及毛子水等人劝阻不顾，矛盾发展到公开决裂的边缘。

——胡适向蒋介石提出"毁党救国"建议，希望学学土耳其国父凯末尔，将他的国民党分一个民主党的政治先例，也将国民党分出两三个政党来做反

对党。 胡适说："一般手无寸铁的书生或书呆子出来组党，大家总可相信不会有什么危险。"

——雷震积极活动，筹建新党，历时已数年，曾于1957年4月，《自由中国》刊登朱伴耘的号角性文章《反对党！ 反对党！ 反对党！》，其后编发论述反对党文章一论至七论。 胡适支持雷震组党举动，并替它取了名字"中国民主党"。 雷震多次跑南港，请求胡适做党魁。 胡适没有答应，但说如果"像样"，愿意出来捧场。 雷震计划待胡适返台时，举行新党成立大会。

于是国民党乘胡适尚逗留在纽约时，9月4日，将雷震等《自由中国》四个报人因"涉嫌叛乱条例第十条"、"触犯有利于叛乱宣传之罪嫌"为由，加以逮捕。 10月8日，台"警备总司令部"军事法庭判雷震徒刑10年。 11月17日，"国防部高等复判庭"复判仍是十年。

"雷案"发生后，胡适在美国先后两次复电陈诚，持异议。 在分别接受美联社、合众国际社记者采访时称"雷是一位爱国公民及反共分子"，"他以叛乱罪被捕，乃是令人意想不到的"；及至组织在野党，"我是没有这份兴趣的。 我要弄政治，还要等到七十来岁才来试试吗？ 目前我的精力还希望把自己的《中国思想史》与《中国白话文学史》好好完成就够了"。 10月18日胡适离美返台，他的学生毛子水赶紧赶到东京等候老师，通报"雷案"情况，以防祸从口出。 果然，胡适回到台北松山机场，一下飞机，缄口不言，径直上接机汽车返家。 只是便宜了挤上车的《公论报》记者宣中文小姐。 此后她成了胡宅的常客。

胡适在台北，对"雷案"先后曾有两次颇为戏剧性的表态。

10月22日，在南港住宅接受《新生报》、《征信新闻》、《联合报》、《公论报》诸报记者采访时，胡适对外传他将出任新党顾问事，坚决予以否认，但对新党，他则说："十多年前，我曾劝国民党的当权者，最好是从中国国民党自由地分化出来，根据各人的政见演变成两个大党。 新的政党，不妨以在野党为号召，而不必称反对党。"他又说："如果新党表现得好，自己则一定公开赞成。"这一态度，基本上与去美国前"雷案"发生前一致。 对于雷震坐牢，胡适激动得拍了桌子说："是很不公平的！"翌日，这句话就变成了《我愿出庭作证》的标题见报了。

11月23日，雷震复审已结束，维持十年原判。 台岛两位知名记者彭麒（《征信新闻》）、于衡（《联合报》）到南港采访胡适，胡适则长叹："大失望！

大失望！"原来在五天前(11月18日)他由张群引见，去"总统官邸"，与蒋介石作一次深谈。

他向蒋介石汇报了"中美学术合作会议"经过情形，面交了三组科学(社会、人文、自然)分组报告的中文摘要。接着，胡适谈了国际形势和美国今后政治趋势，自然谈到"雷震案"在"国外发生很不好的反响"。蒋则说："我们政府是个反共救国的政府，雷震背后有匪谍，政府不能不办他。"谈到"雷震案"内外利害关系时，蒋介石突借他人之口说："胡先生同我向来是感情很好的，但是这一两年来，胡先生好像只相信雷儆寰(雷震别号)，不相信我们政府。"胡适被将了一军，赶紧从1949年4月渡洋到美国向新闻界表态"我愿意用我道义的力量来支持蒋介石先生的政府"说起，表白11年前的这句话，至今没有改变。胡适对蒋介石说："我说的话是诚心的。因为，我们若不支持这个'政府'，还有什么'政府'可以支持？如果这个'政府'垮了，我们到哪儿去！"紧接着，他向蒋介石汇报了如下一段话："我于10月26日晚上会见了(尚未成立)'新党'的发言人李万居等六人，我劝告他们两点：第一，时间上暂缓'新党'成立。第二，从根本上改变态度，即一是和平态度，不可敌对；二是切不可使你们的党变成台湾人的党；三是最好争取'政府'谅解——同情的谅解。"胡适还对蒋介石说，此言已在26日上午对陈诚也讲过。但此时，胡适对蒋介石却又加了一句："我今天盼望的是：'总统'和国民党的其他领袖，能不能把十多年前对我的雅量(按：指蒋介石不反对并支持胡适组建一个政党，但知道他不会组党的)分一点来对待今日要组织一个新党的人？"胡适晋蒋事略，完整地记载在他1960年11月18日(星期五)的日记中。

正巧，11月18日这天，胡适收到了费正清教授11月10写出的信，告诉他美国新总统肯尼迪的政府将继续注意像"雷震案"一类的事，怕他将来"不恤谴责台湾，认为'不关重要'或作一种负担，或一个'警察国家'，或不配做'同盟国家'"。胡适真忠于蒋介石，将费氏信的原件交给了张群转呈。无奈中的胡适感叹道："为今之计，最好是让人们把这案子平静地忘了，越快越好。"

由于如是微妙又复杂的政治背景，1961年起，胡适看来似乎已经把"雷震案""平静地忘了"。事实是，他被折腾得身心疲惫之极，导致心脏病复发，住院了。除1959年4月因切除背上粉瘤，拆线的伤口流血，短期住院外，胡适返台后因重症住进台大医院只有两次：1961年2月25日至4月22

日，56 天；同年 11 月 26 日至 1962 年 1 月 19 日，45 天。 胡适这两次出院后，都暂住台北福州街 26 号台大客座教授宿舍，便于医师进一步观察康复状况。 那是一座日式平房，第一次出院后，在那里住到 6 月 25 日；第二次出院至翌年 2 月 24 日逝世，基本上来往福州路与南港，是在半住院状态中走完他人生最后一程的。 疾病折磨他身体的同时，岛内起自 1957 年的"向毒素思想总攻击的"的"清剿"余音绕梁，就是 1961 年台港"三大评论"（《民主评论》、《政治评论》、《世界评论》）又发起的批胡浪潮。 精神上经受无休止的拖累，胡适在台湾如何能康复？

1961 年 2 月 25 日晚，台大校长钱思亮在南昌街陆军联谊社宴请美国密歇根大学校长韩奈。 胡适应邀作陪。 他从南港出来，路中已感到十分疲倦，刚进门，就觉得呼吸困难，冷汗如雨，脉搏骤增到 140 跳。 钱思亮立即将他送到台大医院急诊室，注射强心针、输氧抢救，到翌日清晨 4 时胡适病情才平复，送入病房，胡适若无其事地含笑说："昨晚可能要出大乱子，把你们吓坏了吗？ 惊动了大家，我心里很不安。"又说："我对心脏病是有经验的，我自己会知道，你们不用怕。"然而这次心脏病复发是很可怕的。 台大医院院长高天成和诸医师检查会诊，诊断为心脏急性衰弱症、冠状动脉栓塞症，于是进行特别护理。 在特别护理期间，禁止谈话，不许看报，并派去了富有经验的特别护士徐秋皎小姐专门看护。 胡适恳求道："我是有看书习惯的人，现在不看书，不看报，我就要想别的问题，想得整身都出汗。 我觉得这样更吃力。 睡吧，会做梦；不睡吧，我要想问题。 我是有看书习惯的人，看书是不吃力的。 像小说、诗词，我能背诵的诗词，用大字本，我看来是不吃力的……让我看些轻松的东西。"因为胡适"对心脏病有经验"，积极配合治疗，所以病中没有出现险情，平静地渐渐痊愈了。

台湾大学校长钱思亮

胡适在这 56 天住院的日子里，

倒是过得很开心的，因为他持有这样的观念："我是不把病当做病看的。一个人到了要死的时候，就让他死去好了。就是我不当作病看待，所以我能很快恢复。""我在上半世纪里已把下半世纪的事情都做好了，就是把下半世纪的精力都透支了"；"如果还可以让我再透支的话，我还是要透支的"（1961年4月29日）。所以尽管疾病、思想围剿夹击，他还是活得自在、充实。

3月7日，他对徐秋皎小姐说："明天是3月8日妇女节。这里的女监狱官可以释监了吧？"

3月8日，他对医师、护士、秘书讲了22年前驻美大使任上因心

1939年9月，上海，钱鸿业(坐)，钱思亮夫妇，钱复(前左一)、钱纯(前右一)、钱熙(前右二)三兄弟

脏病住院的故事。使馆在华盛顿，医院在纽约，每天公事都由秘书游建文奔波两地帮助办理的。办事嘛，不过半小时，其余时间他则去追求一位张小姐，结果成功了。胡适哈哈大笑道："所以有些朋友说笑话，'胡适之的心脏病，医好了游建文的心病'。后来我出院了，还是我给他们证婚的呢。"

胡适谈"怕老婆的故事"，谈收集"怕太太证章"（P.T.T.）。又讲了个戚继光怕老婆的故事。

南投中学64位初三学生致信慰问胡适，胡适十分感动，要他的秘书胡颂平复信致谢。

胡适固守本色，在病室里兴致所至，谈古说今。见到胡颂平(温州人)，就说永嘉学派；徐秋皎(金华人)来了，大谈永康学派的博大。金华的吕祖谦与朱熹齐名，而陈亮也是永康人，明朝还有宋濂。看到《中国公学史》的三校样，即兴谈起他的老师宋耀如，长得既黑又粗，嘴唇有点撇，宋氏三姐妹、三兄弟都不像乃父。他们的母亲宋夫人倪桂珍，又漂亮又高挑。

吃的小菜里终于加点盐了，觉得很有味，胡适因此说，中国远古时用盐和

酸梅来调味的,《书经·说命》中有云:"若作和羹,尔惟盐梅。"

到了3月25日,胡适可以坐起来吃饭了,于是又发挥他的读书识见了:古时人席地而坐的坐法是两脚向后,和现在日本人坐的一样,和跪着差不多,所以"稽首"、"叩首",只要把头向前一低就行了。那时君臣都是跪坐的,尊卑不甚分明;有时讲话听不清楚,叫他靠近一些,就叫"前席"。后来有椅子了,皇帝坐在高高的椅子上,臣子们还是跪在地上,于是尊卑界限分明了,君权提高了。日本倒还是原来样子,你看天皇的画像好像没有脚似的,其实是坐像哩。

快要出院了,3月30日,好几家朋友轮流送菜肴来,这天吃到了黄鱼,胡适从黄鱼说到白鲞,又说到西北地方"上鱼"的故事:请客的时候菜吃得差不多了,厨师手里捧着一盘鱼,上面装有香菜,在门口叫道:"上鱼了!"这时首席客人起立,向主人作揖道:"不敢当!"主人再传上鱼,首席再三说:"万不敢当!"如此客气三遍后,主人才说:"恭敬不如从命!"才把厨子打发走了。原来那道菜是木头制作的一条鱼,刻有鳞纹,活像真鱼。盘子里还刻有"老大房制,四房合用"字样。当年西北缺水,鱼是十分名贵的。

就要出院了,胡适开始穿皮鞋。护士小姐将他的鞋拿出去,交给擦鞋的擦擦,擦鞋的知道是胡适的,竟花了20分钟时间,擦得锃亮,特别漂亮(工钿仅两元五毛)。胡适穿了很开心。他说,中国老式(布)鞋不分左右脚,一个人的重心支持在脚的中部。有了左右分别的皮鞋后,重心在脚底前部和脚后跟上,站起来就不吃力了。他又说,中国人穿左右分开的鞋,最早是陈嘉庚的橡皮鞋底。皮鞋先在广州推行,再是上海的鞋匠模仿外国的(皮鞋)做法,后来普及全国了。

胡适4月22日出院后被安排在邻近台大医院的福州路26号台大客座教授公寓暂住,继续昼夜护理。他在这里一直住到6月25日,经台大医院高院长等会诊后,虽说"心脏还不够稳定",但同意他回南港。在福州路期间,仍旧是徐秋皎小姐担任夜班特护。钱思亮夫妇不时过来关照,回南港时,送他上车。这位曾做过朱家骅、王宠惠特别护士的徐小姐,也成了"我的朋友胡适之"的朋友。胡适专门给她写信,送有题字的照片,有云:"多蒙你花了五个月的光阴来看护我,'警卫我!'请接受一个七十老翁的谢意。"

1961年,胡适将七十足岁了。由于胡适在蒋介石政治帏幄中的特殊地位,以及胡适在岛内外的桃李门墙,他的七十华诞,无论如何是不能忽视的。

尚在 1960 年末，正当"雷震案"凉透胡适心壁时，12 月 15 日，蒋介石派"总统府"副秘书长黄伯度送去他亲笔题写而制作的寿匾。陈诚也送去"宝砚陈墨"以贺寿。15 日这一天的下午，"中央研究院"的全体同人为胡适举行祝寿酒会。会上他借用顾亭林的两句话来表示自己的心绪："远路不须愁日暮，老年终自望河清。"他解释"河清"是"终有回到大陆上去的日子"。晚上，他应酬

前天小生日，承各位老朋友的好意，或遠来南港赐贺，或赐赠生日記念礼物，或赠诗赠畫，或遠道拍電報祝賀各位朋友的厚意使我十分感谢。
请您接受我最诚懇的谢意。
敬祝 您新年平安如意。
胡適 敬上

胡适书法"生日答谢函"

了法国"领事馆"的一次饭局，回到南港家门口时已 10 点多，一位正等着他的青年军官开来车叫道："胡先生。"胡适停了车，打开车门。这位军官说："我今天为先生祝寿，特地去买了一部先生的《留学日记》，可否请先生给我写几个字？"胡适当即接过书，在车上题写了字。

16 日下午 3 点半，胡适在钱思亮夫妇、樊际昌夫妇、陈雪屏夫妇等陪同下，离开南港到石门水库去避寿。在石门的蒋梦麟设宴款待，当夜胡适宿在石门水库。

12 月 17 日，是胡适的诞生日，这一天颇为热闹。上午到南港签名祝寿的文教界人士有 200 多人。下午，胡适在仅小他两岁的学生毛子水(浙江江山人)的陪同下，从石门回到南港，参加北大同学会举行的庆祝北大成立六十二周年暨胡适诞生六十九周年聚餐会。因为太太江冬秀尚在美国，胡适单身一人，入夜，钱思亮在自己家里设寿堂、举寿宴为胡适祝寿。钱氏夫妇、张祖怡夫妇(夫人江小波是江冬秀的堂侄女)、鲍良传夫妇、程维贤夫妇，以及胡适两秘书胡颂平暨夫人、王志维暨夫人都来了，唯钱思亮长子钱纯的太太没有来，胡适风趣地说："大概是为了这席人人数的关系，你的太太故意不来了。来，我也敬你太太一杯！"胡适幽默地对胡颂平的太太薛妫说："人家都说你对

颂平服侍周到，你的菜又做得好，因此颂平都要回家去吃。我前天给一位朋友的信中，说他的太太把他惯坏了，把先生变成了'废物'了。你以后不要让颂平变做老太爷呀！"转而胡适又称赞王志维的太太张彦云，帮自己补钉衣领扣。人家夫妇双双，而自己老伴不在身边，胡适感触良多，因此他举杯说："颂平、志维，我代表我的太太敬你们夫妇一杯。你们对我的照顾，我的太太也很感激你们。"这一顿饭，被夹击中的胡适感到一丝家庭温暖。

接着，官方为胡适办寿。1960年12月21日中午，蒋介石在他的官邸为胡适做寿(旧式传统向有提前一年虚岁做大寿)。蒋介石邀约了陈诚、张群、谢冠生、王云五、黄伯度、陈雪屏、罗家伦、毛子水、沈刚伯、钱思亮、唐纵11位与胡适私交颇深的官方人士作陪。这顿饭是中餐西吃，置寿桃、吃寿面、喝寿酒。蒋氏夫妇向胡适敬酒祝寿。蒋介石的祝寿，对胡适似乎未留什么印象。事后，胡适对秘书胡颂平只字未提，倒是"今天谈起一个人的气度和忧虑。先生沉吟了一会，说：'我也不能完全做到。如果我没有忧虑，我不会有心脏病，也不会有十二指肠溃疡的毛病了。'"(《胡适之先生晚年谈话录》，1960年12月22日)。胡适当时谈到抗日战争时出使美国，因武汉、广州陷落，忧虑致心脏病发作。现在的"雷震·《自由中国》"事件以及"三大评论"围剿事，终于迫致他心脏病复发，住院抢救。这难道不能说是岛内给他的一份沉重的寿礼么？

1961年1月26日，中国公学校友于右任、王云五、谢冠生、杨亮功等40人聚餐，为他补祝生日。

胡适七十足岁生日是在病房中度过的。

1961年11月26日，清晨3点多，胡适感到胸闷、气喘起来，咳嗽时痰中有血丝。8点多，钱思亮带了陈炯明医师等来做了心电图，决定让他再进台大医院，住特一号病房，打强心针，输氧。医师会诊，认为血管有新问题，需要一个时期的休养，每天摄入卡路里只能1700卡，是正常人的一半，不能吃油腻，不能吃盐。特别护理增加了一人：徐小姐值白天班；曹小姐值晚上班——当时她只知道病人是"胡院长"，后来她先生告诉她，"胡院长"就是世界著名的学人胡适博士。后来这位曹小姐捧来一部大东书局出版的《儒林外史》，因为她翻到了胡适撰写的《吴敬梓年谱》，就要求胡院长写几个字做留念。胡适写下了："逍遥自在，做些自己的事吧！《儒林外史》第三十四回的话。"

这次住院之前，7 月 26 日，胡适为狱中的雷震 65 岁生日纪念册上题写了杨万里的诗："万山不许一溪奔，拦得溪声日夜喧。到得前头山脚尽，堂堂溪水出前村。"跋云："南宋大诗人杨万里的桂源铺绝句，我最爱读，今写给儆寰老弟，祝他六十五岁生日。"至此，胡适再没有有关"雷震案"的其他声音了。当时，他已经向"总统府秘书长"张群发函，拟请假一个月赴美行，但后来接受医生、朋友的劝告，取消了。

／胡适手迹，书赠狱中雷震 65 岁生日，南宋诗人杨万里绝句

这年 10 月 18 日，夫人江冬秀终于回来了。胡适到台北松山机场等候，中午 12 时接上了乘坐美国西北航空公司班机的老妻。江冬秀归台，对本埠来说，无疑是条新闻，有记者问她："带来了什么礼物？"跟着大博士见过大世面的小脚夫人江冬秀说："我 11 年前离开台湾到美国去时带两件东西，现在回来还是两件东西：一件是这蓝包袱，一件是旧的手提箱。"接着胡适去应酬法国"大使"的饭局；江冬秀被钱思亮夫妇接去吃中饭。下午，这对老夫妻在南港团聚了。

／晚年胡适呵护老伴江冬秀

在江冬秀归来前三天，胡适已给她布置了南港卧室。一位报社的女记者去参观后说："一走进去只觉得自己步入了一

位学人的卧室，而不是一位夫人的闺房"，总觉得缺少了什么，后来她建议添置一张梳妆台。 胡适笑着接受了。

胡适这次住院后的第20天，12月15日，是大他一岁的江冬秀的阴历生日。 胡适将准备好的珍珠耳环、手镯送给她。 江冬秀当即高高兴兴地戴上了。 这一天，史语所的摄影人员来到病室，为胡适、江冬秀照了相。

再过两天是胡适70足岁的生日了。 因为胡适还在病房中，由毛子水牵头，在病房门口放置一本祝寿册页，毛子水书写有云："胡适之先生45年来对祖国文化和教育的努力，是没有前例的。 我们这一代的人，得以师生、朋友和同学的关系，受先生启发、诱掖，无论在知识上或德行上，都有很大的益处。""今天是胡先生满七十岁的日子，但先生坚辞一切祝寿的举动。 现在我们大家签名在这本簿子上，只是借这个日子来记识我们自己的庆幸，并不算是替先生祝寿。"17日上午8时起，台大医院门庭若市，祝寿的人只能到胡适

1961年12月17日，胡适七十寿辰，江冬秀在台大医院病房里陪伴胡适

的病房门口即止。 签名的有蒋梦麟、毛子水、俞国华、钱思亮、蒋彦士等245人。 病房门口放满了花篮、寿礼。 陈诚派人送来了一篮鲜红的玫瑰花。 北大校友会送来一只蟠龙瓷花瓶。 张群送来一本照相簿……胡适看了友人的寿序后说："每篇寿序都使我看了脸红。"这确是这位大学者心态的真实表露，此时此地还带有点悲凉的味道。 早一天(16日)蒋经国代表蒋介石到病室看望胡适，转达了老蒋待胡适出院后为他祝寿的意愿。 后来，1962年2月6日(农历年初二)，蒋经国去向胡适夫妇拜年，并代表蒋介石邀请他们去士林官邸吃饭。 2月8日(年初四)中午12时，胡适夫妇准时到达士林官邸应邀蒋氏一顿饭局。 饭后，蒋夫人宋美龄女士切了些年糕、咸肉送给江冬秀带回。

因为江冬秀回来了，胡适70整岁寿辰平添了许多家庭温馨。 江冬秀在病

房里给胡适戴上了镌有"寿"字的金戒指。 她还送来了自己制作的寿桃、寿面。 晚上，在福州路 26 号借宿的公寓里，她举行了一个祝寿宴会，没料到，毛子水、杨亮功他们一来，来了 40 多人。

胡适的生日还没过完。 12 月 24 日这天是胡适阴历生日十一月十七日，恰逢圣诞节。 早一天曾护士长把高天成院长送来的圣诞树装点起来。 这时的胡适已能下床行走，穿着钱思亮等 12 人合送的织锦缎晨衣，见状说："我不是教徒，高院长也不是教徒。 我大概是个 Heathen(基督教以外人士)关系吧，曾护士长他们把这棵圣诞树装饰得特别漂亮。"彩色灯泡确实将胡适病室渲染得五彩缤纷。

很快，胡适江冬秀结婚 44 周年纪念日(12 月 30 日)来到了。 胡适身边的人王志维、徐秋皎、胡颂平三人合送一个蛋糕。 蛋糕送到时，江冬秀已离开病室，到福州路寓所去了。 胡适看着蛋糕上做了两颗心，旁绕几朵花。"啊，真漂亮，两心相印。 可以先切块我尝尝否？ 不对，这会伤太太心的。"于是他吩咐他们将蛋糕送去福州街，同时他写了一封短信：

> 这是王志维、胡颂平、徐秋皎三位"警卫"今天送给你和我的贺礼。
> 请你们先尝尝，留块给我吧。适之

1962 年元旦，还有敬崇胡适的各方人士来医院签名拜年。 只有少数几人

南港胡适旧居中胡适、江冬秀各自的卧室

被允许进病室，和胡适先生见一面……胡适孳孳汲汲接受着夕阳带有甜味的辉煌。也许他已经预知70足岁对自己确是夕阳的岁月了，但他绝没有想到，这竟是他最后的一次生日庆贺。

1962年，胡适的1962年之门推开不久，就被无情地关上了。

吴健雄·最后一天·绝唱

衷心的感佩，善良的祝愿……人们对胡适最后一个诞辰的声声恭贺竟被无情的火药烟雾掩盖了。狼烟起自何处？大陆批胡运动早就偃旗息鼓。祸起萧墙，就是胡适归宿地台湾和台湾舆论控制的香港。不说1958年胡适归台时迎面而来的《胡适与国运》那本小册子的袭击(说胡适来台湾"鼓吹亡党亡国的思想哲学")；不说"周国光"们的《向毒素思想总攻击》的"特种指示"；也不说"雷震·《自由中国》案"其受围剿的一个人，就是"我"；就说说在他第二次住院早20天(1961年11月6日)的时候，应美国国际开发总署之邀，在"亚东科学教育会议"开幕时作的20至30分钟的主题英语演讲《科学发展所需要的社会改革》，提出一个东方古老"精神文明"和西方现代"物质文明"35年前的老话题，立刻招来一场"围剿"与"反围剿"的斗争。

胡适(左二)在东京会见李敖(左三)等人

香港大学徐复观在《民主评论》上骂胡适是"一个作自渎行为的最下贱的中国人"(《中国人的耻辱,东方人的耻辱》)。 叶青则在《政治评论》上将胡适上了纲,"文化买办在洋大人面前讨好","他底颂赞科学技术,主张中国西化,不过洋奴思想流露而已"(《谁是新文化底播种者》)。 一时间,除"三家评论"外,台、港多家杂志刊文批判胡适,大有战火燎原之势。 到1962年1月17日,"立委"廖维藩提出"质询",另一"立委"邱有珍发表公开信《向胡适博士质疑》,把围剿推向高潮。

胡适呢? 在福州街(已于1月10日出院)要胡颂平将《中外建设》、《学粹》、《政治评论》、《人生》等杂志各买一份来,摆起来,说《西游记》的第八十一难,原文写得太寒碜了,我想把它改写过。 唐僧取经回来,还少了一难。 于是他出去时,那些被他三个弟子打死的冤魂都出来了,唐僧情愿舍身,把身上的肉一块块割下了,喂冤魂。 吃了唐僧的肉,可以增长一千岁。 胡适悲怆地说,"我来舍身,使他们可以超生,可以报账。"但是胡适坚持自己的观点:"这里糊涂的人还是那么多,我30年前的老话(指《科学发展所需要的社会改革》那篇演讲词),还是值得说一遍的。"(《胡适之先生晚年谈话录》,1962年1月15日)

也有维护胡适的人,其中一个叫牟力非,他的笔锋直指剿胡的政治背景,"他们争的不是学术思想上的真理,而是'正统'对'异端'的讨伐",那一群"只配作文化特务或文化打手"。 还有一个就是李敖。 年轻的有独立主见的李敖(1935年出生)在剿胡言论甚嚣尘上时,发表了鹤立鸡群的述评文章《播种者胡适》(刊《文星》杂志,1962年1月1日)。 该文开头动情地写道——

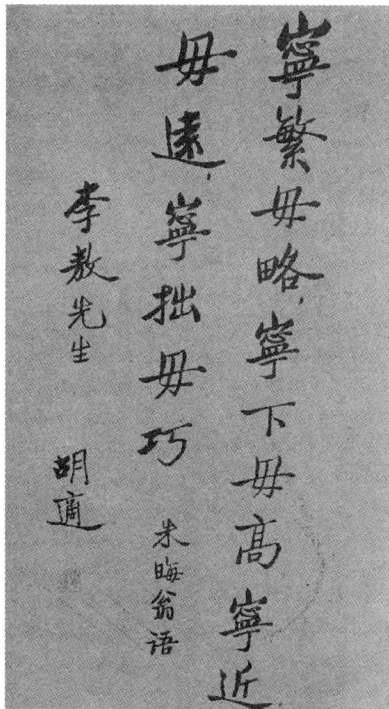

胡适书赠李敖

东风来了，来自美国的哥伦比亚大学。民国六年的九月里，北京大学来了一个26岁的新教授，蔡校长仔细看了看他，然后露出高兴的表情——他找到了，他找到他最需要的酵素，他立刻喜欢了这个"旧学邃密"、"新知深沉"的年轻人。

北京大学热闹起来了！梁山泊上又添了几条好汉，他们是：胡适之、刘半农（复）、周豫才（鲁迅）、周岂明（作人）······

北大添进了新血轮，北大开始蓬勃了！

七年（按：公元1918年）一月，《新青年》以新面目出版了，六个教授轮流编辑，想开始为中国奠定"非政治的学术基础"，培养一个思想自由的批评风气。那一两年间，他们最大的成绩当然是胡适领导下的文学革命······

青年李敖

李敖近照

李敖界定"胡适的真精神"是："他在文学革命的贡献，新文化运动的贡献，民主宪政的贡献，学术独立和长期发展科学的贡献。"李敖痛快淋漓地说，"除此以外，一切都是余事"。而且他对胡适的人格魅力也作了概括又形象的描述："胡适绝非冷冰的人：他怀念周作人，不止一次地到监狱看他；喜欢南港的小学生，为国民学校捐巨款；赞助北平的助学运动，破例卖字；听说一个年轻朋友的裤子进了当铺，立刻寄去了一千元"；"他在讲课，天冷了，看到女学生坐在窗边，他会走下讲台亲自为女弟子关窗户"；但当女学生疯狂地追他的时候，他绝不动心，他只在给张慰慈的扇子上写着："爱情的代价是痛苦，爱情的方法是要忍得住痛苦。"……文章结尾时最后两句写道——

> 胡适之是我们思想界的伟大领袖，他对我们国家现代化的贡献是石破天惊的，不可磨灭的。虽然这样，我仍希望我们的进步能向他投掷我们的无情，只有这样，才能证明我们是一个知道长进的强大民族。

李敖此文一面世后即引火烧身，就"播种者"议题，引起一场激烈的有深度的论战，而且涉及陈独秀。胡适就在批胡、卫胡，棒胡、捧胡，剿胡、反剿胡的声浪中出了病室，往返于福州街26号暂住公寓与南港寓所之间，筹备"中央研究院"第五次院士会议的召开，这期间，他打算在台北市区租间小房子给江冬秀，方便她的居住和打麻将。因为在"中研院"院区，依前例，是不能玩牌娱乐的。

过了农历新年(1962年2月5日)，完成向蒋介石拜年任务后，胡适开始兴奋地等待他的得意学生、著名科学家吴健雄来台参加院士会了。他在2月12日收到她的来信，说，"'中央研究院'每年开会一次，做院士的应该尽可能参加出席"，"这一次回去最大的理由是探望您，其次是与台学术界见见面，能有余暇，乘机看看台湾风景，大概五六天的耽搁"。她还表示，"如果学术机关有兴趣的话，家骝和我可以做几个学术演讲"。就凭"最大的理由是探望您"这一句，真叫胡适欣慰不已。接着他和钱思亮、王世杰商量会议的具体日程安排。他还向张群

吴健雄

通报，第五次院士会议筹备情况，特别强调四位海外院士(吴大猷、吴健雄、袁家骝、刘大中)回来与会一事，转请蒋介石夫妇出席。

院士会议的日子一天天移近，胡适亲自操办会务。2月17日，胡适付函台北故宫博物院常务理事，再谈该院珍藏史料、孤本、善本摄制显微影片问题。同日，致信病中陈诚，希望他出席24日在南港举行的院士会议。19日，他接受媒体采访时称，24日会议不举行开幕仪式，当天下午有酒会，招待学人和记者。他特别介绍女院士吴健雄与会，她的经历、成就及学术报告，希望给予新闻报道。这天晚，正月十五元宵节，胡适在福州街寓所留胡颂平、徐秋皎吃饭，他俩举杯祝胡适康复。20日，胡适到台大医院检查身体，血压等一切很正常。21日，由于胡适的介绍，这天的台湾《中央日报》、《新生报》对吴健雄女士作了详细的报道——

吴健雄在中国公学时成绩特好，得100分。1930年下半年，她进中央大学物理系就读(按：先数学系后物理系)。中大毕业后，在"中央研究院"物理研究所工作。之后(按：1936年)，到美国加利福尼亚大学研究所完成博士学位。她是导师恩尼斯博士(诺贝尔奖金获得者)最得意的女弟子。

二战期间，她参加美国曼哈顿计划(制造原子弹)。普林斯顿大学破建校以来不请女先生、不收女学生之例，邀她去授物理学。现在她是哥伦比亚大学研究所的教授，地位很高。她的论文登载在美国物理学会的《物理学评论》上，极受重视。1958年李政道、杨振宁两位青年中国物理学家荣获诺奖，因为推翻了物理学上基本的对等定律(按：即宇称守恒定律)，而震惊世界。但是如果没有吴健雄利用美国国家标准局的设备，埋头进行试验，终获证明(按：1956年底)的话，对今后科学发展具有重大影响的李杨定律，将仍旧只是一个推理。

吴健雄

因此，美国很多重要学会团体，相继颁赠她荣誉奖金。普大于 1958 年 6 月 17 日授予她科学博士名誉学位，赞词有云，她是"享有被称为全世界最前列的女性实验物理学家"。

1958 年，美国科学基金会授予吴博士"1958 年度科学基金奖"（The Research Corporation Award of 1958）。该基金会的基金是美国许多著名科学发明家，将他们的专利所得，全数捐献而创立的。每年的授予，由化学家、物理学家、工程学家各三人而组成的委员会来提名。该项奖是美国最高荣誉的科学奖，从 1925 年来，每年授予一次，获奖者均为第一流的科学家。吴师劳伦斯得过该奖。吴博士是第 23 次的得奖人。

吴健雄是"中央研究院"第二次当选的院士，她的夫婿袁家骝博士是第三次当选的院士。他俩被称"物理夫妇"、"院士夫妇"。

1942 年 5 月 30 日，袁家骝、吴健雄结婚照

22 日下午 1 点钟，吴大猷到达台北，在皇后饭店略加安顿后，就径往南港拜望胡适。他见胡适穿了中式长衫，感到有些突然，就问："先生怎么了？改穿长袍了？"胡适将两袖轻轻一拂，说："你看我不是很好吗？"正在这时，电话铃声响了。胡适拿起听筒，是王志维从机场打来的，告诉胡适，他已经将袁吴夫妇接到了，现在候机大厅，吴博士想跟先生说几句话。胡适"喂"了声，就听到了吴健雄的声音，于是欢欣地说："健雄，你们到了，我十分高兴！我请王志维来接你们。不知道你们愿意住在南港乡下，还是住在城里？两边都给你们预备了住处。我又怕你们有家族在此招待你们。袁家骝不是有位叔叔在此吗？你也没有家族在此吗？你们愿意住在城里，也很好。大猷也刚到，现在也在我这里。他是住在皇后饭店。你们也住在这座旅馆好了。等你们住定后，我们再谈罢。"

胡适搁掉电话后，与吴大猷闲谈，兴奋地等吴健雄伉俪来到。

真快,才不过一个小时袁吴夫妇就到南港了。 胡适到玄关门口欢迎他们,吴大猷也跟了过去欢迎。 吴健雄一见胡适就大声地说:"我们真是远道来看先生的!"

他们一到胡适书房,坐定,先谈胡适的几度住院、现在的健康情况,接着谈后天(24日)的院士会议,随后便是自由聊天了。

"大猷,你是饶毓泰先生的学生。 饶毓泰和我都是胡适先生的学生,所以啊,在辈分上,你应该叫我师叔呢!"吴健雄说着,引起一阵欢乐的大笑。

这时毛子水、李先闻来到书房,加入谈话。 因为住院、"暂住观察",冷清了近一年的书房顿时增添了人气,有声有色了。 看看已 5 时 40 分了,吴、毛、李告辞走了。 袁吴继续和胡适契谈。 胡颂平进来,胡适指着他说,颂平也是中国公学出来的。 吴健雄说,她离开中公时,胡先生已去北大,是马君武先生当校长、杨鸿烈先生当文理学院院长的时候。 胡适说,你们都是中公的学生,这里中国公学校友会本来打算招待你们,我把他们的意思打消了,减轻你们的负担。 师生谈着谈着,一直到下午 6 点 20 分多。

2 月 23 日,胡适住到福州街 26 号。 他对刚进门、在玄关脱鞋的秘书胡颂平说:"今天下午三点钟吴健雄在台大化学馆演讲对等律,你不去听听贵同学的演讲吗? 不要怕听不懂,看看会场的布置,注意听众的情况,你还是去听听才好。"次日的院士会是在南港"中研院"蔡元培馆举行的,胡适之所以住到福州街,是因为就近关注他的学生演讲,便以应变,特别是发现"中研院"竟没有人去听讲,所以急急要胡颂平去听讲了。

吴健雄讲得非常成功,大教室里坐满了人。 她正式开讲前说,一个星期前接到胡院长的一封信,希望她回来后做一两次演讲,希望能做比较有趣的通俗演讲。 今天讲的是"对等律"。

吴健雄声明,出国已有 25 年,讲的是上海国语,怕大家听不懂,有些地方只好"半中半西"地来讲了——

> 杨振宁、李政道推翻了物理学上的基本对等定律的时候,好像在一座漆黑的大房子中,知道有一个地方可以走出去,但不晓得从什么地方出去。

吴健雄一边演讲,一边用幻灯片来解释,她怎样用实验证明出来,几乎有几个星期睡不着觉，但终于把它实验出来了——

> 科学不是静的，是动的，是永远不停地在动的。要有勇气去怀疑已成立的学说，进而去求证。也就是胡院长说的"大胆的假设，小心的求证"两句话。

胡颂平听完吴健雄演讲后，回去向胡适报告会场的情形，这时袁家骝的电话来了。胡适在电话中说："我派我的秘书胡颂平去参加。我已经知道健雄今天的演讲的成功，我特别高兴。请你替我贺贺健雄。"胡适欣慰之情溢于言表。

其实，由胡适策划关注的吴健雄这场实验求证李、杨定律"通俗"演讲，是这次院士会议最精彩的一章。

大胆的假设，
小心的求證。
适 ∕

胡适手迹

晚上，钱思亮来看望胡适，谈吴健雄下午演讲的反响，并商议替另外几位院士学术演讲做广告。

胡适利用时间空隙为他的《康南尔传》(1911年写)打字油印本作最后一次校对。改正后，要胡颂平打印12本，分送徐高阮、毛子水、台静农、姚从吾、李敖等人及有关图书馆。已经6时20分了，他从书房去厕所，经过餐厅门口，看到胡颂平还在那里校对，慈祥地说："颂平，这是不急的工作，你有空时再去做好了，用不着在此地赶的。回家太晚了，你太太不会怪你吗？"胡颂平被他催着下班回家走了。

这是胡适人世间的最后一晚。

周末，2月24日8点多，胡适乘车由福州街到南港"中研院"蔡元培馆主持会议。上午"中研院"第五次院士会议，选举了1960年度、1961年度的院士七人。然后胡适对大家说，下午5时的酒会，希望全体院士都能参加。又说26日中午有"总统"的邀宴、晚上有"副总统"的邀宴。"散会！大家自

1962年2月24日，胡适（右一）最后一次主持台"中研院"会议

由参观院区。"

胡适最后一块未曾启用的放大镜

与院士共同午饭后，胡适回到自己家里(江冬秀在台北打牌)，进卧室午睡时已是两点半。他看到老部属、驻加拿大"大使"刘锴托人送来的一把放大镜，放在桌上，说了句"这给老年人是很有用的"——可惜他竟没有用上——上床午休。这时他给自己把脉，80多跳，很正常。哪晓得心搏会生剧变！

最后一次午睡。十分安静的午休时间，但胡适睡下去后一时没有入眠，也许上午开会时辛苦了点，不过他起来小便后再躺下就睡着了，而且睡得很好，直到4点10分才醒来。这时胡颂平进来，胡适说："今天我是主人，我们应该早点上山去。"胡颂平说："客人还未到，新闻记者到的很多，他们看到先生到场，一定会围拢来问些问题，再加上酒会时间，先生不是太累了吗？"接着谈到《中国公学史》，胡颂平建议送吴健雄一本。胡适回答："好的，你送她一本。"又说："午饭时，我和他们谈起(罗尔纲的)《师门五年记》，他们四位从国外回来的院士，你也各送他们一本。"他们又谈到袁家骝院士。袁家骝是袁世凯次子袁克文的儿子。 袁世凯有 17 个儿子、15 个女儿，有 22 个孙子、25 个孙女。 袁家骝 1936 年到美国，先后就读加州州立大学和加州理工大学，攻读高能物理。 1942 年与吴健雄喜结连理。 胡颂平问："袁先生是袁寒云(按: 袁克文)的儿子。 听说袁项城(按: 袁世凯)喜欢袁寒云，好像曹孟德喜欢曹植一样？"胡适说："寒云是那个时代典型的才子，但没有政治的才能。 项城喜欢的是袁克定，克定也颇有文学天才。"说说谈谈不觉已到 4 点 45 分，胡适说："我作为主人，我们还是上山吧。"他们一起到了山上的蔡元培馆。

场内有院士、评议员及来宾 100 多人。 节气已过雨水，此间的气候温和，天气、人气、热气，一派春光。 胡适见到今天上午新当选院士的陈燊，同他热烈握手道贺。 他从长衫口袋中掏出一张便条，上面用英文写了给新当选的海外五位院士的贺信(他们未来与会)，交给主任秘书万绍章，要他分别拍发电报出去。

5 时，酒会开始了。 胡适长衫飘逸，步履稳定，高高兴兴地走到扩音器前致词。

他说，今天是"中央研究院"迁台 12 年来出席人数最多的一次院士会。令人高兴的是海外四位院士也回国参加这次会议。 "中央研究院"第一届院士是在大陆上选出的，当时被提名的 150 人，选出了 81 位。 现在一部分是过世了；有的在大陆；只有 20 多位在台湾。 "中央研究院"在此恢复时，只有

1962 年 2 月 24 日，胡适在台"中研院"第五次院士会议上致辞

19位活着在台湾。他说，现在我们在这座山上看见"中研院"的许多建设，都是最近六年来造的房子。设了七个研究所，召开了四次院士会议，选过了三届院士。他说，十几年来，我们在这个孤岛上，可算是离群索居，在知识的困难、物资的困难情形之下，总算做出东西。接着胡适就吴健雄、吴大猷中餐时比辈分事，讲了一个故事。我常向人说，我是一个对物理学一窍不通的人，但我却有两个学生是物理学家：一个是北京大学物理系主任饶毓泰(按：胡适1933年聘他学生饶氏任北大物理系主任，时饶氏刚从德国留学返国)，一个是曾与李政道、杨振宁合作证验"对等律之不可靠性"的吴健雄女士。而吴大猷却是饶毓泰的学生，杨振宁、李政道又是吴大猷的学生。排行起来，饶毓泰、吴健雄是第二代，吴大猷是第三代，杨振宁、李政道是第四代了。中午聚餐的时候，吴健雄还对吴大猷说，"我高你一辈，你该叫我'师叔'呢！"这一件事，我认为生平最得意，也是最值得自豪的。接着胡适添了一句被后人评作谶语的话——

> 今天因为太太没有来，我多说了几句话。现在要将这个会交给李济等几位先生……

史语所所长李济

接着李济(人类学家、考古学家、"中研院"史语所所长)发表了带有悲观色彩的讲话，尤其提到去年11月胡适那篇《科学发展所需要的社会改革》的演讲，谁知引起了不同反响，感到科学不能在这里生根是最大的问题。之后，胡适请海外院士吴健雄讲话。吴健雄说："老师，我们已经推定了吴大猷，您也许还没有知道。"吴大猷讲话中强调科学发展必须有研究的环境、政府的支持。我们要把基础栽培起来，绝对没有捷径。转而对李济说："李济先生不必太悲观，留学生出国，让他们慢慢地去成熟，十个人里有一个人回来也很好了。"

　　世间的事是假设不得的。 当下胡适请刘大中讲话，若是刘大中应请也讲了，而且讲得多，剩下时间只能喝酒吃点心，平安结束这次酒会，就好了。偏是刘大中客气地谢谢"中研院"寄赠给他书刊，推辞不说了。 于是胡适接上了话茬，情绪颇为激动地继续李济的话题。

　　他说，我赞成吴大猷先生的话，李济先生太悲观了。 我们"中央研究院"从来没有说过什么太空，迎头赶上的话。 "中央研究院"的院士及评议员都分为数学、生物、人文三组，目的是在建立三个大中心，就是数理研究中心、生物科学中心、人文社会科学中心。 他又说，我们现在不要谈太空理论，是达不到的，今天连一个完全的物理学系都没有，还谈什么太空？（台湾）清华大学花了两百万美金，添购设备，可是依旧没法聘到中年的物理人才来领导。 科学的发展，要从头做起，从最基本的做起，绝不敢凭空地想迎头赶上。 譬如学步，我们要先学爬，再学扶着走，最后开步走，这样也许慢慢地自己可以做轮船，做飞机，那时候也许可以飞上天去。 胡适讲着，平静的情绪突然急转直下，"触礁"了——

/胡适祝酒

/1962 年 2 月 24 日，胡适最后留影

　　我去年说了 25 分钟的话，引起了"围剿"，不要去管它，那是小事体，小事体。我挨了 40 年的骂，从来不生气，并且欢迎之至，因为这是代表了中国的言论自由和思想自由。

接下去，胡适几乎是大声疾呼"言论自由"，数落了 130 多个字，说到"从这些杂志上表示了我们言论的自由"时，戛然而止——也许自感"不适宜"，也许身体不行了，忙转话题：

> 好了，好了，今天我们就说到这里，大家再喝点酒，再吃点点心吧，谢谢大家。

时钟指针已示晚上 6 点 30 分，客人们开始退席，胡适以一贯的君子风度，含笑与客人握手辞别。他正要转身和谁说话，面色骤然苍白，身子晃了一晃，仰面倒下。谁也没有料到，胡适向后倒下时，后脑先碰到桌沿，再摔倒在磨石子的水泥地上。站在胡适身边的凌鸿勋、钱思亮猝不及防，急忙伸出手来扶他，已来不及了。

胡适倒地后就没有气息了。一时间大家不知所措。王志维急忙搬来氧气钢瓶，接通水瓶，调整密度后输入胡适鼻孔，只听见他长叹一声，归于寂灭。南港的特约医师闻讯赶来了，因无心脏专科知识，束手无策，急电台大医院。这时蔡元培馆内外都是叹息声、呜咽声，乃至祈祷声。吴健雄泣不成声，万没料到，万里赶来看望老师，竟成诀别……半个小时后，魏火曜医师赶来，施行急救，无效，诊断云：胡先生久患心肌阻塞症，因兴奋过度，心肌阻塞导致心室震颤，心脏失去输送血液功能，心跳越来越弱，终告不治。魏医师宣布，胡适先生已在 6 时 35 分时溘然逝世。

噩耗一宣布，南港"中研院"院区内，风击树叶声顿为哀哭声浪所淹。在场采访的记者们禁不住哭声一片。名记者于衡说："新闻记者平时见的大场面很多，都很冷静理智，但在这个场合，为什么都不禁同声一哭呢？那是因为胡先生对新闻记者职业的尊重，而大家对胡先生都有一分纯真的情感。"中国一代文化名人胡适的生命旅程终点定格在 1962 年 2 月 24 日下午 6 时 35 分上，享年 71 岁。他是倒在工作台上的。26 日一早丧仪开吊，作为第一个赶来吊唁的国民党要人蒋经国说："前天我在(台湾)南部听到胡先生的噩耗，内心里好像突然受到了重击，使我无限难过。""胡先生这样去世，就如一个大将死于沙场一样，不仅光荣，而且伟大，永垂不朽。"

尾 声

胡适倒地不久，在场的人不知是谁，提议赶快去请胡夫人来。大家公推江冬秀的干女儿、钱思亮夫人执行这个任务。钱夫人抽泣发颤，拉了"中研院"总干事杨树人前往。江冬秀从台北赶到时，台大医院已宣布胡适亡故，她一下扑在胡适遗体上，悲恸大哭，哭着哭着，用徽州话号啕起来，达数小时之久，竟至昏厥。医师把她抢救过来。

胡适逝世的当晚，陈诚赶来南港告别，当即组成治丧委员会：陈诚

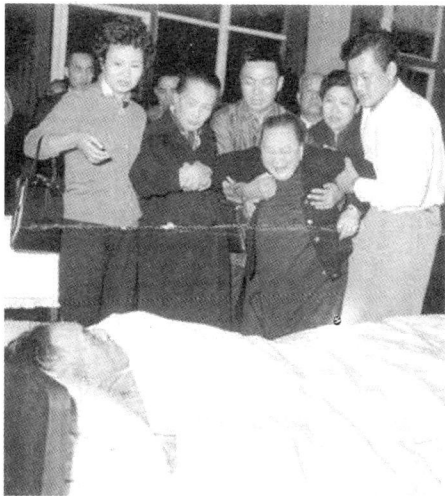

胡适猝逝，江冬秀悲恸欲绝

为主任委员，张群、王云五、朱家骅、蒋梦麟、王世杰、黄季陆为副主任委员，陈雪屏为总干事，杨树人为副总干事，于右任、莫德惠、蒋经国、周至柔等103人为委员。治丧委员会指派陈雪屏、毛子水、杨树人、王志维去胡适卧室调取遗嘱。因为胡适生前已有明白关照，所以小提箱很快就取来，毛子水开箱，取出英文遗嘱一份及开口信数封，其他别无长物了。钱思亮用中文宣读了胡适于1957年6月4日立下的这份英文遗嘱。晚11时，胡适遗体被抬上灵车，由杨树人等人护送，移至台北极乐殡仪馆暂厝。

2月25日早上，蒋介石派人送来一副亲笔书撰的挽联与挽额。挽联云："新文化中旧道德的楷模，旧伦理中新思想的师表。"挽额书："智德兼隆"。陈诚也送来了长联以挽。

于衡作为现场见证人，写道：尚在移灵殡仪馆的第一天，他到灵堂致哀，"见到驻院警员陆敬格及王志维、胡颂平两位秘书，他们皆先后紧握我手，泣不成声。这三位都是近四年来在南港与胡先生朝夕相处的近侍院友。胡先生常在傍晚和陆警员在草坪上散步，他告诉陆警员，总有一天，他会把他带回大陆。自从胡先生逝世，陆一直在灵堂守护，哀伤失落。"26日在殡仪馆开

蒋介石书挽胡适

（calligraphy）
通之先生千古
新文化中旧道德的楷模
旧伦理中新思想的师表
蒋中正敬挽

吊，至 3 月 2 日公祭的五六天时间，"极乐殡仪馆中，胡氏的遗体旁边，一直为哭声所笼罩，一批批的白发老人，一批批的青年学生、小市民、贩夫走卒……他们默默地走进来，哭泣着走出去……一位青年学生，嘴角颤动着，小声地说：'您为什么不再帮我们几年？ 让我们多看您几眼吧'……"

3 月 1 日天色阴沉，南港被细雨罩覆，天公似乎也在挥泪了。 这天是向全台开放吊唁的日子，蒋介石前来瞻仰胡适遗体，行三鞠躬，安慰胡祖望，并转致胡夫人节哀。 更多的犹如潮涌般来吊唁的是平民百姓，他们既非学者名流，也非胡门故旧，他们与北大或"中研院"素无渊源，也许连《中国哲学史》、《中国白话文学史》，或者《尝试集》等胡适的著作也没有看过，但他们虔诚地、悲哀地默默而来，向胡适致礼，环绕灵床走，有的禁不住抽泣出声，哽噎呜咽而去。 为什么？ 因为胡适的人格魅力征服了他们。

胡适逝世不久，长子胡祖望从纽约飞来奔丧。 在处理后事上，祖望问母亲："父亲在遗嘱上说过，遗体火化。 母亲你看呢？"江冬秀立即说："不行！我与你父亲有约，后死的有权决定先去的安葬方式，我要让你父棺葬。"于是安葬方式就拿到胡适治丧委员会的会上去讨论。 85 个委员中有 75 人主张火化(治丧委员 103 人，实到 85 人)。 江冬秀托委员中在台同乡、"国大代表"胡钟吾去活动。 胡钟吾率 20 余名在台绩溪同乡，去向治丧委员会主任陈诚力争。 陈诚将此事报告蒋介石。 蒋介石说："就按胡夫人说的办吧。"终于置办了一口红杉木棺材。 在 3 月 2 日公祭前一天，江冬秀由胡家汽车司机扶持来到"中研院"代总干事杨树人家。杨氏不在家，她就对杨夫人说："你家先生被适之称为□□（按：原文缺失）的。我现在不信任别人，只拜托他一个人，请他负责做三件事：一是殡殓，二是选墓，三是为我在台北安排一处住所（胡适逝世前曾想为她租一处房子，愿望未来得及兑现）。"杨树人事后感叹地说："先生已过去，老师母看透人情如纸、如鬼。"胡适公祭后不久，杨树人向新任"中研院"院长王世杰商洽决定，将"中研院"台北和平东路办事处后半截装修后，供江冬秀住用。恰好此处与江冬秀的侄女江小波家不远，有侄女与小外甥的陪伴，江冬秀晚年生活并不寂寞。

3月2日，台湾为胡适举行公祭。陈诚率治丧委员会全体成员到场，陈诚主祭。参加公祭的团体有100多家，两万多人。胡适身穿蓝色长衫、黑马褂，着布质寿鞋，盖淡红缎寿被。灵柩上覆"青天白日满地红"旗和北大校旗。灵堂里回响着低沉的哀乐和阵阵抽泣声。参加公祭的人绕胡适先生瞻仰、鞠躬。司仪刚呼出"一鞠躬，再鞠……"就泣不成声，如是，共调换了五位，他们全哭了。因为胡适一生无宗教信仰，所以公祭未举行任何繁琐的宗

胡适棺椁出殡，南港万人相送

教性仪式。 但是台湾民众相信胡适是天上一颗巨星，他们或候在极乐殡仪馆门口，或守在发丧到南港经过的敦化路、中正路、松山路路旁，设香案、摆果品路祭。 灵车过时，几乎家家路祭，人群失声痛哭，警察敬礼示哀，动人心魂。 悲痛中的江冬秀对胡祖望说："祖望，做人做到你爸爸这样，不容易呀！"参加路祭的民众有 30 多万人。

台湾《联合报》有一则出殡的报道(姚凤磐:《哀乐声里灵车过》)，留下了这一历史实况——

"他又快要出来了"，人们轻轻地念着。不过这次他是睡在素茵白花的灵车里，再走一段人间的道路。

到了三点钟，路旁的人越来越多，万头攒动的人群里，有人含悲饮泣，有人静默致哀。此时阴霾的天气顿时云散天开，阳光照耀在人们眼中、身上。风，吹拂着灵堂内外的挽联，白幔翻飞，哀乐声催，胡博士的遗体被抬上了将载着他再回南港去的灵车。

从殡仪馆门口到松江路这一段地方，约有五六万人壅塞道旁，出殡行列以一辆挂着"胡适之先生之丧"的素车开道，治丧会原来不打算用警车开道的，但结果由于人潮汹涌，途为之塞，仍请一辆警方最新购得的护卫车走在最前面。

孝子胡祖望捧着灵牌走在灵车前面。头披黑纱的胡夫人则由人扶着，她的哭声立刻引起万人的同鸣，虽然人潮拥挤，但当胡夫人所到之处，大家都很有礼貌地让开。不过钱思亮、毛子水这些本想护灵前行的人则被挤在人群中。钱思亮的眼镜差点被挤掉，毛子水则被挤得摔了一跤……

送殡车队经中正路向北前进，两旁群众如堵，确是万人空巷。……不论是妇孺老弱士农工商，大家的表情都是那么哀戚。大伙儿的哀伤凝成一种宁静而沉痛的气氛，使人感受一种无法形容的情绪。好像在一刹那间这个世界是属于胡适之的。

……

灵车过中仑，沿路的商店暂时停业，工厂停工，门口站满了工人。学校停止上课。路祭者此起彼落的鞭炮声响个不停。人们朝着胡博士的遗像鞠躬。工厂的女工们掏出手绢在擦眼泪。停在路旁的卡车司机也走下车来向胡适灵车行礼。因为胡先生常常坐车来回台北和南港的路上，曾在这位老妇人的店里买东西——一盒方糖，所以昨天老妇人在路祭的香案上，除了四种水果的祭品之外，特别摆上了四盒方糖。

车过松山进入南港镇郊后，沿途人潮更汹涌。路旁一些贫寒人家在门口摆上路祭的香案，祭品有的只是香蕉、甘蔗、杨桃、橘子和三炷香，案旁的男人或女人手拈香火，双手拱拜，他们简直把胡适当成"神"一样恭敬着。由于胡适博士来台后一直住在南港，从离南港镇二公里外的开始，几乎是家家燃香，户户路祭，不少送殡的人都为这种伟大动人的场面情不自禁地流下了眼泪。

南港国校的小学生全体排列在校门口，当胡博士灵车缓缓驶过时，大家顺次地从头上摘去白色的鸭舌帽。胡博士曾在这儿跟小朋友们研究过"注音符号"。

胡适磁性人格的"磁场"到底达到何种程度，华裔作家陈之藩在他的回忆文集《在春风里》有一段点睛的描写："胡先生看到别人的成功，他能高兴得手舞足蹈；他看到别人的失败，他就救援不遑。日子长了，他的心胸，山高水长，已不足以形容，完全变成了天无私覆、地无私载、日月无私照的朗朗襟怀了。"

云山苍苍，江水泱泱，先生之风，山高水长。

胡适棺椁运到南港"中研院"后，经过一番争议曲折后，由史语所仓库移至一座会议室暂厝。10月15日正式安葬入墓园。墓园在"中研院"大门对面的旧庄，据说那块墓地是南港民众捐款购下来的。从旧庄门口到胡适墓地的一条路原是山坡黄土路，逢雨泥泞不堪，胡适安葬毕，经费已用完，一位叫霍树宝的胡适生前老友得知，他去动员了三家水泥公司，劝募了几百包水泥，终于修筑成了水泥大路。胡墓建成后，墓园就成了"胡适公园"。这个公园里没有什么花卉，也没有公共设施，简朴得有些寒碜，只是在水泥坪上建有一座喷泉和一个水池。胡适墓坐落在"胡适公园"北面山麓。北山倒是郁郁葱葱，映衬得蓝天白云悠悠，一派大自然万年不古景象。墓前一座石墩上置有一尊胡适的半身雕像。雕像上方有一块用不锈钢短栏护围起来的绿色大理石卧碑，铭刻着"五四时代百科全书式学者"毛子水撰，辛亥革命元老、著名书

南港胡适墓

法家于右任书的胡适精神述评。墓志铭曰：

> 这是胡适先生的墓。
>
> 这个为学术和文化的进步，为思想和言论的自由，为民族的尊荣，为人类的幸福而苦心焦思、敝精劳神以致身死的人，现在在这里安息了！
>
> 我们相信，形骸终要化灭，陵谷也会变易，但现在墓中这位哲人所给予世界的光明，将永远存在。

再沿山坡，拾级而上，便是胡适墓了。墓碑是胡适生前请于右任写的："中央研究院院长胡适之先生暨德配江冬秀夫人墓"（江冬秀1975年病逝后归葬于此），四周有几棵四季常青的剑兰。人们不应忘记，当年还有来自加勒比海巴贝多岛，上装50朵鲜花的一只花篮。

现在，在胡墓附近，还有史学家董作宾、科学家吴大猷的坟墓，台湾"中研院"工作人员徐高的坟墓。胡墓侧，胡祖望还为他的胞弟小三（胡思杜）半埋了一块"思杜碑"。2003年初春，胡适侄外孙程法德赴台，到南港拜谒了胡适夫妇旧居与坟墓。目睹此情此景，心中默念："与这几座墓中的老友相伴，又有妻儿在侧，胡适外公在这里不会寂寞了……"还有，两位知己红颜，一位飘魂在绩溪上庄村口等候；一位在上海被隐瞒胡适去世的消息，怕她因此而断魂。

有意思的是，胡适逝世后，"剿胡"之聒噪悄然息声了。 但是台湾当局不批准出版发行"胡适纪念邮票"，不批准放映胡适丧礼纪录影片。 同年 10 月 18 日，"中研院"将院区内胡适院寓所辟为"胡适纪念馆"。 "纪念馆"窄小、简陋，1964 年美国人史带(C.V.Starr)捐资建造一座平房，于是"纪念馆"扩张成三部分: 胡适旧居、胡适陈列室、胡适墓园。 海峡两岸、五湖四海，"我的朋友胡适之"的朋友来到这里，了解并瞻仰中华民族现代史上曾有过这么一位杰出人物。

台北南港胡适纪念馆

追念法德兄（代跋）

　　本书叙述过程中时常出现程法德先生的名字，这在其他传记著作中少见，似乎有些破格。然而这恰好是本书的一面反光镜：记录了写作的缘起；不乏衍涵了作者与一代大师后人的情谊，更见证了绩溪这块土地的人文积淀；推而广之，还引发了作者学习、探索中国三大显学之一徽州学的兴趣。所谓厚积薄发，写一本通俗读物更需如此。没有对这位历史文化名人胡适的身家、治学、教育、政治背景等的颇多了解，以及一定程度的历史理解，没有一个引发灵感的戏剧性的由头，发兴写这么个长篇，无疑被视为畏途。

　　目下文史纪实丛中奇葩异花遍地；述评、写实胡适的书，更是数不胜数。作者怎么会去接触这个难题的？说来就是因为程法德先生。程法德是民革（国民党革命委员会）党员。1988年盛夏，民革浙江省委在距杭州不远的国家森林公园西天目山举办一次新党员培训班——这种集结，往往是被埋没了的精

程法德在南港胡适旧居餐厅

程氏三昆仲：程法德(左)、程法善(中)、程法嘉(右)

英荟萃，十分生动，程法德应邀参加了。20 世纪 80 年代，共产党领导的多党合作、政治协商这一新政治格局开展不久，我作为机关干部、《浙江民革报》主编，总带有一种"嗅"与"抓"的使命感(自命的)，企图有所发现，有所"俘获"。民主党派群体，自然是目标之一。培训班一天学习研讨下来，晚饭后，有的结伴冒险向深林进发了，有的在录音机的华尔兹旋律下互拥着跳舞了，有的在潺潺溪侧密荫小道散步聊天，有的到(被日寇轰炸后)残留的禅源古寺破山门观瞻韦驮佛像……我还发现，在一棵参天古树下，有一位培训班的成员，看来已有花甲之年，独自坐在一块大石上，眼里似有一些忧郁神色，但坦然地欣赏他人的悠闲。他在想什么呢？特别是有时他拿着一包"老城隍庙茴香豆"吃着的时候。对，上海人就是爱吃茴香豆，此兄莫非是上海人？我主动趋步问好。他立刻站起来，回行一个浅浅的但也颇规范的鞠躬礼，然后伸出手来，与我不卑不亢地握手。他就是程法德先生。

自然而然，我知道了他的身份，因为加入民革的人大都有国民党方面(台湾或海外)的家庭背景。程法德是安徽绩溪上庄胡家长子胡嗣稼的外孙，即胡适大哥的女儿胡惠平的二子。胡惠平虽比胡适小一辈，但年龄仅小胡适两岁，从小与胡适同住一屋、同吃一桌，在一起长大。况且徽州向有族内不分家的习俗，所谓"犹子"(侄儿)者犹如儿子。胡适有一个女儿，幼年夭折，所以他把大哥家的外孙视作自己的外孙。

我们交谈中，程法德能讲不错的北京话，他说是向胡适外公、冬秀外婆学的。抗战胜利后那几年，他在北平读辅仁大学，常去东厂胡同胡适外公家。他一口标准的上海话，因为他生于斯、长于斯。他还向我讲了几句绩溪土话，因为那里是他的故乡，并被"遣返"过，度过反右后一段漫长的苦难岁月，但因此滋长了在大陆复兴胡适研究事业的意愿。他讲起杭州话有点"夹生"，因为入乡随俗，他的单身之家在杭州，他是杭州一家会计事务所的注册会计师。他说有幸到天目山来，第一次认识这么多的朋友，特别是你这位记者，你对胡适研究有兴趣吗？

我在"拨乱反正"后，搞过几年比较文学。1988 年做了《团结报》(民革中央主办的国内唯一的民主党派大报)驻浙江的记者后，再静不下心来搞文学、历史研究了，但凡有新意，即使是"陈翻新"、"外转内"的事儿(一般都在爱国统一战线范围)，我都会兴致勃勃地去采写、报道，"胡适"便是其中之一。于是，天目山成为我与法德兄友谊的起跑线。

　　20世纪80年代，继沈从文热之后，大陆对胡适这个禁区已悄悄破冰了。传奇人物石原皋先生的《闲话胡适》(安徽人民出版社1985年版)领先面世，北京、上海、安徽等地多家出版社出版了许多胡适和研究胡适的著作。我抱着好奇心，从法德兄那里借阅了黄山书社1986年出版的《胡适自传》(内含《先母行述》、《四十自述》、《我的信仰》、《逼上梁山——文学革命的开始》4篇)和曹伯言、季维龙编著的《胡适年谱》(安徽教育出版社1986年版)。阅后兴趣大增——此二书，后来蒙他赠予我了——开始注意起了大陆的胡适研究动态。1992年11月初，法德对我说，适逢胡适诞辰100周年，全国首届胡适学术研讨会于去年年底在胡适老家安徽绩溪举行了，反响很好。上庄村胡适故居已得到修复，对外开放。县里很重视"胡适之的朋友"，非常欢迎他们去看看。形势很好，我们去一次吧？

　　当然好的。于是我的第一次绩溪行成行了。我实地采访了上庄村，踏看胡适故居和胡氏祖坟，观瞻胡铁花钢剑和冯氏三品夫人诰命箱，品味了昔年胡家招待友人的"一品锅"……我接触了众多的绩溪人士，他们中有县政协副主席、县委办公室主任、文化局长、文保所长、人民医院院长、法院法官、中学教师……他们都是热诚的胡适研究者，诚如县政协副主席颜振吾先生所说，我们本乡本土搞胡适研究，是良心事业。在绩溪，只能做些"扫地"工作，但哪

作者(左)与胡适任外孙程法德先生(右)在上庄胡适故居

怕是胡适先生的一句话，也要收集起来。我的食宿行都是法德兄一手操办的，他为我创造了最好的采访条件。记得往返途中，面包车盘越皖南浙北的崇山峻岭时，他时时关照司机："开得小心些，勿超车，我们这一车都是重量级的！"

回到杭州后，我写了以《胡适故里行》为题名的特写，向北京报社发稿，稿件同时又为《新闻三昧》(《工人日报》主办)、《海内与海外》(中国侨联主办)两家杂志采用了(1993年3月)。《人民日报·海外版》也采用了我发去的图片新闻《胡适故居》(1992年3月13日)，就是将胡适故居前厅里胡适画像左右的那副对联诠释当年胡适与青年画家钱君匋一次列车车厢邂逅的故事。一次绩溪行赋予我的印象是上庄村、胡适故居及其乡亲不妨说是一座微型的"胡适博物馆"，它为我了解胡适打开了眼界，引发我去探索一个个细部的兴趣，比如他的父亲、母亲、童年等等，于是便有了实地采访的延续——二次川沙行。

1994年国庆节，法德兄盛情邀请我去上海川沙(即现在的上海浦东新区)他大哥程法善先生家做客。他说，胡适家祖上，早在太平天国战争之前，就在川沙经商茶叶业，当地向有"先有胡万和，后有川沙县"的谚语。在川沙，有很多胡适的故事，可以补充"胡适正传"。文楚兄不是搞文学的吗，文学要有细节，要有逸事，越鲜为人知就越好。我欣然接受这次邀游。

我采访川沙最大的收获，就是明确了胡适在川沙名宅沈氏"内史第"度过了一年多的婴幼时代。这座大府邸，有幸成为中国现代三大名人——宋庆龄、黄炎培、胡适的故居。我们去参观时，当年宋氏姐妹、胡适母子居住的原址已片瓦不存，雪泥鸿爪也无处寻觅了。但最后一进院落，因为是黄炎培先生的故居，被保护下来，得到精心修复。我只能从黄氏母亲居室的木板窗户眺望浦东街市、阡陌中，想象赴台湾州官胡铁花留在这里的爱妻、幼子的生活景状。不过我们行走在非常窄小的市中街，找到了"胡万和"茶叶庄原来的店面——川沙劳保用品专卖门市部，大概是县供销社的一家分支商店。法德告诉我，托了集体垄断企业的福，房屋并没有被拆掉，只是门面改装了一下。"老万和"就在这里！19世纪末20世纪初胡铁花与儿子绍之常来此地办事盘桓。"胡万和"曾为胡绍之经营得颇有起色，但辛亥革命后的社会现实使他消沉，放弃了上海的店业(股权)，把"万和"交与程法德兄弟父母程治平、胡惠平代管理，于是程家便在川沙安家衍代，维艰经营。在上海这个国际资本、官僚资本、民族资本汇聚的汹涌大海里，"老万和"犹如一条陈旧破船，沉浮不由自主。法德告诉我，1895 年 8 月胡铁花病死厦门，由他的二子绍之扶柩归葬绩溪老家，途经上海时，就将日记、朝服、朝挂、朝靴及日用品等一干遗物交与程治平，贮藏在"万和"楼上一个专间里。1917 年胡适留美学成归来，曾到川沙"万和"一转，取走了父亲的日记、文稿，其他遗物仍放在楼上。程法德说："大概他觉得，东西存在川沙，比放在乡下更稳妥、安全。说明他对我父亲是十分放心的。""抗战胜利后，1946 年他从美国回来，先到上海，住在'百老汇大厦'第 20 层。我父亲去看他，谈起川沙'老万和'里楼上那个房间，问起那串 20 颗玛瑙的朝珠还在么？'父亲回答，战乱人逃命要紧，顾不上，散了。他眉头一皱，有几分钟不快。后来又谈笑如常了。"程法善先生说："1949 年 3 月到 4 月初，胡适在上海等船去美国前，曾在锦江饭店顶楼，用十分钟时间，打发走了所有的记者，与我们一家聚谈，把一只小布包交给我父亲，要他好好收存，说里面有自己与中共要人的来往信件，将来可能有用得着的地方。不知道父亲有否检阅过，一直小心保管着，但逃不脱'文化大革命'的厄运，被一批造反派'造反'走了！"

幸运的是，"老万和"在社会主义工商业改造浪潮中，因为脱胎成"集体"财产，房屋被完整保存了下来。遗憾的是我去那两天恰逢国庆假，店门紧闭，钢卷帘下垂，窥不见里面。从小巷转到后门，也有"铁将军"把守，只见围墙里场地有天桥、秋千等体育设施，据说是家幼儿园的。小巷深处，我瞧见一座基督教礼拜堂的古老的钟楼，不知是否是宋耀如牧师传教的地方。总之川沙城厢"老万和"的故事还有不少。

在川沙程家，三昆仲待我这位浙江小弟如自家人，天天同桌吃饭，聊胡适、聊家常，法德兄则陪我去游岳碑亭、鹤鸣楼，散步城河畔，夜则抵足而眠，讲抗战上海孤岛时期他与思杜舅舅逛大世界、玩吃角子老虎机、听京戏、吃鸭血羹的故事，还有一个被叫小宝的表弟，就是钱思亮的三子，后来做台湾"外交部长"的钱复。当年法德与他们三兄弟一起去胶州公园慰劳从四行仓库撤下的谢晋元团八百壮士，吊拜谢团长墓，将零用钱购来的铅笔、本子、信封分赠给士兵，情景活灵活现。法善先生说，钱思亮先生是浙江临安吴越国王钱镠的后裔。钱氏家族人的体型有个特征，就是额头向前突，身材中等，待人热诚。钱思亮的父亲钱鸿业先生是位爱国法官，做过江苏刑事法庭庭长，与章士钊先生共事过，因为抗日救国，被汪伪政权魔窟机关"76 号"特务开枪杀死在他家门口。钱思亮不愿做亡国奴，卢沟桥事变后，从北平逃到上海，在有名的新亚药厂做药剂师。我与雪英结婚，他在杏花楼举宴请客，送一对喜绸幛，还斯斯文文致贺词哩。法嘉先生说，胡适外公从不推却与我们聊天，聊着，他的手伸进自己的口袋，摸索了一会，掏出几块美金硬币，"给你玩玩"。总之上海滩，有说不完的胡适故事。

川沙行后，连同以后第二次绩溪行补充细节专访，汇总素材多了，我的采写成果颇丰，在京、沪及东北等地报刊上先后发表了《胡适外孙程法德漫忆钱复兄弟》(《瞭望·海外版》第39期)、《上海市川沙"内史第"府宅——现代中国三名人故居巡礼》(《团结报》1995年4月8日)、《外公胡适——程氏兄弟的怀念》(上海《档案与史学》1996年1月)、《胡适的家庭与婚恋》(黑龙江《名人》1996年2月)、《胡适留在杭州的一段恋情》(湖北《世纪行》1999年2月)、《胡适的父亲与儿女们》(浙江《情系中华》1999年7月)、《世事重重叠叠山·胡适一家三代的变故》(北京《纵横》2000年5月)、《胡适在杭州》(《浙江档案》2000年9月)、《胡适留在杭州的一段恋情》(上海《民主与法制画报》2000年10月)、《胡适三十六个博士学位的由来》(浙江《海峡情》2003年5月)、《世事重重叠叠山·胡适和他父亲的故事》(辽宁《建设者》2004年1月)、《人心曲曲弯弯水·胡适和他儿女的故事》(《建设者》2004年2月)、《世事重重叠叠山》(北京《科技文萃》2004年1月)、《胡适留在杭州的一段恋情》(上海《海上文坛》(2005年11月)、《胡适："我的严师，我的慈母"》(河南《名人传记》2006年11月)等。

再次绩溪行(1998年5月)，除深入感受徽州人文背景(时我已加入杭州徽学会)，补充采访胡适生活细部(如曹诚英墓)外，我还由县文保所所长方玉良先生陪同，专门探望了住在瀛洲村登源河桥畔的县政协委员胡锦霞女士及其夫婿章资丘先生。这篇专访颇似难产，但还是为《江淮文史》和《山西文学》两刊采用。前者的题名是《绩溪龙川胡氏宗族探访》(2000年3月)；后者的题名是《胡锦涛故乡纪行》(2003年6月)，是带头稿，篇名加导读上了封面。

我作为《团结报》驻浙江的专职记者、记者站副站长，采写业务十分繁忙，"胡适"面仅占我工作一角，毛估估那些年里，先后在中央、省级15家报刊上，写了30篇次"胡适"文章，累计20万字以上。当时我并不在意，现在真的动笔写"胡适"书了，才感到这是一个基础，一个必不可少的积累和试笔的过程。饮水思源，我得感谢程法德先生的导向，记得法德兄曾向我殷殷表示过，希望我较全面地写写胡适，较深入读点胡适的书和研究胡适的文章，并要求我陪他去台湾一次，多增加些感性形象。 我说，记者嘛，只能鸟瞰式或蜻蜓点水般采写一点，现烤现卖，全景介绍胡适，待退休以后再说吧。 1998年我退休了，理该静下心来读胡适了，但两个月后，应中共浙江省委统战部邀聘，到该部主办的《情系中华》杂志社去做编辑了，办公室在省府五号楼，从一楼搬到六楼而已。 不过不急，法德兄才大我9岁，那年是69岁，我们来日方长呢！ 期间，2002年，他应凌峰先生邀情，以名人后裔、学者身份访问台湾。 为签办有关手续，初，不知什么缘故，迟迟没有拿到；我得知后，向省台办领导人说明他是胡适的侄外孙，很快，北京电传来批复，成行了。 他回来后向我详述了到南港瞻仰胡适旧居、拜谒外公外婆坟墓、参观胡适陈列室的详情，又交给我不少现场拍摄的照片和有关书籍。 这些，得以使我最后一章写得入情出彩。 他说："可惜，你同我一起去，不是很好吗？ 台湾方面是很欢迎的！"我回答："来日方长哩。"

岂知，这个日子竟到2004年7月16日画上了句号！ 17日一早，杭州徽学会秘书长仇先生打来电话："我会理事法德先生因患肺癌，医治无效，过世了……"我噙泪回答："一个多月前，我曾去看望过他，怎么这样快……"6月16日，我和内人到朝晖新村住宅去探望他。 他已从浙江省人民医院出院，说，我这是肺气肿，早年肺结核的后遗症，现在气喘厉害而已。 我给他两本刚收到的辽宁省刊载拙稿胡适故事的杂志样刊。 他翻着说："文楚兄真是个有心人，持之以恒，你完全可以写一本胡适的书，我提供材料，提供照片！"我们谈了会，他精神振奋地说："我已批到了土地，决定在绩溪造房子，一方面自己可以去住住，更重要的是向研究胡适的朋友到绩溪采访提供一个落脚点，住宾馆太贵了。"法德兄是挨运动过来的人，小家庭幻灭了，单身一人住小套，一碗"片儿川"可以打发一餐饭，饮食起居极为简陋，但年过古稀依旧工作，他对朋友出手大方，对"胡适事业"可以倾囊。 后来我才知道，我的三次赴绩溪、川沙采访，所有费用，哪来什么报销，全是他掏的腰包！ 我怎么回报呢？ 他说，为了胡适，你多写点胡适，我当后勤部长。 这次探望他前，我已知道他身患不治之症，但怎忍心点破。 也许他自己已经知道，不愿道出，只是在力争归山前把绩溪房子造好，使研究胡适的朋友们有个基地。 但是造化为什么如此不留情？

20日，我参加故法德兄告别会，向他遗体行三鞠躬礼时，心中突然冒出孟郊的四句诗来：

心曲千万端，悲来却难说。别后唯所思，天涯共明月。

如今这本通俗读物面世了。 法德兄在天之灵，可以"天涯共明月"了。

语犹未尽。 杭州徽学会慷慨地向我提供许多胡适资料，使我"举炊有米"了。 学会胡适研究小组得悉我写作此书，专门召开了一次研讨会，会长和同仁们勉励有加。 我不会用电脑，妻陈玲玲女史不分昼夜敲键盘，从我潦草的手写稿中打出数十万字的电子稿。 女儿朱寅小姐才读新闻系二年级，挤出时间，从几百张照片中选编、制作出本书所需的照片。 我的昔年同事张小莹女史，为我提供诸多技术上的帮助。 在此均一一致以谢忱。

朱文楚

2007 年 3 月 9 日

跋　二

本书于 2007 年由北京团结出版社出版，现在市场上该版本已经售罄，而网上阅读、评论尚热闹。 母校出版社同我商量，打算重新出版这本书。 鉴于我与团结出版社签订的合同已到期，我同意了。

本书与"团结版"在结构上、文字上没有根本变更，只是作了些微调，大致如下：

一、章节中的分节标题作了些小改动，使之更简约、整齐。 如第十四章"告别京华，寂寞海外"的五节标题分别是："行色仓皇别古城"、"夫妻相依当寓公"、"图书馆长冷板凳"、"两次台行鸣自由"、"大陆台岛剿幽灵"。制作标题是煞费脑汁的，我是老报人，长期编报纸、编刊物，因此深昧个中滋味。

二、补上文中僻字、繁体字的空白。 如胡适的小名嗣穈，这个"穈"字，字典、词典里没有，电脑字库里很难找，这次技术上解决了。 又如吴大澂的"澂"字，现在已简化为"澄"字，但出于对历史负责，历史名人的名字不便变动。

三、"团结版"中被删去的一些节段，自感颇有文史价值，因此此次再版时又恢复了。 如胡适在中国公学求学时主编《竞业旬报》，发表的六七十篇白话文作品，其篇名及要旨、背景的介绍择要罗列，这对胡适一生文涯和中国白话文肇始无疑是很有历史价值的。

四、现今读书态势被称呼为"读图时代"。 无论怎么理解，在文史纪实文学中，老照片确实可以起到补充人物形象、交代环境背景、量化有限文字的作用。 "团结版"中图片被集中挤压在有限几个页码里，现在则分散在与之有关的内文中，终于"对号入座"了。 图片的编排合理、清晰度大大提高。当然这给作者和责编加大了工作量。

五、四五十岁以下的读者可能对民国时期"我的朋友胡适之"的朋友不知、稍知，而在书中多加文字交代又有所不便，于是展示他们的照片，增加了形象性。 如：汪原放、徐新六、陈衡哲、吕碧城、钱思亮、陈寅恪、傅斯年、王云五、倪桂珍、赛珍珠、徐志摩……对照尊容，岂不一目了然？ 当然搜集、制作老照片也是桩既费时又花体力的活儿。

去冬今春，是胡适先生诞生 120 周年和逝世 50 周年，在这段难逢的双重历史纪念日月里，深思先生的精神核心和人格魅力，真是一山一海取之不尽、用之不竭的民族财富，国人自有义务发掘并传播。 为此，仆自从大年初一来至今朝，日日夜夜 15 个小时以上工作，虽辛苦了点，但与先生的一世劳作相比，竟不可同日而语矣！

我在"团结版"代跋末尾曾讲了一句："妻陈玲玲女史不分昼夜敲键盘，从我潦草的手写稿中打出 40 多万字的电子稿。"我与她就这样相濡以沫，过着清苦的日子。 现在泉水渐丰，灵感源盛，她却先我西行了。 呜呼！ 拙稿"浙大版"将面世的前夜，此时此地，叫我讲什么话才好？ 千言万语化为一句：叩谢汝对我精神上实践上的支持！

朱文楚

2012 年 3 月 8 日

图书在版编目(CIP)数据

胡适家事与情事/朱文楚著. —杭州：浙江大学出版社，2015.8

ISBN 978-7-308-10185-1

Ⅰ.①胡… Ⅱ.①朱… Ⅲ.①胡适(1891—1962)—人物研究　Ⅳ.①K825.4

中国版本图书馆 CIP 数据核字(2012)第 141524 号

胡适家事与情事

朱文楚　著

责任编辑	胡　畔	（llpp_lp@163.com）
封面设计	熊猫布克	
出版发行	浙江大学出版社	
	（杭州市天目山路 148 号　邮政编码 310007）	
	（网址：http://www.zjupress.com）	
排　　版	杭州大漠照排印刷有限公司	
印　　刷	杭州杭新印务有限公司	
开　　本	710mm×1000mm　1/16	
印　　张	27.25	
字　　数	450 千	
版印次	2015 年 8 月第 1 版　2015 年 8 月第 1 次印刷	
书　　号	ISBN 978-7-308-10185-1	
定　　价	39.80 元	